Foundations of Library and Information Science [Third Edition]

図書館情報学概論

Richard Rubin
リチャード・ルービン─［著］　根本　彰─［訳］
Nemoto Akira

東京大学出版会

Foundations of Library and Information Science, Third Edition
by Richard E. Rubin
Copyright © 2010 Richard E. Rubin.
Japanese translation rights arranged with
American Library Association
through Japan UNI Agency, Inc., Tokyo

Japanese translation by Akira NEMOTO
University of Tokyo Press, 2014
ISBN 978-4-13-001007-8

目 次

はしがき …………………………………………………………………… v

序 ………………………………………………………………………… 1

1 教育，娯楽，情報のインフラ整備 ………………………………… 9
 Ⅰ. はじめに　9
 Ⅱ. ERI インフラ　10
  A. プロセスとしての ERI インフラ　10
  B. 装置としての ERI インフラ　11
  C. ネットワークとしての ERI インフラ　12
  D. メディア産業としての ERI インフラ　14
  E. 機関としての ERI インフラ　22
 Ⅲ. まとめ　27

2 図書館情報学：進化し続ける専門職 …………………………… 35
 Ⅰ. はじめに　35
 Ⅱ. 図書館教育の歴史と図書館員の養成　36
  A. 英国の古典的徒弟制度方式の衰退と技術教育方式の台頭　37
  B. アンドリュー・カーネギーの影響　37
  C. メルヴィル・デューイと図書館職の専門職業化　38
  D. 図書館学校の増加　41
  E. 図書館講習における ALA 委員会の役割と影響力　44
  F. ウィリアムソン報告書　45
  G. ウィリアムソン報告書への反応と効果　46
  H. 現代図書館教育　48
 Ⅲ. 現代の課題　49
  A. 図書館 vs. 情報論争　49
  B. 継続教育　57
  C. 遠隔教育　57
  D. コンピテンシーと進化する LIS カリキュラム　59
  E. 図書館情報学における修士号の役割　61

F．LIS 教育の基準　64
　　　G．変化する人口動勢　65
　Ⅳ．専門職としての図書館情報学　66
　　　A．専門職モデル　66
　　　B．図書館員に対する認識　69
　Ⅴ．将来を見つめて　75
　　　A．教育的役割　77
　　　B．情報の役割　77
　Ⅵ．21 世紀の労働力：現在と将来　79
　　　A．依然として低いマイノリティ図書館員の人員数　82
　　　B．性差別　83
　　　C．サポートスタッフ／図書館員の対立　83
　　　D．世代問題　84
　Ⅶ．まとめ　85

3　情報の組織化：その技術と問題点 ……………………………… 97
　Ⅰ．はじめに　97
　Ⅱ．分類システム　99
　　　A．デューイ十進分類法（DDC）　100
　　　B．米国議会図書館分類法（LCC）　101
　　　C．分類法と書架配置　102
　Ⅲ．統制語彙　103
　　　A．シソーラス　105
　　　B．件名標目表　106
　Ⅳ．図書館目録　109
　　　A．書誌レコード（印刷物，機械可読目録）　111
　　　B．英米目録規則（AACR）　113
　　　C．書誌レコードの機能要件（FRBR）　115
　　　D．インターネット時代における図書館目録の役割　118
　Ⅴ．書誌，索引，抄録　123
　Ⅵ．電子情報検索システムにおける知識の組織化　126
　　　A．レコード，フィールド，ファイル　126
　　　B．MARC21　129
　　　C．レコードの標準化　129

Ⅶ.インターネット時代とセマンティックウェブ：インターネットとワールドワイドウェブ上の知識の組織化　130
　　Ａ.マークアップ言語　130
　　Ｂ.メタデータ　133
Ⅷ.まとめ　137

4　機関としての図書館：その組織を展望する ………………… 145

Ⅰ.はじめに　145
Ⅱ.機能的組織としての図書館　146
　　Ａ.組織単位　146
Ⅲ.図書館における組織編成の権限　153
　　Ａ.3種類の権限　153
　　Ｂ.図書館を組織するのに官僚制が最良か　155
Ⅳ.館種別組織　156
　　Ａ.公共図書館　156
　　Ｂ.学校図書館メディアセンター　183
　　Ｃ.大学図書館　193
　　Ｄ.専門図書館とインフォメーションセンター　209
Ⅴ.まとめ　214

5　図書館を再定義する：テクノロジー変化の影響と意義 ……… 227

Ⅰ.はじめに　227
Ⅱ.20世紀の情報テクノロジー　228
　　Ａ.マイクロ写真術の発達：1900-1960年　228
　　Ｂ.図書館への最初のコンピュータの適用：1960年代　229
　　Ｃ.文献利用のためのオンライン情報テクノロジーの使用：1970年代　232
　　Ｄ.CD-ROMの成長と統合した図書館システム：1980年代　233
　　Ｅ.インターネットとワールドワイドウェブ（WWW）の成長：1990年代　236
Ⅲ.21世紀の情報テクノロジー　243
　　Ａ.デジタル図書館　243
　　Ｂ.ウェブポータル　249
　　Ｃ.インターネット2　251
　　Ｄ.ソーシャルネットワーキング：Web2.0とそれ以降　252

Ⅳ.21世紀の図書館をめぐる技術的な問題　259
　　　　A.物理的な場所としての図書館に与える影響　260
　　　　B.図書館サービスへの影響　262
　　　　C.図書館コレクションに与える影響　267
　　　　D.職員と組織構造への影響　278
　　　　E.職員の身体やメンタル面での影響　280
　　Ⅴ.まとめ　281

6　情報学：サービスの視点……………………………………………293
　　Ⅰ.はじめに　293
　　Ⅱ.情報学とは　293
　　Ⅲ.情報学の特徴　297
　　　　A.情報ニーズ，探索方法，利用方法，利用者を理解する　297
　　　　B.情報の蓄積と検索　308
　　　　C.情報の性質の定義　313
　　　　D.情報の価値と付加価値過程　317
　　　　E.計量書誌学および引用分析　318
　　　　F.経営および管理の問題　321
　　Ⅳ.情報学における新興分野　325
　　　　A.インフォマティクス　325
　　　　B.ユーザーエクスペリエンスデザイン　326
　　　　C.ナレッジマネジメント　330
　　　　D.競合情報　332
　　Ⅴ.まとめ　333

訳者あとがき　343
索　引

はしがき

　時の流れに遅れないでついていくことは難しい．『図書館情報学概論』第2版が6年前に刊行されてから多くのことが起きている．図書館情報学（LIS）の境界線は拡張を続け，問題領域も複雑さも増大している．私たちが直面する問題群は重く容赦なくやってくる．それは大変だが楽しいことでもある．私たち専門職には変わらない成長と継続的な学習，そして開かれた精神が要求される．次の年には何か新しいことが私たちの思考を再精査し，私たちの実践，政策，そして時には私たちの目的でさえも再評価するように働きかけることだろうと予想できる．幸いなことに，私たちにはすばらしい歴史，強固な価値群，課題解決を可能にする活発な専門職と学術的コミュニティが備わっていることで，課題を処理する堅固な基盤をもっているのである．

　旧版と比較して，本版ではこの領域で起こった多くの変化と社会の動き全体に対応できるように準備してきた．第2版の内容の多くを引き継いでいるが，再構成し，書き直し，大幅に新しくしている．以下のような重要で新しくかつ強化された議論を加えている．(1) ワールドワイドウェブの増大する影響，(2) ブログ，ウィキ，その他の形態の社会ネットワークサービス，(3) 電子図書を含んだ電子出版，デジタル図書館，デジタル保存，マスデジタル化，デジタルリポジトリ，(4) 知識を組織化するための書誌レコードの機能要件（FRBR）のような取り組み，(5) デジタルデバイドの重要性やブロードバンドアクセスとネットワークの中立性に関わる政策事項，(6) 移動式レファレンス，電子政府，ゲームのような図書館サービスの課題，(7) 図書館情報学教育について，情報学と図書館学との間で増しつつある緊張．

　この最後の点について述べると，図書館学と情報学は別の領域かどうかについての継続した論争がある．それぞれの内容を構成するものが何であるのかに

ついての議論もある．本書は，ボイド・レイウォードが図書館学と情報学の関係について「諸領域の連続体であり（中略）その両端の明確な違いははっきりしているしドラマティックでもあるが，分離するための境界線を簡単に引くことはできない」(Rayward 1983, p.344) と記述しているものを利用して，この両分野の相補的な性質に焦点を当てている．

目的

『図書館情報学概論』第3版の第1の目的は，前の版と同様に現在の図書館情報学環境を記述し，その環境とその外側の社会に影響を与える変化しつつある諸力を検討することにある．私の意図は，LIS（図書館情報学）専門職が自らの複雑な責務をうまく処理し，効果的に運営できるようにするための支援を行うことである．このことを念頭に置きながらも，本書は次の6つの目的を実現するために準備してきた．

1. 図書館や図書館類似機関，関連分野，そして情報領域全般で働こうとしている人々のためにこの分野の概説を提供すること．
2. 米国で一般的に用いられ，今後しばらくはこの専門職に影響し続けるであろう図書館情報学の主要なトピックや論点を明らかにし議論すること．
3. 図書館情報専門職に，この分野に変化を与えてきた論点やトピックを体系的に整理することでその知識をリフレッシュする機会を与えること．
4. 図書館情報学分野に関心をもったり学習しようかどうか迷ったりしている人に，この専門職を紹介し，その多面的な特性と可能性を説明すること．
5. 図書館情報学をより広い社会的・経済的・政治的・文脈に置くこと．LIS専門職をその制度状況の中において見ることはたやすい．さらに図書館やそれ以外の情報専門職は様々な政治的・経済的・技術的・社

会的諸力と関わりをもちまた対応していかなければならない．
6. 関心をもった読者が本書で取り上げたトピックをさらに深めることができるようにすること．そうしたトピックの多くは，この領域で今議論が展開中のものであり，さらなる文献調査や研究，情報交換を必要とする．

構成

前の版の項目の多くは残っているが，本版の章構成は教員や本書の編集委員会からのフィードバックに応えて変化させてきた．

序章と第1章は続く章に向けて広く概観し，その文脈を明らかにするものである．序章は広く社会に，ひいてはLIS専門職と機関に影響を与える4つの力を示し議論する．第1章「教育，娯楽，情報のインフラ整備」は図書館と他の情報提供機関を支える重要な制度を記述し論ずることで文脈を明らかにする．

第2章は専門職が存立するための図書館情報学の歴史的基盤を示す．第2章「図書館情報学：進化し続ける専門職」では，この専門職の進化と発展をレビューしている．現在のアメリカ図書館情報学は100年以上かけた成長と変化の最終の産物である．LIS専門職の現在の役割と彼らが経験する専門職の緊張は図書館情報学教育と専門職の歴史的展開の文脈に置いた時にもっともよく理解できるものになる．

第3章は図書館の知的組織化を検討している．第3章「情報の組織化：その技術と問題点」では，様々な形態における情報を利用可能にする組織体系を扱う．多種類にわたる大規模な資料群を対象とするにもかかわらず，分類システム，件名標目，シソーラス，データベース，そして強力な目録があってLIS専門職が要求に応じて情報検索を行うことを可能にしている．情報の組織化はこの専門職の試金石の1つとなっている．

第4章と第5章は制度としての図書館を検討する．最初は一般的な観点から行い，ついで技術の特定的な効果に焦点をあわせる．第4章「機関としての図書館：その組織を展望する」では，現代の図書館とその種類および内的機能，

そして図書館が直面する組織的な問題を検討する．第5章「図書館を再定義する：テクノロジー変化の影響と意義」では，この領域で起きた最大級の変化があった分野である情報テクノロジーの成長を扱う．これは特に図書館や情報センターにおける情報の組織や提供に影響を与えてきたものである．情報テクノロジーはあらゆる組織において情報提供者がその利用者に対応する際のあり方を変化させてきた．こうした変化から生じた諸問題について述べる．

第6章「情報学：サービスの視点」は研究領域としての情報学の特性に焦点を当て，LIS 専門職の仕事を報知する側面に特別の関心を寄せる．

同じ主題をいくつかの異なった点から扱うことができるように，本書は，多くの主題は1つの章で扱うが，いくつかの重要な問題については他の章でも独立して異なった文脈から取り上げている．例えば，インターネットやウェブは今日ほとんどの情報伝達を補強する役割を果たしており，多くの章で扱われている．同様に，私たちの領域がかなりの広さをもつので，出版，書物装幀，文書館，コンピュータ科学など，いくつかの関連領域については言及されているが，あまり深くは検討されていない．

厳選した文献リストが各章につけられている．これらは付加的な情報源となるとともに，本文で取り上げた基本的な問題に関して思考を刺激する役割を果たす．本書の関連ウェブサイト（www.neal-schuman.com/foundations）には，本書がカバーする次の主要な主題領域におけるさらに拡張された重要文献リストを掲げてあるので参照されたい．

- ・図書館の歴史と使命
- ・LIS 専門職
- ・図書館の知的組織化
- ・組織としての図書館
- ・テクノロジーのインパクト
- ・情報学
- ・情報政策
- ・情報政策と図書館
- ・倫理と価値

読者は時代に遅れないようにしなければならないと考えるなら，継続的に最新の文献を参照することの重要性を理解すべきである．

　LIS専門職は，情報の重要性，図書館がどのように知的にあるいは経営的に組織化されているか，図書館政策の効果，図書館員やその専門職の価値や倫理といったものを理解していなければ力を発揮できない．あらゆる専門職の課題は，流動する世界において常に最新の知識を保つことである．図書館は特別の場所であり，図書館情報学は特別の専門職領域である．両者の役割は，その役割に影響を与えるより広い諸力とともに本書の中心的な目標となる．その目標はこの専門職の領域に入ろうとする人々やすでにその中で地歩を固めている人々にとって重要な資源となるはずのものである．

参考文献

Rayward, Boyd. 1983. "Library and Information Sciences." In *The Study of Information: Interdisciplinary Messages*. Edited by Fritz Machlup and Una Mansfield. New York: Wiley, 343-363.

序

　少し前まで，この分野への入門テキストは図書館や図書館員を扱ったものであり，歴史記述，基本サービス，組織構造，そして図書館分類法で十分であったかもしれない．だがこれでは成り立たない．今日の図書館情報学（LIS）専門職が興奮と恐怖の両方を経験しているのは，すさまじい社会変動が図書館利用者と制度に影響を与え，この分野を変化させているためである．図書館は，現在，複雑化かつ流動化する，教育的・娯楽的・情報的社会基盤の一部となっている．図書館はまた，知識や情報がどのように作られ，整理され，アクセスされ，広められ，そして利用されているのかを理解することが求められる社会基盤の重要な部分でもある．今後に起こる事象に関して幅広い背景を供給するために，この序文では，私たちの社会におけるいくつかの基本制度を形成する4つの傾向を探ってみる．これらの傾向は，私たちのすべてに影響する．個人生活はもとより仕事上でも同様である．私たちは，適応性，創造性，そして決意をもって対応することが求められるであろう．

傾向1：インターネットはすべてを変えつつある

　時代は変わった．現在，どの経済的・社会的階層に属すかを問わず，多数の米国人が，毎日インターネットを利用している．これは，1990年にはインターネットが何なのかすらもほとんど知られていなかった経緯から考えると，すさまじい発展である．図書，雑誌，そしてその他の伝統的なメディアは来たるべき未来にも残っていくであろうが，それらが存在し続けても，すでに浸透したインターネットの影響を減らすにはいたらない．電話番号の検索から複雑な

話題を調べることまで，自動車をどこで修理するかを調べることから美術コレクションを眺めることまで，電子メールをやり取りすることから生涯のパートナーを見つけることまで，ドレスを購入することから電子図書をダウンロードすることまで，インターネットは，多数の米国人に対し，知識とコミュニケーション上での膨大な広がりをもたらしている．

　ウェブサイトの影響がさらに劇的となったのは，そのアクセスがデスクトップコンピュータから「モバイル」に進化した時である．iPod やブラックベリーのような携帯装置の出現で，文字通りウェブサイトの力は利用者の手の中に収まることになった．アンダーソンとレイニーは，そのような携帯装置は「2020 年の世界では，すべての人々にとってインターネットとの主要接続ツール」となり得る（Anderson and Lanie 2008, p.2）と論じている．同様に，ブロードバンドアクセスが広範に広がりワイヤレス接続が増加することにより，いつでも，どこでも，そしていたるところでインターネットに接続することがほぼ実現できる．さらに，ウェブサイトが Web 1.0, 2.0, 3.0，それ以上と進化を遂げるにつれて，情報世界に対して学習する能力，伝達される能力，享受する能力，そして相互作用する能力がますます高まり，かつ豊富になるであろう．

　いうまでもなく，インターネットの出現で，図書館における多くの可能性も広がった．世界中のデジタルコレクションへのアクセスが可能になったことにより，個々のコレクションが劇的に拡大される昨今である．ほとんど瞬時に権威ある知識へのアクセス（それほど権威のない知識も同様に）が可能で，コストも，物理的に知識を入手するより，はるかに少なくてすむ．人々は，図書館のコレクションに遠距離からでもアクセスでき，その職員との双方向のやり取りも可能である．

　確かに，インターネットは，テレビが情報と娯楽の主たるソースであった時代に育った筆者らの世代にとって，その魅力と有用性を兼ね備えているが，「ジェネレーション Y」（訳注：ベトナム戦争終結からベルリンの壁崩壊までの時代に生まれた世代）を形成する人々にとっては，さらに大きな重要性をもつであろう．彼らにとって，デジタル世界は，自然界と同様に，生まれてからの普通の暮らしの一部となっている．彼らの期待は異なっている．彼らは，今まで他の人たちが行っていた重要な機能を自分たちで果たすことができるような能力を

求め（セルフサービス），彼らは，多様な区別された機能を利用することを欲し，同じ仮想空間においてあるタスクから別のタスクへと自由に動き回ることを望み（シームレス），そして，指1本でその便利さを手に入れたいのである（サティスファクション）(De Rosa et al. 2004). インターネット時代ではさらに，人々は個人仕様のサービスを期待し，特定の希望やニーズを十分に叶えるサービスを欲し，簡単にかつさらに効果的にそれらを見つけられる過程を望んでいる．これは1つの新しい世界であり，公的機関が利用者の信頼と関与に適応できなければニーズを失うことになる社会である．

しかし，同時に，私たちは立ち止まり，デジタル世界が拡張するにつれてデジタルデバイド（情報格差）が広がることも事実で，それもずっと続くものであるという問題や論点に対しても敏感でなければならない．情報化時代になって，人々のプライバシーや守秘義務を守り，いつでもアクセス可能な平等性を確実にする責任を私たち市民が負うことが必要となっている．インターネットがなくてはならない時代であっても，私たちはインターネットをうまく利用しなければならない．

傾向2: 人口構成はますます多様化していく

米国は，人口統計学上，大きな変化に見舞われている．平均寿命の長期化，移民の増加，そして子どものもち方の多様化により，国家における社会的，政治的，経済的，そして教育的な基盤が変化している．パッセルとコーンによると，この人口統計学上の傾向には，2050年にいたるまで私たちに影響を及ぼすものもあると報告されている（Passell and Cohn 2008）．

1. 2005年の米国人口は2億9600万人で，2050年には4億4000万人になると予測される．移民や移民の子どもたちが，この増加のかなりの割合を占め，米国人の5分の1近くを占有することが予測されるが，2005年の占有率はたったの8分の1であった．
2. 2005年から2050年の間に，ベビーブーム時代に生まれた高齢者人口

は，3700万人から8100万人に膨れ上がり，人口の19%を占めるようになる一方，子どもの数は7300万人から1億2000万人への増加と予測される．皮肉なことに，若年層と高齢者を支える労働年齢層の人口は，ゆっくりと増加するものの，人口比率では減少となる．
3. ラテン系（ラティーノ）人口は数的には3倍に増え，2050年までに4200万人から1億2800万人に増加し，29%の人口を占有する．スペイン系（ヒスパニック）の子どもは20%から35%への人口比率増加．アジア系人口も早々に増加し，1400万人から4100万人に到達．アフリカ系アメリカ人は3800万人から5900万人に増加するものの，人口占有率は13%にとどまる．ヨーロッパ系人口は減少するものと見られ，67%から2050年には47%の占有率となる．

こうした人口統計の変化に対し，注視し続けることが求められる．多様なコミュニティとなることは必須であり，さらなる資源や新しい専門知識も必要となるであろう．これらの変化によって，人口の幅広い層に奉仕する図書館のような公共機関にとってはひときわ要求が厳しくなり，特に資金が不足している時代においてその傾向は顕著となるであろう．

傾向3：財政状況は不安定なままであり続ける

2008年から2009年にかけて起きた経済インフラの急激な劣化よりも前から，様々な指標により，公共機関は財政的な困難さを経験するであろうことが示唆されてきた．例えば，政府の財政援助は横ばいか，もしくは減少すらしている．公共機関の経費が上昇し続ける一方で，市民は増税にうんざりしていた．特に，医療，エネルギーやテクノロジーのための支出は，公的予算においてかなりの負担を強いていた．同時に，市民は，高い性能とさらなる説明責任を期待していた．これらの多くの問題のため，今日の深刻な難題が起きている．シスコ・システムが提供した報告は，2020年までの傾向において，以下の考察を行っている（Economist Intelligence Unit 2006）．

公共機関は，今後15年にわたり，数多くの難題に立ち向かうことになることが予想される．財政援助の制限と市民の期待の高まりから，事態はさらに悪くなるであろう．（中略）制限下でも要求が高まるのは，公共機関に対して多少とも期待を寄せていることを意味する．今後，テクノロジーの展開，業務管理と業務測定機能の高まり，その結果としての核となるサービス以外の業務委託がますます顕著になることだろう．（中略）政府サービスは市民や企業のニーズに合うように設計され届けられることになる．公共機関と民間企業組織との効果的な協同化も考えられるが，公共サービス組織がより良いサービスを提供することと，支出を抑えることの両方を可能にするのはとても困難であると予想される．(p.62)

医療費の上昇，自然資源の濫用の増加，そして強力なテクノロジーインフラ整備のための費用というように財政状況が複雑化していくことも，公共機関が直面し続ける大きな支出問題のうちのいくつかに過ぎない．生産性が実際に公共機関によりいかに測定され定義されたとしても，そうした機関が財政上生き残ることが困難になるのは明らかである．その成功には，公共サービスをどのように構成しまた簡略化するかという評価を注意深く行うことが必要であろう．どういった種類の能力や訓練が彼らの公共事業を維持，改良していくために必要なのか，どのような他の民間および公共の事業体が生産性向上に役立つのか，といった観点での評価が必要である．お金が問題になるということは揺るぎない事実である．

傾向4:プライバシーに対する期待は変化しつつある

私たちは，プライバシーに対する期待が進展しつつある世界に住んでいる．世界中をつなぐコンピュータネットワークの広がりにつれて，人々のプライバシーはますます露出されやすい状況になっている．セキュリティ機能がいかに本腰を入れて整備されたとしても，個人，団体，そして国家までもがシステム

に不正にアクセスし，もっとも個人的な情報を引き出す事例が数えきれないほどある世の中である．情報をもった業者が，許可なくその情報を販売したり他者にアクセス可能な状態にする事例も少なくない．

　コンピュータの脆弱性は，プライバシー環境を悪化させる要因の一部に過ぎない．2001年9月11日に起きた同時多発テロにより，国家のセキュリティに対する懸念が膨らみ，プロテクトがかかる前の米国市民の生の個人情報を政府が収集できるように，法律を変えるまでにいたった．こういった動きの中には妥当な理由に基づくものもあるかもしれないが，結果としては私たちのプライバシー保護機能が低下しているのは事実である．プライバシーが蝕まれるにつれ，政府に対する信頼が低下する人も少なくない．興味深いのは，すべての市民がプライバシーに対して同じ期待をもっているわけではないことである．「ミレニアル」世代は，1977年から1990年に生まれ，現在の人口の主たる部分を占めベビーブーム世代の人口が減少するにつれ割合を増している世代である．彼らはコンピュータネットワークが個人情報を処理しまき散らしていることを認知しながら育ってきた世代である．実際，彼らは，自身の個人情報や写真をソーシャルネットワークサイト上に載せ，友だちがそれにアクセスすることを期待する．この個人情報へのアクセスをコントロールする選択があるにしても，ミレニアル世代やそれ以降の世代にとってプライバシーに対する関心が低いのは明らかである．

　長い間，図書館員は，個人のプライバシーを守ることがその責務の基本的価値であると考えてきた．その深い信念は，もし個人のプライバシーが公共に露出される対象となった場合，人々は物議をかもす，または注意を要する情報を求めないであろうという前提に立っていた．しかし，検索エンジンやデータベースを使って求められた情報が，必然的に特定の人物，電話，またはコンピュータにつながると個人が考えている世界においては，そのような行動自体を個人的なものとは認識しなくなり，図書館が個人情報を守る必要があるとは誰も思わなくなるのかもしれない．

まとめ

　もっと多くの傾向を記述することもできるであろうが，私たちが考えたこれらの4つの傾向を探ることで，私たちはこの専門職の業務を幅広い社会的背景の中において，21世紀の図書館員や情報専門職を取り巻き，影響を及ぼす複雑性に対する認識を発展させることに着手する．自身の専門職内における技術や問題にとどまらず，私たちの分野を形成する外部からの力の流れについていくことが，LIS専門職にとっての責務である．将来に向けて計画すること，欠かせないプログラムやサービスを開発すること，コレクションを作り上げること，そして私たちの組織への有資格者の配置を実現することは，大きな社会変革と潮流を理解しなければ不可能であることは明らかである．読者が本書の中で，LIS専門職がもつ多くの側面を学ぶ時，幅広い背景の中にこの仕事を位置づければ，私たちは，来たる数年間に直面する複雑性や困難を理解するための枠組みを理解することができる．

参考文献

Anderson, Janna Quitney, and Lee Rainie. 2008. "The Future of the Internet III." Pew Internet and American Life Project. December 14. Available: www.pewinternet.org/~/media//files/Reports/2008/PIP_FutureInternet3.pdf (accessed June 29, 2009).

De Rosa, Cathy, Lorcan Dempsey, and Alane Wilson. 2004. *The 2003 OCLC Environmental Scan: Pattern Recognition.* Dublin, OH: OCLC.

Economist Intelligence Unit. 2006. *Foresight 2020: Economic, Industry, and Corporate Trends.* New York: EIU.

Passell, Jeffrey S., and D'Vera Cohn. 2008. *U.S. Population Projections: 2005-2050.* Washington, DC: Pew Research Center, February 11. Available: www.pewresearch.org (accessed June 4, 2009).

1 | 教育, 娯楽, 情報のインフラ整備

I. はじめに

　19世紀以降，米国の図書館は，教育（Education），娯楽（Recreation），情報（Information：以下3つを併せてERIとする）に関わる利用者のニーズに応えてきた．図書館は，正規の教育課程の中で直接，学校や大学を支援するか，または個々人に対して自ら学ぶ機会を提供することで，教育に関する利用者のニーズに応えてきた．同様に，図書館が娯楽小説，新聞，大衆誌，そして昨今では，エンターテインメント用のDVD，CD，コンピュータゲーム，さらにはインターネットへのアクセスを通じて提供してきた娯楽の価値に疑問を示す者はほとんどいない．そして20世紀に入り，情報に関するニーズに応える必要性はますます顕在化し，インフォメーションデスクまたはレファレンスデスクは，図書館サービスとしてよく知られた必須の部門である．専門図書館や情報センターの中には情報ニーズのみに特化するものもあるだろうが，公共図書館や大学図書館，学校図書館のようなより広範囲な利用に応じる図書館の多くは，利用者のERIニーズのいくつか，またはすべてにサービスを行おうと試みている．

　現在利用可能なERI資料の量とそれらが生産される速度は，気が遠くなるほどけたはずれなものになっている．かつては主に図書や定期刊行物のような伝統的なメディアを通じて入手できた情報は，今やそれ以外の多くの形式で利用可能である．例えば，マイクロフィルム，DVD，ブルーレイ，MP3，さらにはPDF，GIF，HTMLといったウェブベースの形式で利用できる．図書館情報学（LIS）の専門職以上にこうした情報の過剰状態を知る者はいない．LISの専門職は，数世紀に及んで記録された知識を収集し，組織化し，広く普及させてきたからである．

効果的に機能するため，図書館および図書館と同様の機能を有した組織は，その活動を支援するための大規模なインフラに依存している．このインフラは，基礎部分であり，枠組みであり，まさに家の基礎構造のようなものだ．そのような基礎構造がなかったら，家は倒壊してしまう．社会というのは，様々なインフラで成り立っている．例えば，高速道路や鉄道線路，空路，水路等の輸送インフラであり，これらのおかげで人や物が効果的に移動できる．このインフラの中には，輸送を規制する政府機関も含まれる．ERIインフラも同様であるが，ただしそこで流通するのは動く物ではなく，情報である点で異なる．このERIインフラは図書館があってもなくても成り立つが，図書館があることによって機能は大いに高められる．

ERIインフラは様々な要素を結びつける．例えば，主として教育的な資料は，同時に娯楽的になり得るし，娯楽的な資料も重要な教育的・情報的価値を備えることがある．ERIインフラの構成要素を理解すれば，教育機関や情報を作り出し供給する機関やチャンネルと図書館との相互依存関係を明らかにでき，さらにはより広い社会での図書館の立場や機能を理解する重要な背景を得ることができる．

II. ERIインフラ

この節では，ERIインフラを特徴づけることができる5つの方法を説明する．

A. プロセスとしてのERIインフラ

ERIインフラは，知識や情報が社会で作り出され，普及し，利用されるようになるためのプロセスと見ることができる．従来からのプロセスは，次の5つの要素で構成される．

1. 制作者——例えば，著作者，芸術家，音楽家といった自らのアイディアを物理的な形，制作物にする者．

2. 制作物——伝統的には図書，記事，絵画，楽譜，最近ではマルチメディア作品，データベース，ウェブサイトで，配布者をはじめとして，制作者以外の者によって利用可能なものにされる．
3. 配布者——例えば，出版社や販売者など，多くの制作者による制作物を利用可能にする者．流通者の機能をもつ他の機関を通して供給を行う場合もある．
4. 流通者——配布者から膨大な量の ERI 資料を入手し，個々のエンドユーザーまで広めるという点で，卸売業と同義．
5. 利用者——知識と情報を消費し，利用する者．

　図書館の役割は，伝統的には流通者であり，利用者と，配布者，制作者との間の仲介者であった．

　しかし，このプロセスの直線的な性質が劇的に変化している．ワールドワイドウェブの出現によって，制作者，制作物，配布者，流通者と利用者との関係は曖昧になった．ウェブ環境では，制作者は販売者や流通者になることができる．出版社等の配布者と学校，図書館等の流通者も，制作者になることができる（例えば，電子サイト，ブログ，Twitter のアカウントやウィキを通じて）．小説家は小説を書き，それをウェブに載せて，有償または無償で直接利用者に届けることができる．レディオヘッド（Radiohead）のような有名な音楽グループが，アルバム全部をオンラインで販売している．ウィキペディア（Wikipedia）のようなサイトは，利用者が制作者である顕著な例である．電子メディアが制作者，配布者，流通者に与えた影響は，この先も引き続き大きいことはまちがいない．

B. 装置としての ERI インフラ

　ERI インフラを考察するもう 1 つの方法は，情報や知識を伝達するために使う装置の観点からとらえることである．この装置とは，図書，定期刊行物，新聞であり，テレビ，ラジオ，DVD レコーダー，再生機，ディスク，MP3 プレーヤー，電子図書端末，ポッドキャスト，iPhone，さらにデスクトップパソコン，ノートパソコンである．映画館もこのリストに入るかもしれない．最新鋭

の装置の多くが機能の進化をし続けることが予想される．こうした装置の利便性は明らかだが，それらが定期的に変更され，競い合う新しい技術によって予想され得る新製品が生み出されることは，特定の装置のみに対応するフォーマットで制作され保存された情報と知識を組織化し，利用者に届けようとする機関にとって，問題を生じさせている．この問題がやっかいなのは，多くの場合こうした装置に含まれる情報を一定期間，安定して使える方法で保存する必要があるためである．

C. ネットワークとしての ERI インフラ

ERI インフラをネットワークという視点から見ると，図書館がどれほど大きなシステムに依存しているかが明らかになる．ネットワークは，重要なコミュニケーションチャンネルとして機能しており，電話，ラジオ，テレビのネットワークを含む．さらに有線と無線の機器，デジタルと衛星放送網，すべてのネットワークのネットワーク，インターネットがある．

インターネットは，地域的なものはもとより地球規模の多くの情報ネットワークとつながっている．初期のウェブは，Web 1.0 と呼ばれることがあるが，本質的に受け身のウェブサイトで構成されていた．つまり，検索エンジンまたは利用者に見つけられるのを待っているだけだった．コンテンツは，開発者が意図的に制作，管理していた．しかし，RSS フィード，ウィキ，ブログ，その他のソーシャルネットワーキングソフトといった新しい革新的なアプリケーションが，Web 2.0 と呼ばれるインターネットの進化をもたらした．もっとも基本的なレベルで，Web 2.0 のネットワーク環境は，サイト利用者がそのサイトのコンテンツの展開に相互に交流しあい，参加することを可能にした．そのようなサイトが，特に若者の間で，アイディアを交換し，ニュースや他の情報を得るための重要な場所になった．利用者は，テキスト，音声，映像を投稿し，情報を作り出すことができる．ウィキペディアが良い例である．ソーシャルネットワーキングとそれによる情報源の激増により，何が適切で正しい情報源であるか，まったく新しい定義がされることになった．このように Web 2.0 は，人々が情報を見つける方法を変えた．そのため図書館員にとっては，こうした

発展にしっかり着いていき，それを可能な限り活用することが重要となる．

2000年，米国のインターネット利用者は，約1億800万人だった．2008年までにその数は2億4600万人に達した．世界では15億人以上の利用者がおり，41％がアジア，25％がヨーロッパ，15％が北米である（Internet World States 2009）．

もちろん，インターネットを利用する理由はたくさんある．成人の場合，インターネットを利用するもっとも一般的な用途は，メール（91％），検索エンジン（89％），地図またはカーナビ（86％），趣味または興味による情報検索（83％），製品やサービスに関する情報検索（81％），である．その他の理由には，買い物（71％），ネットサーフィンを楽しむ（62％），健康情報の検索（58％），動画サイトで動画を見る（52％），学校のための調べ物（57％），がある（Pew 2008）．

インターネット利用は流動的で，経済状況，テクノロジーの利用可能状況，興味の度合い等の要因に基づき，時期により異なる．ピュー研究所のインターネット研究によると，米国成人人口の約72％が毎日インターネットを利用している（Pew 2008）．男女ともに同じ割合でインターネットを利用しているが，年齢，収入，正規の教育レベルに応じて，利用率は増加する．非ヒスパニック系白人はもっとも使っている利用者であり（77％），次いで，非ヒスパニック系黒人（64％）である．地理的には，74％の郊外居住者がインターネットを利用しており，僅差で続くのが，都市居住者（71％）である．7万5000ドル以上の年収のある人の95％がインターネットを利用しており，これに対して年収3万ドル以下では57％である（Pew 2008; Jones 2009）．

世代別の傾向においてもまた，ウェブの利用は18歳から44歳の比較的若い層で占められているが，70歳代，70歳以上を含む高年齢層の利用も増加している．その一方10代の利用がもっとも多く，12歳から17歳までの個人の93％がネット接続を行っている．世代別の利用傾向ははっきりしている．若年層の個人は，ソーシャルネットワーキングの利用が主で，娯楽や友人，家族とのコミュニケーションのためにウェブを利用している．若年層の利用者は，中高年層よりも，オンラインゲームをする，映像を見る，インスタントメッセージを送信するという使い方をするようだ．中高年の世代は，買い物，インターネ

ット銀行，健康情報の検索のためにウェブを使うようだ．中高年層はメールの利用も非常に多い（Jones 2009）．

エスタブルックとレイニーは，インターネットを「頼りになる情報源」，情報を探す時のもっとも身近な情報源になっていると記述している（Estabrook and Rainie 2007 p.iii）．しかし，ネットワークは図書館にとって両刃の剣である．ネットワークのおかげで図書館員は膨大な量の情報にアクセスすることができる．他方，次々と知識が生み出され，利用者が直接アクセスできるネットワーク上に電子形式で送られれば，利用者は図書館や図書館員にあまり頼らなくなるかもしれない．これらのネットワークが図書館に与える影響については，第5章でより詳しく論じる．

D. メディア産業としての ERI インフラ

図書館は，図書館が提供する知識や情報を生み出し，配信するメディア産業に依存している．そのため，これらの産業の特徴を理解することは，図書館のコレクションとサービスの向上にきわめて重要である．

1. 様々なメディア産業の特徴

a. 出版産業

記録（石，粘土，羊皮紙，パピルス，紙）は，文字言語の発明以来ずっと存在しており，印刷物も印刷技術の発明以来ずっと存在している．中国では，西洋諸国より何世紀も前に印刷技術が生まれていた．15世紀中頃のドイツで印刷機が発達した後は，印刷物の影響はますます大きくなっていった（マルティン・ルターは印刷機を巧みに利用して，のちに宗教改革となる動きを鼓舞したのである）．

電子メディアの台頭により，印刷物は必要なくなるという予想にもかかわらず，データではそうなっていない．図書の売り上げは，過去数年間にわたりゆっくりではあるが確実に伸びており，2007年には250億ドルに達する勢いで前年比3%の増加であり，2002年以降全体で2.5%増加している．米国の出版

社は，2007年に17万3000タイトル以上を発行，これに対し2004年は16万タイトルだった．加えて，発行された図書で著しい増加が見られるものに，2006年から2007年にかけて18%上昇したオーディオブックと40%近く増えたグラフィックノベルがある．児童書の売り上げは横ばいながら，2002年以降全体では4.6%増と堅調である (Bowker Annual 2008)．

　最初は低調だったが，電子図書の急激な成長も言及に値する．電子図書という用語は正確ではない．この用語だと，印刷による図書の内容を電子形式に変換して読むためのデバイスをさすこともでき，またより広義に電子的に利用可能な図書全般と解釈することもできる．当然，電子図書の市場が拡大しより洗練されていくと，収益も上昇傾向になる．実際，売上収益は2006年から2007年にかけて20%近く増加し，全体として2002年以降56%も上昇するというかなりの伸びを示している．電子図書の売り上げ全体は2003年の1900万ドルに対して，2007年で6700万ドルであった (Bowker Annual 2008)．

　定期刊行物も出版産業で堅調な部門の1つである．7万5000以上の定期刊行物が米国とカナダで毎年発行されており，その中には総合誌，業界誌，科学他の学術誌がある．この中で2万は一般消費者向けの雑誌である (Serials and Government Publications Division 2009)．米国内だけで8300を超える定期刊行物出版社があり，460億ドル以上の収益をあげている (U.S. Census Bureau 2010)．定期刊行物産業の収益の60%が総合誌によるもので，15%が業界誌によるものである．定期刊行物業界は数少ない業者に集中しており，規模の大きな上位50社が市場の70%を占めている (First Research 2009)．定期刊行物は幅広い読者に読まれているが，学術的な出版は需要が伸びていないのに出版費用が高騰しているので，ここ数十年間深刻な苦境を強いられている．

　歴史的に見ても，新聞は一般的な情報源であった．しかし，近年では新聞産業に劇的な変化が起きている．例えば，日刊紙の発行部数は1990年に6200万部だったのに対し，2006年には5200万部と一貫して減少している．この傾向は，特に米国の主要な新聞に関して顕著である．例えば2009年最初の4半期で，『ニューヨーク・タイムズ』の発行部数は前年より3.5%減少，『ワシントン・ポスト』は1.2%，『シカゴ・トリビューン』7.5%，『ロサンゼルス・タイムズ』6.6%，『ヒューストン・クロニクル』が14%の減少となっている (Ovide and Adams 2009).消費者が新聞にかける支出も 2000 年に 1 人あたり 52 ドルだったのが,2006 年には 50 ドルに減少,2010 年までには 45 ドルになると見積もられている (U.S. Census Bureau 2010).

　この減少の 1 つの理由として,インターネットなどその他の情報源が,新聞より面白くタイムリーで,映像化が進行する社会にアピールするということがあるだろう.時宜にかなった情報とうまく編集された画像・音声とが結合することで,文字がもつ平静さと比べると,確かに強力なライバルになる.新聞は,同時性も欠いている.朝に配達される新聞は,オンラインやテレビで継続的に更新されるライバルによりすでに時代遅れで,それらに取って代わられることになるだろう.電子新聞が数量を伸ばし,かなり市場に浸透しつつあるが,CNN や MSNBC 等のケーブルテレビニュースとの激しい競争もあり生き残りを難しくしている.

　新聞産業にとってよりやっかいなのは,若年層の新聞購読に関する将来の見通しである.18 歳から 34 歳までの人口のうちたった 19％しか日刊紙を読んでおらず,これらの若年層のうち 44％がウェブポータルでニュース情報を得ている (Brown 2005).典型的な 1 日の場合,およそ 5000 万人の米国人がインターネットでニュースにアクセスしており,インターネットをよく使う利用者では 70％以上が,主に CNN や MSNBC のサイトからオンラインでニュース情報を得ている (Horrigan 2006).さらに,インターネット上のニュースの信頼性は高く,インターネット利用者の 3 分の 2 が,いつもアクセスするニュースサイトで目にする情報のすべてかほとんどを信頼していると回答している (Consumer Reports Web Watch 2005).モーアは,拡大するブロードバンドアクセス,際限なく増加するブロゴスフィア(訳注:ブログ圏ともいう.ブログが相互にリンクした社会的ネットワークのこと),利用者発のコンテンツ,ピアツーピアのネットワークが,メディアにおいて権威や内容が構築される際のまったく新しいモデルとなるだろうと述べた (Mohr 2006).

　コンピュータだけでなく,携帯電話を介したインターネットアクセスが一般化している.携帯デバイスを利用したニュースへのアクセスは,2008 年 1 月から 2009 年 1 月までに 2 倍以上になり,こうした個人のうち 3 分の 1 (2240 万人) が,このメディアを毎日利用していた (Podcasting News 2009).

1 教育，娯楽，情報のインフラ整備　　　　　　　　　　　17

b. 電話／携帯電話産業

　コミュニケーションの歴史において，電話の重要性はいくら強調してもし過ぎることはない．米国全世帯の93％以上が電話を所有している．電話は，初期のコンピュータのコミュニケーションが電話線を通じて行われていたために，コンピュータの情報革新にとって必要不可欠な基礎としての役割を担っていた．今日，こうしたコミュニケーションの多くはケーブルとデジタルのネットワークで行われている．電話線による電話網は，基本サービスであり維持されると予想されるが，その重要性は，携帯電話とインターネット電話の利用が増えるにつれ，減ると思われる．

　携帯電話とスマートフォンの出現は，人々が情報を受け，送る手段にとてつもない影響を与えた．ホリガンは，米国人の成人の62％が無線によるコミュニケーションデバイスを使用していると報告した（Horrigan 2008c）．2008年中頃までに，2億6200万人以上の無線契約者がおり，米国世帯の84％にものぼっている．さらに，そのような世帯の17％が「無線のみ」であった（CITA 2009）．世界規模で見ると，32億以上の携帯での接続がある（Inc.com 2008）．

　通話に加えて，スマートフォンはテキストメッセージの送受信，写真撮影，ビデオ録画，ゲーム，インターネット接続もできる（Rainie 2006）．成人米国人の58％が携帯電話かパーソナルデジタルアシスタント（PDA）を使って，テキストメッセージや電子メールを送信するか写真撮影をしており，41％が家庭以外でインターネットにログオンするか，無線のノートパソコンか携帯端末デバイスを使って仕事をしている．新しい利用者は，経済やビジネスに関する情報にアクセスしたり，レストラン，映画，その他の娯楽についての情報を探したりする（Podcasting News 2009）．デジタル利用測定会社コムスコアの報告では，携帯デバイスを毎日利用する930万人は，2009年1月時点で携帯デバイスでソーシャルネットワーキングとブログを行っていた（ComScore 2009）．これらの携帯デバイスは利用人口が増えれば増えるほど進化し続けるだろう．ピューの調査では，米国人の39％が携帯のコミュニケーションデバイスに対して肯定的で前向きな考えをもっていた（Horrigan 2009）．

　図書館は，携帯端末デバイス上で技術的にも審美的にもすぐれたウェブサイトを利用して行うサービスを提供することによって，こうした発展に対応して

きた．テキストを介した IM（インスタントメッセージ）レファレンスや SMS（ショートメッセージサービス）のアプリケーションは，もはや常識である．こうしたサービスは，利用可能なコミュニケーション技術と連動して進化する傾向にある．

c. ラジオ産業

1億1000万を超える世帯がラジオを所有していて，これは米国の世帯数のうち99％にあたり，しかも世帯あたり1台どころか，平均的な世帯では8台以上のラジオを所有している（U.S. Census Bureau 2010）．ラジオ局，それもFMラジオ局の数は1980年の約3200局から2005年の6200局まで94％増加している（U.S. Census Bureau 2008）．営利団体であれ，非営利団体であれ，これらのラジオ局は，従来のニュース放送から政治問題に及ぶトーク番組，教育番組まで，その地域コミュニティや国内での話題を伝える多種多様な番組を提供している．ラジオの置き場としては，ベッド脇のテーブルや台所のカウンターだけでなく，ウォーキングやランニングをする際や，運転中にはラジオを自分たちの頭部につけることもできる．レストランや車，その他の公共の場でも流されている．コンピュータでもアクセスすることができ，私たちの嗜好にぴったりと合わせて，衛星を通じてさえ届けられるのである．

d. テレビ産業

テレビを所有する世帯数は，ラジオを所有する世帯数よりもやや下がっている．3億1000万台のテレビが，1億1300万世帯に設置されており（1世帯あたり，平均で2.8台），米国全世帯の98％以上に上る計算である．2007年のテレビの売り上げは，デジタルテレビが約2600万ドルであり，液晶テレビは1400万ドルであった（Broadcasting & Cable Yearbook 2009 2008; Quigley 2008）．

テレビはラジオと同様に，ニュース，特集番組，トーク番組，映画，ホームコメディ，そして実録番組等の様々な番組を提供している．テレビ番組の中にはその質に関して異論を唱えようとする人がいるものもあるかもしれないが，米国人がテレビに惹きつけられ続けていることは無視できない．2006年に，1人あたりおよそ年に1937時間テレビを見ており，その中にはケーブルテレビ

1 教育，娯楽，情報のインフラ整備　　　　19

や衛星テレビを見ていた989時間と，通常のテレビ放送を見ていた684時間が含まれている（Quigley 2008）．

　テレビ産業は，テレビ番組を提供する仕組みの多様化も図っている．例えば，1960年代にはケーブルテレビは新参で，あまり受け入れられなかった．1980年までにケーブルテレビを導入した世帯はたったの1500万世帯（20％）であった．過去10年間で，この傾向は劇的に変化した．2000年までに6900万世帯，すなわち米国の全世帯の68％がケーブルテレビを導入し，2007年までには7100万世帯が導入した．ケーブルテレビ局の数も，1985年の7500から2000年の1万以上と堅調に増加してきたが，おそらく様々なセクターとの競合が影響してか，2006年には7060と急激に下落した．一方，商業的なテレビ局の数は過去数十年間にわたって急激に増加し，1980年の734局に対して，2006年には1373局まで増加したが，2000年以降はその数は比較的安定している．

　さらに，傘の形をした衛星アンテナは，かつては天文学者の領域で天文台や大学にしかなかったが，現在では，多くの米国の家庭の屋根や中庭を賑わせている．1980年には一般家庭向けのサテライトステーションは存在しなかったが，2006年には2700万以上の衛星放送受信契約者が存在した．全体として，テレビネットワークを通じたテレビ鑑賞は減少しており，一方でケーブルテレビと衛星テレビの消費が増加している（Quigley 2008）．

　デジタルビデオレコーダー（DVR）の出現もまた，人々がテレビを利用する方法を変えた．視聴者は，今や，以前は固定された経験であったものを早送りし，巻き戻し，その他の方法でカスタマイズし，好きに操作することができるのである．さらに，多くの人々が，www.hulu.com といったサイトを利用して，コンピュータ上でテレビ番組を見ている．コメディ・セントラル，ABCそしてNBCのような主力のネットワークは，無料視聴で番組のすべての回を公開している．これらの新しいサービスとテクノロジーが意味するのは，人々はいつでも好きな時に好きな番組を見ることができるということである．同様に，一切のテレビ信号はデジタル形式で放送されなければならないという議会決定とDVDおよびブルーレイテクノロジーの発展とが結びついて，新しいコンテンツとそれを届けるための手段の発達に拍車をかけたことは疑いない．2006年までに9500万以上の世帯（85％以上）が，DVDプレーヤーを所有している．

DVDビデオのタイトル数は，2002年の2万から2006年の6万まで増加している．2500万以上のDVDプレーヤーが2002年に稼働しており，2006年にはそれが3200万以上にまで増加している．もちろん，新しい競合相手としては，オンデマンドの番組と即座にダウンロードできるコンテンツ産業が参入しており，DVDと映画館市場に常にプレッシャーをかけているのである．

e. データベース産業

過去10年間を通じて，データベース，制作者，データベースベンダーおよびエントリの数がいずれも堅調に伸びている．それらの特徴と成長に関する優れた説明は，『ゲイル・データベース名鑑』でのウィリアムズによる説明で読むことができる（Williams 2006）．別段の記載がない場合，次のデータはこの出典から転載している．

データベースの数は1975年に301だったものが2005年には1万7000にまで増加している．ユニークデータベース数は1990年には6000だったのに対し，2006年までに1万6000以上存在している．データベースの制作者の数も1975年に200だったものが2003年には4000以上に増加し，2005年にかけて緩やかに減少している．ベンダーの数の増加は著しく，1975年に105だったものが，2005年には2800になっている．ベンダーの数は増加を続けているが，21世紀に入って最初の10年間はほぼ横ばいである．当然のことながら，情報の量が増加し，ベンダーと制作者の数が多いまま維持されるにつれ，電子的に保存された記録の数も著しく増加している．1975年には5200万であったレコード数が2005年には210億にまで膨れ上がっており，403倍の増加である．

1977年には，全データベースの56％は政府関係者のみが閲覧可能であり，22％が商用であった．年月を経て，この関係が逆転している．2006年には，全データベースの84％が本質的に商用または産業用であり，10％が政府用であった．データベースの中でもっとも多いのがビジネス用であり（24％），次いで科学，技術，工学（16％），複合領域（14％），生命科学（12％），法律（11％），社会科学（8％），一般（7％），人文科学（6％），ニュース（2％）と続く．そのうち，8％が非営利目的（ほとんどが学術用）である．大多数のデータベース（78％）が北米で制作されており，西ヨーロッパで制作されるのは19％にと

どまっている．

　利用可能なデータベースの種類に関して，ウィリアムズは，多く（67%）は文字によるものであると報告している（Williams 2006）．傾向としては全文データベースが増えている．全文データベースとは，抄録や書誌事項だけでなく，テキスト全文が閲覧可能であるものである．2006年には1万1000に迫る数の文字データベースが存在し，その内の78%はフルテキストのものであった．それは1990年には42%にとどまっていたものである．書誌データベースに目を転じると，1990年に32%だったものが，2006年には18%に落ち込んでいる．今日では，書誌データベースに対して，フルテキストの文字データベースの数はほぼ4倍に達している．この推移が証明しているのは，情報チャンネルとしてのコンピュータを利用したデータベースが著しく増大しているという事実である．データベースの中で数が少ないのは，数値のもの（22%）である．画像や音声のデータベースの数はさらに少なく（画像データベースは16%，音声データベースは5%），それでも1990年以降，23%以上増加している．

　デジタル化技術がますます改良され，ウェブがどこでも利用可能になり，全文テキストと画像に基づくデータベースの数が継続して増加しているが，この中には，グーグル，YouTube，フリッカー等の人気のある提供サイト上で無料で利用可能なものも含まれている．これらの人気のあるデータベースは，大学図書館または専門図書館でよく遭遇するデータベースとはまったく異なっている．もちろん，これらのデータベースで膨大な量の情報が入手可能であるからといって，必ずしも正しい情報を獲得できるわけではない．実際に，ほとんどの市民が，情報の波にさらされることで，情報に溺れてしまうか，少なくとも情報が多過ぎて途方にくれてしまうということは容易に想像できる．おそらく，それが理由で，ウェブを参照するにあたって，ナビゲーションという用語がよく使われるのである．

2. メディアを利用するパターン

　ERIインフラを構成する諸産業に関して考察する場合，人々がこれらの様々なメディアをどのように利用しているのかに関して，より詳しく検討する必要が出てくる．例えば，カイザーファミリー財団（Kaiser Family Foundation）に

よる調査によると（Rideout et al. 2006），典型的な1日で，6歳以下の子どもの75％がテレビを見ており，82％が音楽を聴き，16％がパソコンを使用している．全体では，83％が画面による何らかのメディアを使用していた（例えば，テレビ，ビデオ，DVD等を見る，ビデオゲームをする，パソコンを使用するといったもの）．これは，何かを読むか，読んでもらっている子どもたちの割合と同様である．しかし，このようにスクリーン画面を見るのは，1日のうち2時間以内となっている．一方で読書や読み聞かせの時間は40分である．どのメディアを利用するかについては毎年，ヴェロニスらが報告しており，最近のデータや研究課題についてまとめている（Veronis, Suhler, and Stevenson 2009）（表1.1, p.23参照）．

様々なパターンが出現している．例えば，個々人のメディア消費は2002年に年3388時間だったのに対し，2007年には年3496時間に増加している．しかし，全体でのメディア消費は横ばいであり，2012年までは同様であると予想される．提携ネットワーク，独立系，放送およびケーブルによる伝達を含んだテレビを見る行為は，メディアの利用のもっとも大きな部分を占めている（46％）．ケーブルテレビは，すべてのテレビ利用の60％を占めている．ラジオ放送（衛星ラジオを含む）は引き続き主要な役割を果たしており，すべてのメディアの利用の22％を占めている．

E. 機関としてのERIインフラ

1. 図書館

図書館は，アメリカ入植以来，合衆国における教育，娯楽，情報の安定した供給源であったが，19世紀まで図書館の数や質はきわめて限られていた．表1.2（p.24）は1980年以降の図書館数とその伸びを示している．

今日，米国には11万5000以上の図書館が存在している．公共図書館（分館を除く）が9757館，大学図書館が3768館，専門図書館が7609館，そして学校図書館メディアセンターが9万4342館である（American Library Directory 2007-08 2008; Digest of Education Statistics 2002 2002）．これらの様々な図書館が，教育，情報そして娯楽を目的として豊富な資料とサービスを提供することで，ERIインフラにおいて重要な役割を果たしている．歴史的に見て，図書館とい

表 1.1 市民 1 人あたりの年間の平均メディア消費時間

	実測値		予測値		年間平均成長率	
	2002	2007	2008	2012	2002-2007	2008-2012
テレビ						
ネットワーク系						
年間の視聴時間	624	577	577	585		
成長率		-0.1%	0.1	0.1	-1.5	0.3
独立系・公共系						
年間の視聴時間	95	63	62	59		
成長率		-14.0%	-1.1	-0.9	-7.9	-1.1
ケーブルネットワーク						
年間の視聴時間	803	973	964	952		
成長率		1.1%	-0.9	-0.6	3.9	-0.4
テレビ全体						
年間の視聴時間	1,521	1,613	1,603	1,597		
成長率		0.0%	-0.6	-0.4	1.2	-0.2
他メディア						
放送・衛星ラジオ						
年間の視聴時間	824	782	777	729		
成長率		-1.1%	-0.7	-0.8	-1.0	-1.4
インターネット専業						
年間の視聴時間	141	189	193	197		
成長率		4.2%	1.9	0.2	6.0	0.8
レコード音楽産業						
年間の視聴時間	205	177	173	200		
成長率		-5.4%	-1.9	4.3	-2.9	2.5
新聞						
年間の視聴時間	188	171	164	150		
成長率		-3.5%	-4.2	-1.0	-1.8	-2.8
一般向け雑誌						
年間の視聴時間	120	125	126	123		
成長率		-0.6%	-0.8	0.7	0.8	-0.3
一般向け書籍						
年間の視聴時間	106	109	109	107		
成長率		-1.1%	-0.1	-0.4	0.5	-0.2
コンピュータゲーム						
年間の視聴時間	71	85	101	142		
成長率		12.9%	18.2	8.7	3.8	10.7
家庭用ビデオ						
年間の視聴時間	55	61	60	59		
成長率		-1.5%	-1.5	-0.6	2.1	-0.6
その他のメディア						
年間の視聴時間	157	184	187	211		
成長率		4.3%	1.6	3.9	3.4	2.6
総計						
年間の視聴時間	3,388	3,496	3,493	3,515		
成長率		-0.1%	-0.1	0.4	0.6	0.1

出典：VeronisSuhler Stevenson, PQ Media
*表の中で重要なメディアにしぼり，かつ「2002」「2007」「2008」「2012」「年間成長率（前年比）」のみに限定した．表の最後にある注は省略した．

表 1.2 公共，大学，政府，専門図書館数の変遷 1980-2009（分館・コミュニティカレッジは除く）

年	公共図書館	大学図書館	政府図書館	専門図書館	総計
1980	8,717	4,618	1,260	8,609	28,665
1985	8,849	5,034	1,574	8,955	29,843
1990-91	9,060	4,583	1,735	9,051	30,761
1995-96	9,165	4,730	1,875	11,340	32,666
2000-01	9,480	3,491	1,411	9,993	31,628
2005-06	9,734	3,699	1,225	9,526	30,416
2009-10	9,757	3,768	1,150	10,537	29,880

出典：American Library Directory. New Province, N.J.: R.R. Bowker, 1979-2010
＊5年に1度を抽出して作成し直した

うのは，子どもや成人に対して，図書を紹介し，読書や識字，そして自己の能力開発を促進するという点で重要なチャンネルであり続けている．

さらに現代の図書館では，利用者のニーズを満たすという変わらぬ使命を担い，多くのその他の情報チャンネルを集約して備えている．多くの図書館が，インターネットのウェブ上で情報リンクを開発することに積極的に従事しており，利用者に新しい情報テクノロジーの紹介を行っている．この意味で，図書館というのは，継続的に進化をし，国内のより大きな情報インフラの一部となっているのである．

2. 学校と学術機関

教育機関は，ERI インフラの重要な一部である．教育機関は社会の中で知識の創造と普及の基盤としての役割を果たしている．米国は，世界においても最大級の大学教育システムを誇っており，「その規模の大きさと組織構造に特徴があり，分権化が進んでおり，ますます多様化している」(U.S. Department of State 2008, p.2). 米国の正規教育の基本構造は図1.1の通りである（p.25)．初等教育と中等教育は，プレスクール，幼稚園，小学校，中学校，高等学校で行っている．中等教育の後は，職業学校，大学，大学院で行い，学士，修士および博士学位を授与している．大学図書館と学校図書館は，これらの教育機関内の副次機関として組み込まれている．教育的達成としては，米国の成人人口の約

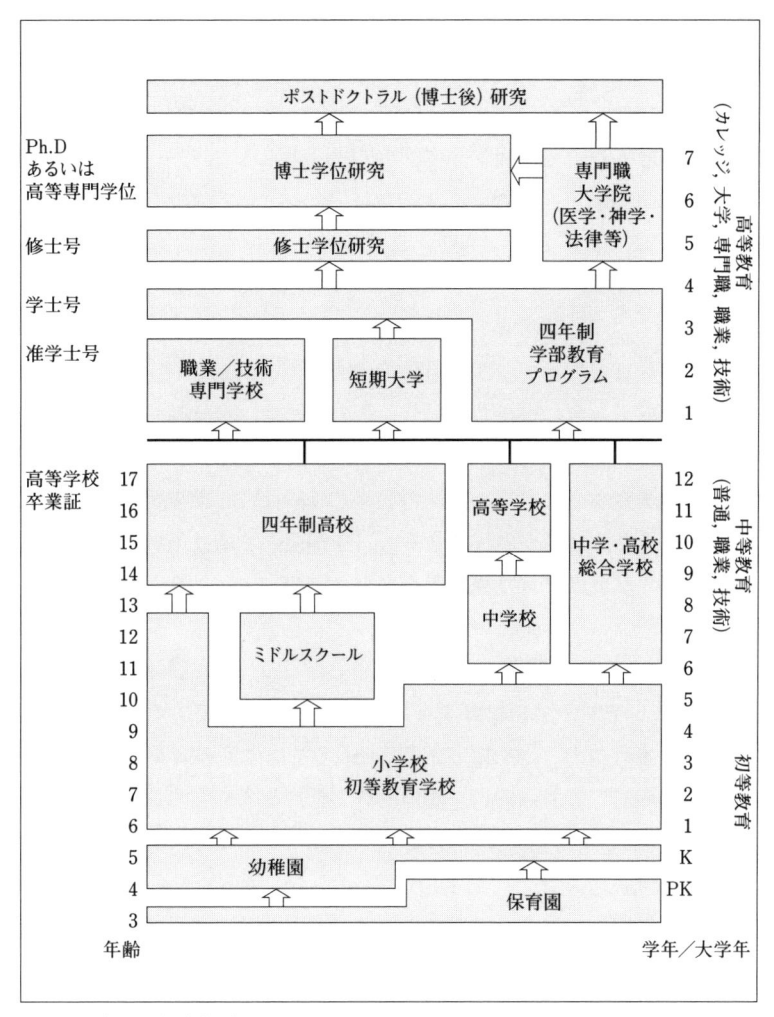

図1.1 米国の教育構造

31%が高等学校までの教育を受けており，18%が学士学位までを取得し，7％が修士まで，1%が博士号までを取得している（U.S. Census Bureau 2008）．

米国には，9万7000以上の公立学校があり，その中には，6万7000の小学校，ほぼ2万4000にのぼる中学校，3600のチャータースクールが含まれる．2009年には370万人以上の教員が5600万人の生徒を教えており，その数は，

2013年に向かって徐々に増えていくことが予測されている (NCES Table 213). 米国には，4300以上の中等教育後の学位授与を行う機関が存在しており，うち2500が4年制であり，1700が2年制である (NCES Table 265). 4年制機関では99万1000人以上の教員がいて，2年制機関には38万1000人の教員がいる (NCES Table 286). 高等教育の生徒数は，2010年に1900万人超まで一気に増加した (NCES Table 214). 2007年には，中等以降の教育を受ける生徒の多くが白人で，非ヒスパニック系 (66%) で女性 (56%) であった (NCES Table 274).

正規の高等教育に加えて，2004年から2005年に，成人人口のほぼ44%が何らかの種類の成人教育に従事しており，その中には，定時制の高等教育課程や第2言語としての英語教育，技術，職業訓練およびインターンシップなどのプログラムが含まれる．これらの成人学習者の73%は30歳を超えていたが，16%が無職者であり，56%が女性である．71%が白人であり，10%がヒスパニック，12%がアフリカ系アメリカ人であった (NCES Table 294).

3. ノンフォーマル教育部門

最後に，ノンフォーマル教育 (NFE) がある．これは，「インフォーマルラーニング」とも呼ばれ，「学校外の環境を通じて，生活の質を向上させるための学習を，組織的に，計画的に，かつ明確に推進しようとする努力」と定義されている (Heimlich 1993, p.292). NFEの例として，「自然の中をハイキングすることや，ホームセンターでのDIYクリニック，美術館や名所旧跡を訪ねるツアー，その他にも，コミュニティセンターでのクラフト工作」をあげることができる (Taylor 2006, p.291). NFEは通常，個々人のニーズに焦点を当てており，正規教育ほど構造化されておらず，学習者が中心となっている．NFEは多くの異なる学習スタイルで対応が可能で，学習者自身のペースで進めることができる (例えば，あらかじめ録音されたプログラムを使用した博物館展示物のガイドつきツアー). NFEの特徴として，ボランティアの参加や，先生と生徒とのカジュアルな関係が築けること，そして必ずしも訓練を受けた教師ではなくとも，そのテーマの専門家が先生になることなどがあげられる．一般的に，NFEは正規の教育システムと直接的に関連しているのではなく，いわゆる教

室以外の場所で行われる．NFEは正規教育を補完したり，補足したりするものか，または正規教育に代わるものとして理解することもできよう（Taylor 2006）．

どのくらいの人がNFEに参加したかに関するデータは存在しないが，潜在的に関与しているとすれば，相当な数になる．例えば，米国内で，ほぼ670万人の成人が，読書クラブに参加している（U.S. Census Bureau Table 1203）．1万3000もの博物館，名所史跡，その他同様の施設が存在し（U.S. Census Bureau Table 1191），2007年には，ほぼ130億ドルの収益を生み出している（U.S. Census Bureau 2010）．2008年には，2900万人以上が動物園や博物館を訪れ，800万人以上が美術館や展覧会を訪れている（U.S. Census Bureau Table 1203）．同じ年に，国立公園のシステムで，2億7500万人の来場者を記録している（U.S. National Park Service 2007）．概して，これらの施設が，全体として，相当な教育的・娯楽的・情報的価値をもって，社会に貢献しているのである．

図書館も，様々な方法で，これらの非正規の教育体験を補足し，補助している．例えば，多くの博物館では，しばしば独自の図書館を所有している．NFEを行っている教育者たちは，図書館で活動の補助資料を求める以外にも，そのプログラムを行う場所として，図書館を利用している．何千という米国人が図書館でどんな読書クラブがあるかチェックしていることは疑いない．

III. まとめ

図書館の役割は，図書館を作り出した社会のニーズによって決められている．ERIインフラがサービスを提供するのに必要な知識と情報とを与える能力をどれだけもっているかによって，図書館がどの程度その役割を果たせるかも決まってくるのである．図書館情報学（LIS）の専門職は，自分たちが行っていることがいかに大きな文脈の中にあるのかを認識しなければならない．情報テクノロジーが発展し毎日の生活の一部となるにつれて，ERIインフラはますます複雑化し，次々にLIS専門職に難問を突きつけるであろう．企業や産業，コミュニケーション産業（ケーブル，電話，インターネットのプロバイダ），電子デー

タベースの制作者，ウェブコンテンツのプロバイダ，連邦政府，軍部，研究機関，学術施設，そして国民すべてが，ERIインフラが発展するように働きかけたいと考えている．図書館とLIS専門職も，一役買わなければならない．

革新的な新しいテクノロジーによって，人々は教育を受け，娯楽を楽しみ，そして情報を受信する機会を新たに，そして豊かに享受することができる．このデジタル環境で育った情報消費者は，新しい期待をしている．例えば，OCLC (Online Computer Library Center) によると，そのような情報消費者は，情報を探し出すことでより自身を充実させたいと思い，音楽，テレビ，コンピュータ，そしてインターネット等の様々なテクノロジーが，一体となって境目のない1つの「インフォスフィア（情報圏）」となることを期待するようになるだろう (De Rosa, Dempsey, and Wilson 2004)．LISの専門職は，こうしたテクノロジーを探求し利用する最先端にいなければならない．

LISの専門職が取り組まなければならない問題のいくつかは，インフォスフィアを創造することから発生するだろう．その問題とは，オープンアクセス，著作権保護，適切な情報セキュリティの確保，個々人のプライバシー，アクセスにかかる費用，必要な専門的訓練，識字に関する図書館の役割，そしてコミュニティの中の場所としての図書館の重要性などである．これらの問題について，まとめて考察した場合，LISの専門職が，自分たちの図書館が公共の利益をどれだけ反映し，どれだけその使命を果たしているかを評価し把握することがいかに大切であるかということが明らかになる．これは大変な責任であり，社会，経済，教育，政治，そして技術的環境が複雑に発展すればするほど，ますます困難な課題となるのである．私たちが目の前にしている重要な問題に対して，簡単な答えは存在しない．それでも，本書がこうした問題を考察することで，関連する諸問題について読者諸氏が理解を深めていく一助になれば幸いである．

注

私は，最初にメタファーを用いて情報の発展について理解することを提唱されたブレッド・サットン博士に対して，感謝の意を表したい．ただし，だからといって，博士が，これらのメタファーの意味を解釈するにあたり，必ずしも私が解釈したやり方で行った

であろうということではない.

参考文献

American Library Directory 2007-08. 2008. 60th ed. Medford, NJ: Information Today.
The Bowker Annual: Library and Book Trade Almanac. 2008. 53rd ed. Medford, NJ: Information Today.
Broadcasting & Cable Yearbook 2009. 2008. New Providence, NJ: ProQuest.
Brown, Merrill. 2005. "What's the Future of the News Business?" *Carnegie Reporter* 3 (Spring). Available: www.carnegie.org/reporter/10/news/index.html (accessed December 4, 2009).
CITA. 2009. "100 Wireless Facts." Available: www.cita.org/media/industry_info/index.cfm/AID/10323 (accessed March 18, 2009).
ComScore. 2009. "Mobile Internet Becoming a Daily Activity for Many." Available: www.comscore.com/Press_Events/Press_Releases/2009/3/Daily_Mobile_Internet_Usage_Grows (accessed January 22, 2010).
Consumer Reports WebWatch. 2005. *Leap of Faith: Using the Internet Despite the Dangers*. New York: Consumer Reports WebWatch, October 26.
De Rosa, Cathy, Lorcan Dempsey, and Alane Wilson. 2004. *The 2003 OCLC Environmental Scan: Pattern Recognition: A Report to the OCLC Membership*. Dublin, OH: OCLC.
Digest of Education Statistics 2002. 2002. Washington, DC: U.S. Department of Education.
Estabrook, Leigh, and Lee Rainie. 2007. *Information Searches That Solve Problems*. Pew Internet and American Life Project. Urbana: GSLIS, University of Illinois, December 30.
First Research. 2009. "Magazine Publishers." Available: www.firstresearch.com/industry-reseach/Magazine-Publishers.html (accessed June 29, 2009).
Heimlich, J. E. 1993. "Nonformal Environmental Education: Toward a Working Definition." As cited in Taylor, Edward W. "Making Meaning of Local Nonformal Education: Practitioner's Perspective." *Adult Education Quarterly* 56 (August 2006): 291–307.
Horrigan, John B. 2006. *Online News*. Washington, DC: Pew Internet and American Life Project, March 23.
―――. 2008a. *Home Broadband Adoption 2008*. Washington, DC: Pew Internet and American Life Project, July.

———. 2008b. "Seeding the Cloud: What Mobile Access Means for Usage Patterns and Online Content." Washington, DC: Pew Internet and American Life Project, March.

———. 2008c. "62% of All Americans Are Part of a Wireless, Mobile Population That Participates in Digital Activities Away from Home or Work." Washington, DC: Pew Internet and American Life Project, March.

———. 2009. "The Mobile Difference." Available: www.pewinternet.org/Reports/2009/5-The-Mobile-Difference-Typology.aspx (accessed April 22, 2009).

Inc.com. 2008. "Mobile Phones: A Pocketful of Marketing." Available: www.inc.com/magazine/20080201/a-pocketful-of-marketing.html?partner=newsletter_News (accessed January 22, 2010).

Internet World Stats. 2009. "Internet Usage Statistics." Available: http://internetworldstats.com/stats.htm (accessed March 18, 2009).

Jones, Sydney. 2009. "Generation Online in 2009." Pew Internet Project Data Memo. Washington, DC: Pew Internet and American Life Project, January 28.

Mohr, Tom. 2006. "Winning Online—A Manifesto." *Editor & Publisher* (September 4). Available: http://www.integratedmedia.org/files/Media/022207_457_0015592.pdf (accessed January 22, 2010).

National Center for Education Statistics. 2009. *Digest of Education Statistics: 2008*. Tables 26 and 28. Washington, DC: U.S. Department of Education, March.

———. "Table 211. School Enrollment: 1980-2017." Available: www.census.gov/compendia/statab/tables/09s0211.pdf (accessed January 22, 2010).

———. "Table 213. School Enrollment, Faculty, Graduates, and Finances—Projections: 2007-2013." Available: www.census.gov/compendia/statab/tables/09s0213.pdf (accessed January 22, 2010).

———. "Table 214. School Enrollment: 1980-2018." Available: www.census.gov/compendia/statab/tables/10s0214.pdf (accessed January 22, 2010).

———. "Table 231. Public Elementary and Secondary Schools by Type and Size of School: 2005-2006." Digest of Education Statistics. Available: www.census.gov/compendia/statab/tables/09s0231.pdf (accessed January 20, 2010).

———. "Table 233. Public Elementary and Secondary School Enrollment by Grade: 1980 to 2005." Digest of Education Statistics. Available: www.census.gov/compendia/statab/tables/09s0233.pdf (accessed January 20, 2010).

———. "Table 234. Public Elementary and Secondary Schools and Enrollment—States: 2005-2006." Numbers and Types of Public Elementary and Secondary Schools from the Common Core of Data: School Years 2005-2006. Available: www.census.

gov/compendia/statab/tables/09s0234.pdf (accessed January 20, 2010).
———. "Table 265. Degree-Granting Institutions by Control and Type of Institution: Selected Years 1949–50 through 2007–08." Available: http://nces.gov/programs/pubs 2009/2009020_3a.pdf (accessed March 19, 2010).
———. "Table 271. Degree-Granting Institutions, Number and Enrollment by State: 2006." Available: www.census.gov/compendia/statab/2010/tables/10s0271.xls (accessed January 20, 2010).
———. "Table 274. College Enrollment-Summary by Race, Sex, and Hispanic Origin: 2007." Available: www.census.gov/compendia/statab/2010/tables/10s0274.pdf (accessed January 20, 2010).
———. "Table 286. Faculty in Institutions of Higher Education: 1970–2007." Available: www.census.gov/compendia/statab/2010/tables/10s0286.xls (accessed January 20, 2010).
———. "Table 294. Participation in Adult Education: 2004–2005." Available: www.census.gov/compendia/statab/tables/10s0294.pdf (accessed January 22, 2010).
Ovide, Shira, and Russell Adams. 2009. "Slide in Newspaper Circulation Quickens." *Wall Street Journal,* April 28: B2.
Pew. 2008. "Demographics of Internet Users." Available: www.pewinternet.org/Data-Tools/Download-Data/~/media/Infographics/Trend%20 (accessed March 18, 2009).
Podcasting News. 2009. "Daily Mobile Internet Use Soars." Available: www.podcastingnews.com/2009/16/mobile-internet-use-soars/ (accessed March 31, 2009).
Quigley, Eileen S., ed. 2008. *International Television and Video Almanac.* 53rd ed. Groton, MA: Quigley.
Rainie, Lee. 2006. Pew Internet Project Data Memo. Pew Internet and American Life Project. AP Press Release, April.
Rideout, Victoria, Elizabeth Hamel, and Kaiser Family Foundation. 2006. *The Media Family: Electronic Media in the Lives of Infants, Toddlers, Preschoolers and Their Parents.* Menlo Park, CA: Henry J. Kaiser Family Foundation.
Serials and Government Publications Division. 2009. "Periodicals." Available: http://memory.loc.gov/ammem/awhhtml/awser2/periodicals.html (accessed June 29, 2009).
Taylor, Edward W. 2006. "Making Meaning of Local Nonformal Education: Practitioner's Perspective." *Adult Education Quarterly* 56 (August): 291–307.
U.S. Census Bureau. 2008. "Table 1. Educational Attainment of the Population 18 Years

and Over, by Age, Sex, Race, and Hispanic Origin: 2008." Available: www.census. gov/population/socdemo/education/cps2008/Table1-01.xls (accessed January 22, 2010).

―――. "Table 1189: Arts, Entertainment, and Recreation―Establishments, Revenue, Payroll, and Employees by Kind of Business 1997-2007. Available: www.census. gov/compendia/statab/2010/tables/10s1189.xls (accessed January 22, 2010).

―――. "Table 1191: Arts, Entertainment, and Recreation―Establishments, Employees, and Payroll by Kind of Business: 2000 and 2005." Available: www.census.gov/ prod/2008pubs/09statab/arts.pdf (accessed January 22, 2010).

―――. "Table 1203: Adult Participation in Selected Leisure Activities by Frequency: 2008." Available: www.census.gov/compendia/statab/2010/tables/109s1203.pdf (accessed January 22, 2010).

U.S. Census Bureau. 2010. *Statisical Abstracts of the United States*. "Table 1191: Arts, Entertainment and Recreation Services―Estimated Revenue 2000-2007." Available: www.census.gov/compendia/statab/2010/tables/10s1191.xls (accessed January 22, 2010).

U.S. Department of State. 2008. Bureau of International Information Programs. Available: www.america.gov/publications/books/education-in-brief.html (accessed January 22, 2010).

U.S. National Park Service. 2007. "Table 1212: National Park System―Summary: 1990-2007." Available: www.docstoc.com/docs/10783025/national-park-system―summary (accessed January 22, 2010).

Veronis, Suhler, and Stevenson. 2009. *Communications Industry Forecast*. New York: Veronis, Suhler, and Stevenson.

Williams, Martha E. 2006. "The State of Databases Today: 2006." In *Gale Directory of Databases*. Detroit: Gate.

第1章のための文献リスト
書籍

The Bowker Annual: Library and Book Trade Almanac (Annual). Medford, NJ: Information Today.

Broadcasting & Cable Yearbook (Annual). New Providence, NJ: ProQuest.

De Rosa, Cathy, Lorcan Dempsey, and Alane Wilson. *The 2003 OCLC Environmental Scan: Pattern Recognition: A Report to the OCLC Membership*. Dublin, OH: OCLC, 2004.

Digest of Education Statistics (Annual). Washington, DC: U.S. Department of Education.

Estabrook, Leigh, and Lee Rainie. *Information Searches That Solve Problems*. Pew Internet and American Life Project. Urbana: GSLIS, University of Illinois, December 30, 2007.

Horrigan, John B. *Home Broadband Adoption 2008*. Washington, DC: Pew Internet and American Life Project, July 2008.

―――. "Seeding the Cloud: What Mobile Access Means for Usage Patterns and Online Content." Washington, DC: Pew Internet and American Life Project, March 2008.

International Television and Video Almanac (Annual). Groton, MA: Quigley.

Lenhart, Amanda. *The Ever-Shifting Internet Population*. Washington, DC: Pew Internet and American Life Project, April 2003.

Mossberger, Karen, Caroline J. Tolbert, and Mary Stansbury. *Virtual Inequality: Beyond the Digital Divide*. Washington, DC: Georgetown University, 2003.

National Center for Education Statistics. *Digest of Education Statistics* (Annual). Washington, DC: U.S. Department of Education.

Rideout, Victoria, Elizabeth Hamel, and the Kaiser Family Foundation. *The Media Family: Electronic Media in the Lives of Infants, Toddlers, Preschoolers and Their Parents*. Menlo Park, CA: Henry J. Kaiser Family Foundation, 2006.

University College London and the Joint Information System Committee. "Information Behaviour of the Researcher of the Future." Available: www.jisc.ac.uk/media/documents/programmes/reppres/ggworkpackageii.pdf (accessed January 22, 2010).

論文

Castro, Kimberly. "The Furure of E-books." *Business Week* (October 29, 2007). Available: www.businessweek.com/investor/content/oct2007/pi20071026_777647.thm (accessed January 22, 2010).

Consumer Reports WebWatch. *Leap of Faith: Using the Internet Despite the Dangers*. New York: Consumer Reports WebWatch, October 26, 2005.

Mohr, Tom. "Winning Online―A Manifesto." *Editor & Publisher* (September 4, 2006). Available: www.integratedmedia.org/files/Media/022207_457_0015592.pdf (accessed January 22, 2010).

Ormes, Sarah. "An E-book Primer." Available: www.ukoln.ac.uk/public/earl/issuepapers/ebook.htm (accessed January 22, 2010).

Sottong, Stephen. "The Elusive E-book." *American Libraries* 39 (May 2008): 44-48.

Taylor, Edward W. "Making Meaning of Local Nonformal Education: Practitioner's Perspective." *Adult Education Quarterly* 56 (August 2006): 291-307.

vanKappen, Philip-Jan. "Study Shows Migration to Online Books Saves Libraries Money and Increases Usage." *Library Connect Newsletter* 6 (January 2008): 11.

2 図書館情報学：進化し続ける専門職

I. はじめに

　19世紀以来，米国の図書館員は専門職としての確かなアイデンティティと，自らの行動や目標の指針となる価値観を確立してきた．この職業における変化は段階的に起きたため，結果として図書館員の役割は比較的変わらないままであった．歴史的に見ると，もっとも安定した要素の1つは，図書館員と図書館自体との結びつきである．普通，図書館員といえば彼らの仕事場である図書館に思いが及ぶ．しかし，現在の図書館情報学（LIS）専門職のアイデンティティは，この物理的な実体と密接に関連づけられているのだろうか．この職業は今，革命的な――そして，一部の人々にとっては気掛かりな――変化の真っ只中にある．過去の安定した状態は，変化する環境に取って代わられつつある．その環境では，図書館のコンテンツと機能は，技術的および政治的，経済的な変化によって修正されたり変更されたりする．電子的に情報へのアクセスが可能な新世界においては，図書館は消えてしまうのだろうか．図書館なしの図書館員が生まれるのだろうか．図書館員という言葉はリョコウバト（訳注：18世紀の北アメリカに50億羽棲息していたといわれるが，乱獲のために20世紀初頭に絶滅した）のように姿を消し，情報コンサルタントや情報スペシャリスト，情報マネージャー，知識マネージャーに取って代わられるのだろうか．

　いくらか悩みの種はあるものの，近い将来に図書館が消滅するという証拠はない．図書館には沈思黙考し，勉強するための静かな空間があるかもしれないが，現代の米国の図書館は落ち着いた場所ではない．そのため，図書館情報学を生涯の仕事として考えている人は，不安定な時代でも適応的で辛抱強く変わらずにいることができ，変動する環境においてもいとわずに新しい技術を学べ

るようでなければならない．この先数十年で図書館員という職業がどう進化していくかは，私たちの根源的な価値のあり方や適応能力，社会から求められる新たな使命によって決まるだろう．本章では，この専門職業の3つの側面に注目する．図書館員の職業教育を形作った歴史的諸力と，この分野が直面している現代的問題，将来のLIS専門職が直面する課題である．

II. 図書館教育の歴史と図書館員の養成

　図書館史が語るように，18世紀の米国の図書館は小規模だった．図書館員がいたとしたら，主に管理者としての役割を果たしていた．19世紀中頃になると，決まって男性ではあったが，高度な学術機関には数人の図書館員が見られた．これらの人物たちは学者であり，管理者ではなかったことから，ピアス・バトラーは「ブックマン」と記述している（Butler 1951）．1850年以前では，試行錯誤する以外に図書館で働く者のための訓練といえるほどのものはなかった．図書館員は独学するかお手本を模倣するものであり，見習いの図書館員はしばしば他の図書館員と連絡を取り助言や相談を求めた．1850年から1875年の間に徒弟制がさらに確立していった．興味をもった人物を図書館員が引き抜き，綿密な観察の下で訓練することもあった．

　1870年代には，民間出版社や米国政府による指導用の出版物が登場するとともに，別の養成経路が現れ始めた．1872年に『パブリッシャーズ・ウィークリー』が創刊された．出版業界に焦点を置いた雑誌だったが，図書館員のために小さな欄が割かれていた．他にも重要な情報源として，教育関係者のための出版物を制作していた連邦教育局があった．図書館教育に影響を与えたもっとも重要な出版物は，1876年に同局より発行され，3600以上の公的図書館についての充実した統計データや，他の館種のデータも提供した画期的な研究書『米国の公的図書館：その歴史，現状，そして経営』である．この文献の一部に，同局は図書館職における著名な権威が執筆した論文を含む解説書を収めている．内容としては，管理や運営，歴史，目録作成，大衆向け読み物，図書館建築などの分野が取り上げられていた．いうなれば，図書館について書かれた

初めての権威ある図書だった（U.S. Office of Education 1876）.

　1876 年から 1923 年の期間は，図書館教育の発展において決定的な時代となった．様々な勢力が図書館職の専門職業化の土台を作り上げたのだ．これについては以下の各項で論じる．

A. 英国の古典的徒弟制度方式の衰退と技術教育方式の台頭

　19 世紀における米国の教育は全体的に，主要な入植者である英国人によって形作られた．英国の教育方式は，古典語と宗教，文学，文法の学習に重点を置いていた．伝統的な徒弟制度方式は技術職を養成するためのものであり，専門に特化した狭義の職業として 1 度にほんのわずかな人しか養成できなかった．産業化に伴い，多くの人々はどこの工場でもきわめて類似した職業訓練を受けなければならなくなった．古典的な教育は不適切であり，徒弟制度は効率が悪すぎた．多くの教育関係者や一部の図書館の指導者たちが，ヨーロッパや米国で行われた様々な国際展示会や博覧会において，ヨーロッパの技術教育方式に触れたのはこの頃であった．その結果，米国で技術専門学校が増加し，そのような教育機関による職業訓練の重視が，図書館のニーズに合致したのである（White 1976）.

B. アンドリュー・カーネギーの影響

　19 世紀後半には，図書館の数が飛躍的に増大した．1825 年から 1850 年の間に 551 の公的図書館が作られ，次の 25 年間には 2200 館以上が設立された（U.S. Office of Education 1876, p.xvi）．この急増には，研究や教育における図書館の役割に対する認識が高まったことをはじめとして，多くの理由があった．しかし，19 世紀末から 20 世紀初頭の 20 年間に，世界中で 3000 近くの図書館の建設に対して資金提供したのは，アンドリュー・カーネギーだった．彼が建てた図書館の大部分は米国の公共図書館だった．この急増の結果，図書館職員の需要が高まり，恒久的な労働力を確立することが不可避となった．

C. メルヴィル・デューイと図書館職の専門職業化

19世紀後半における米国の図書館職の専門職業化と図書館教育の中で，メルヴィル・デューイが最大の推進力となったことにほとんど異論はないだろう．彼のエネルギーと情熱によって，この職業は大きく発展した．彼は，図書には社会の思想を形成する大きな力があり，その力は善にも悪にも使われ得ると信じていた．また，図書館員の職務は，人々を向上させるような「より良い」図書を公衆に提供することだと信じていた．

ここでは，この分野の専門職業的基盤を築く上で明らかに重要であったデューイの功績を4つあげる．デューイ十進分類法とアメリカ図書館協会設立における役割，『ライブラリー・ジャーナル』創刊における役割，彼が図書館教育に与えた影響の4つである．

1. デューイ十進分類法

アマースト大学の学生だった頃，デューイは大学の図書館で働いていた．卒業後はアマースト大学に残り，図書館員として働いた．彼は産業革命から産み出される可能性に胸を高鳴らせ，労働力を節約するルーティンワークや装置に関心をもっていた．測定指標の合理化や綴りの略式化を推進するいくつかの組織にも所属していた（そのため Melville ではなく Melvil と綴った）．アマーストの図書館員となった彼は，すぐに既存の分類法には柔軟性がないことに気づき，新しくより効率的な資料の分類方法の開発に取り組んだ．彼は大々的に自身の新しい分類法の普及を促進し，年を追うにつれてこの分類法は支持を得ていった．専門職的観点からいえば，デューイ十進分類法は，専門職としての技術や責任の大本となる基本的で重要な理論的原則を提供した．

2. アメリカ図書館協会（ALA）

図書館員のための専門職団体の必要性は，すでに1850年代には議論されていたが，構想の実現には時間がかかった．この段階においてデューイが牽引者となった．1876年，彼はフィラデルフィアで図書館員の全国会議を主催した．

最終日にはデューイを事務局長とするアメリカ図書館協会（American Library Association: ALA）が設立された．全国的な専門職団体の創設は，重要なベンチマークである．これは，その職業に従事する人々の中で専門職としてのアイデンティティを飛躍的に高め，重要な問題を識別するのに役立ち，業務と運営の基準を確立するのに貢献する．例えば，第1回全国会議では，分類法や索引法，資料保護などについての考え方や課題を議論するための共通フォーラムが開かれた．ALAの創立により，図書館職の地位が向上し，この分野に対する全米的な関心と承認が得られるようになった．

3.『アメリカン・ライブラリー・ジャーナル』

デューイは，図書館員の関心事のみに特化した初めての主要な専門刊行物である『アメリカン・ライブラリー・ジャーナル』の創刊にも尽力した．デューイとその他の編集者たちにとっては，この雑誌の目的は図書館員の日々の仕事の助けになるようにすることだった．例えば，創刊号の中で，共同編集者でありボストン公共図書館館長のジャスティン・ウィンザーは，管理について新任の図書館員に次のように助言している（Windsor 1876）．

1. 入手可能な図書館職に関する印刷物を探し出す．
2. 類似の図書館を見つけ，その規則や報告書をもらう．
3. 受け取った資料について研究する．
4. 他の図書館がどの程度まで当該図書館と比較できるかを判断する．
5. 経験豊富な図書館員と連絡を取る．
6. することが当然と思われることを実施する．(p.2)

また，この調査と分析を行う時間がない初心者に対して「できる者に責任を委ねる」ように忠告している（p.2）．

このような出版物の価値をALAは十分理解していたため，1877年に同誌を公式機関誌として採用し，誌名も『ライブラリー・ジャーナル』に短縮した．その後の号では，記事やALA会議録の要約，図書館員からの質問や意見に回答する「意見と質問」という欄が入れられていた．図書館員からの質問や意見

の多くは目録法や分類法，資料貸出，図書館建築，設備，資金に関するものだった．

4. 図書館教育

19世紀後半までは，ボストンやロサンゼルス，デンバー，クリーブランドなど主要公共図書館と同様に，ボストン・アシニアム，アマースト，ハーバードの各大学のような機関も伝統的な徒弟制度を提供していた．図書館技術を教える特別教室を提供していた学術機関や専門機関もあった．しかし，これらの講習は大抵，短期間の実施であり，カリキュラムも統一されていなかった．

1879年，デューイは図書館職のための組織的な講習を推進した．彼が教員として想定していたのは，初心者に図書館に関する助言を与え，読むべき図書の推薦ができ，調査に値する研究分野を見分けられる知識と経験の豊富な主要図書館の図書館員だった（Vann 1961）．注目すべきことは，デューイが誰でも図書館員になれるとは考えていなかったことである．むしろ，ふさわしい「特性」をもった者のみが講習を受けられるべきだと考えていた．19世紀的観念での「特性」とは，自己鍛練と自己改善のための「道徳的な潜在能力」を意味していた（Wiegand 1999）．しかしこの提案は，ALAでは歓迎されなかった．

そして，1883年に幸運がめぐってきた．その頃には，デューイは大きな評判を得ており，コロンビア大学の図書館長に採用された．彼はF・A・P・バーナード学長との面接で，正式な講習のための学校を設立するという彼の願望について論じた．バーナード学長は乗り気であり理事も十分に協力的だったが，学校設立に何が伴うかということに関しては認識が甘かったようである．デューイは1884年にこの任命を受け入れ，1887年1月1日，20人（男性3人，女性17人）の学生1クラスからなる初の図書館学校，スクール・オブ・ライブラリー・エコノミーが開設された（Vann 1961）．教科課程は，資料選択や利用者支援，書誌学，資料修復，管理，目録作成などを含む実用的なものだった．講習は3カ月であり，学生を専門的な業務に触れさせるように2年間にも及ぶ研修期間が必修だった（Vann 1961）．

残念なことに，デューイと大学職員との関係は緊迫したものだった．理事の中には，とりわけ問題となっていた女性の入学に関して，デューイがまったく

協力的でないと感じるものもいた．実際，女性が入学を許可されたことを知った理事たちは，デューイによるコロンビア大学の教室利用を許可しないと投票で決定した．ウィーガンドが「秘密活動」(Wiegand 1999, p.18) と名づけたように，学生はコロンビア大学のキャンパスから道をはさんで反対側にある改装された物置部屋で授業を受けた．1888 年までには，コロンビア大学が図書館学校を閉鎖するであろうことは明白だった．

それを予期していたデューイは，図書館学校の移転を承諾したオールバニのニューヨーク州立図書館長の職を引き受けた．これにより，国内で唯一の図書館員のための正式教育プログラムが存続された．デューイは校長としてとどまったが，日々の業務はメアリー・フェアチャイルドの担当となり，彼女は副校長を務め 16 年間教鞭を取った（Maack 1986）．フェアチャイルドはコロンビア大学でデューイの下，目録担当者と目録法の講師を務めていた人物である．

フェアチャイルドの図書館教育に対する見解は，デューイのものとは重要な点で異なっていた．産業革命の申し子であるデューイは，図書館を事業として考え，施設経営の実際的側面を強調した．フェアチャイルドはこの見解を，より理論的で文化的な側面を強調することで拡大した．例えば，デューイが標準的な書評を用いた図書の選択を推奨した一方で，フェアチャイルドは図書館員が個人的に図書に関する知識をもち，人々の好みを理解できるべきであると考えていた（Wiegand 1996）．フェアチャイルドは，彼女の有能な運営法と刺激的な教授法によって「デューイの夢を実現した」(Gambee 1978, p.168)．ガンビーは，彼女が学生や女子卒業生から多大な忠誠を得ており，選抜のための入学基準を設けて質の高い教育を維持し，そのおかげでオールバニで行われたものが図書館教育の基準になったという評価を受けていたことにも言及している．

D. 図書館学校の増加

オールバニのプログラムの成功により，さらなるプログラムが生まれた．1900 年までには，4 つの主要図書館学校が存在した．オールバニとプラット専門学校，ドレクセル大学，そして 1897 年にイリノイ大学図書館学校となったアーマー専門学校である（Vann 1961）．これらの学校の校長の中には，図書館

員職の将来の指導者たちがいた——その後何年も図書館教育や図書館職の形成を助けた女性たちだ．

1. プラット専門学校

1890年に創設されたプラットの図書館学校は，当初，プラット専門学校図書館の職員を養成するためのものだった．コロンビア大学の第1期生で，その中でも最優秀学生の1人であったメアリー・プラマーが，1895年に校長となった．彼女は，専門職業訓練の熱心な提唱者だった．彼女の主導の下，プラット図書館学校は目的を拡大し，プログラムを6カ月から2年に延ばし，カリキュラムを強化することで，その教育を履修可能な最良の講習制度にした (Brand 1996; Vann 1961)．1896年，プラマーは書誌学と上級目録法の特別講座，図書や製本，版画の歴史講座などを加え，大学図書館専科を開講した．さらに3年後には，児童図書館職専科を開講した (Karlowich and Sharify 1978; Maack 1986)．女性の指導者や管理者としての困難に遭遇したにもかかわらず，プラマーは女性で2人目のALA会長になり，ニューヨーク公共図書館の図書館学校長となった (Weibel and Heim 1979)．

2. ドレクセル大学

デューイのオールバニ学校でのもう1人の弟子であるアリス・クローガーは，ドレクセル大学の図書館とその講習プログラムの責任者となった．クローガーのプログラムは，デューイとフェアチャイルドによる目録法や文献学，書誌学，図書の歴史，図書館経営などの授業内容を反映させたものだった (Vann 1961; Grotzinger 1978a)．クローガーは教員を務める以外に執筆にも熱心で，数多くのALAの会議で発表を行った．図書館学校の学生のための教科書がほとんどなかった時代に，彼女は図書選定についての著作だけでなくレファレンス資料についての初めての教科書を出版している．

3. アーマー専門学校／イリノイ大学

1893年シカゴに設立されたアーマー専門学校は，米国中西部で初めての図書館学校だった．デューイのオールバニ学校でのもう1人の卒業生であるキャ

サリン・シャープの指導の下，基本的なプログラムの期間は1年で，2年目に上級講座を履修することもできた．上級講座には，専門分野における書誌学や印刷と図書館の歴史，特別児童プログラムなどの科目が含まれていた（Vann 1961）．

シャープは，人々が思想へアクセスする時に影響を与え得る図書館員は力のある存在であるというデューイの見解を受け継いでいた（Grotzinger 1966）．彼女は現行のプログラム受講要件に不満を抱いており，受けた図書館講習に対して修了証書ではなく学位を授与したいと考えていた．彼女の設立したプログラムは非常に注目を集め，ウィスコンシン大学とイリノイ大学がともに彼女の獲得に乗り出したほどだった．シャープはアーマー専門学校のプログラムをイリノイ大学に移転させる交渉に成功した．イリノイ大学で彼女は大学図書館長や学部長，正教授を務めた．この特異な立場があったために，図書館学の学生たちは大学図書館を実地研修の場として利用することができた（Grotzinger 1978b; Maack 1986）．

履修内容の点では，イリノイ大学のプログラムはオールバニの講習と似ていた（Vann 1961）．シャープは文献や館外活動，研究方法についての授業を追加するなど，革新的なカリキュラム考案者だった（Grotzinger 1978b）．また，学生を地域社会の生活に関わらせた．移動図書館を作り，一般向けのお話し会を開き，収集した資料を整理した（Grotzinger 1966）．シャープは図書館教育の学術的信頼性の向上に大きく貢献し，イリノイ大学のプログラムは学士号取得を目的とする4年制課程ではあったが，大学院レベルでの図書館教育の初期の提案者となった．彼女の在任中，イリノイ大学の図書館学校は「常に実験と革新の中心」だった（Grotzinger 1966, p.304）．その結果，シャープは図書館教育者としても図書館員としても高い評価を受け，ALA副会長に2度選出された．

4. 図書館学校のさらなる拡大

1919年までには，15の図書館学校のプログラムが存在しており，そのうち10件は女性によって創設されたものだった（Maack 1986）．プログラムの期間と授与される学位や修了証書の種類，入学要件はそれぞれ異なっていた．ほとんどの学校では，時には5年学位と呼ばれていたように，通常の学士課程に続

き1年間の図書館教育を履修した後に図書館学の学士号（BLS）が授与されていた（Robbins-Carter and Seavey 1986）. 1920年代になるまで，オールバニ以外で図書館学修士号（MLS）の授与はなかった. オールバニの修士号は，学士号後に2年の教育課程を経て授与されていた（時に6年学位と呼ばれていた）.

E. 図書館講習における ALA 委員会の役割と影響力

　図書館学校の数が増加するにつれて，ALAは図書館学校に一段と関心をもつようになった. 19世紀末までは，図書館講習会が新興の図書館学校と居心地悪く共存していた. その頃には，図書館学校関係者はALAに対して，図書館講習のための唯一ふさわしい場として図書館学校を承認し推奨することを求めた. しかしそうする代わりに，同協会は図書館講習に関するALA委員会を設置し，1902年，会員に様々な図書館講習プログラムの再審査を求めただけだった. これにより，1903年にALAの「図書館教育基準」が生まれた. この基準は特定の専門職の育成を目指したものではなく，異なる種類の講習プログラムに対してそれぞれの基準を設けたものだった. 続いて1905年と1906年に出された基準はまたも曖昧なものだった. 1910年から1920年の間，学術機関と「実務」学校間の対立が激しくなった. この時期，ALAは様々な機関で提供されているプログラムの再審査を補足的に行う専門職訓練担当部を設置した.

　学術的プログラムの観点から見ると，ALAはそこに深く関与することができず，ある程度の距離を置いていた. ALAが大学機関を図書館教育にふさわしい唯一の形態として推奨することに消極的だったために，図書館学校は1916年に，独自の組織であるアメリカ図書館学校協会（Association of American Library Schools: AALS）を設立した. この協会の設立が学校を結束させ，独立したアイデンティティの確立を促した. その結果，図書館学校の教員たちは，もはやALA推奨という政治的価値に気をもむこともなくなった. その代わり，一貫した入学基準や教員の資格，科目内容とプログラム期間，授与する学位の種類，教育方法における実務と理論の適切なバランス，異なる学校間での単位互換のためのシステムの確立のような，経営やカリキュラムの問題に関心が集まった（Vann 1961）.

F. ウィリアムソン報告書

　結局のところ，図書館教育の方向性にもっとも深い影響力を及ぼしたのは，ALAでもAALSでもなかった．むしろ，アンドリュー・カーネギーの死後，彼の慈善活動を管理するために設立されたカーネギー財団の影響が大きかった．財団は図書館建設への資金援助を続けたが，図書館は得てして人材不足であり，十分な支援を受けていないと感じていた．1915年，財団はカーネギーの援助によって設立された図書館の現状調査担当に，アルヴィン・ジョンソンを任命した．1916年のジョンソンの報告書は，深刻な問題を明らかにした．とりわけ，図書館職員の訓練がしばしば不十分であることがわかった．ジョンソンの報告書で問題点を理解した財団は，図書館教育だけに特化し，特に図書館学校を調査する大規模な研究への助成を行った．

　財団はこの研究を行うのにC・C・ウィリアムソンを任命した．ウィリアムソンはこの仕事をするのに理想的な人物だった．彼はコロンビア大学を卒業した政治経済学者で，ブリンマー大学の経済学准教授だった．彼はニューヨーク公共図書館で経済学と社会学部門の主任を務めた経験があり，任命当時はニューヨーク市政参考図書館の館長だった．ウィリアムソンは15の図書館学校の綿密な調査を行い，1923年に最終報告を発表した．これはウィリアムソン報告書と呼ばれるが，その図書館教育におけるその歴史的重要性は疑う余地がない．

　ウィリアムソン報告書は，図書館教育の躍進と転機を象徴していた．そこで取り上げられた問題の多くは，ウィリアムソンによって初めて指摘されたものではないが，彼の報告書は図書館教育を導いてきた歴史的諸力の到達点を示していた．カーネギー財団の強い影響は無視できなかった．彼は多くのプログラムの質を批判し，適任者を採用するための奨学金を提供し，図書館学校や夏期講習プログラムに資金援助を提供することを通して，財団が各図書館を支援することを提案した．その結果，財団の役割は図書館の建設から図書館サービスへと重点を移した（Vann 1961）．

　ウィリアムソン報告書は，この分野の理論的・専門職的性質を明確にし，大

学を専門職養成の適切な提供機関だとした．とはいえ，他の形式の図書館教育が即座になくなったわけではなく，この専門職分野が報告書にあるすべての推薦事項，とりわけ図書館員資格の項目を手放しで受け入れたわけでもなかった．同様に，2年間のプログラム課程を導入した図書館学校はほんのわずかだった．加えて，当時はほとんどの学術機関が女性は教授職に適していないと考えていたため，この報告書が女性の図書館教育指導者の比率に悪影響を与えると感じている人たちもいた（Maack 1986）．しかし，報告書はこれまであった他の形態の専門教育の終焉を示すものだった．ウィリアムソンは学士号を入学資格として考えていたため，大学院学位としての図書館職の専門職業訓練を提唱した（Williamson 1923）．広く解釈すれば，ウィリアムソン報告書は図書館職の大部分は単なる訓練というよりも高等教育であると，またはそうであるべきだと主張したのである．さらに，この報告書により図書館職養成についてはカリキュラムや経営，教育における一貫性と質の高さの重要性を熟考せざるを得なくなった．

G. ウィリアムソン報告書への反応と効果

　ALAはウィリアムソン報告書に対して，1924年に暫定図書館養成委員会を設立し，同委員会は後にほどなく図書館職教育委員会（Board of Education for Librarianship: BEL）となった．BELは1925年と1933年に，大学院レベルでの1年間の図書館教育を必修にすることをはじめとした追加的な図書館教育の基準を設けた（Robbins-Carter and Seavey 1986）．1950年代初頭までには，ほとんどの図書館学校が大学入学後5年目の課程を経て修士号を授与していた．
　報告書に対するカーネギー財団の反応は，さらに劇的であった．いうまでもなく，図書館学校は大いに改善する必要があった．それを受けて，カーネギー財団はそれから15年間で，17の図書館学校に200万ドル近くを寄付している．同財団のもっとも注目に値する功績の1つは，研究と質の高い指導用教科書の不足に特に着目したことである．財団は，最善の解決策は図書館員のための博士課程創設を支援することだと判断した．これに応えて，1926年にシカゴ大学で図書館大学院が設立され，1928年に博士課程が開設された．博士号は，

図書館職（librarianship）ではなく「図書館学（library science）」として授与された．それは，博士課程の履修内容が図書館業務に理論的アプローチと他分野の科学的な研究手段を適用することに重点を置いていたためである（Rayward 1983）．

図書館学の概念を確立した他にも，シカゴの図書館学大学院は多くの成果をあげた．第1に，その教授陣は多様性に富んでいて，社会学や歴史学をはじめとする様々な分野から専門知識をもった指導者を集めた．第2に，教授陣は元来図書館職従事者ではなく学者であったため，膨大な量の図書館の研究を行い，それがさらなる研究の基礎を築いた．最後に，大学院は図書館職における主要な問題についての多くの会議やプログラムを主催した．それにより，図書館職従事者とその他の図書館学校の教授陣が結びつき，教科書としての役割も果たすことになる数々の出版物が生まれる結果となった．

ウィリアムソン報告書後のカーネギー財団のもう1つの注目に値する功績は，1952年にアフリカ系アメリカ人図書館員を養成するために特別に作られた初めての学校である，ハンプトン図書館学校の設立である．それ以前は，アトランタのエモリー大学が南部で唯一認可された図書館学校だったが，1962年までアフリカ系アメリカ人に入学を許可していなかった（Campbell 1977; McPheeters 1988）．ハンプトン図書館学校設立以前，アフリカ系アメリカ人が受けられた専門職業訓練は主に図書館での講習プログラムであり，ジュリアス・ローゼンウォルド基金といった組織から支援を受け，南部での図書館サービスに特化した教育だった（Campbell 1977）．

非常にまれな事例だが，北部では少数のアフリカ系アメリカ人が図書館学校に通うことができた．ニューヨーク州立図書館学校を卒業したエドワード・ウィリアムズは，1916年，ハワード大学図書館長となった（Campbell 1977）．ハンプトン図書館学校の創立者で初代校長フローレンス・カーティスもまた，アフリカ系アメリカ人のための専門的図書館職の促進に重要な役割を果たした．カーティスもまた，オールバニにあるデューイの学校を卒業した1人だった．ハンプトン就任以前の彼女は，イリノイ大学で12年間教鞭を取り，ドレクセル大学では副学部長を務めるなど，輝かしい経歴をもっていた．AALSの設立では主要な役割を担い，初代事務局長を務めた（Davis 1978）．ハンプトン図

書館学校では，主に質の高い図書館学校プログラムの開発を担当していただけでなく，南部各地でアフリカ系アメリカ人のための図書館サービスの向上に力を注いだ．

ハンプトン図書館学校は，アトランタ大学図書館学校長となったバージニア・ジョーンズや，バージニア州立大学図書館長とハンプトン図書館学校の教師を務め，アフリカ系アメリカ人のための学術的図書館サービスに多大な貢献を果たしたウォレス・ヴァン・ジャクソンといった著名な卒業生を輩出している（Campbell 1977）．不運にも，世界恐慌により慈善事業からの資金が減少し，ハンプトン図書館学校は，1939 年に閉鎖された．しかし 2 年後，その使命はアトランタ大学でジョン・ホープ学長の後押しを受けて復活した（Davis 1978）．

H. 現代図書館教育

世界恐慌と第 2 次世界大戦は，図書館の発展と図書館職の両方に重くのしかかった．図書館教育者たちは，多くの学校のカリキュラムがいまだに理論ではなく日常的な業務中心であり，学校間に質の上で大きな差があることを特に懸念していた．1951 年，ALA の図書館職教育委員会（BEL）は，専門職教育の基準としてついに中等教育後の 5 年間の高等教育（つまり修士号）を必須とする新たな基準を設けた．これによって，他の形式の図書館教育は一切廃止された．1956 年，ALA 認定委員会が組織され，現在にいたるまで図書館学校プログラムの審査と認定を行ってきている．

1950 年代と 1960 年代は，図書館学校の全盛期と考えていいかもしれない．経済の発展とベビーブーム，そして初等，中等，高等教育機関とその図書館の発展を支援する重要な連邦法とが相まって，図書館とコレクションが著しく拡大した．それに付随して図書館員の需要が高まることになり，それが今度は新たな図書館学校を生み出した．1970 年代までには，米国とカナダに修士課程をもつ認定図書館学校が 70 校以上存在していた．

しかし，次の 20 年間で，シカゴ大学やコロンビア大学にあった図書館学校をはじめとする非常に高い評価を受けたいくつかの図書館学校が閉鎖されるなど，大きな低迷期がおとずれる．1999 年になると，米国とカナダで ALA 認定

の図書館学校プログラムを行っているところはわずか56校となった.

　この衰退には, 多くの理由があった. 1980年代の不況で, 大学は慎重に経費削減に努めていた. 納税者や政治家, 財団理事たちは, 高等教育に資金を費やすことに難色を示すようになった. 図書館学校は決して人目を引くような専門領域ではなかった. 学術機関の評価を語る上で図書館学校への言及があることはめったになく, 法学部や医学部に比べて多くの高額寄付者をもたらすこともなかった. これらの学校の多くは, 自らを活性化させる活発な同窓会ネットワークを築くこともできずにいた. その結果, 図書館学校は閉鎖の格好の標的となった (Paris 1988).

　一部の図書館教育者たちは閉鎖から教訓を得て, 学術的プログラムの質の向上とより高い水準を設定する必要を見出した (Boyce 1994). ボイスは, 残った図書館学校のさらに3分の1から2分の1が閉鎖するかもしれないと考えた. しかし, 急激な減少はおさまったようで, 残された図書館学校がこの経験から学んだことは多かったであろうと期待される.

III. 現代の課題

A. 図書館 vs. 情報論争

　新たな情報環境における図書館の役割をめぐる議論は複雑で, この分野の歴史的ルーツ, 図書館の目的についての考え, 情報供給を図書館の役割の中心とすることに対する信念に深く関係している. ここでは, これらの事柄については, 表面的にしか取り上げられない.

　1995年, クローニンは「図書館と情報学は確かに理想的な組み合わせではない」(Cronin 1995, p.897), そして多くのLISプログラムから「図書館」という言葉が削除されているのは「この組み合わせに対する不満が高まっていることを示している」と述べている (p.898). クローニンは,「図書館学」は矛盾語法であり, 図書館学と呼ばれているのは正しくは図書館職——特定の物理的構造に属する専門職——であると論じている. 一方で情報学は, 新しい方法論を

もち，予測を可能にするモデルを用いる発展中の学術分野である．クローニンの意見は，図書館学，図書館，情報専門職，そして情報学の間の相互関係をめぐる議論におけるいくつかの困難な問題を明らかにしている．

　プログラム名称の変更でもわかるように，この議論は新しいものではない．例えば，1996年，ピッツバーグ大学のプログラムが図書館情報学大学院となった．シラキュース大学は1974年に情報研究大学院と名称を変えた．1996年にはピッツバーグ大学が再び，プログラムの名称を情報学大学院へと変更．また同じ年に，ミシガン大学のプログラムも情報大学院になった（Olson and Grudin 2009）．このような名称変更をめぐりこれだけの騒ぎになったのは，名称から「図書館」という言葉を削除したことよりも，想定される経営理念が根本的に変化し，そのためカリキュラム内容と教員構成の変化をもたらす可能性が生じたことが原因のようである．

1. iスクール(iSchools)

　iスクールには，情報，技術，そして人がほぼ対等な重要性をもって相互作用するという中核的ビジョンがある（Olson and Grudin 2009）．iスクールの教授陣は通常，コンピュータ科学，図書館情報学，ビジネス，工学，行動科学など多くの分野から集められる．iスクールの増加により，徐々にiスクールの課題に特化した会議を主催するiスクール連盟と呼ばれる組織が設立される運びとなった．教授陣の学際的性質は大いに期待できるが，伝統的学術文化においては学術的焦点をどこに置くかでかなりの困難をもたらすものとなる（King 2006）．キングは，「iスクールは変動的な状況下で出現しており，ほとんどの場合，現在進行形のイノベーションを通してその変動に勢いを与えている」と見ている（King 2006, p.13）．彼は，この動きは突発的でその性質は定義が難しいが，学術的に質の高い実績をあげ，学界と社会全体に十分に貢献することができれば，大いに期待できるとしている．

2. 2つのパラダイム

　図書館対情報をめぐる議論を2つのパラダイムの衝突とまとめることがある．図書館サービスのパラダイムは，図書館の教育機関としての歴史的ルーツに由

来する．アポスルとレイモンドは，「より大きな社会的目的という観点から，図書館は読書，リテラシー，そして広く共有されている文化的価値の伝播を推奨するといった社会的に必要とされる機能を果たしている」と論じている (Apostle and Raymond 1997, p.5)．これらの機能は，文字記録を保存する義務とも相まって，図書館の第一の目的となっている．図書館サービスパラダイムを受け入れるなら，図書館情報学カリキュラムは教育理論，図書館サービス，リテラシー，読書を重視したものであるべきである．

　一方で，アポスルとレイモンドは，20世紀はさらなる工業化，重要な科学的・技術的進歩，そしてビジネスと政府の成長をもたらし，そのためさらに多くの情報が求められるようになったと述べている (Apostle and Raymond 1997)．このニーズから，専門図書館が生まれた．20世紀後半になると，コンピュータ技術の発達とともに，不可欠な社会的機能としての情報供給の重要性が明白になった．1970年代には，ほとんどの図書館が少なくともある程度情報センターとして，自らの位置を再定義した．

　ウィーガンドは，図書館の機能の1つは，情報へのアクセスを可能にすることであると述べた (Wiegand 2001, 2005)．しかし，一部の図書館教育者は，図書館と図書館職を技術的機能の面だけで定義しているようで，その結果，カリキュラムは「一般大衆の日常生活体験における文化機関」という図書館のもっとも重要で本質的な用途を無視したものとなってしまった (Wiegand 2005, p.58)．ウィーガンドによると，情報化によって情報探索に重点が置かれるようになり，一方で読書の重要性と日常生活におけるその意味について多くの研究が無視されている (Wiegand 2001)．図書館の活動の大部分が読書に直接関係しており，LISのカリキュラムは，コンピュータから得られる情報よりも読書の重要性と，場所としての図書館を強調するべきだと，彼は論じている．彼は，識字研究や図書と読書の社会史，読者反応理論，読書のエスノグラフィーなど，読書についての研究を含むカリキュラムを提唱した (Wiegand 1997)．

　図書館対情報についての議論は，ゴーマンに図書館教育に危機が起きているとまでいわせた (Gorman 2004)．

・私たちがかつて図書館学校と呼んだものは，情報学や情報研究のカリキ

ュラムの受け皿となっている．このような新しい分野は（そもそもこれらが存在するとするなら），せいぜい専門的な図書館職の周辺的存在である．
- 米国の一部の有名大学は，図書館情報学教育に見切りをつけた．結果として，図書館関連の研究の減退（量的には減っていなくても質的な減退）へとつながった．
- 将来の図書館員が図書館教育の中核と見なすテーマ（目録，レファレンス，コレクション形成など）の多くが，現在の図書館情報学カリキュラムではもはや重要性を失い，必須でもなくなった．
- 多くの図書館教育者（図書館員であろうと情報系であろうと，しかし特に後者）は，図書館の伝統的な使命，方針，プログラム，そして価値への信条と敬意を失い，自分たちの興味分野（図書館職以外の）での研究，または彼らの学生を他の職業に備えさせることにもっと関心をもっている．
- 真の図書館の真のニーズに専念した，米国の図書館情報学校についての研究が十分に行われていない．(p.99)

これらの所見を受けて，ゴーマンは，コレクション形成，目録，レファレンスと図書館指導，貸出，システム，経営管理，図書館の種類などを扱った全国的に認知されたコアカリキュラムを提唱した (Gorman 2004)．彼はさらに，カリキュラムの全国水準の確保と，図書館と図書館職に直接関係のある研究と実践を重視するために，ALA認定プロセスの大きな改革を提言した．また，男性が過半を占めてきた情報学の教授陣が優勢性を増すにつれ，教授陣のジェンダー構成が男性優位になっていくだろうと推測した．

ごく最近では，クロウリーが，情報パラダイムを取り入れたことで情報専門職が優勢となり，図書館を情報の提供機関として，図書館員を教育者としてではなく仲介者として見立てる供給モデルが生まれたと言及している (Crowly 2008)．彼は，学校が情報化を採用していくにつれ，図書館教育の伝統的価値──生涯学習，読書，そして教育の振興──が薄れ，二の次となっていくことに懸念を示している．クロウリーは，LIS教育が学習理論，学習プログラム作成，そして教育に確実に重点を置き続け，リテラシーと読書が再び中心テーマ

となるよう，LIS プログラムの方向転換を提唱した．クローリーの主張は，古くさい過去へのノスタルジアからではなく，情報指向の観点を取り入れれば図書館と図書館員の生き残りそのものが脅かされるという固い確信から生まれたものだ．情報へのアクセスに注目することで，図書館はテクノロジーのかつてない高度化や，グーグルなどの情報プロバイダと競い合わなくてはならなくなり，彼はこの競争に図書館が勝つのは非常に困難であると見ている．その一方で，読書，リテラシー，そして生涯学習といった社会的に重要な文化的価値と活動に注目することにより，図書館と図書館員は個人と社会全体に価値ある貢献をし続けることができる．クローリーはこの概念を，「ライフサイクル図書館員」と呼んでいる．これらの貢献は，情報提供が主な目的であるテクノロジーでは簡単に行えるものではない．

対照的に，ヴァン・ハウスとサットンは，LIS 教育は伝統的方向性から情報に焦点を移す必要があると主張している（Van House and Sutton 2000）．

> LIS 専門職による図書館の重視は，図書館を中心とした天動説的情報世界から，情報を中心とし，図書館が必ずしも中心的でなくとも重要な役割を担う動的なコペルニクス的世界への根本的転換という課題に直面している．(p.55)

ヴァン・ハウスとサットンは，急速に変化する情報景観と LIS プログラムが組み込まれている大学環境の変化という，LIS 教育の将来を形作る広い意味の 2 つの力に着目していた．彼らは特に，情報の価値がますます明白になるにつれて，コンピュータ科学や経営学といった他の分野が LIS 校の強力な競争相手となり，図書館情報学の伝統的権威を脅かすことになると主張している．一方この競争は，様々な分野が学生と大学の資源をめぐり競い合うという，不安定な大学風土を生み出す．彼らは，LIS 校が生き残るには根本的に順応する必要があり，図書館重視をやめるわけではないが，LIS 教育はその分野を拡大し，図書館中心というよりも情報中心のカリキュラムを作成しなければならないと警告している．

ディロンとノリスが示した別の見解は，2 つの対立するパラダイムがあると

いう考えに対して異議を唱えている．彼らは，LISコミュニティ全体が人類知識の文化的記録管理者としての図書館の重要な責任を認識していることに言及している．同時に，LIS教育者は図書館が「システムの一部」に過ぎないことを認識しなければならず，実際に情報テクノロジーの導入によって，人々が情報を探す方法だけではなく，図書館のサービス提供の仕方も根本的に変わったと指摘している（Dillon and Norris 2005, p.283）．2人は，図書館をテーマにした研究が不足しているという主張に異議を唱え，数多くの論文誌や多くの研究——優秀博士論文を含む——を引用している．また，LISプログラムによって提供されている各授業内容には大きな違いがあるものの，その実要求課題についてはほぼ一致していることも示している．さらに，授業で出される課題を分析し，教授陣のジェンダーに関わることについて調査を行うことで，「女性は図書館学指向のコースと情報学指向のコースの双方を教えることによって，LIS教育の発展に貢献している」ことを見出している（p.291）．こうして，彼らは新興の情報テクノロジーが，記録された情報に加えて図書館に影響しているという議論には理由があることを認めつつも，現状を危機と呼ぶのは大げさであると結論づけている．

> インターネットが以前は考えられなかったような量の情報へのアクセスを容易にし，安価で広く入手可能な情報や通信テクノロジーを複数のタスク領域で誰もが使用し，そのような一般的なテクノロジーを熟知し使いこなす学生がLISプログラムに入学してくることになると，これらのツールと，そのツールが可能にする研究と利用の機会を受け入れることが，LISプログラムの今後を正当化する最良の道である．LISプログラムがこの変化を華麗に成し遂げたことが，多くを物語っている．（p.294）

キングもまた，この種の主張は少なくとも1923年のウィリアムソン報告以来常に話題となってきたとし，危機ととらえることには異論を唱えている（King 2005）．彼は，LIS教育における不安をかきたてる要素は，資金不足，尊重の欠如，そして教える内容をめぐる図書館職従事者と教育者間の意見の不一致など，他の分野でも類似していると言及している．キングは，L学校対iS

クールの議論は，「「ハットフィールド家とマッコイ家の争い」」(訳註：19世紀末に中西部で実際にあった抗争．多くの文学，映像，コミックで描かれる）の漫画のようである」と書いている（p.15）．学校の名称に「図書館」という言葉が入っているかどうかで内部で何が起きているかを知ることはできないと主張し，様々な学校の校長らはかなりうまく連携できるようであるとしている．iスクールと図書館学校はともに，図書館情報学教育協会（ALISE）に属しており，iスクールがLISの伝統を捨て去ろうとしているという証拠はない．

　エスタブルックは，危機が起きていると主張する人々は，ありもしないことを大げさに騒いでいるだけであるといっているが，LISプログラムに変更があれば理由を明らかにするよう勧告している（Estabrook 2005）．彼女は，LIS教育にはテクノロジーの理解と中心的な図書館の原則がともに必要であると述べ，「私たちのLISプログラムのすばらしい点は，多くのプログラムで両者を融合することができているという点にある」と感じているとした（p.299）．さらに彼女は，教員による研究は実務的な図書館の目先の問題の解決に限定することはできない，さもないと学問がコンサルティングになってしまう，と主張している．

　ストフルとリーダーは，図書館職従事者とLIS教育者間の意見の相違が，状況を悪化させていると示唆している（Stoffle and Leeder 2005）．

> LISプログラムの最大の問題は，多くの実務家が図書館教育の目的，これらのプログラム実施への需要，そしてプログラムが維持しなければならない水準を理解していないことである．実務家は，これらの学校がわずか36時間から42時間の授業で取り上げなければいけない非常に広範囲に及ぶ題材があることを認識することなく，自分たちの関心または特定図書館の雇用ニーズに基づいたカリキュラムの作成を望んでいる．（p.315）

3. 合意点を探して

　図書館対情報という論争がいますぐに消滅することはなさそうだ．しかし，2つの競合しあうパラダイムの概念は，議論を促進するよりも，さらに混乱させることになりそうだ．ミクサは，「社会的機関としての図書館」対「人間の

コミュニケーションシステムとしての情報の動き」という観点からこの論争を分析し，双方に重大な概念的欠陥があることを見出した (Miksa 1992)．彼は，必要なのは「この分野の仕事が何に関わっているのかを明らかにするための本質的なアプローチであり，そのためにはさらに徹底的でしかし統一されたやり方でプロセスを概念化すること」であると主張している (p.243)．

競合するパラダイムをめぐる論争がどのような建設的な結果を達成してきたかを断定するのは困難であったために，分離ではなく統一への試みは望ましく思われる．現在一般的に使われているパラダイム概念は，トーマス・S・クーンの科学史についての草分け的著作『科学革命の構造』に基づいたものである (Kuhn 1970)．クーンはプトレマイオスの地球を中心とした天動説から太陽を中心としたコペルニクス的発想へと変わっていった宇宙観を例にあげ，科学におけるパラダイムシフトを説明している．クーンのパラダイムシフトの概念は，単に視点あるいは力点の置きかたの問題ではない．その変化は大きく，1つのパラダイムが別のパラダイムと同時に成り立っていることはできない．彼が言及しているように，「科学革命は，古いパラダイムが両立できない新しいパラダイムによって完全に，または部分的に置き換えられる非累積的な発現の系譜とされる」(p.92 傍点は引用者による)．クーンは科学における多数の例をあげているが，社会科学パラダイムが存在するかについては疑問を呈している．

LIS教育については，情報と教育の両方が重要であると考えるのが妥当ではないだろうか．実際，情報と教育は密接に関わっている——そして情報は学習において必要不可欠な部分である——というのが私たちの日常的な理解ではないだろうか．図書館の中心的機能としての読書の推進は，人々のために情報を探すことと補完的ではないだろうか．確かにここ数年，公共図書館の基本理念には，コミュニティの教育的ニーズ，娯楽的ニーズ，そして情報のニーズを満たしたいという願いが掲げられてきた．LISプログラムも，これらと同様の複数の目標を反映するべきではないか．ミクサが提案しているように，統合的視点の潜在力を探ることにより，多くの喜ばしい可能性が得られるように思われる (Miksa 1992)．

B. 継続教育

継続教育は，20世紀のはじめ少数の公共図書館と一部の学術機関が，図書館職員のための「学校」を提供して以来，LIS教育の一部となってきた．1965年の高等教育法により，継続教育の質の向上を目指す継続図書館教育ネットワークエクスチェンジ（CLENE）が設立された．CLENEは全国の現役図書館員のニーズを評価し，継続教育の機会を提供していた．1983年，CLENEはALAのラウンドテーブルの1つとなった（Roberts and Konn 1991）．最近CLENEは，ラーニングラウンドテーブルと改称した．その他の専門職団体，州立図書館，大規模図書館，そして地方図書館システムもまた，現役のLIS専門職にかなりの量の継続教育を提供している．

ALA倫理規定で図書館員は専門技術を更新することを求められているが，継続教育は主として自由意志によるものとされている．資格制度にしばしば継続教育を組み込んでいる教育職とは違い，ほとんどの図書館員職では継続教育は必要条件ではないし，雇用者がインセンティブとして金銭的な報奨を提供することもない．能力に基づいた実績評価システムを実施することで新しいスキルを身につけた者に対し金銭的報奨や雇用機会を提供する雇用者も若干いるが，それでもまだ珍しい．

急速に変化する情報環境にある今日，LISプログラムで伝授される知識の多くはすぐに時代遅れになってしまう．多くのLISプログラムの運営者は，卒業生への現場教育と同様に，その他の図書館職員への訓練を提供するニーズがあることを認識している．しかし，教授陣に教育学的な負担を与えることなく，戻ってくる学生のために継続教育の機会を作るのは非常に困難な課題である．

C. 遠隔教育

情報通信の発達によって，今では双方向テレビやウェブでの教授方法を使用することで，遠隔地へ質の高いLIS教育を提供することが可能だ．2010年の時点では，遠隔教育によって完全なLIS修士課程プログラムを提供している

認可されたLISプログラムは16あり，そしてその他にも主にオンラインのプログラムも12ある（ALA 2010b）．オンラインLIS教育は，2004年のウェブ基盤情報教育（WISE）コンソーシアムの設立によって，連邦政府の博物館・図書館サービス機構（IMLS）によるシラキュース大学とイリノイ大学アーバナ・シャンペン校への助成金が始まることで形ができた．「図書館と情報学におけるオンライン教育の機会の質，アクセス，多様性を高める」ことが，WISEのミッションである．コンソーシアムは，質，教授法，協力という3つの理念上の指針を掲げている（WISE 2009, pp.1-3）．2009年の時点では，コンソーシアムの会員は15校ある．会員校は，事務的そして技術的な支援を受けることができる．学生は，会員校によるオンライン授業にアクセスでき，教授陣もコンソーシアムを通してワークショップやトレーニングに参加できる．WISEはまた，非会員に対してもトレーニングを提供しており，効果的なオンライン指導のための原則と基準を定めている．

　遠隔学習は，いくつかの理由から魅力的であるが，その中でも一番の利点は，通学や引越しの必要がなく，そのために家族や家計の負担が軽減されるという点だ．加えて，学生は質の高いプログラムに入るために，仕事を辞める必要もない（Wilde and Epperson 2006）．ケアリーとグレゴリーは，サウスフロリダ大学のウェブ遠隔学習の参加者がその経験に満足しており，直接対面する授業と同等またはそれ以上の経験であると感じたとしている（Carey and Gregory 2002）．ローガンらは，一部の学生はオンライン環境における教育の方がより強い責任感をもって取り組んでいると述べている（Logan, Augustyniak, and Rees 2002）．ワイルドとエパソンは，遠隔教育の卒業生への調査で，回答者の90%が，遠隔プログラムは教室で行われる学位プログラムと同等であると考えていたこと，他方，全体的に，他の学生や教授陣から切り離されているという感覚があったと述べている（Wilde and Epperson 2006）．それぞれのプログラムを選んだ理由として，主にALA認定校であったこと，良い評価を受けていたこと，そして通学が必要なかったことがあげられている（Wilde and Epperson 2006）．

　遠隔教育だけに限られるものではないが，技術が絶え間なく進化するために多くの利点があっても常に対応しなければならない一連の課題が示されている．

D. コンピテンシーと進化する LIS カリキュラム

　コンピテンシーとは，一般的に専門的なタスクを実行するのに必要とされる知識，スキル，能力を指す．ヤングアダルト図書館サービス協会，児童図書館サービス協会，レファレンス・利用者サービス協会，そして公共図書館協会など，アメリカ図書館協会内の様々な部門が，多様な専門において多数のコンピテンシー声明文を作成している．図書館員の一般的なコンピテンシーが必要とされていることは何年も認識されてきたが，ALA が「ALA から認可を受けた図書館情報学の修士プログラムを修了するすべての者が有するべき基本的知識」を定義した「図書館職のコアコンピテンシー」を承認したのは 2009 年になってのことだった（ALA 2009a）（表 2.1 参照）．

　専門図書館協会，医学図書館協会，音楽図書館協会，そして米国アーキビスト協会によって，さらに別のコンピテンシーが推奨された．アリゾナ，カリフォルニア，コネティカット，そしてオハイオなどの特定の州もまた，コンピテンシーを表明した（Vann, Fleet, and Lester 2008）．

　表向きには，学術的な授業内容は専門能力を得るための手段である．残念ながら，LIS プログラムにおける必修科目や深い専門性に見合った科目についての合意がほとんどないようである（Lynch 1989）．例えば，1994 年，マーコは米国の図書館学校 47 校で，当時主要とされていた「図書選択，目録と分類法，参考業務，図書館の経営・管理，図書と図書館の歴史，研究方法，および社会における図書館」（p.182）の 7 つの主要分野のすべてが必修であった学校は 1 校もなかったと述べた（Marco 1994）．実際，共通で必修だったのは，目録と参考業務の 2 科目だけであった．マーキーは，56 校のウェブサイトを検証し，知識の組織化，コンテンツ作成，情報の信頼性，コレクション保存などといった分野のプログラムのカリキュラムを拡大し，資格証明，専門化，または重点化の提供を検討するべきだと提言している（Markey 2004）．チューは，米国の 45 の認可プログラムにおける 3000 近いコースの分析を行い，幅広い科目がカバーされており，カリキュラムの変化は技術的な発達だけではなく社会的そして文化的なものも反映していることを発見した（Chu 2006）．例えば，選択科目

表 2.1 ALA の図書館職のコアコンピテンシー：知識カテゴリー

1. 専門職の基盤	歴史，倫理，価値
2. 情報リソース	記録知識のライフサイクル，資料の収集，選択，処理，コレクションの保存と管理
3. 記録知識および情報の組織化	記録知識の組織原理，目録，メタデータ，分類のシステム
4. 技術的知識とスキル	情報コミュニケーション技術およびその応用，そして技術評価
5. レファレンスおよびユーザーサービス	レファレンスサービスの原理と技術，情報検索およびその評価技術，対人スキル，情報リテラシー，ユーザーニーズの評価
6. 研究	量的および質的方法，当該分野の主要な研究成果
7. 継続教育および生涯学習	生涯学習における図書館の役割，学習理論および図書館への応用，記録知識を探索，評価，利用するにあたってのスキルの教授に関わる原理
8. 経営管理	計画，予算獲得，人的リソース，プログラム評価，リーダーシップ，協力体制

には電子図書館，ウェブデザイン，ネットワーク，デジタル化，情報アーキテクチャ，インターネットに関する法律，ナレッジマネジメントなどが含まれていた．しかし，チューはまた，全体として必修科目の数が減少していることも発見した．図書館学校の必修科目の平均数は5または6だが，一部には2まで下がるケースもあった．必修科目でもっともよく見られるのは，情報の組織化，レファレンス，基礎，そしてマネジメントなど伝統的分野だった．

LISカリキュラムにおける不透明さは，授業内容に理論と実務のどちらを組み込むかをめぐる現在の議論を映し出している．

例えば，メインはこう提言している（Main 1990）．

> もはや理論的そして理念的問題を気にする必要はない．いま懸念しなければならないのは，私たちの競争社会での生き残りを可能にするもの，つまり情報テクノロジーである．そして，情報テクノロジーは実用的分野である．（p.228）

このような見解は，1923年にウィリアムソンにより提案されたものとはかなり異なるものであり，別の専門家はまちがいなく，情報テクノロジーによって提起される課題や問題により，今後理念的問題の理解がより一層重要になると主張するだろう．LISの専門職が，急速に進化し続ける情報社会で非常に重要になるであろう計画，評価，意思決定の機能を果たすことができるようにな

るには，理論的な理解を高める必要があるという主張も一部である．例えば，リンチは，次のように考えている（Lynch 1989）．

> 未来の図書館職形成は，その時代に必要な職業的スキルではなく，この分野におけるすべての専門に共通する原理にかかっている．専門職は，図書館教育が堅実な知的基盤の上に築かれることを期待している．（p.81）

　LIS プログラムは，依然として理論と実務のバランス維持に苦労している．教育プログラムは，学生が図書館やその他の情報機関で専門的な仕事をすることができる，通常単位取得が可能な実習やインターンシッププログラムを提供している．このような経験では，実際的な状況の理解を進め，学生の自信を高め，大切な将来の就職や専門的能力の開発のためのつてを作ることができる．ボールは，コースに組み込まれた形で，体験的学習に関係はするもののそれとはまた異なった形式の「サービス学習」を行うことができると提言している（Ball 2008）．「サービス活動は，特定の学習目標に関連づけられており，学生による授業内容の理解を高めるために，学期を通して検討が行われる」(p.71)．理論と実務の適当なバランスをめぐる大きな議論が残っており，これらの異なる見解によりこの先何年にもわたって議論を生み続けるだろう．

E. 図書館情報学における修士号の役割

　20世紀，十分な理論的知識と原理が専門的実務の基盤をなすべきだという考えが生まれる中で，図書館情報学修士号の重要性もまた高まった．ALA は，その方針要項の1つの中で，大学院教育の重要性を認めている（American Library Association 1996）．

> ALA は，高等教育機関における大学院プログラムで教育を受け，専門資格を有する者が図書館サービスを提供することを支持する．（中略）ALA は，情報伝播という広い専門職業分野において個人が準備するのに必要な質，視野，有益性を備えた質の高い大学院レベルの図書館情報学教育プロ

グラムを開発し保持することを支持する．ALA は，修士レベルの大学プログラムとして図書館情報学（LIS）における専門家育成のための教育を行うことを支持する．(p.137)

　この支持表明は強力ではあるが，絶対的なものではない．例えば，これはすべての図書館員が認可プログラムの修士号をもっていることを求めていない．とはいえ，修士レベルでの図書館教育が，今では図書館職への入り口として認められた基準となっているのは明らかだ．
　大学院レベルの学術的訓練を義務づけるには，理論的知識体系の整備が十分ではないと主張する者もいる．例えば，ホープマンは，こう述べている（Haupman 1987）．

図書館員として効率的に役割を果たすにあたって必要な必須の事前知識などはいっさいない．知的な大卒者なら誰でも，専門図書館，公共図書館または大学図書館で働き始め，目録の作成やレファレンス業務の照会，過大視されているコンピュータシステムの操作，または運営に必要なスキルさえすぐに覚えることができる．(pp.252-253)

　ホープマンは，図書館員の仕事の 90％ が事務であるとし，図書館員は彼らの仕事について神秘性をまとわせたのだとし，図書館利用者はしばしば図書館機能を実行する方法をほんの短期間で習得することができると主張している．キャンベルは同じ問題を指摘しながら違った見解にいたっている（Campbell 1993）．彼は，コンピュータ革命がより高度な技術の習熟を生み出したが，図書館教育の改変に失敗すると，図書館教育は著しく遅れたものになりかねないと論じている．彼は，「私たちが毎日の図書館業務で直面する技術的そして実務的課題の性質を考えると，MLS はもはや実行可能な資格ではないのかもしれない」と言及している（p.560）．
　いうまでもなく，反論する者もいる．彼らにとって，多くの専門職のように，図書館情報学は日常的な要素の他にも，かなりの理論的そして概念的な知識と判断を融合させる．専門職としては，知識，情報，人々，そして社会の性質に

ついて幅広い理解を必要とする非常に重要な社会的そして政治的機能を提供する．その理解によって，LIS 専門職は評価，判断，そして将来の行動方針の設定を行うことができる．例えば，ある特定の資料の名称を知っていれば，具体的な問い合わせに答えるのに役立つかもしれないが，人々の情報ニーズやその識別と評価の仕方を理解するには，異なる種の知識が必要である．この種の理解は，LIS 専門職が情報システムを設計し，重視するべき分野を選択したり，人々がこのようなシステムを使えるようにしそれを促す戦略を実行したりする上で役に立つ．資料選択の原則，情報政策の効果，技術の利用，知識組織化の様式，情報を提供する機関の活動を導く原理などを理解することについても，同様のことがいえるだろう．ホワイトは，修士号は特定の職位のためというよりも，この職業への足がかりのための資格であると述べている（White 1986）．

1980 年代にミシシッピ州立大学で図書館員採用の際の基準として修士号が示されたことに対し訴訟が起こされたことで，その重要性が重大な裁判の争点となった．公民権法第 7 編は，様々な階層を年齢，人種や肌の色，宗教，または障がいによる差別から保護する．この法律はさらに，雇用過程で，特にその過程と無関係な特徴または資格が考慮に入れられた場合に起こる差別からも個人を守る．つまり，雇用者は仕事をするための個人の能力に直接関係する採用基準のみを使用しなければならない．グレンダ・マーウィンは，獣医学図書館の図書館職に採用されなかったとしてミシシッピ州立大学を訴えた．この訴訟には多くの紆余曲折があったが，マーウィンの主張の 1 つは，彼女が採用されなかったのは ALA 認可プログラムの修士号を保持していないからだったというものであった（Glenda Merwine v. Board of Trustees for State Institutions of Higher Education: Holley 1984）．興味深いことに，ALA はこの問題への態度を明確にしなかったが，いくつかの著名な図書館教育者らは証言を行った．法廷は，彼女の修士号に代わる妥当な選択肢はなく，この修士号は適当であり，また専門職学位として広く受け入れられているとした．判決は有利なものだったが，図書館職に対する他所からの攻撃を免れることはできなかった．なかでも顕著だったのは連邦行政管理予算局（OMB）で，認可された LIS プログラムの修士号について，以前それを必須としていた一部の政府関係の職での必要性に異議を唱えた．このような動きにより，図書館職はその職業的責任とそれに見合う

正規の大学院教育の必要性を明確にできなければならないことを知らされた.

F. LIS 教育の基準

1950年代以降, ALA認定委員会は専門職準備の質を確保するための正式機構となってきた. 修士レベルのLISプログラムのみが認定を受けている. 認定基準は, この分野の進化にあわせて変化してきたが, 現在ではミッション・目標・方針, カリキュラム, 教授陣, 学生, 経営および経済的支援, そして物理的資源と設備の, 質の高いプログラムに不可欠とされる6つの分野を検討する (ALA 2010a). これらの基準は, 学校の独自のミッションを明確にし, 計画と成果の評価の仕組みを開発し, そしてミッションを評価する能力を重視する. さらに, 代替的教授法の開発を反映して, これらの基準は双方向ビデオまたはオンラインなど, 様々な手段によって教育を提供できることを認めている. しかし, これらの基準は提供の方法に関係なく同じである.

認定への支持は歴史的にも引き続き強固であるが, すべてのLIS教育者がこの基準やアプローチに満足しているわけではない. 例えば, サラセヴィックは1994年に学校に独自にミッションを設定させたのはまちがいで, 必要不可欠なコンピテンシーとこの分野の理論的基盤を中心とした基本的カリキュラムの作成から大きくずれることになったことを示唆している (Saracevic 1994). 彼の懸念は, 大学経営者たちがLISプログラムを学術的なものとしてではなく, 職業訓練的なものとして見なしがちであるという見解からきている. 理論的基盤が明確でなければ, 学校は閉鎖に追いやられかねない.

最近になって, 認定プロセスは, この基準が図書館職へさらに重きを置き, 情報学への重点を減らすべきだと考えるLIS教育者たちからの批判の対象となっている. 2006年, ALAは, すべてのプログラムが提供するべき主要な知識を識別し, 提言を行うための図書館教育に関する会長特別委員会を任命した. 最終報告書は, 教えられていたことと実際に図書館での仕事に必要とされていたことが一致しているわけではないという認識, 価値観と倫理への重点の不足, そして一部の学校で見られる情報への偏重などを含めた, 様々な関心事を指摘している (ALA 2009a). 特別委員会の提言には, 以下の事項が含まれていた.

認定基準はもっと規範的であるべきである．ALAの中心的価値観と中心的コンピテンシーは基準に取り入れられるべきである．教授陣の大多数が図書館職に精通しているべきである．しかし情報科学技術協会（ASIS&T）は，違った見解をもっており，最近の白書（ASIS&T 2007）で，次のように問うている．「ALAは，認可のために図書館を重視していないプログラムを審査するに適した機関なのか」(p.3)．同学会は，様々な情報関連のパートナーと連携した新しい認定基準を提案している．認定をめぐる議論が続くだろうことはまちがいない．LISの専門家はこの問題を理解し，変わり続ける発展に注視しなければならない．将来それらがLIS学校に何が必要とされるかを左右するからだ．

G. 変化する人口動勢

修士課程を卒業する新しい専門職の数は，2000年の4877人から2005年には6502人に増加した．学生の大多数は女性（79%）で白人（76%）である．2002年の1万5000人に対して，2005年には，1万8271人近くの学生が米国とカナダの認定プログラムに在籍していた．41%が25～34歳だったが，43%が35歳以上で，約11%が50歳以上だった（ALISE 2009）．

しかし，米国の人口構成はますます多様化していて，今日では，ヒスパニック，アフリカ系アメリカ人，アジア系そしてネイティブアメリカンの4大マイノリティ人口が，米国人口のおよそ3分の1を占めている．現在，多くの大都市では，マイノリティがマジョリティを形成しているか，少なくとも都市人口においてかなりの大きな割合を占めている．しかし，現在のMLISプログラムのマイノリティの在籍数は，12%以下にとどまっている．2005年では，アフリカ系アメリカ人はたったの4%，アジア系は3%，そしてヒスパニック系は4%だった（ALISE 2009）．

ALAは図書館職の多様性を増大させることに積極的だ．1997年にはマイノリティグループ出身の図書館員数を倍増させるという目標を掲げ，毎年50人もの有色人種の学生を募集し支援するスペクトラム・イニシアティブを立ち上げた．その後ALA会長たちからの支援により，イニシアティブを無期限に引き延ばした永続的な奨学金基金を設立した．2009年現在，560人のスペクトラ

ム奨学生が入学している．研究図書館協会（ARL）やアジア系・太平洋アメリカ人図書館協会など他のグループにも，アウトリーチプログラムがある．

　LISへ非白人たちを取り込むという課題は，数十年にわたって認識されてきた．アフリカ系アメリカ人図書館員の数が少なく，彼らがALA上層部での関わりがなかったことなどが，1970年にE・J・ジョージーが委員長に就任してALA黒人連盟が結成された主な理由の1つだった．1993年，マククとゲイストは，LIS学校と雇用者の間での提携確立，より多くの金銭的サポート，学部や中等教育プログラムでの募集活動の強化，軍やコミュニティカレッジなど従来とは異なる環境での募集活動，そしてカレッジや大学の文化的環境の向上など，多様性を高める様々な方法を提案している（McCook and Geist 1993）．グレイナーは，LISプログラムに関心をもっているマイノリティが直面するもっとも大きな障壁は，差別ではなく経済的負担であると主張している（Greiner 2008）．明らかに，人口構成がますます多様化するにつれて，この職業でのマイノリティグループ出身者採用への必要性は増加するだろう．

IV. 専門職としての図書館情報学

A. 専門職モデル

　最初の専門職は聖職者だった．現代的意味での専門職（法律，医学，看護，教師，図書館職）は，19世紀後半から20世紀初頭の産業革命時代に数多く現れた．以下では，専門職を特徴づける方法のいくつかの中から3つを簡単に説明する．

1. 特性モデル

　職業を特徴づける1つの方法に，その職業が決まった特性をもつかどうかを判断するというのがある．そして一般的な職業的特性のいくつかは，図書館情報学にも共通している．

　　・サービス重視であり，営利目的ではなく利他的志向性をもつ．

- 専門職団体が，会議の開催，出版物の刊行，倫理規定の交付，そして教育機関の認定に携わる．
- 専門職団体は，労働および行動基準を含め規範的権限を有する．

しかし，図書館職はこれらすべての特性と一致するわけではない．例えば，専門職団体の力は，その職業規範に違反する行動を取る従事者を制裁することはできないなど，限られている．図書館職は職業的な独占を行使できるわけではなく，免許も必要とされていない．さらに，1年間の正規の大学院訓練は，他の職業で求められる広範囲の訓練と同等ではない．他にも，職業の必要条件を満たすための違った特性も提案されている．

- 特定化すれば利用者の利益，総じていえば社会的厚生に資する姿勢
- 独自の成長と再編の原理を伴う理論または特別な知識体系
- その専門職に特有の，一連の特殊な専門スキル，業務，そして行為
- 技術的そして倫理的に確実な条件下で，誠実に判断を下す能力
- 個人でも集団でも，経験から学び，そして業務中の文脈で新たな知識を育てるという，組織的なアプローチ
- 業務と専門教育の両方における監督と質の監視を請け負う専門職コミュニティ（Gardner and Shulman 2005, p.14）

図書館情報学については，主に強制と独占の概念がないという理由から，このような説明の方がしっくりする．

2. 制御モデル

専門職の特性を明らかにする別のアプローチが，ウィンターによって提案されている（Winter 1988）．ウィンターは，図書館職の特徴づけに数人の社会学者の研究に基づいた制御モデルを使っている．この観点から見ると，専門職を差別化するための特徴は，それぞれが発揮する力の度合いと制御の性質に基づいている．職業制御は，職業経験や技術に依存する職業とは対照的に，高等教育の学位や知的・理論的知識に基づいている．彼は，図書館員が制御を発揮す

る3つの場合を特定している．それは，組織化の手段としての知識の分類，アクセスできるようにするための知識の索引づけ，そして様々な知識表現の形式的そして非形式的な組織化の理解である．そうなると，図書館員は，1つの知識表現ではなく，多くの知識表現の組織化とその関係を理解しようとしていることになる．これは一見したところ，これらの機能は理論と実務の両方におけるかなりの知識や訓練なくしてはなし得ないため，図書館職は確かに専門職であるという証拠を示しているように見える．ウィンターは，「利用者と知識の公的記録を結びつける仕事は，図書館員の特別領域だ」と論じている（Winter 1988, p.6）．

　しかし，制御モデルは，専門職がすべての制御を行っているとは仮定しない．ウィンターの概念化では，他のタイプの制御が存在する．同僚制御，クライアント制御，そして媒介制御である．同僚制御では，専門職業務はサービスを提供する者が制御している．例えば，医師や弁護士は彼らの顧客に関して自分たちで業務を決定する傾向にある．クライアント制御の場合，サービスを利用する個人が，要望，ニーズ，そして彼らが満足する手段を決める．媒介制御は，同僚制御とクライアント制御間のバランスを保ったものである．ウィンターは，すべての職業は媒介制御へと推移していると主張している．例えば，医学においてですら，患者が自身の治療について，以前よりも大きな支配力を発揮している．図書館職も，媒介制御カテゴリーに当てはまる．一部の利用者は，いまでも彼らの情報ニーズを明確にし，それを満たすことの両方を図書館員に大きく依存している．別の場合では，利用者が特定の資料を求め，図書館員がただ単に要求された情報を探し出すことをしている．しかし，21世紀には，クライアント制御モデルが優勢となる可能性が高い．例えば，バーゾールは，新たな情報テクノロジーにより専門的知識がより広く入手可能になり，脱専門職化の傾向を促すと主張している（Birdsall 1982）．彼は，職業はもはや特殊な知識の占有によって特徴づけられるものではなく，利用者にもっと自分でできるようになるよう促し教えることになると論じている．バーゾールの推測は，ソーシャルワーク，教育，そしてLISなど，今日のすべての援助専門職に当てはまりそうだ．

3. 価値モデル

　昔は，1つには図書館そのものがユニークであったことを理由として，図書館員のステータスは得られていた．なにしろ図書館はしばしば，きちんと組織化された資料の充実したコレクションがあり，欲しい資料の探し方を知っている人々がいる公的にアクセスできる唯一の場所であった．そのために，図書館員はある種の知識に対して，独占権とはいかないまでも，少なくともかなりの支配権をもっていた．このタイプの特別な地位は，時に専門性知識の不均衡と呼ばれ，クライアントまたは利用者が専門家の知識に特別な信頼を置くことを表している（Abbott 1988, p.5）．アボットは，図書館員によって管理される知識のタイプを「質的情報」と名づけている（p.216）．図書館員は，「文化資本の物理的管理権限をもっていて」（p.217），彼らはそれを教育または娯楽のために，しかし非営利のまま組織化し皆のために広めた．

　この目的は，サービスの価値という，すべての職業の基本的価値の1つを反映している．原初の職業（聖職者，法律家，医師，教師，看護師，そしてソーシャルワーカー）は，人々のより良い暮らしや社会の向上に力を注ぎ，「社会の新しい商業的そして産業的中核の外に身を置いていた」（Abbott 1988, p.3）．LIS専門職は，人々を知識に接触させることで，公共の利益を提供する．それを通しLIS専門職はまた，すべての人々がその知識に平等にアクセスできるようにすることで，基本的な民主的価値観も支援する．この考えの下では，図書館情報学の職業的基盤は，その技術ではなく，基本価値観である．LISの重要性は，情報源の支配，組織化するスキル，または技術的能力ではなく，LIS専門職がなぜその機能を果たしているのかというところにある．現代の図書館情報学がすべての形態の知識（例えば，印刷物，視聴覚資料，そして電子版など）を扱っていることが，これらの根本的な価値観の重要性を高め，博物館学芸員などの他の職業，または類似した職業との差異をはっきりさせる．

B. 図書館員に対する認識

1. ステレオタイプ

　いま図書館員はどのように認識されているのか，また，その認識は現実とあ

っているのだろうか．一部の女性図書館員は，自分たちのイメージが大概，オールドミスで，髪を団子に束ね，自分に厳しく（例えば地味な靴や眼鏡を買う），権威的で支配的な振る舞いをし，少しでも騒ぐと「しーっ！」といってくるといった，マイナスなものであると考えている．男性の図書館員は，別の問題を抱えている．彼らはしばしば，自分たちは「女性の専門職」で働いていると思われていると考えており，そのために能力がなく女々しいと思われているのではと心配している．この心配によって，多くの男性が自分は図書館員であることをいえず，代わりに情報専門職であると名乗る傾向が高い（Morrisey and Case 1988）．このような男性および女性図書館員についてのステレオタイプは，この分野の採用活動を妨げ，この職業全体の地位と成長を左右するなど，有害な影響をもたらす可能性がある．

　しかし，これらの認識はどれだけ正確なのだろうか．モリシーとケースは，大学生の男性図書館員に対する認識を検証し，それがしばしば肯定的であることを発見した（Morrisey and Case 1988）．男性図書館員を表すのに一番よく使われる言葉は，几帳面，親しみやすい，論理的，フレンドリー，辛抱強い，真面目であった（p.457）．彼らは，男性図書館員は，他の人よりも自分を否定的に見ていると結論づけた．シューマンは，図書館員にはネガティブなイメージもあるが，そのようなすべてのイメージがネガティブであるという仮説の根拠はないとした（Schuman 1990）．彼女は，シンクレア・ルイス，シャーウッド・アンダーソン，ヘンリー・ジェイムズ，イーディス・ウォートンといった著名な作家が，図書館員を肯定的な言葉で表現していたと指摘している．さらに，メディアで時々見られる図書館員のネガティブな描写は，他の職業の描写と共通している．例えば弁護士や政治家には確かに敬意が払われることはあまりない．

　カルチュラル・スタディーズのアプローチを使ったさらに最近の解釈では，図書館員はステレオタイプを都合よく利用することができるということを示している．アダムズやラドフォードらは，図書館員は「オールドミス」という固定イメージに反発するよりも，パロディや物まね，ユーモアといったテクニックを使い，そのステレオタイプをポジティブなものへと変化させるべきだと主張している（Adams 2000; Radford and Radford 2003）．例えば，カルチュラル・

スタディーズの理論家は，自己中心的で楽しいことにばかり気を取られている若い女性が，真面目な図書館員へと変わっていく1995年の映画『パーティーガール』や，ウェブサイト「リップスティック・ライブラリアン（www.lipsticklibrarian.com）」を，図書館員に有利になるステレオタイプの利用法の良い例として見ている．

2. 性格型

　図書館員の性格は，長年にわたり研究されてきた．最初の主要な研究は，1948年にアリス・ブライアンによって行われた，公共図書館調査と呼ばれる大規模研究の一部だった．彼女は，図書館員は従順で，リーダーシップの性質に欠けていると指摘した（Bryan 1952）．アガーダによってまとめられた後の研究では，一般的に男女両方の図書館員ともに，服従，受け身，謙遜といった性格特性を示すことがわかった（Agada 1984, 1987）．シャーディンは，マイヤーズ・ブリッグス・タイプ指標（訳註：ユングの心理学的類型論に基づき開発された性格検査で用いられる指標）を使い，ほとんどの図書館員は，内向・感知・思考・判断，または内向・直観・思考・判断という2つの類型のうち1つに当てはまると主張している（Scherdin 1994）．これらのタイプに関連した特徴の中に，決意と忍耐，自立，勤勉への指向性，革新への願い，そして能力の重視がある．興味深いことに，ステレオタイプとは裏腹に，図書館員が権威的であるという証拠はほとんどない．また，これらの特徴はどれも病理的ではなく，一般的に図書館員の性格は平均的な域内に収まるということを急いでつけ加えるべきである．もちろん，これらの結果を当てはめる際には慎重であるべきだ．フィッシャーは，このような多くの性格研究を吟味し，これらの性格テストの多くは欠陥があり，図書館員に特有の性格型というのは1つもないと結論づけた（Fisher 1988）．

　ウィリアムソンらは，彼らが設定した図書館の専門分野ごとに性格類型インベントリーテストを使って2000人以上の図書館員の性格分析を試み，計測された特徴には，適応性，積極性，自律性，誠実性，顧客サービス志向，感情的回復性，外向性，心の広さ，楽観性，チームワーク，意思の強さ，仕事へのやる気，実務志向性などがあるとした（Williamson, Pemberton, and Lounsbury

2008).彼らの結果は,専門分野によって異なる性格特性の人々をひきつけるとしている.まとめると,以下のように結論づけている.

　　高い外向性,意思の弱さ,そして高いチームワーク(他にも変数があるなかで(中略))によって特徴づけられるのは,人重視の学術的レファレンス図書館員,専門図書館員,公共図書館員,学校図書館員,遠隔教育図書館員,そして記録管理者である.技術重視の専門分野では,実務志向性と低い顧客サービス志向で特徴づけられるのは目録担当者,そして高い積極性と意志の強さが特徴なのはアーキビストとシステム図書館員である.(pp.5-6)

3. ジェンダーの役割

　初めての女性職員が,1852年にボストン公共図書館によって採用された.1878年までには,図書館労働人口の3分の2は女性となり,1910年には,図書館職員の75%は女性だった(Garrison 1972-1973).歴史的観点から見ると,米国の図書館職,特に公共図書館職における女性の数字的優勢は,図書館員の受身的な性質についての認識を説明できるかもしれない.それは,20世紀に入っても受身的な性質は女性の規範として求められていたからである.
　19世紀の公共図書館の急速な拡大により,図書館職員の必要性が高まったが,これらの図書館は大抵資金が不足していたため,低賃金でも働ける職員が必要だった.男性の図書館長は,女性は半分の賃金でも働くため,才能のある女性の採用が望ましいことを公然と認めていた.さらに,図書館職は当時の女性のための仕事の価値に当てはまっていた.家庭の外で女性にふさわしいとみなされていた仕事は狭い範囲に限られていて,教育や看護など大抵は子どもや介護に関係のある仕事で,女性の家事や子育てのスキルを利用したものだった.図書館は文明的で教育的と見なされていたために,女性が働くのが許される場所だった(Garrison 1972-1973).加えて,19世紀の自己改善の価値観,そして図書や読書が道徳を向上させるという考えも,女性を図書館職へとひきつけた.実際,これは時に伝道活動と称されることもあった.図書館職がいまだに少なくともこれらの信念を共有する一部の個人を引きつけているということは,ある意味で,これらの歴史的力の遺産であり,そしてそのサービスのイメージが

いまでも深く根づいている証拠だ．

ギャリソンは，19世紀の公共図書館職員が女性で占められるようになったことにより，この職業が男性学者の領分のままであったらそうならなかったであろう，劣ったイメージを作り上げることにつながったと主張している (Garrison 1972-1973)．要するに，かつてはかなりの地位があった職業が，女性が多数を占めるようになったことから，その地位が下がってしまったということである．図書館では女性が男性の数を上まわってはいたが，彼女たちは将来のリーダーまたは図書館長としては見られていなかった．女性は繊細で，経営の厳しさには耐えられないと考えられていた．実際，経営責任は精神疾患を引き起こすと考えている人もいる．このように受け身であるとの認識が一般的であったために，ギャリソンは専門職の殿堂に図書館職を確立させるために必要なリーダーシップまたは積極性を備えた人物（つまり男性）を雇用することができなかったと嘆くことになる．

> 図書館員の専門職的サービスで特に欠けているのは，責任感，奉仕ではなく先頭に立とうという意欲，そし専門職に伴う権利と責任についての明確な観念である．図書館職の女性化は，このような欠陥の主な原因である．
> (pp.144-145)

このような態度は，女性でリーダー的地位についている人があまりにも低い割合である公共図書館で特に根強く残っている．いくつかの説明が可能である．女性は家庭や結婚のために一時休暇を多く取る傾向にあるが，ジーモンとバーの研究では育児の選択は，しばしば女性にとってさらなる負担と障壁となるものの，図書館でのキャリアへは大きな悪影響は与えているようには見受けられなかった (Zemon and Bahr 2005)．女性は大抵，男性よりも図書館でのキャリアをスタートさせるのが遅く，男性よりも同じ組織に長くとどまるため，事実上昇進の機会が減ってしまう．女性が転居する場合でも，男性に比べて配偶者の側の理由で転居する傾向が強い．その結果，昇進が関わる役職ではなく，就ける役職にのみ就くことが多い．

イメージと地位の問題も根強い．例えば，女性は児童図書館員や目録係を務

めることが多い．男性図書館員の経営への意欲は女性とさほど変わらないのにもかかわらず，男性は技術志向的な役職や管理職を目指す傾向が高い（Swisher et al. 1985）．前者のカテゴリーは心遣いまたは細部への配慮の価値を反映し，一方で後者は技術的コンピテンシー，リーダーシップ，または経営スキルを反映している．男性の児童図書館員はまれで，いればどんなに不当であっても眉をひそめる人がいる．技術と経営カテゴリーでの男性優勢は，多くの男性が女性的と考えられている分野で働くのを快く思っていないという通念をさらに裏づける．自らの職業的葛藤を和らげようと，図書館内の技術的な役職や管理職を求める男性図書館員もいる．図書館の特定の役職は一方のジェンダーの方が向いているという思い込みは，女性の地位と賃金のさらなる低下を助長する．ヒルデンブランドによると，児童サービスや目録業務の担当図書館員は，他のサービス業務に比べて低賃金である．こうしたバランスの悪さは，女性の仕事の価値が認められず地位が低いという一貫して見られるメッセージのもう1つの例である（Hildenbrand 1989）．

しかし，管理職に女性が少ないことは，性差別がいまでも一因となっているという前述の理由では完全には説明されない（Heim and Estabrook 1983）．ヒルデンブランドは，図書館職における女性の地位と立場を十分に理解するには，男女間の歴史的，政治的，そして社会的関係，特に権力がどう分配されているかという点を認識する必要があると論じている（Hildenbrand 1996）．彼女は，図書館史の伝統的分析は偏っていると論じている（Hildenbrand 1992）．また，重要な女性はほとんど無視されている一方で，デューイなどの著名な男性は詳しく研究されていると考えている．彼女は，女性の地位が低いのは時代の悪質な姿勢に起因していると考えるのではなく女性の責任だとした（被害者を責める）ギャリソンを批判している．図書館職における女性史を再度検討することで，図書館史に見られるこの職業の急成長，図書館職員の質の向上，公共図書館の全国的な目的の成長に女性が貢献したことを明らかにできると主張した．

ヒルデンブランドの見解と一致して，ハリスは，図書館員の自分のイメージについての自意識は，特にそれが自己卑下に結びつく場合は，逆効果を招くとしている（Harris 1992）．このような自己批判は，社会がなぜ奉仕的な活動にそんなに低い地位を与えるのかということに注目するのではなく，被害者への批

判や価値ある「女性的な」特性の過小評価につながる．ハリスにとって，思いやりのある態度を軽んじたり，経営，研究，そして技術的専門知識（男性の特性と見なされる）をもてはやしたりすることは，女性への抑圧を是認し存続させることに等しい．男女双方がこれらの特性を見下しているのは，とりわけ問題があるとしている．

マークは法律や医学のように，伝統的な男性優位の職業に関係する地位を図書館員が目指すのは，まちがっているといっている（Maack 1997）．彼女はむしろ専門職を，法律や医学などの高い権限をもつ専門職，工学や建築など間接的ないしものづくり指向の専門職，または教育やソーシャルワーク，そしてLIS など人に力を与える専門職の，3 つのカテゴリーに再概念化する必要があると主張している．人に力を与える職業では，「専門家は，クライアントが自身の人生，または自身の学習をコントロールするために知識を使えるようにするという目標を掲げ，専門知識を共有する」（p.284）．それは協力的でクライアント中心の活動であって，そこでは共有，相互理解，専門職にとって基本となる活動が実施される．そのような職業は，「クライアントが従わなくてはならない規定，指示，または戦略を専門家が提供する」という高い権限をもつ職業と著しい対照をなす（Maack 1997, p.284）．前に述べたように，職業のクライアント中心のモデルでは，支配するのは力や権威ではなく，他の人々が自分の問題や課題に対処できるようにその人たち自身の能力を伸ばし自信をつける手伝いをしたいという願望である．図書館情報学を人に力を与える職業として受け入れることで，法律や医学のようになろうと躍起になる必要はなくなり，他者の自立と能力を高める職業の活力を認識するようになる．

V. 将来を見つめて

LIS 教育の現状とその将来性を理解することは重要である．W・K・ケロッグ財団はこの重要性を認識したために，ALISE と提携し，1998 年に「LIS 教育において見られる大きなカリキュラム変更の性質と度合いを分析するため」に KALIPER プロジェクトを設立した（ALISE 2000, p.3）．諮問委員会が率いる，

主にLIS教育機関の教授陣と博士課程の学生で構成された5人の研究者チームが結成された．KALIPER諮問委員会は様々なデータ収集方法を用いた26校の研究に基づき，LISは「数々のイニシアティブを発揮し，活気があり，ダイナミックで変化している分野である」と結論づけている（ALISE 2000, p.1）．報告書は，LISが直面する現在そしてこれからも続く問題を適切に反映した6つの傾向を特定している．

傾向1．図書館に特有な業務に加え，LISカリキュラムは包括的な情報環境に対処する．

傾向2．LISカリキュラムが他の分野からの視点を取り入れ続ける一方で，圧倒的にユーザー中心的である明白な中核が形を成してきた．

傾向3．LIS教育機関やプログラムは，そのカリキュラムの情報テクノロジーへの投資や資金の投入を大幅に増やしている．

傾向4．LIS教育機関やプログラムは，カリキュラムにおける専門化の構造の実験を続けている．

傾向5．LIS教育機関やプログラムは，学生にいっそうの柔軟性を提供するために，複数の形式の授業を提供する．

傾向6．LIS教育機関やプログラムは，学士，修士，博士レベルで学位を提供することでそのカリキュラムを拡大してきた．（ALISE 2000）

コンラッドとラップ＝ハンレッタは，これらの傾向に寄与する内的および外的な力を多数特定している（Conrad and Rapp-Hanretta 2002）．外的力の中には，技術の進歩，変化する雇用主の期待，継続する訓練の必要性，変化する教育への資金調達（政府からの資金の減少を含む），そして企業からの資金の増加などがある．内的力には，変化する情報へのアクセスと伝播の方式，高まる大学の起業家的文化，教員の不足，そして再編成の傾向などがある．

全般的に見てこれらの傾向は，LIS環境の需要のみならず，多くの社会的，政治的，経済的，そして教育的影響力によって突きつけられるより大きな需要に応じることが求められるこの分野の動態を示している．この環境で，LIS専門職はどんな役割を果たすことができるのか．2つの役割は明白であるように

思われる．それは，教育と情報である．

A. 教育的役割

19世紀半ば以来，図書館は，公共図書館であろうと，学校または大学図書館であろうと，学生のみならず自分で勉強を続けることを望む個人にも，重要な支援を提供するという特徴をもつものとされてきた．図書館と学習，識字，読書との密接な関係は依然強く，公衆もそれを期待し続けている．21世紀の図書館員は，読書と学習の基本的価値観を奨励し続けるだろう．したがって，LISのカリキュラムにはいまだ，若者や成人のための学習理論の知識，識字や読書プログラムを展開する能力，そしてコレクション形成やコミュニティの学習ニーズを満たすサービスを提供するための戦略を必要とする．人々は図書館が若者の間に読書習慣を促すための図書やプログラムを見つけることができる場所であることを期待し続けるだろう．多くの場合，図書館を公的支援を受けるに値する機関として「売り込む」のは，この教育的機能だ．また，図書館の重要な社会的目的の1つも反映している．図書は多くの人にとって，図書館の「ブランド」であり続ける（De Rosa et al. 2005）．同時に，人々は図書館を「実用的な答えと情報」の提供者として見ている（De Rosa and Johnson 2008, pp.4-9）．生涯学習の提唱者としての図書館員という公衆の認識は，彼らの図書館への支持に大きな影響を与える（De Rosa and Johnson 2008）．学校が効果的にその役割を果たしていないと多くの人々が考えている時代において，図書館に対する学習の場としての認識は，図書館の将来を大いに保証するものとなり得る．

B. 情報の役割

1. 情報アクセスの提供

図書館員の伝統的な役割の一部は残り，それ以外はなくなっていくだろう．例えば，2001年に図書館員1000人を対象にして行われた調査では，図書館員は，利用者にウェブの使い方を教えることや，利用者への情報資源活用の指導，コレクションの評価，資料の組織化，プログラム作成，電子資料の作成，そし

てデジタルアーカイブの確立を，彼らのもっとも重要な役割と見ていると，『ライブラリー・ジャーナル』は伝えている．興味深いことに，参加者らはこれらの役割の多くが将来も存在し続けるであろうと考えていたが，重要性が高まるとみられていたのは電子資料の作成とデジタルアーカイブの確立のみであった（"Projecting Librarians' Roles" 2002）．バラクソン゠アービブとブロンステインは，LISの専門家を対象にした調査を行い，変化は革命的というよりも漸進的な形で起こることを裏づけている（Baruchson-Arbib and Bronstein 2002）．専門家は，伝統的な図書館モデルがバーチャルな図書館に取って代わられることはないが，特に図書館外での情報へのアクセスをめぐって大きく変化していくだろうと考えていた．同様に，LIS専門職の役割は，組織中心ではなくますます利用者中心になっていて，個人がどのように情報を求め利用するかを理解することがさらに必要になるとみていた．さらに，LIS専門職は彼らのサービスについてコミュニティに向けてもっと積極的にマーケティングや宣伝を行い，これらの活動を達成するのに必要とされるスキルを磨く必要性があると考えていた．図書館利用者だけではなくより広く情報を求める人々の情報ニーズを調査する情報専門家とともに，LIS専門職は人々が自分の情報に関する問題を解決する手伝いをする形で，情報システムの設計と利用において一層重要な役割を果たすべきである．実際，LIS専門職は，かつてないほど雑然とした情報環境の中で人々が情報を見つける手伝いをするという基本的な役割を担い続けるだろう．違ってくるのは，この役割が図書館外の情報を探すことにまで拡大され得ることである．

2. 情報の評価

　しばらく前に，ライスは，図書館員は図書館のコレクションに何を加えるべきかについての判断に苦労することはないが，彼らが利用者に提供する情報の質と正確性について判断するのは難しいと感じていると報告した（Rice 1989）．「最近では，情報を探すのに問題があることはほとんどない．問題なのは大抵，情報を分類し，どれが最良かを見極めることだ」（p.59）．彼は，図書館員が個人の情報検索の相談，教育，助言を行うというより大きな役割を果たし，このような活動が人々が図書館に行き続ける重要な理由となると予測している．図

書館の「コレクション」においてデジタルネットワークを介して入手できる情報が占める割合が増えるとともに，この役割は進化することになるだろう．多くの利用者は，このおびただしい量の情報の中で困惑し，図書館員がアドバイスをし，様々な情報源の信頼性と価値について助言することを期待している．デボンズによると，21世紀の図書館員は，以下の3つの基本的機能を果たす「情報仲介者」と見られることになるという (Debons 1985)．

1. 診断：情報ニーズを推定．診断者としてのLIS専門職は，分析的インタビュー技法を使い，利用者の個人的な能力，必要とされている情報のレベル，情報パッケージの適切なタイプ，適切な費用，引き渡し方法を査定する．
2. 処方：利用者のニーズに合うよう，情報を整理し処理する．
3. 評価：診断と処方が効果的であったかを判断．

　この予測は，臨床的な性質が強いように見受けられ，不完全であるかもしれないが，伝統的な情報提供の機能を維持すると同時に，21世紀のLIS専門職のための重要な文脈を提供している．焦点は，利用者それぞれの特殊なニーズへの対応，個別問題の解決，そして図書館をより大きな情報システムの一環としてとらえることにおかれている．このようなモデルを採用することにより，様々な顧客のニーズに応えるために，図書館はその方針と業務を再編成する必要が出てくる．情報システムは，官僚制機構ではなく個々のクライアントのニーズを満たして初めて効果的であるといえる．それは，LIS専門職が定期的に顧客やアクセスへの組織的な障害を分析する必要があることを意味する．同様に，彼らはネットワークを増やし情報テクノロジーを駆使して，常に情報へのアクセスを向上させる必要がある．

VI. 21世紀の労働力：現在と将来

　図書館員の労働人口についての推計は様々だが，労働統計局は2006年の米

国の図書館員労働人口はおよそ15万8000人と推定している (Bureau of Labor Statistics 2007). コンピュータサイエンスやコンピュータ分析, ソフトウェアエンジニア, そしてコンピュータおよび情報システムマネージャーの数と比較すると, 図書館員は情報専門職のごく少数を占めるに過ぎない. 小学校, 中等学校教員は現在, 440万人を超える. 一方図書館のサポートスタッフ (例えば図書館アシスタントや技術員) は, およそ20万人の従事者を数えるのみである (ALA 2009b). この数は, 情報・記録管理労働者の570万人に比べても少ない. 図書館従事者の規模は合わせて, 35万人になる.

労働統計局 (2007) によると, 予測される図書館従事者の増加のスピードは

表2.2 図書館情報学関連職業2006年の就業状況と2016年の予測

職種	就業者		2006-2016年の変化予測(労働力増加割合)		全求人数	入れ換わり率
	実数(単位：千人)		実数(単位：千人)	パーセント	実数(単位：千人)	パーセント
	2006年	2016年				
コンピュータ情報システム管理者	264	307	43	16.4	86	16
コンピュータ・スペシャリスト	3,200	4,006	807	25.2	1,524	22
コンピュータ・プログラマー	435	417	-18	-4.1	91	21
コンピュータ情報学研究者	25	31	5	21.5	12	27
コンピュータシステムアナリスト	504	650	146	29.0	280	27
コンピュータ・ソフトウェア	857	1,181	324	37.9	449	15
データベース管理者	119	154	34	28.6	47	11
ネットワーク・コンピュータシステム管理者	309	393	83	26.9	154	23
初等・中等・特殊教育教員	4,413	4,963	550	12.5	1,578	23
アーキビスト, キュレータ, 博物館技術員	27	33	5	18.3	17	43
図書館員	158	164	6	3.6	49	27
図書館技術員	127	132	10	8.5	69	49
視聴覚コレクション専門家	7	6	-1	-13.8	1	14
専門資格看護士	749	854	105	14.0	309	27
情報記録事務員	5,738	6,389	651	11.4	2,320	25
図書館事務アシスタント	116	125	9	7.9	46	32
印刷業者	389	343	-46	-11.9	70	18
製本技術者	72	57	-15	-21.3	9	14

出典：Based on data provided by U.S. Department of Labor, Bureau of Labor Statistics, Employment Projects; Employment by Occupation, 2006 and Projected 2016.

遅く（2016年までに3.6%），その一方図書館アシスタント（7.9%）と図書館技術員（8.5%）はそれより速いが相対的に緩やかな増加が見込まれている（表2.2, p.80参照）．この増加は，コンピュータ関連の職業に就く人よりもかなり遅い．遅い増加が見込まれているが，グループとしての図書館員は高齢化している．図書館員の年齢中央値は50歳で，60%が45歳以上である（表2.3, p.81参照）．新規の雇用機会は，新たな役職の増加からではなく，要員の交代によって生まれるだろう．

　マタラッツォとマイカは，図書館員は平均62歳で退職し，65歳を過ぎて働く図書館員の数が劇的に減少していると言及している（Matarazzo and Mika 2006）．彼らは自らのデータに基づき，「北米にある56校のALA認可の大学院プログラムがこの数の退職者の欠員を補充することはほとんど不可能であり，退職する65歳以上の図書館員の埋め合わせはできない」と結論づけている（p.39）．彼らは，キャリアとしての図書館職への関心の低さを，競争力のない給料，悪いイメージ，学士号レベルの入門プログラムがないこと，そして情報学への関心の高まりといった様々な要因と関連づけた．しかし，2008年に始まった深刻な不況によって彼らの予測の正確性が落ちたかもしれない．その深刻さが退職の決定に，そしてひいては空きが出る職の実際の数字に影響を与える．退職する職員の後任の決定にも影響するかもしれない．

表2.3 関連職種の年齢別就業状況と2007年の平均値

職種	合計 16以上	16-19 n/%	20-24 n/%	25-34 n/%	35-44 n/%	45-54 n/%	55-64 n/%	65以上 n/%	メディアン値
アーキビスト キュレーター	42	0/0	2/05	10/24	9/21	10/24	9/21	3/07	46.7
コンピュータシステムアナリスト	825	3/00	42/05	220/27	249/30	217/26	80/10	14/02	40.6
受付け案内担当者	1,441	107/07	268/18	301/21	250/17	271/19	171/12	74/05	36.7
図書館員	215	1/00	9/04	23/11	42/20	63/29	64/30	15/07	50.7
図書館事務アシスタント	113	11/10	21/18	13/12	16/14	24/21	20/18	8/07	41.7
ソーシャルワーカー	673	9/01	46/07	159/24	153/23	155/23	137/20	29/04	43.7
教員	8,484	106/01	641/08	1,995/24	1,988/23	2,009/24	1,466/17	281/03	42.5

出典：Bureau of Labor Statistics, Current Population Survey, 2007.
nの実人数の単位は1,000人

表 2.4 関連職種の人種性別特性：2002 年

職種	女性(%)	黒人(%)	ヒスパニック(%)
図書館員	83.2	6.0	4.1
ソーシャルワーカー	82.0	22.9	11.9
図書館事務員	84.2	8.7	12.6
教員（大学を除く）	76.0	10.1	7.1
コンピュータシステムアナリスト	27.1	8.8	5.6

A. 依然として低いマイノリティ図書館員の人員数

　多様性の欠如は，長年にわたって問題となってきた．多様性にはジェンダー，年齢，教育レベル，収入，宗教，国籍，民族，人種，そして人生経験の種類などが含まれるが，人種と民族が主な焦点となってきた．ほとんどの公共図書館員は白人である．アフリカ系アメリカ人は6％以下で，ヒスパニックはわずか4％あまりである（表 2.4；Bureau of Labor Statistics 2007）．大学図書館員の中では，アフリカ系アメリカ人（4.8%）とヒスパニック（2.7%）はさらに少ない（Association of Research Libraries 2008）．

　マイノリティの採用は，ALA，アメリカ図書館協会黒人連盟，REFORMA，そしてアジア系・太平洋アメリカ人図書館協会など，様々な専門職団体の主要目標となってきた．いまだにマイノリティの雇用が少ないという事実は，教育・雇用機関の構造的特徴が，マイノリティが志願し訓練を受ける妨げとなる傾向にあり得ることを強く示唆している．例えば，LISプログラムや雇用者が採用に十分なエネルギーを注いでいない，またはマイノリティ学生への十分な学術的・経済的支援がないのかもしれない．もちろん，他の原因もあるかもしれない．修士号が必須であるとする条件が，差別など様々な理由から上級学位を取得することができずにいたマイノリティを不釣り合いに除外しているのかもしれない．さらに，一部の民族・人種グループのメンバーは，単にキャリアの選択肢として知らないために図書館職を検討しないという可能性もある．彼らの図書館の経験が悪かったのかもしれないし，もっと高賃金のキャリアの選択肢があるのかもしれない．人口統計学的には，米国の多様性は増大しており，当該分野は図書館の労働人口がこの多様性を反映するよう，常にその業務を評

価し続けるべきである．

B. 性差別

　前に述べたように，図書館員は女性が主体である（83％；表2.4）．労働人口の性別データの分析に，多くの憂慮すべき結果が明らかにされている．2007年の最近の図書館学校卒業者への調査で，80％が女性である一方で，男性の方が平均で7.7％給料が高いことがわかった．男性図書館員の給料の方が高かったのは公共図書館，学校図書館，そして大学図書館だが，専門図書館または政府図書館では違った．加えて，教員職で採用される女性の割合は比較的少なく（73％），学校図書館メディアセンターで働く女性の割合はかなり多かった（94％）（Maatta 2007）．

　大学図書館職は，伝統的に女性が少なく，給与も比較的低いキャリア進路である．大学図書館で働いている女性図書館員の数は，不均衡に低い（一般的図書館労働人口のおよそ83％に対して64％）．しかし，研究図書館協会（ARL）の女性図書館長の割合は著しく増加している．2002年にはARLの館長のわずか45％が女性だったが，現在ではこの数も57％にまで上がった（Association of Research Libraries 2002, 2008）．給与の改善も一部見られる．ARL図書館の女性の全体的な給料は，男性の95.69％である．1980年には87％だった．とはいえ，多くの場合でいまだ男性の方が給与が高い（ARL 2008）．

C. サポートスタッフ／図書館員の対立

　新しい情報テクノロジーの台頭に伴い，現在の図書館では10年前には求められることのなかった特殊な能力が必要とされている．評価，操作，メンテナンス，代替を含めたコンピュータシステムやモバイル機器，ネットワーク，そしてブロードバンド通信についての知識は，少なくとも一部の図書館職員にとって必要不可欠となった．事務職，準専門職，簿記または会計，広報担当官，ビジネスマネージャー，コンピュータプログラマー，システムアナリストを含むサポートスタッフは，図書館において常に非常に重要な役割を果たしてきた．

しかし，新たな技術の台頭と高度化により，図書館員とサポートスタッフの間で緊張が高まっている．この問題は，図書館管理者がレファレンス質問，子どもを対象としたプログラムの提供，そして資料選択の手伝いなど，通常であれば図書館員が行う業務をサポートスタッフに割り当てる際に深刻になる．そうなると，サポートスタッフは当然のことながらそれにふさわしいステータスと評価を受けることを求める．この課題に対する図書館経営者の対応の仕方は，その専門家とサポートスタッフの士気と生産性に深刻な影響をもたらし得る．

D. 世代問題

　図書館の労働人口は，初めて，4世代にわたる相当数の労働者によって構成されることになっている．対立が起こる可能性は大きい．ダウニングは，ある調査では回答者の3分の1が職場で異なる世代の人からしばしば気分を害されることがあり，他の世代の人からよくみられていないと考えていると答えたことを報告している（Downing 2006）．

　1980年以降に生まれたミレニアル世代は，すでに現在の労働人口において数百万人規模となっており，彼らの影響力は確実に高まる．ファインは，ミレニアル世代は親に比較的大事にされて育てられたと述べている（Fine 2008）．彼らは世界をよりよくできると信じる比較的利他主義的なグループである．彼らは大義を信じている．彼らの仕事のスタイルは，協力的だ．さらに，彼らは情報通信技術を使いこなし，ソーシャルネットワーキング活動に精通している．ブログやRSSフィード，ウィキペディアを使う．レイニーは，今日労働市場に加わる典型的な21歳は，5000時間テレビゲームをし，電子メール，インスタントメッセージ，そして電話のテキストメッセージを25万件交換し，携帯電話で1万時間通話してきたとしている（Rainie 2006）．ミレニアル世代はマルチタスクでかつ常にインターネットに接続した状態で作業をし，新しい方法でテクノロジーを使うことを好む．彼らは，第3世代のテレビゲームやインターネット，パーム・パイロット（訳註：Palm Pilot. 1990年代流行したPDA機器のひとつ）やiPodとともに育ってきた．さらに，ミレニアル世代は彼らの仕事を終身雇用であるとは考えず，階層社会についてあまり居心地よく思っていない．

それぞれの世代にとって，決定的瞬間となる特定の出来事がある．第2次世界大戦は「熟年層」を特徴づけ，ベビーブーマーにはベトナム戦争があった．ミレニアル世代は9・11と対テロ戦争によって特徴づけられる．一般的に，ミレニアル世代は自信があり向上心が高いが，大きなプレッシャーの下にある (Downing 2006)．彼らが仕事の場へ足を踏み入れると，デジタルネイティブ対年上の「デジタル移民」という文化の衝突の可能性が大いにある．雇用者にとっては，他の世代のやる気をくじくことなくミレニアル世代の意欲を刺激し巻き込む方法を探すことが課題となる．

VII. まとめ

　情報と知識はひとりでに組織化されることはない．規則を設けなければならず，LIS専門職が分類法と統制語彙を使い，この価値のあるサービスを遂行する．彼らはまた，情報ニーズを満たすためにシステムの整備も行う．将来のLIS専門職の役割は，利用者の教育，娯楽，そして情報のニーズを察知し，それに応え，ますます広がる知識体系へのアクセスを集約または提供するというものになるだろう．LIS専門職は，さしあたっての個人のニーズを満たすだけではなく，システムとサービスが将来のニーズを満たすために効果的にデザインされていることを確実にする．将来のLIS専門職は，ニーズ査定者，評価者，プランナー，サービスマネージャー，そして指導者となる．これは歴史を通して図書館員の役割だったと主張する人もいるかもしれないが，彼らの責任の課題と幅は大きく増大してきたのだ．

　LIS専門職が，変化する技術的・社会的環境に順応することができれば，彼らは教育・娯楽・情報（ERI）インフラの重要メンバーであり続けるかもしれない．これは胸が躍るような展望ではあるが，すべての結果を考えずにこの傾向に飛びつくべきではない．情報を商品と見なす人々はたくさんいる．この観点からすると，LIS専門職の特殊な知識とスキルは，（少なくとも一時的に）彼らの地位を向上させる可能性があるが，エスタブルックは，豊富な資金をもつ者たちが情報統制に可能性を見出し，自らのために情報市場を私物化するため

に，この熱意が長続きしないかもしれないと警告している（Estabrook 1981）．

　もっと重要な疑問は，「電子情報アクセスの重視によって，LIS専門職が他の義務をおろそかにすることはないか」というものだろう．情報探しは常に私たちの役割の一部だったが，伝統的に人間主義的・民主的価値，そして人々を助け教える倫理という，より大きな目標の下に組み込まれてきた．情報供給はこの機能のほんの一部に過ぎない．バトラーは，これらの人間的価値観を「個人とコミュニティの知恵の促進」である図書館職の「文化的動機」と呼んでいる（Butler 1951, p.246）．図書館員は，市民と社会の中における理解と判断を培う．この観点からすると，LIS専門職は，アドバイスと指導を通して人々の生活を豊かにする教育者である．彼らは読書を好む心を育み，知的刺激を与え，すべての人々を知識と学習の世界へ迎え入れ，皆が生涯を通して知的に成長し発達し続けられるよう指導し，そして娯楽や，つらいことが多い世の中からの気晴らしを提供する．このようなモデルの基本をなすのは，技術的コンピテンシーではない．それは，人間へのサービスである．職業としての図書館情報学に魅力を与えるのは，単に情報ニーズに応えることだけではなく，人々への思いやり，人間の問題の解決，そして生活の向上である．

　このように21世紀のLIS専門職は，急速に変化する情報アクセス手段への対応と，もっとも技術集約度の高いサービスや設備を必要とする人々の要求に応える必要性の狭間に立たされると同時に，従来の読書家たちのニーズに応えるよう努め，読解力が乏しいかまたはほとんどない人たちの間に図書館サービスを普及させていくことになる．しかし，これらは両立不可能な義務ではない．むしろ，図書館職の伝統的な社会的価値は情報テクノロジー利用のための状況を生み出すべきなのか，あるいは新たな情報テクノロジーは図書館とLIS専門職の意味と重要性を変える社会的状況を生み出すべきなのか，というのが重要な問題である．

参考文献

Abbott, Andrew. 1988. *The System of Professions*. Chicago: University of Chicago.

Adams, Katherine C. 2000. "Loveless Frump as Hip and Sexy Party Girl: A Reevaluation of the Old-Maid Stereotype." *Library Quarterly* 70 (July): 287-301.

Agada, John. 1984. "Studies of the Personality of Librarians." *Drexel Library Quarterly* 20 (spring): 24-45.

———. 1987. "Assertion and the Librarian Personality." In *Encyclopedia of Library and Information Science*. New York: Marcel Dekker, 128-144.

American Library Association. 1996. "ALA Policy Manual: Policy 56.1." In *ALA Handbook of Organization, 1995-96*. Chicago: ALA.

———. 2009a. *Core Competencies of Librarianship*. Chicago: ALA.

———. 2009b. "Number Employed in Libraries: Fact Sheet 2." Chicago: ALA. Available: www.ala.org/ala/aboutala/offices/library/libraryfactsheet/alalibraryfactsheet1.cfm (accessed April 13, 2009).

———. 2009c. *President's Task Force on Library Education: Final Report*. Chicago: ALA.

———. 2010a. Office of Accreditation. "2008 Standards for Accreditation of Master's Programs in Library and Information Studies." Available: www.ala.org/ala/educationcareers/education/accreditedprograms/standards/index.cfm (accessed January 22, 2010).

———. 2010b. *Searchable Database of ALA Accredited Programs*. Available: www.ala.org/Template.cfm?Section=lisdirb&Template=/cfapps/lisdir/index.cfm (accessed January 22, 2010).

American Society for Information Science and Technology. 2007. *ASIS&T White Paper: Accreditation of Programs for the Education of Information Professionals*. October 20.

Apostle, Richard, and Boris Raymond. 1997. *Librarianship and the Information Paradigm*. Lanham, MD: Scarecrow.

Association of Research Libraries. 2002. *ARL Statistics 2002-03*. Edited by Martha Kyrrillidou, Mark Young. Washington, DC: ARL.

———. 2008. *ARL Statistics 2007-08*. Edited by Martha Kyrrillidou, Mark Young, and Jason Barber. Washington, DC: ARL.

Association for Library and Information Science Educators. 2000. *Educating Library and Information Science Professionals for a New Century: The KALIPER Report: Executive Summary*. Reston, VA: ALISE.

———. 2009. *Library and Information Science Education Statistical Report 2006*. Edited by Jerry D. Saye. Chicago: ALISE.

Ball, Mary Alice. 2008. "Practicums and Service Learning." *Journal of Education for Library and Information Science* 49 (winter): 70-81.

Baruchson-Arbib, Shifra, and Jenny Bronstein. 2002. "A View to the Future of the Library and Information Science Profession: A Delphi Study." *Journal of the American Society for Information Science and Technology* 53 (March): 397-408.

Birdsall, William F. 1982. "Librarianship, Professionalism and Social Change." *Library Journal* 107 (February 1): 223-226.

Boyce, Bert R. 1994. "The Death of Library Education." *American Libraries* (March): 257-259.

Brand, Barbara B. 1996. "Pratt Institute Library School: The Perils of Professionalization." In *Reclaiming the American Library Past: Writing the Women In*. Edited by Suzanne Hildenbrand. Norwood, NJ: Ablex, 251-278.

Bryan, Alice. 1952. *The Public Librarian*. New York: Columbia University.

Bureau of Labor Statistics. 2007. "Employment by Occupation, 2006 and Projected 2016." *Monthly Labor Review* 9 (November). Available: www.bls.gov/emp/mlrappendix.pdf (accessed January 22, 2010).

Butler, Pierce. 1951. "Librarianship as a Profession." *Library Quarterly* 21 (October): 235-247.

Campbell, Jerry D. 1993. "Choosing to Have a Future." *American Libraries* 24 (June): 560-566.

Campbell, Lucy B. 1977. "The Hampton Institute Library School." In *Handbook of Black Librarianship*. Edited by E. J. Josey and Ann Shockley Allen. Littleton, CO: Libraries Unlimited, 35-46.

Carey, James O., and Vicki L. Gregory. 2002. "Students' Perceptions of Academic Motivation, Interactive Participation, and Selected Pedagogical and Structural Factors in Web-Based Distance Learning." *Journal of Education for Library and Information Science* 43 (winter): 6-15.

Chu, Heting. 2006. "Curricula of LIS Programs in the USA: A Content Analysis." In *Proceedings of the Asia-Pacific Conference on Library and Information Education and Practice 2006 (A-LIEP 2006), Singapore, 3-6 April 2006*. Edited by C. Khoo, D. Singh, and A. S. Chaudhry. Singapore: School of Communication and Information, Nanyang Technological University, 328-337.

Conrad, Clifton F., and Kim Rapp-Hanretta. 2002. "Positioning Master's Programs in Library and Information Science: A Template for Avoiding Pitfalls and Seizing Opportunities in Light of Key External and Internal Forces." *Journal of Education in Library and Information Science* 43 (spring): 92-104.

Cronin, Blaise. 1995. "Cutting the Gordian Knot." *Information Processing and Manage-

ment 31 (November): 897-902.

Crowley, Bill. 2008. *Renewing Professional Librarianship: A Fundamental Rethinking.* Westport, CT: Libraries Unlimited.

Davis, Donald G., Jr. 1978. "Curtis, Florence Rising." In *Dictionary of American Library Biography*. Edited by Bohdan S. Wynar. Littleton, CO: Libraries Unlimited, 108-109.

Debons, A. 1985. "The Information Professional: A Survey." In *The Information Profession. Proceedings of a Conference Held in Melbourne, Australia (November 26-28, 1984).* Edited by James Henri and Roy Sanders. Melbourne, Australia: Centre for Library Studies.

De Rosa et al. 2005. *Perceptions of Libraries and Information Resources.* Dublin, OH: OCLC.

De Rosa, Cathy, and Jenny Johnson. 2008. *From Awareness to Funding: A Study of Library Support in America.* Dublin, OH: OCLC.

Dewey, Melvil. 1989. "The Profession." *Library Journal* 114 (June 15): 5. Reprinted from *American Library Journal* 1 (1876).

Dillon, Andrew, and April Norris. 2005. "Crying Wolf: An Examination and Reconsideration of The Perception of Crisis in LIS Education." *Journal of Education for Library and Information Science* 46 (fall): 280-298.

Downing, Kris. 2006. "Next Generation: What Leaders Need to Know about the Millennials." *Leadership in Action (LIA)* 26 (July/August): 3-6.

Estabrook, Leigh. 1981. "Productivity, Profit, and Libraries." *Library Journal* 106 (July): 1377-1380.

———. 2005. "Crying Wolf: A Response." *Journal of Education for Library and Information Science* 46 (fall): 299-303.

Fine, Allison. 2008. "It's Time to Focus on a New Generation." *Chronicle of Philanthropy* 20 (August 21): 22.

Fisher, David P. 1988. "Is the Librarian a Distinct Personality Type?" *Journal of Librarianship* 20 (January): 36-47.

Gambee, Budd L. 1978. "Fairchild, Mary Salome Cutler." In *Dictionary of American Library Biography*. Edited by Bohdan S. Wynar. Littleton, CO: Libraries Unlimited, 167-170.

Gardner, Howard, and Lee S. Shulman. 2005. "The Professions in America Today." *Daedalus* 134 (summer): 13-18.

Garrison, Dee. 1972-1973. "The Tender Technicians: The Feminization of Public Librarianship." *Journal of Social History* 6 (winter): 131-156.

Gorman, Michael. 2004. "What Ails Library Education?" *Journal of Academic Librarianship* 30 (March): 99-100.

Greiner, Tony. 2008. "Diversity and the MLS." *Library Journal* 133 (May 1): 36.

Grotzinger, Laurel A. 1966. *The Power and the Dignity: Librarianship and Katharine Sharp*. New York: Scarecrow.

———. 1978a. "Kroeger, Alice Bertha." In *Dictionary of American Library Biography*. Edited by Bohdan S. Wynar. Littleton, CO: Libraries Unlimited, 295-298.

———. 1978b "Sharp, Katharine Lucinda." In *Dictionary of American Library Biography*. Edited by Bohdan S. Wynar. Littleton, CO: Libraries Unlimited, 470-473.

Harris, Roma M. 1992. *Librarianship: The Erosion of a Woman's Profession*. Norwood, NJ: Ablex.

Hauptman, Robert. 1987. "Iconoclastic Education: The Library Science Degree." *Catholic Library World* 58 (May-June): 252-253.

Heim, Kathleen, and Leigh Estabrook. 1983. *Career Profiles and Sex Discrimination in the Library Profession*. Chicago: ALA.

Hildenbrand, Suzanne. 1989. "'Women's Work' within Librarianship." *Library Journal* 114 (September 1): 153-155.

———. 1992. "A Historical Perspective on Gender Issues in American Librarianship." *Canadian Journal of Information Science* 17 (September): 18-28.

———. 1996. "Women in Library History: From the Politics of Library History to the History of Library Politics." In *Reclaiming the American Library Past: Writing the Women In*. Edited by Suzanne Hildenbrand. Norwood, NJ: Ablex, 1-23.

Holley, Edward G. 1984. "the Merwine Case and the MLS: Where Was ALA?" *American Libraries* 15 (May 1984): 327-330.

Karlowich, Robert A., and Nasser Sharify. 1978. "Plummer, Mary Wright." In *Dictionary of American Library Biography*. Edited by Bohdan S. Wynar. Littleton, CO: Libraries Unlimited, 399-402.

King, John Leslie. 2005. "Stepping Up: Shaping the Future of the Field." Plenary Address, Association for Library and Information Science Education Conference, Boston, MA, January 11-14, 2005. Available: http://dlist.sir.arizona.edu/739/(accessed January 22, 2010).

———. 2006. "Identity in the I-School Movement." *Bulletin of the American Society for Information Science and Technology* 32 (April/May): 13-15.

Kuhn, Thomas S. 1970. *The Structure of Scientific Revolutions*. 2nd ed. Chicago: University of Chicago Press.

Logan, Elisabeth, Rebecca Augustyniak, and Alison Rees. 2002. "Distance Education as Different Education: A Student-Centered Investigation of Distance Learning Experience." *Journal of Education for Library and Information Science* 43 (winter): 32-42.

Lynch, Beverly P. 1989. "Education and Training of Librarians." In *Rethinking the Library in the Information Age*. Washington, DC: U.S. GPO, 75-92.

Maack, Mary Niles. 1986. "Women in Library Education: Down the Up Staircase." *Library Trends* 34 (winter): 401-431.

———. 1997. "Toward a New Model of the Information Professions: Embracing Empowerment." *Journal of Education for Library and Information Science* 38 (fall): 283-302.

Maatta, Stephanie. 2007. "What's an MLIS Worth?" *Library Journal* 132 (October 15): 30-38.

Main, Linda. 1990. "Research versus Practice: A 'No' Contest." *RQ* 30 (winter): 226-228.

Marco, Guy. 1994. "The Demise of the American Core Curriculum." *Libri* 44: 175-189.

Markey, Karen. 2004. "Current Educational Trends in the Information and Library Science Curriculum." *Journal of Education for Library and Information Science* 45 (fall): 317-339.

Matarazzo, James M., and Joseph J. Mika. 2006. "How to Be Popular." *American Libraries* (September): 38-40.

McCook, Kathleen de la Peña, and Paula Geist. 1993. "Diversity Deferred: Where Are the Minority Librarians?" *Library Journal* 118 (November 1): 35-38.

McPheeters, Annie L. 1988. *Library Service in Black and White: Some Personal Recollections, 1921-1980*. Metuchen, NJ: Scarecrow.

Miksa, Francis L. 1992. "Library and Information Science: Two Paradigms." In *Conceptions of Library and Information Science: Historical, Empirical and Theoretical Perspectives*. Edited by Pertti Vakkari and Blaise Cronin. London: Taylor Graham, 229-252.

Morrisey, Locke J., and Donald O. Case. 1988. "'There Goes My Image.' The Perception of Male Librarians by Colleague, Student, and Self." *College and Research Libraries* 49 (September): 453-464.

Olson, Gary M., and Jonathan Grudin. 2009. "The Information School Phenomenon." *Interactions* (March-April): 15-19.

Paris, Marion. 1988. *Library School Closings: Four Case Studies*. Metuchen, NJ: Scarecrow.

"Projecting Librarians' Roles." 2002. *Library Journal* 127 (February 1): 48.

Radford, Marie L., and Gary P. Radford. 2003. "Librarians and Party Girls: Cultural Studies and the Meaning of the Librarian." *Library Quarterly* 73: 54–69.

Rainie, Lee. 2006. "Digital 'Natives' Invade the Workplace." Available: http://pewresearch.org/pubs/70/digital-natives-invade-the-workplace (accessed January 22, 2010).

Rayward, W. Boyd. 1983. "Library and Information Sciences: Disciplinary Differentiation, Competition, Convergence." In *The Study of Information: Disciplinary Messages*. Edited by Fritz Machlup and Una Mansfield. New York: Wiley, 343–363.

Rice, James. 1989. "The Hidden Role of Librarians." *Library Journal* 114 (January): 57–59.

Robbins-Carter, Jane, and Charles A. Seavey. 1986. "The Master's Degree: Basic Preparation for Professional Practice." *Library Trends* 34 (spring): 561–580.

Roberts, Norman, and Tania Konn. 1991. *Librarians and Professional Status: Continuing Professional Development and Academic Libraries*. London: Library Association.

Saracevic, Tefko. 1994. "Closing of Library Schools in North America: What Role Accreditation?" *Libri* 44 (November): 190–200.

Scherdin, Mary Jane. 1994. "Vive la Difference: Exploring Librarian Personality Types Using the MBTI." In *Discovering Librarians*. Edited by Mary Jane Scherdin. Chicago: ACRL, 125–156.

Schuman, Patricia Glass. 1990. "The Image of Librarians: Substance or Shadow?" *Journal of Academic Librarianship* 16: 86–89.

Stoffle, Carla J., and Kim Leeder. 2005. "Practitioners and Library Education: A Crisis of Understanding." *Journal of Education for Library and Information Science* 46 (fall): 312–318.

Swisher, Robert, Rosemary Ruhig DuMont, and Calvin J. Boyer. 1985. "The Motivation to Manage: A Study of Academic Librarians and Library Science Students." *Library Trends* 34 (fall): 219–234.

U.S. Office of Education. 1876. *Public Libraries in the United States of America: Their History, Condition, and Management: Special Report*. Washington, DC: GPO.

Van Fleet, Connie, and June Lester. 2008. "Is Anyone Listening? Use of Library Competencies Statements in State and Public Libraries." *Public Libraries* (July/August): 42–53.

Van House, Nancy, and Stuart A. Sutton. 2000. "The Panda Syndrome." *Journal of Edu-*

cation for Library and Information Science 41 (winter): 52-68.

Vann, Sarah K. 1961. *Training for Librarianship before 1923*. Chicago: ALA.

Web-Based Information Science Education. 2009. *Strategic Plan*. Syracuse, NY: WISE.

Weibel, Kathleen, and Kathleen M. Heim. 1979. *The Role of Women in Librarianship 1876-1976: The Entry, Advancement, and Struggle for Equalization in One Profession*. Phoenix: Oryx.

White, Carl M. 1976. *Historical Introduction to Library Education: Problems and Progress to 1951*. New York: Scarecrow.

White, Herbert S. 1986. "The Future of Library and Information Science Education." *Journal of Education for Library and Information Science* 26 (winter): 174-181.

Wiegand, Wayne A. 1996. *Irrepressible Reformer: A Biography of Melvil Dewey*. Chicago: ALA. ［ウェイン・A・ウィーガンド著，川崎良孝・村上加代子訳，『手に負えない改革者：メルヴィル・デューイの生涯』，京都大学図書館情報学研究会，2004年］

―――. 1997. "Out of Sight, Out of Mind: Why Don't We Have Any Schools of Library and Reading Studies?" *Journal of Education for Library and Information Science* 38 (fall): 314-326.

―――. 1999. "The Structure of Librarianship: Essay on an Information Profession." *Canadian Journal of Information and Library Science* 24 (April): 17-37.

―――. 2001. "Missing the Real Story: Where Library and Information Science Fails the Library Profession." In *The Readers' Advisors' Companion*. Edited by Kenneth D. Shearer and Robert Turgin. Englewood, CO: Libraries Unlimited.

―――. 2005. "Critiquing the Curriculum." *American Libraries* 36 (January): 60-61.

Wilde, Michelle L., and Annie Epperson. 2006. "A Survey of Alumni of LIS Distance Education Programs: Experiences and Implications." *Journal of Academic Librarianship* 32 (May): 238-250.

Williamson, Charles C. 1923. *Training for Library Service: A Report Prepared for the Carnegie Corporation of New York*. Boston: Updike.

Williamson, J. M., A. E. Pemberton, and J. W. Lounsbury. 2008. "Personality Traits of Individuals in Different Specialties of Librarianship." *Journal of Documentation* 64: 273-286.

Windsor, Justin. 1876. "A Word to Starters of Libraries." *American Library Journal* 1 (September): 1-3.

Winter, Michael F. 1988. *The Culture and Control of Expertise: Toward a Sociological Understanding of Librarianship*. Westport, CT: Greenwood.

Zemon, Mickey, and Alice Harrison Bahr. 2005. "Career and/or Children: Do Female Academic Librarians Pay a Price for Motherhood?" *College and Research Libraries* 66 (September): 394-405.

第2章のための文献リスト
書籍

Abbott, Andrew. *The System of Professions*. Chicago: University of Chicago, 1988.
Bobinski, George S. *Libraries and Librarianship: Sixty Years of Challenge and Change, 1945-2005*. Lanham, MD: Scarecrow, 2007.
Budd, John. *Self-Examination: The Present and Future of Librarianship*. Westport, CT: Libraries Unlimited, 2008.
Crowley, William A. *Renewing Professional Librarianship*. Westport, CT: Libraries Unlimited, 2008.
Greer, Roger C., Robert J. Grover, and Susan G. Fowler. *Introduction to the Library and Information Professions*. Westport, CT: Libraries Unlimited, 2007.
Harris, Michael H., Stan A. Hannah, and Pamela C. Harris. *Into the Future: The Foundations of Library and Information Services in the Post-industrial Era*. 2nd ed. Greenwich, CT: Ablex, 1998.
Harris, Roma M. *Librarianship: The Erosion of a Woman's Profession*. Norwood, NJ: Ablex, 1992.
Leckie, Gloria, and John E. Buschman, eds. *Information Technology in Librarianship: New Critical Approaches*. Westport, CT: Libraries Unlimited, 2009.
Vann, Sarah K. *Training for Librarianship before 1923*. Chicago: ALA, 1961.
Winter, Michael F. *The Culture and Control of Expertise: Toward a Sociological Understanding of Librarianship*. Westport, CT: Greenwood, 1988.

論文

Abram, Stephen. "An Open Letter to My New Peers: You're the Profession's Future." *Information Outlook* 12 (May 2008): 46-48.
Adams, Katherine C. "Loveless Frump as Hip and Sexy Party Girl: A Reevaluaton of the Old-Maid Stereotype." *Library Quarterly* 70 (July 2000): 287-301.
Bobinski, George S. "Is the Library Profession Over-Organized?" *American Libraries* 31 (October 2000): 58-61.
Cronin, Blaise. "The Sociological Turn in Information Seience." *Journal of Information Science* 34 (2008): 465-475.

Crowley, Bill, and Bill Brace. "The Control and Direction of Professional Education." *Journal of the American Society for Information Science* 50 (1999): 1127-1135.

———. "Lifecycle Librarianship." *Library Journal* 133 (April 2008): 46-48.

Danner, Richard A. "Redefining a Profession." *Law Library Journal* 90 (1998): 315-356.

Dawson, Alma. "Celebrating African-American Librarians and Librarianship." *Library Trends* 49 (summer 2000): 40-87.

Dillon, Andrew, and April Norris. "Crying Wolf: An Examination and Reconsideration of the Perception of Crisis in LIS Education." *Journal of Education for Library and Information* 46 (fall 2005): 280-297.

Garrison, Dee. "The Tender Technicians: The Feminization of Public Librarianship." *Journal of Social History* 6 (winter 1972-1973): 131-159.

Gorman, Michael. "Whither Library Education?" *New Library World* 105 (2004): 376-380.

Harman, Kenneth E. "From a Distance." *American Libraries* 40 (October 2009): 48-51.

Helmick, Catherine, and Keith Swigger. "Core Competencies of Library Practitioners." *Public Libraries* 45 (March-April 2006): 54-69.

Kim, Kyung-Sun, and Sei-Ching Joanna Sin. "Increasing Ethmic Diversity in LIS: Strategies Suggested by Librarians of Color." *Library Quarterly* 78 (April 2008): 153-177.

King, John Leslie. "Identity in the I-School Movement." *Bulletin of ASIST* 32 (April/May 2006): 13-15.

Maack, Mary Niles. "Women in Library Education: Down the Up Staircase." *Library Trends* 34 (winter 1986): 401-432.

Maatta, Stephanie. "What's an MLIS Worth?" *Library Journal* 132 (October 15, 2007): 30-38.

Miksa, Francis L. "Library and Information Science: Two Paradigms." In *Conceptions of Library and Information Science: Historical, Empirical and Theoretical Perspectives*. Edited by Pertti Vakkari and Blaise Cronin. London: Taylor Graham, 1992, 229-252.

Mulvaney, John Philip, and Dan O'Connor. "The Crux of Our Crisis." *American Libraries* 37 (June/July 2006): 3840.

Nardini, Robert F. "A Search for Meaning: American Library Metaphors: 1876-1926." *Library Quarterly* 71 (April 2001): 111-149.

Seavey, Charles A. "The Coming Crisis in Education for Librarianship." *American Libraries* 36 (October 2005): 54-56.

Singer, Paula, and Jeanne Goodrich. "Retaining and Motivating High-Performance Employees." *Public Libraries* 45 (January-February 2006): 58-63.

Stoffle, Carla J., and Kim Leeder. "Practitioners and Library Education: A Crisis of Understanding." *Journal of Education for Library and Information Science* 46 (fall 2005): 312–319.

Van House, Nancy, and Stuart A. Sutton. "The Panda Syndrome." *Journal of Education for Library and Information Science* 41 (winter 2000): 52–68.

Wiegand, Wayne. "Dewey Declassified: A Revelatory Look at the 'Irrepressible Reformer.'" *American Libraries* 27 (January 1996): 54–60.

Zwadlo, Jim. "We Don't Need a Philosophy of Library and Information Science—We're Confused Enough Already." *Library Quarterly* 67 (April 1997): 103–121.

3 情報の組織化：その技術と問題点

I. はじめに

　現在私たちが手にすることのできる情報量，そして今後もまちがいなく爆発的に増えていく将来の情報量を考えると，あらゆる情報を組織化しアクセス可能な状態にすることを目指すのは気が遠くなるような取り組みである．先に述べたように図書館の主要な目的は，資料や情報を入手して保管し，組織化して保存し広く知らせること，もしくは既存の資料や情報にアクセスできるようにすることであり，図書館そのものは一種の検索システムなのである．検索システムには少なくとも2つの機能がある．1つはデータベースとしての機能，そしてもう1つはデータベースの情報検索システムとしての機能である．図書館のデータベースには，図書，定期刊行物，視聴覚資料，その他の収集資料などすべてのコンテンツが含まれる．検索システムには，これらのコンテンツにアクセスをするためのハードウェア，ソフトウェア，規則，方針，管理実務などが含まれる．これらすべてのコンテンツを組織化するためのシステムは，例えば，記録媒体（例：印刷物，音声，画像），利用者（例：子ども，大人，視覚障がい者），ジャンル（例：ウェスタン，ジャズ，印象主義），サイズ（例：大判）などの区分けにより，単純で簡単に組織化することができる．しかしながら，コレクションが少ない場合を除いて，ほとんどの資料を配置する際には，このような一般的な組織化では明らかに不十分である．図書館検索システムの主要なツールの1つは，アルファベットと数字の規則からなる精巧な分類表により管理された図書館目録である．図書館がもつ情報や個々の資料を探し出すのは時に難しいことであるが，すばらしいことに，情報の信じられない範囲と多様性にもかかわらず，比較的短時間で正しい情報を探すことができるのである．これは主に，

図書館のコンテンツを組織化するために長い年月をかけて開発されてきた複雑なシステムと技術によるものである．

　この章の議論の中心となる情報検索の重要な側面の1つとして，アクセスポイントという概念がある．情報システムの設計者は要求される資料や情報の所在を指示するアクセスポイントを用意しておく．アクセスポイントは書誌レコードの著者名，書名，件名標目などを含み，また書架に割り振られた主題分野や分類の範囲を示す記号のように単純なものでもある．またアクセスポイントはレファレンスライブラリアンのような人間の場合もある．

　知識テクノロジーは，情報検索におけるまた別の重要なツールである．LIS専門職は，知識を整理することで検索を促すために，知識テクノロジーを利用している．組織化の原理は，LIS専門職にとっても一般利用者にとっても比較的利用しやすく理解しやすいものであるべきであり，また利用者が通常情報を求める際に取る方法をできる限り反映すべきである．個人の利用者を理解することは，必須のことである．個人が情報を求める際，その個人独自の精神構造を利用する．このような構造のすべてを網羅するシステムは存在し得ない．つまり，情報を検索する者すべてを完全に満足させる，特別な組織化システムは存在しない（Mann 1993）．それにもかかわらず，LIS専門職は，知識ツールを利用することで，膨大な情報を検索する効果的手段を提供している．

　知識の組織化についての徹底した議論はこの章では行わない．ここでは，図書館の情報を組織化するために利用される主要な5つの知識ツールに焦点を置く．(1) 分類システム，(2) シソーラスや，米国議会図書館件名標目表などの件名標目表を含む統制語彙，(3) 英米目録規則（AACR2）を基盤とした図書館目録，(4) 索引，抄録，書誌，(5) 電子データベース．これらのツールは図書館での利用に限られたものではなく，また相互に排他的なものでもない．それどころか，いくつかは他のツールに深く関係しており，例えば図書館目録と電子データベースは統制語彙に大きく依存している．これらのツールを検討した後，ウェブ環境での情報の組織化に関する取り組みについて議論したいと思う．

II. 分類システム

　分野や主題による検索は，情報検索の基本である．学問分野と主題は密接に関連しているものの，異なった概念でもある．簡単にいうと，主題はその対象資料は何に関するものであるかということ，そして分野は特定のアプローチを定義する知識の関連内容は何かということを表している．例として「人類の起源」を主題として考えてみると，聖書を分析している図書は宗教の分野に，身体の進化過程に焦点を当てた図書は生物科学の分野に配置されるといったように，同じ主題が別の分野に区分けされる．しかし，このような違いにもかかわらず，情報検索という点において，分野と主題は多くの類似点を有している．主題と分野にアクセスする2つのツールとして，ここでは分類システムと統制語彙をあげていく．

　LIS専門職が使用する主要な知識テクノロジーや組織化法則の1つは分類（classification）という，「知識を体系的な秩序に組織する過程」である（Chan 2007, p.309）．図書分類法は「概念に対する記述的説明的枠組みと，概念間の関係性の構造」を提示する（Kwasnik 1992, p.63）．分類表は，知識や知識間の関連性の識別を試みる．このような方法で，あるものは特定の資料だけではなく，同じ主題に関する他の資料や，関連主題に関する資料にも結びつけられる．良い分類法は概念の相互の関連性を反映している．これにより個人が書架から特定の資料を探す助けになるだけではなく，そのトピックに関連する側面について考える助けにもなる．また，関連する主題についての資料を物理的に同じ場所に配置することを並置（コロケーション）という概念で呼ぶが，これにより人々は閲覧を通じて類似性のある関連資料を発見することができる．

　米国の図書館に普及する分類法には2種類のものがあり，1つはデューイ十進分類法（Dewey Decimal Classification：DDC），もう1つは米国議会図書館分類法（Library of Congress Classification：LCC）である．これらのツールはもともと伝統的情報媒体である図書を整理するために考案されたが，近年では他の媒体にも利用され始めている．これらのシステムは非常に複雑なため，あえていう

ならば，以降の議論はこれらのシステムが有する主な特徴のごく一部に焦点を当てたに過ぎない．

A. デューイ十進分類法（DDC）

世界でもっとも広く使用されている図書分類法はデューイ十進分類法（DDC）である．米国の図書館の組織化の基礎になった DDC は，1876年メルヴィル・デューイにより考案された．世界の20万もの図書館で利用され，米国の公共図書館や学校図書館の95％，カレッジや大学の図書館の4分の1，そして専門図書館の5分の1で利用されている（OCLC 2004）．

DDC はアイテムやコレクションを，アラビア数字を用いた論理的方法で整理している．知識を10種類の従来の学術的分類に区分けして，世界中の知識を網羅できるようにしている．各類（class）は特定の数値幅を割り当てられる（主な項目は表3.1参照）．

主要分類に落とし込まれた各項目は，さらに分類記号と呼ばれる数字を指定される．内部は階層構造になっている．つまり，主要分類の中に下位分類があり，さらにその中が細分化されていく．下位分類は，主要分類の数値幅の中に，さらに数字を割り当てられる．例えば家庭管理に関する資料は640，飲食物関係は641，家庭用品関係は645という数字が割り当てられる（Mitchell et al. 1996, pp.731-732）．分類記号は下位分類が細分化されるほど長くなり，小数が使われる．そのため，ゲームは795に分類され，カードゲームは795.4，「スキルが重要なカードゲーム」については795.41，なかでもポーカーに関しては795.412となる（Mitchell et al. 1996）．小数点以下の桁数は，その下位分類の詳細さに応じてどこまでも長くなり得る．

DDC は物理的にも知的にも資料を組織化できる画期的システムであり，1世紀以上にもわたり，図書館で利用されてきた．DDC は資料の物理的配置にも影響を与えるが，興味深いことに，その重要な特徴は，固定位置ではなく相対的位置を決めることにある．DDC 以前，図書館の図書は特定の固定された配置場所によって番号をつけられていた．DDC では，特定の場所ではなく，他の図書との関係性によって番号をつけられる（Chan 2007）．そのため資料の

表3.1 デューイ十進分類法の主類表

000	総記
100	哲学，超心理学及びオカルティズム，心理学
200	宗教
300	社会科学
400	言語
500	自然科学および数学
600	技術（応用科学）
700	芸術
800	文学（純文学）とレトリック
900	地理，歴史と関連領域

物理的位置は，他の資料と適切な関係にある限り変更が可能となる（書架の配置換えがあってもすぐに探すことができる）．オンライン図書館目録における仮想空間での資料の配置や検索の際にも同様の機能が使われている．

しかしDDCに問題がないわけではない．大きな問題点の1つは，この分類システムの閉鎖性である．数字の範囲は000から999に限られており，既存の学問分野がすでに割り当てられている．そのため新しい分野も既存の10類内で調整しなくてはならず，多くの場合簡単ではない．近年に出現した分野や，100年前には知られていなかった分野などがわずかな数値幅に押し込まれている．例えば，20世紀における社会科学の発展や，近年のコンピュータの出現などは，大幅な修正を余儀なくさせてきている．DDCはいく度となく修正されてきたが，その変更は図書館員に多大な負担を課してきた．2つ目の問題点は，DDCがヨーロッパや北米文化の知識に非常に偏重しているという点で，システムが開発された19世紀の偏った考え方が反映されている．DDCからキリスト教や西欧の文化的偏りを排除するための一丸となった取り組みは行われてきていて，最新版（第22版）でもこの努力が続けられている．多くの分類法でもまた同様の問題が存在する．

B. 米国議会図書館分類法(LCC)

LCCは19世紀から20世紀への変わり目に，米国議会図書館の増え続けるコレクションを管理する目的で開発された．LCCを利用する他の図書館には，多くのコレクションを抱える大学図書館や研究図書館が多い．DDCや他の既

表 3.2 議会図書館の主類表

A	総記	L	教育
B	哲学，心理学，宗教	M	音楽
C	歴史諸学	N	芸術
D	一般ならびに旧世界史	P	言語と文学
E-F	アメリカ史	Q	科学
G	地理，地図，人類学，レクリエーション	R	医学
		S	農学
H	社会科学，経済学，社会学	T	技術
		U	軍事学
J	政治学	V	海事学
K	法律（総合）	Z	書誌学，図書館学

存の分類法が LCC の開発に影響を与えているが，LCC のシステムには独自性がある．LCC は英数字を利用している．各項目記号は 1 桁から 3 桁のアルファベットから始まり，その後ろに 1 桁から 4 桁の整数が続く．項目を増やすには，小数を利用する．アルファベットは主分類項目を示し，下位分類項目はさらに細分化されて数字が後に続く．そのため，P で始まる記号は言語や文学を表し，PT で始まる記号はドイツ文学を表す．表 3.2 にあるように主分類項目は全部で 20 あり，さらに細かい下位分類項目はその下に配置される．例えば K（法律）の下には，米国，ドイツ，英国，アイルランド，ラテンアメリカ，カナダなど各国の法律に関する項目が並ぶ．

C. 分類法と書架配置

図書館が物理的にコレクションを配置する方法は，利用者が目的とする情報を検索し関係資料を閲覧する際に重要な役割を果たす．配置には，非常に多くの主題，形式，利用法などを考慮しなくてはいけない．理論上，図書館は高度に正確な分類記号を資料に割り当てることもできるが，分類法の利点を無視し，書架に不規則に並べることもできる．このような不規則性は時に幸運な出会いをもたらすが，やはり効率的な検索が困難となる．幸運なことに，図書館の書架配置は不規則ではなく，主にアルファベットや数字や分野による様々な組織化モデルを反映している．

ほとんどの図書館のコレクションは，同じ主題や分野のアイテムが同じ書架に配置されるべきだという前提で整理されている．なぜなら，分野は数字表記

(DDC) もしくは英数字表記 (LCC) の分類記号が割り当てられ，主題の近似性は，分野やトピック内を広義から狭義まで階層的に排列する連続した数字とアルファベットの並びにより作られるからである．アルファベットによる整理法は公共図書館での小説の配置の際によく利用され，数字による分類より著者のラストネームなどのアルファベット順に排列されることが一般的である．また分類記号が連続しない場合であっても，分野が配置に影響することがある．例えば，ある組織化モデルでは言語と文学の分野に関する資料を同じ場所に配置する（DDCでは 800 と 400 に分類される）．なぜなら，言語に関心をもつ利用者は，文学にも関心があるからである．その他の知的組織化モデルは，もっと一般的で，非常に普通のものである．例えば，コレクションは，(1) 資料の類型（索引，一般参考資料，定期刊行物），(2) 形式（ビデオテープ，カセットテープ，コンピュータソフト，マイクロフォーム，印刷資料），(3) 利用者（児童，ヤングアダルト，成人，視覚障がい者）などの区別によって組織化されている．

III. 統制語彙

2つ目の重要な知識テクノロジーは統制語彙である．これは「明確に列挙された語句の一覧表であり，語句は一義的で，無駄のない定義がなされている」(NISO 2005, p.5)．語彙の統制とは「(a) 複数の同義語の中から，利用のために索引語として認定する用語を示し，(b) 同形異義語を区別し，(c) 統制語彙や件名標目表のコンテクストにおける用語間の階層的関連的関係を示すために，用語の一覧を組織化する過程である」(NISO 2005, p.10)．

著者や書名，主題を検索するためにどの語句を使用するか決定することは，典拠コントロール (authority control) と呼ばれる．典拠コントロールでは，1つの用語が検索語として選択される．統制語彙として認定された用語の一覧は典拠リストとして参照できる．典拠コントロールには単語や語彙そのものだけではなく，用語の割り当て規則や，語句間の関係性を表示する方法や，用語の変更や更新の手段なども含まれる (Meadows 1992)．

統制語彙は，特に主題に関連する情報を探す際に重要となる．というのも統

制語彙は，名前や書名などと同様に，主題語句や標目の割り当てや使用に関して一貫性を与えているからである．件名標目表やシソーラスなどの統制語彙は，効果的な検索や，図書館目録の並置機能に対して非常に重要なものとなる．統制語彙は，目録内の件名標目を調べる時や，定期刊行物索引の索引語句を調べる時，そしてコンピュータ化された書誌データベースを検索する際に利用される．統制語彙によって取り組まれている事項には，以下のようなものがある．

1. 同義語：同じ概念を表す様々な用語が存在する．情報を組織化する際には，効果的に情報を検索できるように，これらの用語を選択し適切に一致させないといけない．このような用語の選択により，目録内の「見よ」表示などに同義語を利用することで，付加的なアクセスポイントを作ることができる．例えば，選択語が「guns」の時は，「firearms を見よ」と表示する．

2. 階層関係：統制語彙は，上位概念や下位概念を参照する際のように，特定の用語で区別されたトピックが，より大きな概念の一部である場合や，より細分化できる場合に役立つ．

3. 関連関係：統制語彙は，情報検索の幅を広げ強化する関連用語（概念）の認識を助ける．

4. 同形異義語：同じ綴りの用語が異なる概念を表すことがある．統制語彙はこの曖昧さを明確にし，検索者に適切な語句を提示する．例えば「China（国名）」と「china（テーブルセッティング）」などがある．

なぜ統制語彙が重要かは，同義語の問題を見れば簡単である．aircraft という項目に関連する件名標目に統制語彙が存在しなかったと仮定してみよう．目録を作成する際には，この主題に関する様々な記述対象を表すために，aircraft, airplanes, planes, flying machine などのいくつもの用語が選択される．検索者は，仮に上記の用語をすべて想定できた場合，すべての資料を見つ

けるためには，少なくとも4カ所を調べなくてはいけない．もし異なる用語が，同じ意味を表す別々の記述対象として記載されている場合，これらの記述対象を検索するのは大変難しいということは明らかである．統制語彙は誤りや曖昧さを減らし，各用語の関係を示すことで，検索者を適切な場所へと導く．例えばある用語を検索する際，統制語彙は，上位や下位の付加的用語や，統制語彙内で使用されている同義語を提示してくれる．これらの関連性の例については，米国議会図書館件名標目の項において，さらに詳しく議論されている．

A. シソーラス

情報検索を促進するために統制語彙を利用した重要なツールの1つに，シソーラスがある（ロジェ・シソーラスのような類語辞典タイプのものとは異なる）．これは「統制語句を既知の順序に整理し構造化することで，語句間の様々な関係性が明確に表示され，標準化された関係指標により識別することができる」というものである（NISO 2005, p.9）．索引や目録の作成にシソーラスを利用する場合，記録や資料へのアクセスポイントとしてどの語句を検索語句として使用するかを正確に決めるために役立つ．個人が利用する場合には，索引や目録やデータベースを利用する前に，関連語句や関連主題を探すための適切な検索語句を特定することができる．米国情報標準化機構（NISO）によると，シソーラスや他の統制語彙が果たす目的には以下の5つがある．

(1) 変換：著者や索引作成者や利用者の自然語から，索引や検索に使用されている統制語彙へと変換する手段の提供；(2) 一貫性：用語の形式や割り当ての均一化の促進；(3) 関係性の提示：用語間の意味関係の提示；(4) ラベルとブラウズ：利用者が任意のコンテンツを探し出すための，検索システム内における一貫性のある明確な階層の提示；(5) 検索：コンテンツの所在を探すための検索補助機能（NISO 2005, p.11）

このように，シソーラスは情報検索と同様に，アクセスの組成にも重要な役割を果たしている．

シソーラスは通常ディスクリプタと呼ばれる語を，コアとなる索引語として一覧化しているが，時に連語や句や名辞なども利用される．このコアとなる用語の一覧は，目録や索引やデータベース内の概念を表し，その概念にアクセスするための適切な検索用語を示している．さらに，同義語ではあるが適切な検索語ではない用語も示し，検索者を適切な用語へと導く．これらは時に導入用語と呼ばれる．特殊な情報システムにアクセスを試みる利用者は適切な検索用語を知らないことが多いため，このような導入用語は重要な役割を果たす．導入用語には，どの用語がその検索対象を示しているのかについて，独自の語彙や概念も併せて表示される．シソーラスの価値は，また関連概念やその関係性を提示することで強化される．シソーラスは長年存在してきたが，ERICシソーラスやINSPECシソーラスのように自動情報検索システムと併用される上で特に重要性を増してきている．

B. 件名標目表

件名標目は，情報検索における別の重要なアクセスポイントを提供する．米国の図書館のためのきわめて重要な件名標目表は米国議会図書館件名標目表 (Library of Congress Subject Headings：LCSH) である．LCSHは図書館目録だけでなく，世界中の多くの索引の重要な参照元資料として存在する．その重要な利点の1つとして，情報を組織化する者（目録や索引の作成者）にとっても，情報を検索する者（利用者，図書館員）にとっても，用語を統制できる点がある．

件名標目は分類法と特別な関係にある．分類は，主題を関連分野の項目に割り当てることである．例えば，馬に関する情報は動物の項目（動物学），スポーツの項目（競馬），そしてペットの項目に表示される．逆に件名標目では，分類の外に主題を列挙するため，分類内容に関係なく，馬に関連する項目を検索することができる．件名標目は分類表においての索引の役割を果たす．つまり，件名標目で任意の主題を識別することで，その主題の分類記号，あるいは割り当てられた番号を探し出すのである．

米国議会図書館はそのコレクションにアクセスするためにLCSHを開発した．しかしLCSHは，数少ない英語の一般的（専門的でない）統制語彙集の1つで

あるからという理由もあって，広く利用されている．LCはこれらの件名をMARCレコード（後に論述）において使用し，MARCレコードの組織はまたLCSHから恩恵を受けているということを意味する．

件名標目はアルファベット順に排列されている．利用されている標目の種類は，(1) 名詞もしくは用語（例："lifeguards"「救助隊」），(2) 形容詞を伴う名詞（例："life-saving apparatus"「救命車両」），(3) 前置詞句を伴う名詞（例："lifesaving at fires"「火災での救命活動」），(4) 複合語（例："lifting and carrying"「つり上げと輸送」），(5) 節や文，などがある（表3.3参照）．標目には時代（例："nineteenth century"），地理（例："France"），また形式（例："dictionary"）などの下位標目も含まれる．

表3.3 議会図書館件名標目表の例

Life sciences *(May Subd Geog)*
 UF Biosciences
   Sciences, Life
 BT Science
 NT Agriculture
   Biology
   Life science publishing
   Medical sciences
   Medicine
 — **Bibliography**
 RT Life sciences literature
 — Moral and ethical aspects
   USE Bioethics
Life sciences ethics
 USE Bioethics
Life sciences libraries *(May Subd Geog)*
 UF Libraries, Life sciences
 BT Scientific libraries
 NT Agricultural libraries
   Biological libraries
   Medical libraries
 — **Collection development**
  (May Subd Geog)
 BT Collection development
  (Libraries)
Life sciences literature *(May Subd Geog)*
QH303.6
 BT Scientific literature
 RT Life sciences —
  Bibliography
 NT Agriculture literature
   Biological literature
   Medeical literature

 図書館のコレクションに効率的かつ完全にアクセスしようとする際には，件名標目の優位性が際立つ．すべての統制語彙と同様に，LCSHはシソーラスの項目で議論した関連語句をリンクさせる連結構造を採用している．例えば，"life sciences"「生命科学」という標目の場合，上位の参照用語（BT）として"science"「科学」，下位の参照用語（NT）として"biology"「生物学」がある．また，もし"life science ethics"「生命科学倫理」という語句で検索をした場合，検索者は"USE"という指示語によってLCSHで適切な検索語句とされる"bioethics"「生命倫理」という同義語を知ることができる．索引や目録の作成者はこの仕組みを利用して，索引や目録の「参照」，「関連項目」欄を作る．

 しかしLCSHだけが，一般に利用される件名標目というわけではない．例

えば，多くの小規模の公共図書館では，その語句や仕組みが複雑でないシアーズ件名標目表が利用されている．その対極には，米国国立医学図書館が医学文献のデータベースとして作成した非常に専門的な医学件名標目表（MeSH）がある．

　長年にわたり批評家たちは，一部の LCSH は不適切であり文化的偏りが反映されているとの懸念を表してきた．サンフォード・バーマンは，「LSCH が満足させられるのは，偏狭で愛国主義的ヨーロッパ人や北米人，白人，少なくとも名目上はキリスト教信者の人々（特にプロテスタント），西洋文明の類いまれな栄光に心酔しきっている人々だけだ」といい続けている（Berman 1971, p.ix）．またバーマンが民族的宗教的偏見や固定観念を表す件名標目を繰り返し明らかにしたおかげで，差別的だと考えられる件名標目が修正された（Menchaca 1997）．バーマンはまた標目の多くは非常に形式的で，人々の助けとなる記述や一般的語句として十分ではないと指摘する．その結果，一般的語句を頼りにこの標目表を利用する者は，しばしばその語句にたどり着けず，目的の情報を得ることができない．また，多くの標目は学術用語に偏っており，公共図書館での利用に適さないという意見もある．さらに，時代遅れの標目が存在するという問題があり，新しいアイテムが時代遅れの標目の下位にあるために探し出せないこともある．近年オニールとチェンは，「LCSH の標目を構築する複雑な構文規則は高度な技術をもった人材を必要とするため，自動化された典拠コントロールの有効性を制限してしまい，その適用性を阻害している」という意見を述べた（O'Neil and Chan 2003, p.1）．

　このような批判にもかかわらず，LCSH はウェブ上での情報アクセスをより柔軟にする新しいシステムの基盤となろうとしている．この目的のために，オンラインコンピュータ図書館センター（OCLC），米国議会図書館，アメリカ図書館協会の図書館コレクションと技術サービス協会（ALCTS）が協力して，LCSH を基礎とした略式の語彙集である主題ターミノロジーのファセット応用（Faceted Application of Subject Terminology：FAST）を開発した．FAST はウェブ環境での利用のために設計され，以下の3つを目的としている．「仕組みが単純（割り当てと利用が簡単であること）で維持が簡単であること．最適なアクセスポイントを提供すること．そして，様々な分野や獲得した知識間を柔軟に

相互運用でき，また OPAC などの環境にアクセスできること」，である（O' Neill and Chan 2003, p.2）．FAST は 200 万以上の LCSH を 1 つの典拠ファイルに保持していたが，個人が特別な訓練や経験なく利用できるように，構文規則を単純化した．うまくいけばウェブ環境における効果的なアクセスを提供できるようになるであろう．

IV. 図書館目録

　カード体の手書き目録であるか電子的な記録であるかに関係なく，図書館目録は図書館の有する知を体系的に表すための知識テクノロジーである．目録は，図書館が所有するすべての資料をリスト化するものである．そして，その記録の 1 つ 1 つが実際の資料の代わりと見なされる．アルファベット順のファイルに整理されている目録は辞書体目録と呼ばれる．分野ごとに分割されている目録は分割目録と呼ばれる．分類番号により整理されている目録は分類目録と呼ばれる．カード体目録が物理的に独立した別々のファイルとなる一方で，電子目録には検索オプションがあり，より効率的な検索が可能となる．目録記録の分類記号は，資料そのものの分類記号とつながることで検索できる．現在の図書館目録はまた，図書館の所有する資料だけではなく，さらに電子索引や他の情報検索ツール等へのアクセスが可能となっている．

　チャールズ・カッターは目録の目的の定義にもっとも早い時期から影響を与えた開発者である．彼は『辞書体目録の規則』（Rules for a Dictionary Catalog, Cutter 1904）という著書の中で，目録の「オブジェクト」（object）という概念を開発した．表 3.4 にあるように，カッターの最初の 2 つのアイテムは 2 つの基本的アクセス機能を示している．それは検索機能と配置機能である．目録は個別資料検索を助け，似た資料を近くにまとめて配置するよう設計されている．「図書館目録は希望の資料を探し出し，また著者やタイトルや主題など共通の特徴を有する資料を 1 つの場所に配置することで利用者に関連資料を提示するものである」（Tillett 1991, p.150）．

　これらの目的は 1961 年に開催された国際目録原則会議において，53 カ国を

表 3.4 カッターの目録の目的

目的
1. 次の条件にあった図書を探せるようにする 　(a) 著者名 ⎫ 　(b) タイトル ⎬ が知られている 　(c) 件名 ⎭ 2. 図書館が次の条件によるものを示す 　(d) 与えられた著者名によって 　(e) 与えられた件名について 　(f) 与えられた文学の種別に応じて 3. 次の条件に沿って図書の選択を支援する 　(g) その（書誌的な）版次について 　(h) その（文学的あるいはテーマ的）特性について

出典：Cutter 1904, p.12.

表 3.5 目録の機能

2.	目録の機能 目録は確認のための効率的な道具であるべきである.
2.1	図書館が次の条件によって示される特定の図書を所蔵するかどうか 　(a) 著者名あるいはタイトル，あるいは 　(b) 図書に著者名が挙げられていない場合，そのタイトルのみ，あるいは 　(c) 著者名およびタイトルが識別のために不適切あるいは不十分の場合，タイトルに代わる適切な代替物，および
2.2	(a) 特定の著者によるどの著作，および (b) 特定の著作のどの版が図書館にあるか.

出典：International Federation of Library Associations. 1971. "Statement of Principles: Adopted at the International Conference on Cataloguing Principles, Paris, October 1961." Annotated edition by Eva Verona. London: IFLA, Committee on Cataloguing, p.xiii.

含む国際図書館連盟（IFLA）により採択された．この会議では，「原則覚書」（または「パリ原則」）が宣言され，アクセスに関する基本理念が策定された（表3.5参照）.

　目録の目的は，利用者がすでに知っている資料を探す際，助けとなるだけではなく，事前には気づかなかった資料との出会いの助けとなることである（Layne 1989, p.188）．目録の記述機能には以下が含まれる．

1. その資料を識別するために，その資料の重要な特徴を示す．

3 情報の組織化:その技術と問題点　　　　　　　　　　111

2. 他の資料と区別するために，その資料の範囲と内容，そして他の資料との書誌的関係を記述する．
3. 多くの目録利用者の興味に最大限応える記述データを提供する．
4. アクセスポイントの根拠を与える，つまりなぜこの資料を検索したかを利用者に明確にすること，例えば，特定の人物が特定の作品を執筆したこと，さし絵を描いたこと，改作したことを明らかにしている．

(Carlyle 1996)

　これらの記述機能により，ある資料に関する有益な情報を提供し，その資料はまさに求めていたものであるということを明確にする．このことが自然と，目録の重要な要素の1つである書誌レコード自体の議論へとつながっていく．

A. 書誌レコード(印刷物, 機械可読目録)

　情報検索システムを設計する上での重要な側面の1つは，必要な資料を表すレコードを作ることである．レコード中にある内容は書誌記述と呼ばれ，そのレコード全体が書誌レコードとなる．書誌レコードは図書館目録，書誌，索引，そして抄録などに存在する．このようなレコードは一連のデータ要素（著者，タイトル，発行場所および発行日，件名標目など）からなる．検索のために特別に作られた要素はアクセスポイント，または索引語と呼ばれる．

　時に，実際に目的となる資料の検索をする必要なく，書誌レコードだけで必要な情報を提供する場合もある．そのような意味で，そのレコード自体を検索する知識の一部として見ることもできる．書誌レコードにはわずかな情報しかないものもあるが，一方で非常に詳細なものもある．しかしその目的は常に同じで，ある固有の資料を表し識別することにある．例えば，『不思議の国のアリス』には様々な版が存在する．そこで書誌レコードはある版や表現物を他の作品と識別するために十分な情報を提供しなければならず，また特定の資料を書誌的家系と呼ばれる概念である他の関連資料と結びつけなくてはならない．スミラグリアは書誌的家系を「ある1つの著作から派生した著作すべてのテキスト」と定義している(Smiraglia 2001, p.75)．これらのテキストはオリジナル

著作に対し「派生書誌関係」にある．この概念を表すため，スミラグリアはある著作の表現物として以下のようなものをあげている．ただし，これらに限定はされない．

1. 出版された小説の初版
2. 変更を伴いながら続けられる改訂版
3. 初版または改訂版の翻訳
4. 小説を元にした脚本
5. 映画

他には，ラジオ版，簡約版，ミュージカルや劇などに変化したものなども含まれる．最小の書誌的家系であっても複雑であるが，最大の書誌的家系は学術的研究図書館によく見られるとスミラグリアは述べている．情報検索システムが効果的に書誌的家系の中の共通の関係を識別できるとした場合，その結果を元にして関連する書誌的家系を並置し，この複雑な関係へのアクセスを増やすために活用できる．スミラグリアとリーザが指摘するように，「書誌的家系を直接的に明確にコントロールする方法の開発は，利用者が書誌的世界を操作していく大きな力となるだろう」と考えられる（Smiraglia and Leazer 1999, p.494）．

書誌レコードの作成は複雑な作業であり，そしてどれくらい，どのようなタイプの情報がアイテムを表すのに必要なのかという点に関して多くの議論がある．実際のところ，代替物としてはわずかな知的差異も反映しなくてはいけない．例えば，特定の図書（物理的対象として）と，特定の図書だけでなく多くの図書の中に組み込まれている「著作」との間には差異がある．そのため，『白鯨』という著作は多くの同じ名前の図書に組み込まれ，多くの版や翻訳が存在する．書誌レコードの作成は記述目録法と呼ばれるが，このように著作の各体現形の物理的・知的特徴を正確に記述し区別することが求められる．ルベツキーは「図書とは独立した実体ではなく，特定の著者による特定の著作の特定の版を表す」と述べている（Lubetzky 1985, p.190）．

書誌レコードの作成は，基準や規則を表すコードによって導かれる．過去20年間を通じ，2つの重要なファクターが記述目録法に劇的な影響を与えてい

る．それは共同で目録作成に取り組むことにより経済的に大きな利点を産み，またコンピュータ技術の利用にも資するという認識である (Delsey 1989)．今日，米国議会図書館や指定図書館，OCLC のような書誌ユーティリティなどが参加する全米目録協調計画（NCCP）においては，目録の標準化に向けて協調的努力を進めてきている．もしコンピュータで生成されたレコードが，すべてもしくは多くの図書館に利用された場合，財政そして人的資源において大きく負担を削減できるのは明らかである．標準化により個人利用者が簡単に多様な情報システムやデータベースを利用することができるようになり，また書誌レコードがより効率的に作成できるようになる．

　この流れの中で，国際レベルでの標準規則が作成されてきた．1971 年，IFLA はモノグラフのための国際標準書誌記述 ISBD（M）を定めた．続く数年の間に，書誌記述，句読点，排列順序などの重要な構成要素が識別された逐次刊行物（ISBD（S）），楽譜，地図，他の非図書資料のために様々な基準が開発された．これらの基準は，英米目録規則（AACR）を含む他の目録コードにも取り入れられた．IFLA は国際書誌コントロールプログラムを通じてこれらの標準化の取り組みを続けた．

　同様に，目録レコードの作成に関わる人々は，また書誌アクセスの改良にも取り組んでいる．もっとも知られているのは 1992 年，米国議会図書館，OCLC および研究図書館グループ（RLG）からなる共同目録協議会による「協調的コミュニティによる相互にアクセス利用できる書誌レコードの増加促進」のための取り組みである（Cromwell 1994, p.415）．この協力関係は 1995 年の共同目録プログラムに受け継がれている．もちろん完全な標準化は不可能であり，また必ずしも望ましいこととはいえない．なぜなら言語，文化的価値観，利用者のタイプ，各施設の目的などは多様であり，書誌記述においても大いに多様性が求められるからである．

B. 英米目録規則(AACR)

　AACR は書誌記述作成の際に広く利用されている．AACR は 1841 年大英博物館図書館のためにアントニオ・パニッツィにより提案された規則に由来する．

1908年，ALAは独自の記述目録規則を作成した．米国議会図書館はその内部記述目録規則を使用し続けていたが，1960年代になり，国際標準を開発しコンピュータの活用を取り入れることへの強い関心が生じてきた．これらのニーズに具体的に応える形で設計された最初のコードはAACR1であり，先ほどの「パリ宣言」に続いて開発され，1967年に刊行された．AACR1は記述と非図書目録に関するアクセスポイントの選択規則を含む．

AACRの目的は国際標準を作ることであったが，実際の運用においては，米国，カナダ，英国のそれぞれの図書館により実に多くの点で違いがあり（英国の図書館では別規則が発行された），定期的な改定と推進が求められた．最終的に，様々な国別の図書館協会の代表やカナダ，英国，そして米国の代表からなる国際委員会が開かれ，米国により1974年にAACR1の大規模な改訂がなされた．改訂された規則は英米目録規則第2版（AACR2）といい，国際標準書誌記述（ISBD）の内容を盛り込んでいた．AACR2は書誌記述の国際標準を規定し，その後も改訂され続けた．

インターネットの成長と増大し続ける電子情報資源の多様性は，AACR2の妥当性に疑問を投げかけた．1997年に，AACR改訂合同運営委員会（JSC）はトロントでの会議を後援し，AACR2の基本理念の見直しを行った（JSC 2009）．JSCは新たな改訂版AACR3の作成に取り組み始め，2004年および2005年4月に1章の草案を発表した．この草案に対する反応により，デジタル環境の出現に密接に応える新たなアプローチが必要とされていることをJSCは確認した．その新たなアプローチである，「資源の記述とアクセス」（Resource Description and Access: RDA）は，「あらゆるタイプのコンテンツやメディアにわたる情報資源の記述とアクセスについての包括的ガイドラインかつ指導書」となっている（RDA 2009）．RDAはアメリカ図書館協会とカナダ図書館協会，そして英国図書館情報専門家協会の協調的努力により開発された．RDAはアナログデータとデジタルデータ両方を記述するフレームワークを提供し，データベースの構築と現存するオンライン目録双方に適用された．これは主に図書館のために設計され，その基礎として「書誌レコードの機能要件」（FRBR；次項参照）により開発された実体関連モデルを利用している．RDAは情報資源の記述のみに焦点を置き，件名標目のガイドラインとはならなかった．

AACR2の大幅な見直しには大いに議論が交わされた．米国議会図書館の将来の書誌コントロールに関するワーキンググループ（The Library of Congress Working Group on the Future of Bibliographic Control）は，「RDAへ移行するビジネスはあまり満足なものにならなかった」と述べた (2008, p.27)．潜在的経済の行方，ワークフローへの反応，サポートシステム，電子レコードに関するナビゲーションの改良や記述の強化に対する根拠の不足など，議論は広範囲にわたっていた．ワーキンググループはさらなる調査結果が出るまではRDAの利用を一時停止することを提言した．書誌コントロールの重要部分に関心をもつ人々は，この先何年もRDAの開発を監視し続ける必要があるだろう（訳注：その後，米国，英国，カナダ，オーストラリアの図書館協会と米国議会図書館（LC）および英国図書館（BL）の共同開発による国際目録規則として，RDAは2010年6月に発行された．これに移行するかどうかを英語圏の図書館は検討しているところである）．

C. 書誌レコードの機能要件（FRBR）

　書誌的世界が日々複雑さを増すにつれ，目録実務とその適用対象との間で不一致が生じてきている．より正確な概念モデルを提供する試みの中で，書誌レコードにより提供される情報の目的についての共通理解を確立するために，IFLAは1992年に研究グループを発足させた．この研究グループは「実体関連モデル」である「書誌レコードの機能要件」（Functional Requirements for Bibliographic Records: FRBR）を開発した．FRBRは特定の目録コードとは関連しないが，情報組織化の関係者にとって，目録規則と理念に新たな視点を取らせるきっかけとなった (Tillett 2004)．このモデルは利用者の手助けとなり，目録作成者，図書館利用者，また書誌システムの開発に関わる人々のような情報組織の専門家のために設計されている．

　FRBRは目録作成そのものから，いわば目録全体を見ることとナビゲーションという側面に視点を移した．そこではデータ要素が利用者を手助けするため，どのように機能するかということに重点が置かれている (Riva 2007)．加えて，FRBRはこれらの理念を分析し，3つの実体グループに適用した (2007)．第1グループは創造的・芸術的作品からなり，しばしば混同されるが，著作，表現

形，体現形，そして個別資料の4つの実体を含む．ティレットはこれらの実体がいかに関連するかを以下のように説明した（Tillett 2004）．

> 私たちが紙のページと装丁をもつ物理的対象を「図書」という時，（中略）FRBRではこれを「個別資料」と呼ぶ．私たちが「図書」という時，それはまた書店で本を購入する際の「出版物」を表す．私たちはそのISBNを知っていてもどの版であるかは気にとめないが，FRBRではこれを「体現形」と呼ぶ．私たちが「誰がこの図書を翻訳したのか」という時の「図書」は，特定の文章と特定の言語を想定している．FRBRではこれを「表現形」と呼ぶ．私たちが「誰がこの図書を書いたのか」という時の「図書」は，より高度なレベルの抽象的概念であらゆる言語版を強調する概念的内容を意味するが，（中略）FRBRでは「著作」と呼ぶ．(pp.2-3)

第2グループの実体は第1グループの実体と関連する．これらには，第1グループの実体の制作や出版や販売に関わる個人や団体が含まれる．第3グループの実体は著作の主題である．ティレットによると，「第3グループには概念，対象，出来事，場所，すべての第1，第2グループの実体も含まれる」(Tillett 2004, p.3)．例えば，他の著作や個人や団体に関する著作も含まれる．主題とは著作レベルと関連する．

FRBRでは，関連（relationships）という概念が重要である．利用者がこれらの関連を理解すればするほど，利用者の目的を満たす著作の実体と出会う機会が広がっていく．FRBRは第1グループにおける実体間の階層関係だけではなく，著作の複雑なコンテンツの関係も明確にする．この関連著作群は1つの連続体に沿っている．連続体の一方の端は，増刷，復刻，複製などのように同じ方法で表現されている著作群となる．この連続体に沿って同じ著作を移動していくと，簡約，編集，改訂，翻訳など，新たな表現形が見られる．しかしある時点で，オリジナルな著作を基としてまったく新たな著作が作られ，別の何か新しい著作へと生まれ変わることがある．例えば，ある小説が劇や映画やパロディ作品に変化する場合である．まったく異なってはいるが同じ関連群に属する著作は，新しい著作の連続体の1つの端に位置する．例としては，その著作

の書評，批評，解説などがあげられる．個別資料をどのように目録化するかに関する目録作成規則は，ある個別資料がこの連続体においてどこに位置するのかという点にいく分か影響する．この概念モデルにより，目録作成者は与えられた表現形をこの連続体のどこかに配置することができ，文献世界を整理する際に一貫性のある意思決定をするための重要なツールとなっている．

　FRBR の潜在的利点は多い．図書館員や図書館利用者にとっての検索機能を向上し，目録が活用しやすくなり，書誌レコードへの効果的なデータ挿入，目録の複製やレコードの共有化もより簡単になる．FRBR はある著作の体現形や表現形にきめ細かに対応するために，多くの多様な形式の著作を所有する洗練されたコレクションに特に役立つ（Salaba and Zhang 2007）．ダッドリは FRBR がいかに便利であるかについて簡単な例を示している（Dudley 2006）．

　　「FRBR 化」されたデータベース（FRBR 概念により構築されたもの）はより階層的な構造をしている．例えば，ジェーン・オースティンについて検索すると（中略）最初に，ジェーン・オースティンによる著作か，ジェーン・オースティンについての著作か，という2つの選択肢が提示される．ここでジェーン・オースティンによる著作をクリックすると，単純なタイトルのみで版についての詳細はないリスト画面へと導かれる．そこでタイトルの1つを選択すると，その著作の特定の版の情報画面へと進む．この例では，各出版物の詳細情報は検索者が必要とするまでは表示されない．
　　同様の仮想 FRBR 化データベースにおいて『高慢と偏見』を検索すると，最初に様々なメディア形式の著作リスト画面が現れる．その中で映画を選択するとすべての映画作品リストへと導かれる．そして，その中で 2005 年版を選択すると，手に入る 2005 年のすべての版のすべてのタイプの資料（VHS，DVD など）が表示される．（pp.1-2）

　FRBR は実施の初期段階にあり，まだ大いに解釈と改良の余地を残している．美術品，古典テキスト，フィクション，映画，ビデオ，ライブ舞台芸術，音楽，そして定期刊行物など，様々なタイプの資料が現在「FRBR 化」の対象となっている．また従来の図書館，コンソーシアム，デジタル図書館，機関リポジ

リ,博物館,インターネットアーカイブ,ウェブポータルなどを含む,様々な組織で活用されている.

このような関心の高まりにもかかわらず,この概念が広く受け入れられることを阻害する様々なファクターとして,ズマーは以下の点をあげている.(1) 新たなモデルへの変化を妨げる過去の遺産的データ.(2) 図書館員の保守的姿勢.(3) 著作と表現形との関係など,明確に区別するモデルの曖昧さ.(4) 近い将来には開発されるであろうものの,必須となる目録規則が現時点で欠如していること.(5) 2つ以上の体現形を有しているものは目録中の全著作の20%に過ぎないという事実 (Zumer 2007).それにもかかわらず,FRBR は目録標準に関して「議論のための統一的フレームワークと共通の語彙リストを提供してきた」(Riva 2007, p.9).ズマーは FRBR の潜在的可能性を以下のようにまとめている.

> 開始時は比較的緩やかであったが,FRBR は近年勢いを増してきている.さらなる発展のためには,このモデルの潜在的可能性を最大限強調しなくてはいけない.例えば,総合目録やポータルサイトの書誌情報へのアクセスである.(中略) このようなポータルサイトに対して,FRBR は検索結果やナビゲーションに有益なパターンがあることを提示している.同様のアプローチはすべての文化情報へのアクセスに適用することができる.(p.29)

IFLA は検討グループを通じてこのモデルの開発を継続している.

D. インターネット時代における図書館目録の役割

近年においてオンライン目録の役割と重要性は大きな関心の的となっている.オンライン目録は多くの利点があるが,多くの利用者は,ブール検索などの検索法の選択に悩み,またその主題検索に関して,利用者が考える主題を表す語句とシステムが示す語句とを一致させることに伴う特有の難しさを経験している.にもかかわらず,ウェブやインターネット検索エンジンを使いなれた人々

はオンライン目録を好み，さらなるサービスが提供されることを期待している（Bates 2003）．その結果，公共図書館における多くのオンライン目録は，ウェブ環境と同様の柔軟性と利便性を提供しようとする試みの下，再設計されてきている（Calhoun et al. 2009）．

これらの議論は特に大学図書館や研究図書館について指摘されてきていた．カレン・カルホーンは，学生と研究者の要請に焦点を当て，この問題について『目録の質的な変容と他の検索ツールによる検索』という表題の報告をまとめ，米国議会図書館に提出した．その中でこう言及している（Calhoun, 2006）．

> 今日，学生や研究者の多くが日常的に図書館目録より他の検索ツールを好み，そして目録は学術情報世界におけるシェアが縮小している．（中略）オンライン目録は学生や研究者にとっての魅力を失ってきている．目録の利用は，他の検索ツールと比較しても下降していて，おそらく今後急落していくだろう．(p.5)

カルホーンは，オンライン目録は何年にもわたり非常に有用であったが，検索エンジンの増加やウェブの柔軟性によって，「その役割を終えようとしている」(p.5) と述べた．カルホーンによると，利用者は「うまくいかない検索，ナビゲーションのまずさ，なじみのない主題索引法や語彙，とまどう検索の手法（中略），まとまらない検索結果の集合」(pp.25-26) といった経験をしている．また目録を「使いづらく，インターフェースの時代遅れが進んでいる」と評している (p.26)．次第に，目録は手に入り得る学術情報のごく一部しか含まないものになっている．

大学や研究機関でオンライン目録の利用減少が注目されたのは，そのメンテナンスに多額の費用がかかることが理由とされている．そのため，このような経費の費用便益比は重要な問題となっている．廃止はせずとも大幅な改善とコスト削減が必要であるとカルホーンは提言している．そして下記を含むオンライン目録プロセス全体の体系的検討を提案した．

1. 情報を提供しているコミュニティを正確に定義し，その中のどの利用

者に焦点を当てるかを明確にする．
2. コストを削減し，目録レコードを簡略化することで応答時間を改善し，目録をローカライズする慣行を減らし，ベストプラクティスで代用する．
3. LCSHの利用をやめて主題キーワードを使用することで検索機能を向上させ，自動分類機能やオントロジーやタクソノミーの開発を含む新たな技術を支援する．
4. ワークフローを効率化することでターンアラウンドタイムを向上する．協同ワークフロー，そしてベストプラクティスを共同開発する．
5. 「類似資料」，「資料入手」オプション，フルテキストへのリンク，関連度ランクづけ，時間延長サービスなどの機能を通し，利用者の経験を向上させる．
6. マーケティング計画や広報活動により目録利用を宣伝する．
7. 他の機関との協同やスタッフの訓練により，イノベーション，協同事業，効率的予算作成と助成金申請などを求めるビジネス環境を用意する．(Calhoun 2006)

トマス・マンはこれらの批判と提言に対し，カルホーンは不適切なビジネスモデルを用い，検索速度を「目録の究極的判断基準」として過度に重視していて，学術研究にとって潜在的にマイナスの方向に導こうとしていると述べた(Mann 2006, p.1)．またマンは，需要と供給に注目するビジネスにとって利益を管理し増大させることは必要な機能であるが，しかし利益は研究図書館の目的ではなく，その目的は研究の促進であると指摘した．マンは，研究図書館のためのニッチマーケットを作るというカルホーンの考えに疑問を呈してはいない．しかし，マーケットとしての研究者は「早く情報を求める利用者」と区別しなくてはいけないと述べた (p.7)．後者にとって検索エンジンはオンライン目録の代替になるが，前者にとっては重大な不足がある．マンは研究者のニーズと早く検索結果を求める利用者とのニーズの違いを以下のように区別した．

1. 研究者はすべての関連情報資源についてもっとも明確でより幅広い視

点を求めている．
2. 特にその研究分野の課題において，実は重要で意義深く，基準となる情報資源を見落としていないか，ということに関心をもっている．
3. 不必要な過去の重複研究はしたくない．
4. 自分の研究に領域横断的に関連するものを知りたい．
5. これまでやってきた同一主題の研究に分類される近年の図書を探し出し，より最新の研究結果を従来の研究結果と照らしあわせてみたい．
6. ブール検索の検索語句を入力する際，事前に思いつかないが，実は密接に関連しているキーワードを認識させて最適の文献を得るメカニズムを特に必要としている．
7. さらなる努力とインターネット検索での「最初の画面」の向こうにある多様な情報資源を確認する必要性を認識してはいるが，また，巨大なリストやデータを表示する作業は省きたいと願っている．(p.8)

マンは，インターネットの検索エンジンはこれらの重要な機能を果たさないと述べる．同様の問題として，キーワード検索と関連度ランクづけをする際にLCSHと他の語彙統制の形式を比較した場合，研究者にとってLCSHに勝るものはなかったと指摘した．ウェブにより近づくようにオンライン目録を設計することについては，電子情報資源は背景や補足資料を利用しやすいが，研究者にとって図書はいまだ優れたフォーマットであると述べる (Mann 2007)．そのため，研究図書館の目録は図書のコントロールを最優先課題としている．早く情報を求める利用者より研究者に焦点を当てなおすことで，検索速度が問題でないことが理解しやすくなる．つまりマンは，カルホーンの提案する変化は研究者より情報検索者の視点を反映したものであると考えた．

マンの意見を受け入れたとしても，サービスを提供するための経費の増加，また研究図書館の他の重要なサービスを提供しながらこれらの経費を維持できるかなどの問題がある．エデンは「図書館OPACの時代は終わった」と述べている (Eden 2008, p.38)．また予算の問題は非常に切迫していて，図書館利用者の中では一部の人のために目録管理に人員を振り分ける必要性を正当化するのは難しいと主張した．エデンは，大学図書館は生き残りをかけて戦っていて

「「ほどほど」というのが今日の利用者にとって大切なのだ」と述べている（p.38）．多少穏やかな意見としては，バヌシュとルブランは，この状況を「功利的に最大多数の善を求めることと，個々の書誌的実体のために最良の善を求めようとすることとの葛藤である」と評した（Banush and LeBlanc 2007, p.101）．また，もし資金がさらに従来の目録に使われるならば，資源は他の新たな取り組みのために使い果たされてしまうだろうと語っている．同様に，もしグーグルのような検索エンジンや大規模なデジタル化プロジェクトがオンライン目録の代わりにならなかった場合，それらが目録の経費削減のためにどのような役割を果たし，研究者が必要とする目的に資金を使うことができるのか．マークムは，「問題は，グーグルや他の企業による新たな情報テクノロジーやサービスが目録の代わりとなるかどうかではなく，新たな技術の利点を最大限に享受し，すべての情報検索者の助けとなるには，目録にいかなる変化が必要でどのくらいの経費がかかるのだろうかという点である」と語っている（Marcum 2006, p.11）．マークムは今後の目録の行方を決めるために取り組むべき，4つの重要な課題をあげた．

1. 一般に手に入る図書や雑誌がオンラインでアクセスできる場合，検索エンジンを優先アクセス手段として考慮すべきか．
2. 大規模なデジタル化は個々の図書館の性質を革新的に変化させる．個々の図書館が通常の図書や雑誌よりもそこにしかない資料のみを目録化することに力を注ぐことに意味はあるのか．
3. これまで世界の図書館に対して私たちの目録規則とMARCのフォーマットの導入を促してきた．いかに混乱なく最大限の変化を生じさせることができるか．
4. 最後に，今に固有な質問として，この変化する環境を考慮した時にAACR3を推進していくべきなのだろうか．（p.9）

V. 書誌, 索引, 抄録

　分類や書誌記述に加え，他にも知識を組織化するツールがある．これらのツールは図書館の資料を区別し見つけ出す助けとなるだけでなく，分類されたコレクションや目録の向こうに広がる情報への検索の可能性を広げるものである．そこに入るものとして書誌，索引，抄録があり，それらは印刷物，マイクロフォーム，電子フォーマットの形をとる．これらのツールの有効性は，これまで説明してきた多くの知識テクノロジーの力によるところが大きい．つまり，件名標目やディスクリプタの付与などと関わる統制語彙の原則によるものである．

　書誌は，特定の主題の作品を定義するリストとして1500年頃のルネッサンスの時代に誕生し（Krummel 1984），主題，形式（例：定期刊行物など），対象（例：1900年以前に出版された資料）など範囲を限定して作成される．書誌には基本的に2種類ある．体系書誌と分析書誌である．体系書誌は一般に特定の主題に焦点を当て，特定の目的のために設計されている．時にこれらはさらに細分化され，列挙書誌や主題書誌などになる．列挙書誌は資料の詳細なリストを提供するように設計されているが，必ずしも特定の件名に限らない．図書館目録は列挙書誌であり，全国書誌もまたそうである．分析書誌（記述書誌ともいわれる）は注意深く物理的側面に焦点を当てて記述した資料のリストであり，そこでは歴史的，比較的な分析が行われる．このような書誌には，様々な版の物理的特徴に詳細な注意が払われ，資料の特徴を識別することによって，研究者は歴史的あるいは美学的なコンテクストにそれを位置づけることができる（Bates 1976）．概して，書誌は利用者をその人物が向き合っている情報資源へと導くことを目的としている．書誌は書誌情報を1カ所に集中配置する．これは並置（コロケーション）のもう1つの形式である．時に資料の内容に関する簡潔なメモや要約を含むものがあり，このようなものを注解付書誌と呼ぶ．

　索引は「文献や文献の一部の検索を容易にするために文献の主題や特徴を指示することを目的に設計された体系的ガイド」である（NISO 1997, p.8）．このようにきわめて広義の索引の特性は，特に，用語，用語結合規則，相互参照，

標目リンク方法,そして標目の排列順ないし検索手法の5つの要素からなる自動索引に適している(NISO 1997).より簡潔には,索引はアルファベット順の項目リストとして見ることができ,検索者を直接さらなる情報に導くことができる.索引は,その著作物の内容(例:図書の巻末索引),また著作物外部の文献(例:定期刊行物索引)などを示す.例えば,検索者が図書の索引を利用する際に,索引語により,その語の示す情報が存在する作品内の適切なセクションやページ数を提示してくれる.索引はまた,図書や雑誌論文,博士論文など,ほとんどのタイプの資料に関して検索情報を提供することができる.それ以外にも索引は書誌と同様の特徴をもち,例えば,『定期刊行物リーダーズガイド Readers' Guide to Periodical Literature』や『社会科学引用索引 Social Sciences Citation Index』のような定期刊行索引などがある.これらのツールは様々な索引語の下に整理された書誌事項も提示する.この索引語には,件名,著者名,記事や図書のタイトルなどが含まれるが,これらに限定はされない.『美術索引 Art Index』のように特定の分野に特化しているものがある一方,『雑誌記事索引 Magazine Index』のように非常に一般的なものもあり,また他には『ナショナルジオグラフィック』の索引や『ニューヨーク・タイムズ索引』のように単一の発行物に特化しているものもある.長年にわたり増え続けている雑誌や発行記事にとって,定期刊行物索引は最新資料検索の大変有用な手段となっている.

　索引には主に事前結合索引と事後結合索引の2つの方法がある.事前結合索引では,索引作成者はすべての索引用語を索引作成の際に結合させる.つまり,情報検索者が検索システムを利用する前に,用語結合や用語間の関係指示に関するコントロールがなされている.事後結合索引は,検索時に検索者が自ら選択した索引語(統制語彙の結びつき内において)を結合することができる.この方法は電子情報検索システムにおいて非常に一般的であり,検索者は検索語句の組み合わせを選択し,それらを例えば,ブール検索における「and」「or」「not」のように論理演算子で結合させることができる.事後結合索引が,電子索引を利用する際に柔軟性が高いものであることは明らかである.

　抄録とは「文献や口頭での発表の内容を短く客観的に表現したもの」である(NISO 1997, p.1).著者が記したものであるかどうかにかかわらず,それは文献

内容を要約した代替物であり，読者はそれによりその文献が自分の目的に適したものであるかどうかを判断する．その簡略化という特徴のため，抄録は多くの有用な目的を果たすことができる．例えば，抄録は最新情報を伝えるカレントアウェアネスのツールになる．また外国語の資料も含めすばやく見わたせることで，情報検索者が大量の文献にアクセスできるようになる (Pao 1989)．

さらに抄録は通常，どこに当該資料のすべてのテキストがあるのかを示す書誌的引用を含む．それはきわめて詳細であったり簡潔であったりするが，少なくともその文献の鍵となる側面を記述しようとしている．抄録には主に報知抄録と指示抄録の2種類がある．報知抄録はその資料の主要な内容を表し要約している．指示抄録はその文献が何に関するものであるかを示し，その結果が重要な場合には要約している．しかしながら，抄録は批評や評価をするものであってはならない (Pao 1989)．このことは抄録と注釈を区別する．注釈は「その文献や内容に関する簡潔な説明であり，タイトルを明確にする注意書きである」(NISO 1997, p.1) が，また，評価や意見を含むより詳細な要約である批評文であることもある．抄録を体系化し索引語によりアクセスできるようにしたツールは特に知識検索に役立つ．このようなツールは，広義の分類や件名により抄録を体系化する．このツールは，それ自体が抄録を含むものを除き定期刊行物索引のような機能があり，検索者にすべてのテキストを閲覧するのが役立つかどうかについての情報を提供する．これらのツールの例としては，『心理学抄録 Psychological Abstracts』や，『図書館情報学抄録 Library and Information Science Abstracts』などがある．

書誌，抄録，索引の目的は，様々な場所に存在する資料の書誌情報を一元化することであり，それにより体系的に整理し，資料を探すために必要な情報を提供することである．そのようなものとして，LIS専門職と図書館利用者双方にとって重要な検索ツールとなる．しかし，またそのようなツールには限界があることにも留意しなくてはいけない．それらにはしばしば作成者の文化的・理論的偏見が反映されていることがあり，また経済的問題から未完成状態である場合がある．いくつかのツール，特に図書として発行されたものは，とりわけ情報の変化が激しい研究分野ではすぐに時代遅れになる．定期刊行物の索引や抄録は包括的なものではないため，関連記事のある定期刊行物すべてに索引

をつけることはめったにない．そのため，索引の対象となっていない専門雑誌があるし，部分的に索引化される場合もある．このことはこれらのツールを過小評価しているわけではない．むしろ，これは知識の巨大な塊をコントロールし体系化することの複雑さを浮かび上がらせている．情報専門職はすべての知識テクノロジーとツールには何かしらの欠陥があることを理解しなくてはいけない．どれか1つのアイテムだけに完全に信頼を寄せることはできないのである．

VI. 電子情報検索システムにおける知識の組織化

電子情報検索システムには様々なツールが含まれる．オンライン目録は1つの例で，オンライン定期刊行物索引や他のオンラインデータベースなどがある．これらのシステムは図書館や他の情報元への情報アクセスの不可欠な構成要素であり，今後も重要性を増していくであろう．そのため，これらの基本的構成を理解することは重要である．

A. レコード,フィールド,ファイル

電子データベースの基本はカード体目録と様々な点で類似している．それは特定資料に関するレコードであり，保存された情報である．各レコードはある文献についてのもので，一連のフィールドからなる．フィールドとはレコードの中の情報の集合体で，つまり各フィールドは特定属性や特徴が入力される特別なエリアとなっている．例えば，書誌記述の中には，著者，タイトル，号数もしくは巻数，件名標目，ディスクリプタ，そして特別な解説や注記などが含まれる．データベースの作成者はこれらのレコードとフィールドを設計するが，対応するアクセスポイントを選択する必要はない．むしろデータベースを提供する供給元が，どのフィールドが実際に探しやすく簡単に表示されるかを決定するのが一般的である．またLIS専門職はどのフィールドが検索しやすいかということに影響を与え得る．一般的に，検索可能なフィールドは供給元によ

表3.6　MARCの代表的フィールド

010	LCカード番号	250	版標示
020	国際標準図書番号	260	出版情報
050	議会図書館分類番号	300	形態記述
082	デューイ十進分類番号	440	シリーズ名
100	著者主標目	500	一般注記
245	固有タイトル，副タイトル，責任表示	505	内容注記
		650	件名標目
246	別タイトル	700	個人名追加記入

表3.7　MARCレコードフィールド例*

020	ISBN 1-56308-354-X	500	Rev. ed. f: Genreflecting/Betty Rosenberg, 3rd ed. 1991.
050	PS374.P63R67 1995		
082	016.813009	504	Includes bibliographical references and indexes.
100	Herald, Diana Tixier.		
245	Genreflecting: a guide to reading interests in genre fiction/Diana Tixier Herald.	650	American fiction-Stories, plots, etc.
		650	Popular literature-Stories, plots, etc.
		650	English fiction-Stories, plots, etc.
250	4th ed.	650	Fiction genres-Bibliography.
260	Englewood, Colo.: Libraries Unlimited, 1995.	650	Fiction-Bibliography.
		650	Reading interests.
300	xxvi, 367 p.; 25 cm.	700	Rosenberg, Betty. Genreflecting.

出典：OCLC, Inc.の許諾により掲載．
*レコードは変更されており，かつ，完全なものではない．

り違いがあるが，全体的には検索者が情報源を探すためのアクセスポイントの数を劇的に増加させている．

　電子レコードとフィールドを作成する上でのもっとも重要な進展はMARC（機械可読目録）の開発であり，1960年代半ばに米国議会図書館により開発された．その目的は書誌記述のための機械可読フォーマットの標準を作成することであった．MARCはコンピュータ化されたオンライン環境の書誌情報を作成し共有することを目的として作成されたコミュニケーションツールである．今日MARCは書誌レコードを作成する際の標準となっている．

　MARCはタグ，記述子，サブフィールドコードの3つのコードをもつ様々なフィールドからなる．それぞれはある書誌実体に関する特定の情報と関連している（表3.6および3.7）．著者，タイトル，主題，出版元などの基本的な情報など多くのフィールドが存在する．付加されるフィールドには，シリーズ，注釈，関連タイトル，形態的記述などがある．MARCフォーマットの影響は計

り知れない．OCLC のような書誌機関の設立による影響などと同様に，カード体目録を利用している図書館員がコンピュータ技術を初めて実際に利用することが可能になる．コレクションの開発や情報資源の共有化に関する影響はきわめて大きい．

　しかしながら，MARC フォーマットは主に目録のために開発され，他のコンピュータデータベースの知識の体系化とはまったく異なるものである．例えば，データベースの抄録や索引を作成するには，様々なフォーマットを利用する．利用可能なフィールドやタイプ，そして検索可能なフィールドはまた異なる．しかし，状況はまったく混沌としているわけではない．一般的主題に関するデータベース作成者は同じフォーマットを利用することに大いに賛成している．例えば，「化学抄録サービス（CAS）」や「生物学情報サービス（BIOSIS）」は標準レコードフォーマットを利用している．それでもなお，さらなる標準化の要請がまちがいなく存在する．

　ファイルはレコードのグループやコレクションであり共通の特徴を有する．図書館目録は，図書館が所有する共通の特徴を有する著作ファイルと見ることができる．もちろん，多くのタイプのファイルが存在する．電子ファイルはデータベースと呼ばれ，文字通り何千ものそのようなデータベースが存在する．データベース内でファイルを整理することはファイル組織化と呼ばれる．これまでの実体ファイル同様に，どうすれば情報がより検索可能になるか，電子ファイル内の論理組織が決定することになる．一般的にファイルの格納は，レコード番号や著者名等を含むフィールドのように主要なフィールドを基に論理的に組織化されている．

　例えば，一般的なファイルの組織化はアルファベット順に並べることである．そのためあるデータベースは著者名をアルファベット順に並べたものとなり，この結果，リニアなあるいはシーケンシャルなファイルとなる．主要フィールドで並べたファイルが中心的なファイルとなる．もっとも単純なデータベースでない限り，1 つのフィールドで検索するより柔軟性をもつものになる．これが LIS 専門職の利用するオンライン目録やデータベースの事実である．ほとんどのファイル検索は転置ファイルで補完され，主ファイルの索引として利用される．転置ファイルは，データベース内の特定レコードに関連する特定のフ

ィールドからなる．例えば主要なフィールドが著者フィールドである場合，転置ファイルにはタイトル語や件名標目語や記述を含んでいる．これらの語句を検索することで，用語と関連する文献を同定することができる．連結リストやクラスターファイルなど電子ファイルを組織化する他の方法もあるが，転置ファイルは電子データベースを検索する際の基本的組織化法である（Pao 1989）．

B. MARC21

　MARC21 は MARC フォーマットの最新版であり，書誌レコードの世界的アクセスの共有化を大きく進展させている．実際に，MARC21 は今や米国とカナダだけではなく，オーストラリア，ニュージーランド，ラテンアメリカの国々，中東，そして中国を含むアジアの国々で利用されている（Radebaugh 2003）．英国図書館は MARC21 を 2004 年 6 月に導入した．MARC21 は英国とカナダの MARC フォーマットを 1 つにまとめ，また図書館目録のウェブページへのアクセスも組み込むため MARC を最新のものに更新した．現在，そのフィールドには URL，FTP サイト，そして他のコンピュータアドレスなどが含まれている．さらに，書誌レコードの中にはハイパーリンクが組み込まれ，そうすることでレコードから直接ウェブサイトへ行くことができる．ウェブ環境における MARC21 フォーマットの適用性に疑問を呈する人々もいるが，またこの方法で効率的に利用できると信じる人々もいる（Radebaugh 2003）．

C. レコードの標準化

　情報量が拡大し続ける中，フォーマットの標準化やレコードの組織化は重要な問題となってきている．情報の組織化やデータ交換に関する技術標準の作成と整備のため，全米規格協会（ANSI）の認定を受けた NISO が大きな支援を行った．NISO は，基準の影響が及ぶ個人や団体との十分な協議や参画を経て，この基準を開発した．そして NISO が一定の合意を得られたと認めた時，ようやく標準規格が発行された（しかし最終フォームが発行された時でさえ，すべての参加者がその基準に合意したわけではなかった）．この基準を順守するかどうかは

利用者に任せられているが，この標準フォーマットの利用は経済的にも機器の運用の上でも大変有益であると見られる．

VII. インターネット時代とセマンティックウェブ：インターネットとワールドワイドウェブ上の知識の組織化

多くの検索者が直面する問題は，インターネットやワールドワイドウェブ上の情報の大洪水をどう扱っていくかということである．大きな障害となるのが，インターネットは最小限の内容統制と組織化による分散型システムとして開発されてきたということである．このようなシステムは情報を幅広く入手可能にするという点では大きな利点があるが，組織化する点では非常に問題となる．情報組織化の標準化が膨大な情報をアクセス可能にすることは，本章でなされてきた議論からも明白である．残念ながら，この標準化はウェブには当てはまらない．

A. マークアップ言語

ウェブやオンライン上のコンピュータシステムを通じての情報検索の発達により，電子文書を記述し，体系化し，検索する代替技術が開発されてきた．もっとも知られているのが「標準汎用マークアップ言語 (SGML)」であり，もともとは 1970 年の汎用マークアップ言語 (GML) として開発されたものである (Gaynor 1996)．SGML は様々な文書クラスを記述し，その各クラスを構成する要素を識別するための標準規格を提供している．クラスは文書タイプ定義やスキームにより特徴づけられて，また必須または任意の要素を識別することで文書構造を識別する．各分類の要素にはコード番号が付与される．例えば，ある文書クラスが詩であり，その要素が，ライン，スタンザ（訳注：4 行詩節），カプレット（訳注：対句），著者などとなる (Gaynor 1996)．SGML は構造と同様に内容も記述できる．例えば，文書中の電話番号，化学構造，引用文なども識別できる．また書誌的要素ではない情報を付加することも可能であり，それに

より価値的・分析的情報を提供することができる．全体としてSGMLの利用により階層構造を形成することができ，それによって書誌情報，分析情報そしてフルテキスト自体の検索のためのタグをつけることができる．柔軟に有益に検索ができるこのような環境において，文書自体も含め各要素単位や要素の組み合わせは電子的に操作したり検索したりすることができる．

　文書作成処理においてSGMLを一貫して用いたアプリケーションは，個々の文書だけでなく個々の要素の効果的な検索を可能にしている．SGMLは今日，国内・国際的基準として受け入れられている（ISO 8879）．さらに，MARCフォーマットの項目はSGMLに変換され，図書館の広い領域で用いられている．

　おそらく，もっとも広い影響力のあったSGMLの適用例はハイパーテキストマークアップ言語（HTML）の開発であり，これは現在ウェブ文書を作成する際の基本言語となっている．HTMLによりデザイナーはウェブページを構成し，イメージを表示し，他のページや文書へとリンクを張ることができ，それによって利用者はウェブ上の情報操作をすることができる．ミラーとヒルマンは，HTMLを3層からなるウェブの「第1層（レイヤまたティア）」と表している（Miller and Hillman 2002, p.57）．HTMLはウェブ文書を記述する単純なタグの組み合わせを与え，これらのタグを基に文書を共有することができる．しかしながら，特に文書の情報量が多い場合などは，共有できる範囲には限界がある．

　第2層はXML（拡張可能マークアップ言語）ファイルの作成を通して開発された．これにより文書共有が広がる．XMLは1988年のワールドワイドウェブコンソーシアム（W3C）で勧告され，SGMLの一部としてSGMLやHTMLと互換性がある．HTMLはどのように情報を表示させるかという点に焦点を当てているが，XMLは電子文書の情報内容を記述する．そもそもはワールドワイドウェブでの使用に向けられていたが，一般的電子出版物にも利用が可能である．XMLは「HTMLのように単一の固定されたフォーマットでも，HTMLの代替物でもない．XMLは，利用者が特定のアプリケーションや商業的ニーズに適した自分独自のマークアップ言語を設計するためのメタ言語であり，送ったシステムのデータ保存法や受け取ったシステムのデータ利用法にかかわらず，またデータの性質に関係なく記述したり交換したりする際の標準規

則を与える」(Desmarais 2000, p.10). XML 文書の特別な利点は，1つのアプリケーションで作成されるが変換をする必要なく他のアプリケーションでも利用できることで，つまり XML はオープンソースソリューションを促進し，OS を超えた生産物の開発を進めているのである．XML はウェブ上のコンテンツを記述し組織化するために広く利用され効果を上げることを期待されている．実際に，XML の開発により，HTML の新しいバージョンとして XHTML が開発されている．XHTML は XML で書かれていて，現在のブラウザで見ることができ，また XML 文書にも利用できる (Lemight and Colburn 2003).

XML はそのリンク機能を通じ，2つ以上の文書が互いに関連していることを明らかにするが，どのように関連しているかについては記述していない．XML で使われるタグは，それ自体を定義する XML スキームにリンクしなければ，それ自体に意味をもたない．いかにウェブ上のオブジェクトがつながり，関連しているかを理解するには，そのシステムが実際にタグの有する意味を理解することが求められる．そしてタグの意味を理解することで，そのシステムはウェブページそのものの意味を理解し，いかにその意味が関連しているかを理解することになる．

セマンティックウェブが初期のウェブ制作者の基本目標であったといわれるように，ワールドワイドウェブを構築することは，その意味に基づいてコンピュータをウェブサイトに関連づけることができるようになることである．セマンティックウェブは「ウェブと分離しているのではなく，現在のウェブを拡張させたものであり，そこで情報は明確に定義された意味を得て，コンピュータと人々がより協力していけるようになる」(Berners-Lee et al. 2001, p.40)．セマンティックウェブは「〜へリンク」という観念を超え，「〜についての作品」「〜の著者」「〜に応じ」などと，さらに豊かな関係性へと発展している．ミラーとスウィクによると，セマンティックウェブは「より効果的な検索，自動化，統一化，様々なアプリケーション間での再利用化などに活用可能な，定義されリンクされたウェブ上のデータを保持するという考えに基づいている」(Miller and Swick 2003, p.11)．現在，1つのページから別のページにリンクされるという基本的な考え以外，意味は定義されていない．

このセマンティック的関連性を構築するツールを作ることがウェブの第3層

であり，ほとんどの活動はワールドワイドウェブコンソーシアムに関わっている．セマンティックウェブの開発における重要な要素は，情報資源記述フレームワーク（RDF）である．RDF は XML のアプリケーションの1つであり，メタデータを作成するフレームワークを提供している．「RDF では，文書は特定の物事（人々，ウェブページなど何でも）が，特定の属性（別の人物，別のウェブページなど）と特定の価値（「の姉妹」「の著者」など）をもつことを主張する」(Berners-Lee et al. 2001, p.40)．セマンティックウェブの研究者が RDF の潜在的可能性を拡大させるために必要な規則と論理を開発することで，近いうちにウェブ上に表現されている知識活用に新たな胸躍る機会が訪れるとの見通しもある．

しかしながら，セマンティックウェブへのビジョンは現実的でなく，非生産的ですらあるとの意見もある．モーヴィルとロゼンフェルトは，これらの人々はソーシャルネットワーキングやブログなどに，個人がウェブに有意義にリンクされる手段としての潜在的可能性の広がりを見ているに過ぎない，と述べた (Morville and Rosenfeld 2006)．セマンティックウェブが本当に入手しやすく機能的であるかどうかは，依然として議論に委ねられたままである．

B. メタデータ

ウェブを組織化するあらゆる面を支える概念としてメタデータがある．ウェブサイトが急増し，主要な情報源としてデジタル図書館が出現する中，メタデータは情報を検索利用する際の重要な手段となった．本章の前半に述べたように，図書館情報学研究者は件名標目，分類番号，索引，書誌記述といった目録の知識テクノロジーを利用することで長年にわたりメタデータという概念を扱ってきた．メタデータは電子情報資源のアクセスポイントを作る電子環境においても，同様の機能を果たす．メタデータが検索を促進する4つの機能がある．

1. 関連性基準により情報資源を発見する．
2. 情報資源を識別する．
3. 異種情報資源を区別する．

4. 所在情報を提供する．(NISO 2004, p.1)

メタデータは時にデータのためのデータと称されることがある．より正確には，メタデータは「情報資源を記述し，説明し，位置づけ，もしくは検索，利用，管理するための構造化された情報である」(NISO 2004, p.1)．メタデータは単一の情報資源，情報資源の集合体，単一の情報資源の一部に適用可能である．メタデータは現在の資料を配置するだけでなく，記録保存目的にも利用できる．NISO は3タイプのメタデータを記述している．

1. 記述的メタデータは発見同定するための情報資源を表す．タイトルや抄録，著者や索引語などの要素がある．
2. 構造的メタデータは，章を構成するのにページがどのような順序になっているかというように，複合的な対象がどうなっているかを示す．
3. 管理的メタデータは作成された時期や方法，ファイルタイプや技術的情報やアクセス権限者など，情報資源を管理するための情報を提供する．(NISO 2004, p.1)

管理的メタデータには権利管理情報を含み，保存メタデータは記録保存目的に必要な情報を扱う．

従来の目録の規則として，メタデータ利用基準がある．例えば，NISO のフレームワークワーキンググループは，デジタルコレクションを作成する際に，良いメタデータの6原則を作成した．

メタデータ原則1：良いメタデータは，そのコレクションの対象，利用者，そして現在と将来の利用にとって適切なコミュニティの基準に従う．
メタデータ原則2：良いメタデータは，相互運用をサポートする．
メタデータ原則3：良いメタデータは，対象を記述し関連資料を配置する際に典拠コントロールとコンテンツ基準を利用する．
メタデータ原則4：良いメタデータはデジタルの対象の状態や利用条件を

明示する．
メタデータ原則5：良いメタデータはコレクションに含まれる対象の長期的な管理や保存をサポートする．
メタデータ原則6：良いメタデータレコードは対象自体であり，それゆえに信頼性，正当性，保存性，持続性，そして固有の識別性など良い対象の質を有している．（NISO 2007, pp.61-62）

特定の目的のために作成された様々なメタデータスキームがある．ダブリンコアメタデータ構想（DCMI）に基づき開発された，ダブリンコアメタデータ要素セットは，もっとも顕著な例であり，オンライン環境における情報資源の記述要素を定義するものである．このような標準要素をもつメタデータのシステムにより，目録に関する専門知識のない人でもウェブサイトを記述し，他者がアクセスしやすい検索語句を決めることができる．DCMIは，「広範な目的やビジネスモデルをサポートする相互運用オンラインメタデータ標準の開発に資する開かれた組織である」（DCMI 2009）．協調的かつ国際的であることに重点が置かれている．この主要目的は3つの内容からなる．

1. 情報資源記述の国際標準の開発と管理維持
2. 利用者と開発者の世界的コミュニティのサポート
3. ダブリンコア決定の世界的利用の促進（DCMI 2009）

様々な個人や団体がこの構想に参加していて，そこには米国議会図書館，全米科学財団，OCLC，全米スーパーコンピュータ応用研究所，オーストラリア国立図書館，カナダ国立図書館，文書館や博物館，教育機関，デジタル図書館，政府機関，ネットワーク，出版社，知識管理者などが含まれる．

ダブリンコアメタデータ要素はNISOの標準規格として公式に認められ（Z39.85-2007），また国際標準（ISO 15836：2009）の基礎となった．ダブリンコアは，特定のアプリケーションや特定タイプの対象を記述するための基準などと同様に，電子環境における情報資源記述子の基本的要素を提供する．これらに

表 3.8 ダブリンコアメタデータ要素セット

要素名	定義
Contributor 協力者	リソース制作に協力したもの
Coverage 範囲	リソースの空間的・時間的範囲．資源の空間的適用範囲，あるいは資源が有効な法的範囲
Creator 制作者	リソースの内容に主たる責任をもつもの
Date 日付	リソースのライフサイクルに関わる時間の点あるいは範囲
Description 内容記述	リソース内容の説明
Format フォーマット	リソースのファイルフォーマット，物理的形態，特性
Identifier 識別子	リソースについて既存の曖昧さのないもの
Language 言語	リソースの言語
Publisher 配布者	リソースを配布して利用可能にするもの
Relation 関係	関係するリソース
Rights 権利	リソースに関わる権利についての情報
Source ソース	記述されたリソースが取り出せる関連リソース
Subject 主題	リソースのトピック
Title タイトル	リソースに付けられた名称
Type タイプ	リソースの性質あるいはジャンル

出典：DCMI 2009.

は，例えば，地図や地名索引等の地理情報のメタデータ標準（CSDGM）や，芸術作品のための芸術作品記述カテゴリ（CDWA），また視覚情報資源協会（VRA）コアカテゴリの視覚情報資源，シラバスや講義メモ，模擬実験，教材などのための学習資源メタデータ（LOM）などがある．

　デジタル化が一般的し，デジタルリポジトリが作られるにつれ，新たな基準が発展している．例えば，米国議会図書館の支援を受けたデジタル図書館連盟（Digital Library Federation）の財政援助の下，XMLスキーマの1つであるメタデータ符号化・伝送標準（METS）が作られた．これにより図書館のデジタル資料を符号化し，施設間でのデジタル資料の共有の助けとなった．これは2004年にNISOにより新しい標準と認定された．このMETSフレームワークにより，異なる情報資源から1つの構造をもったメタデータを互いに取り込みリンクさせることが可能となる．つまり，XML文書におけるMETS記録は記述的メタデータ，管理的メタデータ，そして構造的メタデータを内包している．METSはデジタルリポジトリにおいて特に有用である．米国議会図書館職員が以下のように述べている．

メタデータ符号化・伝送標準（METS）は，XMLで表されるデータの符号化と伝送標準である．これにより，リポジトリ内のデジタル資料の管理，またリポジトリ内やリポジトリ間（もしくはリポジトリとユーザー間）におけるデジタル資料のやりとりなどに必要なメタデータを媒介する手段が与えられる．（中略）デジタル資源のリポジトリが，デジタル資源や資源自体を，別のリポジトリや，資源を表現する目的のツールを有するその資源そのものに関するメタデータと共有する意図で作られている時，リポジトリとツール間での共通データ転送構文の利用は便宜性と効率性を向上させ，それによりやりとりがうまくいく．METSはデジタル資料のライフサイクルにおけるこのようなアクティビティに対し，比較的簡単なフォーマットを提供するように作成され設計されている．(p.5)

また他にも一般的なメタデータスキームが存在する．小説，演劇，詩などの電子テキストのためのテキスト符号化イニシアティブ（Text Encoding Initiative）や，MARC21レコードの利用のために作成されたメタデータ情報資源記述スキーマ（Metadata Object Description Schema），また文書コレクションや特殊コレクションへのアクセスを向上するために設計された符号化アーカイブスキーマ（Encoded Archival Schema）などがある．

VIII. まとめ

情報は利用しやすいように組織化されていないと，効率的に検索することができない．ウェブのような新しい情報チャンネルは私たちに大きな刺激をもたらしてくれたが，知識が拡大し続けるにつれ，人々にアクセスを提供するという試みの難しさもまた拡大し続けている．今やすべてがウェブ上にあるというのは事実でもあるが，それはまたもちろん問題でもある．検索するために必要な構造をもたない，組織化されていない情報が数多く存在する．新たな情報資源を作り出す人々が，図書館員や情報専門職の助言，そしてこの拡大し続ける世界をコントロールするために開発された技術を必要とすることが期待される．

このことは図書館情報学分野に関わる人々にとって中心課題であり続けるだろう．

参考文献

Banush, David, and Jim LeBlanc. 2007. "Utility, Library Priorities, and Cataloging Policies." *Library Collections, Acquisitions, and Technical Services* 31 (June): 96-109.

Bates, Marcia. 1976. "Rigorous Systematic Bibliography." *RQ* 16 (fall): 2-26.

―――. 2003. *Task Force Recommendation 2.3 Research and Design Review: Improving User Access to Library Catalog and Portal Information*. Los Angeles: UCLA, June 1.

Berman, Sanford. 1971. *Prejudices and Antipathies: A Tract on the LC Subject Heads Concerning People*. Metuchen, NJ: Scarecrow.

―――. 1981. *The Joy of Cataloging: Essays, Letters, Reviews, and Other Explosions*. Phoenix: Oryx.

Berners-Lee, Tim, James Hendler, and Ora Lassila. 2001. "The Semantic Web." *Scientific American* 284: 34-43.

Calhoun, Karen. 2006. *The Changing Nature of the Catalog and Its Integration with Other Discovery Tools (Final Report)*. Ithaca, NY: Cornell University Press, March 17.

Calhoun, Karen, Joanne Cantrell, Peggy Gallagher, and Janet Hawk. 2009. *Online Catalogs: What Users and Librarians Want*. Dublin, OH: OCLC.

Carlyle, Allyson. 1996. "Descriptive Functions of the Catalog." Unpublished class materials. Kent, OH: Kent State University, SLIS.

Chan, Lois Mai. 2007. "Classification and Categorization." In *Cataloging and Classification: An Introduction*. 3rd ed. Lanham, MD: Scarecrow, 309-319.

Cromwell, Willy. 1994. "The Core Record: A New Bibliographic Standard." *Library Resources and Technical Services* 38 (October): 415-424.

Cutter, Charles Ami. 1904. *Rules for a Dictionary Catalog*. Washington, DC: GPO, 1904.

Delsey, Tom. 1989. "Standards for Descriptive Cataloguing: Two Perspectives on the Past Twenty Years." In *The Conceptual Foundations of Descriptive Cataloging*. Edited by Elaine Svenonius. San Diego: Academic Press, 51-60.

Desmarais, Norman. 2000. *The ABCs of XML: The Librarian's Guide to the eXtensible Markup Language*, Houston: New Technology.

Dublin Core Metadata Initiative. 2009. "About the Initiative." Available: http://dublincore.org/about/ (accessed June 30, 2009).

3 情報の組織化：その技術と問題点　　139

Dudley, Virginia. 206. "What's All the Fuss about FRBR?" *Messenger Extra*. Minitex Library Information Network (June 30): 1-3.
Eden, Bradford Lee. 2008. "Ending the Status Quo." *American Libraries* (March): 38.
Gaynor, Edward. 1996. "From MARC to Markup: SGML and Online Library Systems." *ALCTS Newsletter* 7 (Supplement): A-D.
IFLA Study Group on the Functional Requirements for Bibliographic Records. 1998. *Functional Requirements for Bibliographic Record: Final Report*. Munich: K. G. Saur. Available: www.ifla.org/VII/s13/frbr/frbr.htm (accessed February 12, 2010).
Joint Steering Committee. 2009. "International Conference on the Principles and Future Development of AACR." Available: www.collectionscanada.gc.ca/jsc/intlconf.html (accessed June 9, 2009).
Krummel, D. W. 1984. *Bibliographies: Their Aims and Methods*. New York: Mansell.
Kwasnik, Barbara H. 1992. "The Role of Classification Structures in Reflecting and Building Theory." In *Advances in Classification Research: Proceedings of the 3rd ASIS SIG/CR Classification Research Workshop*. Vol. 3. Medford, NJ: Learned Information, 63-81.
Layne, Sara Shatford. 1989. "Integration and the Objectives of the Catalog." In *The Conceptual Foundations of Descriptive Cataloguing*. Edited by Elaine Svenious. San Diego: Academic Press, 185-195.
Lemight, Laura, and Rafe Colburn. 2003. *Web Publishing with HTML and XHTML in 21 Days*. 4th ed. Indianapolis: Sams.
Library of Congress Working Group on the Future of Bibliographic Control. 2008. On the Record. January 9. Available: www.loc.gov/bibliographic-future/news/lcwg-ontherecord-jan08-final.pdf (accessed February 12, 2020).
Lubetzky, Seymour. 1985. "The Objectives of the Catalog." In *Foundations of Cataloging: A Sourcebook*. Littleton, CO: Libraries Unlimited, 186-191.
Mann, Thomas. 1993. *Library Research Models: A Guide to Classification, Cataloging, and Computer*. New York: Oxford.
―――. 2006. "The Changing Nature of the Catalog and Its Integration with Other Discovery Tools, Final Report. March 17, 2006. Prepared for the Library of Congress by Karen Calhoun: A Critical Review." April 3. Prepared for AFSCME 2910. Abailable: www.guild2910.org/AFSCMECalhounReviewREV.pdf (accessed January 26, 2010).
―――. 2007. "More on What Is Going on at the Library of Congress." Prepared for AFSCME 2910. January 1. Available: www.guild2910.org/AFSCMEMoreOnWhatIsGo

ing.pdf (accessed January 26, 2010).

Marcum, Deanna B. 2006. "The Future of Cataloging." *Library Resources and Technical Services* 50 (January): 5–9.

Meadows, Charles T. 1992. *Text Information Retrieval Systems*. San Diego: Academic Press.

Menchaca, Deirdre. 1997. "Robert B. Downs Award." Available: http://lists.webjunction.org/wjlists/publib/1997-February/078039.html (accessed Feburuary 2, 2010).

Miller, Eric, and Diane Hillmann. 2002. "Libraries and the Future of the Semantic Web: RDF, XML, and Alphabet Soup." In *Cataloging the Web: Metadata, AACR, and MARC21: ALCTS Papers on Library Technical Services and Collections*. Edited by Wayne Jones, Judith R. Ahronheim, and Josephine Crawford. Lanham, MD: Scarecrow, 57–64.

Miller, Eric, and Ralph Swick. 2003. "An Overview of W3C Semantic Web Activity." *Bulletin of the American Society of Information Science and Technology* 29 (April/May):8–11.

Mitchell, Joan S., et al., eds. 1996. *Dewey Decimal Classification and Relative Index*. 22nd ed. Albany: Forest Press.

Morville, Peter, and Louis Rosenfeld. 2006. *Information Architecture for the World Wide Web*. Third Edition. Sabastopol, CA: O'Reilly Media.

National Information Standards Organization. 1997. "Guidelines for Indexes and Related Information Retrieval Devices." [TR-02-1997.] Bethesda, MD: NISO.

———. 2004. *Understanding Metadata*. Bethesda, MD: NISO.

———. 2005. "Guidelines for the Construction, Format, and Management of Monolingual Controlled Vocabularies." [Z39.19-2005.] Bethesda, MD: NISO.

———. 2007. *A Framework of Guidance for Building Good Digital Collections*. 3rd ed. Washington, DC: IMLS, December. Available: www.niso.org/publications/rp/framework3.pdf (accessed January 26, 2010).

OCLC. 2004. "Dewey Services." Available: www.oclc/dewey/default.htm (accessed February 12, 2010).

———. 2009a. "About the Initiative." Available: http://dublincore.org/about/index.shtml (accessed June 8, 2009).

———. 2009b. "Dublin Core Metadata Element Set, Version 1.1." Available: http://dublincore.org/documents/dces (accessed June 8. 2009).

O'Neill, Edward T., and Lois Mai Chan. 2003. "FAST (Faceted Application of Subject Terminology): A Simplified LCSH-Based Vocabulary." World Library and Information Congress: 69th IFLA General Conference and Council. August 1-9, 2003, Berlin, Germany.

Pao, Miranda, 1989. *Concepts of Information Retrieval*. Englewood, CO: Liblaries Unlimited.

Radebaugh, Jackie. 2003. "MARC Goes Global—and Lite." *American Libraries* 34 (February): 43-44.

RDA. 2009. "RDA: Resource Description and Access." Available: www.rdaonline.org (accessed January 26, 2010).

Riva, Pat. 2007. "Introducing the Functional Requirements for Bibliographic Records and Related IFLA Developments." *Bulletin of the American Society for Information Science and Technology* 33 (August/September): 7-11.

Salaba, Athena, and Yin Zhang. 2007. "From a Conceptual Model to Application and System Development." *Bulletin of the American Society for Information Science and Technology* 33 (August/September): 17-23.

Smiraglia, Richard P. 2001. *The Nature of "A Work": Implications for the Organization of Knowledge*. Lanham, MD: Scarecrow.

Smiraglia, Richard P., and Gregory H. Leazer. 1999. "Derivative Bibliographic Relationships: The Work Relationship in a Global Bibliographic Database." *Journal of the American Society for Information Science* 50: 493-504.

Tillett, Barbara B. 1991. "A Taxonomy of Bibliographic Relationships." *Library Resources and Technical Services* 35 (April): 150-158.

———. 2004. *What Is FRBR? A Conceptual Model for the Bibliographic Universe*. Washington, DC: Library of Congress.

Zumer, Maja. 2007. "FRBR: The End of the Road or a New Beginning?" *Bulletin of the American Society for Information Science and Technology* 33 (August/September): 27-31.

第3章のための文献リスト

書籍

Anderson, Richard L., Brian C. O'Connor, and Jodi Kearns. *Doing Things with Information: Beyond Indexing and Abstracting*. Westport, CT: Libraries Unlimited, 2008.

Calhoun, Karen, Joanne Cantrell, Peggy Gallagher, and Janet Hawk. *Online Catalogs: What Users and Librarians Want: An OCLC Report*. Dublin, OH: OCLC Online Computer Library Center, 2009.

Eden, Bradford. *More Innovative Redesign and Reorganization of Library Technical*

Services. Westport, CT: Libraries Unlimited, 2008.

Kneale, Ruth. *You Don't Look Like a Librarian: Shattering Stereotypes and Creating Positive New Images in the Internet Age*. Medford, NJ: Information Today, 2009.

Taylor, Arlene. *Understanding FRBR*. Westport, CT: Libraries Unlimited, 2007.

Taylor, Arlene G., and Daniel N. Joudrey. *The Organization of Information*. 3rd ed. Westport, CT: Libraries Unlimited, 2009.

Weihs, Jean. *Metadata and Its Impact on Libraries*. Westport, CT: Libraries Unlimited, 2005.

Zeng, Marcia Lei, and Jian Qin. *Metadata*. New York: Neal-Schuman, 2008.

Zhang, Yin, and Athena Salaba. *Implementing FRBR in Libraries: Key Issues and Directions*. New York: Neal-Schuman, 2009.

論文

Calhoun, Karen. "The Changing Nature of the Catalog and Its Integration with Other Discovery Tools." Prepared for the Library of Congress, March 17, 2006. Available: www.loc.gov/catdir/calhoun-report-final.pdf (accessed June 19, 2009).

Coyle, Karen. "Understanding Metadata and Its Purpose." *Journal of Academic Librarianship* 31 (2005): 160-163.

Dudley, Virginia. "What's All This Fuss about FRBR?" *Minitex Messenger Extra* (June 30, 2006): 1-3.

Mann, Thomas. "More on What Is Going On at the Library of Congress." AFSCME (January 1, 2007). Available: www.guild2910.org/AFSCMEMoreOnWhatIsGoing.pdf (accessed January 26, 2010).

―――. "What Is Going On at the Library of Congress?" Paper prepared for AFSCME 2910, the Library of Congress Professional Guild, June 19, 2006. Available: www.guild2910.org/AFSCMEWhatIsGoingOn.pdf (accessed January 26, 2010).

Marcum, Deanna B. "Digitizing for Access and Preservation: Strategies of the Library of Congress." *First Monday* 12 (July 2007). Available: http://firstmonday.org/htbin/cgiwrap/bin/ojs/index.php/fm/article/view/1924/1806 (accessed January 26, 2010).

―――. "The Library of Congress and Cataloging's Future." *Cataloging and Classification Quarterly* 45 (2008): 3-15.

Mathes, Adam. "Folksonomies: Cooperative Classification and Communication Through Shared Metadata." December 2004. Available: www.adammathes.com/academic/computer-mediated-communication/folksonomies.html (accessed January 26, 2010).

Peterson, Elaine. "Beneath the Metadata: Some Philosophical Problems with Folksonomy." *D-Lib Magazine* 12 (November 2006). Available: www.dlib.org/dlib/november06/peterson/11peterson.html (accessed January 26, 2010).

Zhang, Yin, and Athena Salaba. "Critical Issues and Challenges Facing FRBR Research and Practice." *Bulletin of the American Society for Information Science and Technology* 33 (August–September 2007): 30–31.

4 | 機関としての図書館:その組織を展望する

I. はじめに

　図書館はそれだけで独立し，自己完結的にやっていけるものではない．その組織は内部の業務がうまくいくからといって存続できるわけではないからである．図書館はこの社会において書誌的なセクターを担っている．このセクターは他に出版社や資料の小売業者，流通業者，ネットワークサービス，そして索引抄録サービス業者を含んでいて，「出版産業の製品を集めて組織化し，公共の用に供するようにしたもの」である（Wilson 1984, p.389）．その目的は，情報への知的かつ物理的アクセスを提供することである．

　同時に，組織に関する理論家によって言及されてきたように，どんな組織も存続のために順応していく．今日の社会的・政治的・経済的情勢は，図書館の存続に対し多くの脅威をつきつける．図書館ないし図書館関連組織へと加えられる多くの圧力には，飛躍的に増え続ける資料と人的資源のコスト，財政援助を渋る市民たち，出版される図書の多様化と出版数の増加，コンピュータ化されたシステムや資源を投入せよとの声，出版社やその他の情報発信メディアによる自分たちが発信した情報へのアクセス，およびそれに伴って，情報にかかる費用もコントロールせよといった要請の増加，といったものがある（Young 1994）．その他の課題としては，かけられる資金の不足，行政のサポートの不足，図書館が提供する資料とサービスから生じる社会的議論，情報の競合者たち，情報を作り出し供給する過程の変化，法的な制約，職員問題，伝統的なものと非伝統的なもの，その両方の情報とサービスを強く要求する利用者の存在，そして目覚ましい技術の変化などだ．こういった問題の中には最近のものもあれば，ずっと昔から存在し続けるものもある．とりわけ重要なのは，現在にお

いて図書館を組織し，未来に向けての適応能力を見積もるために，多くの方法があることを理解することだ．

II. 機能的組織としての図書館

A. 組織単位

図書館とは一般的に，以下の基本的な機能を実行するために組織されている．

1. 資料を選び，コレクションを形成する．
2. 資料を発注し，入手する．
3. 情報を多種多様なフォーマットと配信システムを通じて利用可能にする．
4. 資料を保存し，維持する．
5. 教育プログラムを用意する．

これらの機能は，その図書館のタイプや規模にあわせて，異なる部門に割り当てられている．次の項目で取り上げる各部門は，通常規模の公共図書館には設置されている．とはいえ，大学図書館や研究図書館のような，異なる種類の大規模図書館にも設置されている可能性がある．より小さな図書館では，多くの機能を1つの部門があわせもっているだろう．概して，大きな図書館は理事会，管理部，利用者サービス部，そして支援部といった部門を抱えている．

1. 理事会

公共図書館の多くは，図書館を管理する法定権限をもつ理事会によって運営されている．理事会の主な目的は，方針を固め，戦略を計画し，目標と方向を定めて，財政責任を取ることである．管理責任者の報告を受けるのは，選出されたか指名を受けた理事会メンバーだ．大学図書館や学校図書館・メディアセンター，そして専門図書館では，図書館長は通常他の管理者たちに報告する．

例えば学部長や学校長，部門長などにだ．

2. 管理部門

　管理部門を構成しているメンバーは，図書館長と財務責任者，副館長，そして管理に携わる様々な部門，例えば人事や企画や情報システムの責任者たちだ．こういった人々は図書館の活動全体に，大きな責任がある．方針を作り出して実行し，人事を管理し，財務を実施し，そしてプログラムを実行するのだ．

3. 利用者サービス部門

　図書館の規模に応じて，利用者への対応を目的とした部門が複数になることもあるだろう．部ではなく，課や係と呼ばれるかもしれない．利用者サービス部門は自分たちで資料を選び出し，直接利用者に提供することも多い．どこにも最低1人は管理職となる人間がいて，その他の職員を監督し，予算を管理する．また図書館運営に関する企画会議に参加して，同様に多くの場合，利用者への直接的なサービスも行う．この先に述べるのは，利用者サービス部門の個々の係についてである．

a. レファレンス係

　レファレンス係は情報係または情報センターとも呼ばれることがある．ここのサービスには，利用者からよせられる質問に答えることも含まれる．そのサービスは，印刷された資料に対しても，印刷されていない資料に対しても，また電子資料に対しても同じである．図書を推薦し（読書支援），資料探しの手伝いをし，資料を解説し，利用手引きの準備をし，図書館の資料とサービスの利用方法の解説（文献やメディアおよびネットの解説）を行い，レファレンス用のファイルを保持し，ウェブサイトを立ち上げ，利用者ツアーを案内し，配布用の資料を作成する．レファレンス係の職員はその他にも，当該部門や図書館のための資料や電子リソースを選んだり，図書館か学校で子どもたちのための読み聞かせやその他のプログラムを提供することもある．

　その規模とサービス方針に基づき，図書館には1つかそれ以上のレファレンス係がある．小さな図書館のレファレンス職員（図書館員）は，非常に広い範

囲の知識を要求される．利用者からの多様な質問すべてに答えるためだ．大きなレファレンス部門の場合は，複数に分かれている．分野別（歴史，科学，ビジネス），年代別（児童，成人，ヤングアダルト）であったり，対象となる特定の読者別（視覚もしくは聴覚障がい者など）であったり，場所別（分館もしくは分散型図書館）であったりする．

b. 貸出係（アクセスサービス）

貸出という言葉は図書館内あるいは図書館外での資料の流れを意味する．最近では，この部門はアクセスサービスとも呼ばれるようになってきている．図書館資料の貸出と返却に関わり，遅延または紛失した資料の課金手続きを行っているからだ．貸出部門の職員は，定期刊行物，図書館相互貸借，貸出に制限のある資料（大学図書館におけるリザーブ図書ファイルなど）の管理も行うことがある．

c. 視聴覚係

視聴覚（AV）係は，AV 資料とそれに関する機材を扱う部門で，利用者への助言を行うこともある．組織の都合によっては，すべての AV 資料をこの部門で扱わないこともある．例をあげると，DVD 類が AV 部門に置いてあったとしても，CD 類は音楽部門か芸術部門に置かれたままであったりする．

d. 文書館（アーカイブ）と特殊コレクション

文書館（アーカイブ）で扱われるのは記録類である．地元に関わるものか一般のもので，歴史的重要性をもっているものや，きわめて珍しいかひどく傷みやすいものが保存される．特殊コレクション部門の規模と扱う領域は図書館の種類ごとに著しく異なる．研究図書館（専門，公共，学術）では，特殊コレクションを置いて，資料を保存し管理する可能性が高い．

e. 特別サービス

図書館の中には，困難を抱えた利用者への特別なサービスを行う部門を設けているところがある．視覚や聴覚に障がいがあったりする人や，障がいがある

がゆえに図書館まで出向くことのできない，そういった刑事施設収容者や，介護ホームに入居していたり，自宅から出ることができなかったりする利用者のためのものである．移動図書館サービスも，この部門に入れて考えることができる．

4. 技術サービス部門

　技術サービスでは，電子情報を含む資料の準備を行うことで，図書館利用者はそういった資料の利用が可能となる．この部門は標準的に，複数の小さな係から成り立っている．収集係，定期刊行物係，目録分類係などである．それに加えて，必要に応じて資料保存，政府刊行物，図書館統一システムの構築などの係も技術サービス部門に含まれることがある．

　多くの図書館のコレクションが物理的に利用可能になっているとともに，電子的手段のみでアクセス可能になっていることにより，いくつもの課題をも出現させてきた．ゴーマンが記したところによると，コ・レ・ク・シ・ョ・ン・には現在では4つのカテゴリーのものが含まれるという（Gorman 1998）．第1に，実体のある資料（例えば図書），第2に，図書館の所有する，実体のない資料（例えばCD-ROMに収録されている電子データ），第3に，図書館が所有しない，実体のある資料（例えば，図書館相互貸借で利用可能となる資料），第4に図書館の所有しない，実体のない資料（例えば，ネット上にある電子データ）である．さらなる変更は，自動システムの導入に端を発している．もともとは収集や目録などの整理業務の機能を統合して新たな機能が生まれてきた（Younger et al. 1998）．ヤンガーらは，この先の技術サービスについて予言した．「予算と生産効率が重視され，顧客中心が目標となり，徐々に上がっていく変化の速度についていこうとする．職員の人数削減，コンピュータの活用による時間節約，目録規則の簡易化，作業の流れの円滑化，そして業務委託（中略）こうしたものが21世紀の技術サービスにおける課題でありまた可能な解決法なのである」(p.174)．

　また，将来の技術サービスの労働人口を見据えた問題も生じてきた．1980年代の後期には，技術サービス人員の需要数は下降しつつあった．とはいえ，ディークンとトーマスの言及したところによれば，この傾向は逆の向きに変わるかもしれないとのことだった（Deeken and Thomas 2006）．現在のところ，コ

ンピュータ技術に強く，労働経験を有するすべての種類の技術サービス職を合わせれば募集人数が増加している．以下の項目では，技術サービスの主だった仕事の内容を簡潔に述べる．

a. 収集係

収集係（AD）では，資料の発注と受領を行う．発注した資料が届かない時は，ADは責任をもって交渉にあたる．シュミットとレイはADの主要な業務を次のように整理した（Schmidt and Ray 1998）．書誌の探索，準備と発注，オンライン記録の維持，納入業者への指示，文書のやりとり，資料の受け取り，請求事務，予算と資金管理などである．歴史的には，ADの仕事には資料選択とコレクション形成も含まれていた．だがこれらの業務は現在では，ビブリオグラファー，主題専門家，あるいはその他の図書館員らによって行われているか，専門職によって作られた手順によって自動的に行われているかのどちらかである．こういった自動システムによって効率性が高まったのは，図書館システムが納入業者や出版社のシステムと統合されたことによるものである．

b. 逐次刊行物係

雑誌，新聞，会報，その他の逐次刊行物は，利用者に利便性を保証するために逐次刊行物管理と呼ばれる複雑かつ統一したプロセスによって処理される．カオは逐次刊行物管理を定義して「図書館の務めは逐次刊行物を管理して万全の状態で保存し，図書館利用者に使ってもらうことにかかっている．この業務には受け入れ，請求，製本，バックナンバーの入れ替え，そして書架の整備が含まれる」と述べている（Kao 2001, p.73）．逐次刊行物係の職員は選択と納入業者の評価の支援をし，予約購読経費を監視し，電子逐次刊行物を管理し，資金難の図書館のために，購入する逐次刊行物を調整する．ますます多くの逐次刊行物が，一斉に納入業者を通じて電子アクセスによって手に入るようになるので，逐次刊行物購入は低下し続け，そして多くの場合，個々の統制の必要度は減少していく．

c. 目録分類係

　目録分類係は，書誌コントロールに責任をもつ．これには記述目録法と主題目録法，コピー目録，分類法，そして典拠コントロールが含まれる（第3章参照）．目録法の訓練を受けた者は，個々の資料に基づいてオリジナルな目録作成を行う．コピー目録は OCLC のような書誌ユーティリティから，通常米国議会図書館によって作成された MARC 形式で提供される情報に基づいて書誌レコードを作ることである．OCLC は分類番号も提示してくれるが，個々のコピー目録作成者はそれぞれの必要に応じて番号を修正することがある．オリジナル目録作成者の専門技術は，コピー目録作成者に必要とされる技術をはるかに上回っていることは明白であり，この分野での専門性を主張する図書館員にとっては決定的に必要なものである．

d. 資料保存係

　多くのコレクションの相当な部分が，とりわけ研究図書館や大学図書館においては，紙の酸化のためにもろくなっている．傷んだ資料の対策に取り組むことは，図書館の資料保存プログラムにおいて重要な役割であるが，実際のところ，資料保存というものは，新しく入手した資料に適切な処置を施すところから始まる．最初からより良い資料保存の技術が使われることで，資料は長い時間を耐えることができるだろう．資料保存機能には，防災計画の策定と実施，修繕と再製本，脱酸処理もしくは資料の密封管理，メディアフォーマットの変更もしくは電子データ化，コンテンツのマイグレーションが含まれる．多くの図書館では，こういった機能のうちのいくつかは，コレクション形成部門もしくは技術サービス部門の職員によって行われている．または，一部は利用者サービスに置かれたり，直接図書館長に報告できる，独立した資料保存部門となっていることもある．

　資料保存係は古典資料や古い形態に含まれる知的内容を残さなければならないとしたら，将来的には大変な状況になるかもしれない．資料保存の専門家たちは，特に電子フォーマットに格納された情報を保存することが必要だとの声に悩まされることになるだろう．だがそれらは明らかに一時的であり，たやすく変更されたり，破壊されたりしやすいものである．

5. 支援部門

　図書館における支援部門は重要な機能を果たしており，それにより図書館員はサービスを行うことができる．ここにはメンテナンス，広報，警備，統合システムが含まれる．

a. メンテナンス係

　おそらくは目に触れることが少なく，評価されることも少ないのが，メンテナンスだろう．設備と建物を清潔にし，運営を円滑に進ませることを請け負う．職員は清掃をし，館内外の施設整備をし，室温に気を使い，配管をチェックし，電球を取り換え，案内表示を整備する．小さな図書館では，メンテナンス係は警備の仕事の一部も同じように行うことがある．

b. 広報係

　広報（PR）係は一般の人々に情報を伝え意見を聞く重要な役割を受けもつ．PR人員は図書館行事や活動の宣伝資料を準備し，主要な活動のPR計画を作成し，外部の助成金に応募し，メディアそして政治や市民や宗教のリーダーたちに対する情報発信を管理し，そして何か問題が生じた時は危機管理をする．

c. 警備係

　警備は周辺環境と地域社会に応じて変更を加える必要がある．警備に関する問題はささいな迷惑から重大な犯罪まで，多岐にわたる可能性がある．警備人員は敷地内を巡回し，警備機器を監視し，出入り口を守り，問題あるいは困難性を抱えた利用者の相手をして，必要があればさらなる警備機関に連絡を取る．

d. 統合システム係

　予算と人的資源は現在，情報テクノロジーに充てられるようになってきており，そうした技術を図書館サービスのすべての側面に統合して適用することが増えてくると，こういった技術を受け入れてうまく使うことが必要なことは明らかである．こうしていくつかの図書館では独立した部門を作るか，個人に命じて，こういった技術に取り組むようにしてきた．この個人もしくは部門は，

評価と技術の選択に参加し，人員を訓練し，技術的な問題を解決したり，ネットワークセキュリティの措置をして，ネットワークをウイルスや外部からの不正アクセスから守るといった仕事をする．

III. 図書館における組織編成の権限

A. 3種類の権限

　組織を理解するにあたり，どのように権限を行使するか，すなわちどのように他者に指示を出したり影響を与えたりする力をもつかという観点がとられることがある．図書館を含む多くの組織の場合，その権限は通常3種類ある．官僚制的，専門職的，そして非公式的なものである．

1. 官僚制的な権限

　図書館の多くでは官僚制的な組織編成が行われている．その意味するところは，組織は基本的な機能を果たすことで示されるいくつかの公式の地位からなる構造をもつということである．どの官僚制的な地位も最低3つの要素をもつ．(1) 一連のはっきりと定義された責任，(2) それらの責任を満たすことができる，ふさわしい段階の権限，そして (3) 一連のはっきりと定義された，個々の地位を適切に果たすことができる資質．官僚制において，組織の指導者は，理性的かつ客観的に，然るべき地位の必要性を満たせる個人を選び出す責を負う．個人的な事柄や必要な技術に関係ないことは無視される．

　官僚制の中で，お互いの関係が明白となるように各地位が決められる．もっとも一般的な構造はピラミッド型あるいは階層型である．類似した性質と職権をもつ立場の職員は，より上の職権をもつ地位の者に報告をする．例えば，レファレンス部門の図書館員が報告をするのは，レファレンス部門の責任者である．そして様々な担当の責任者が報告をするのは，図書館長となる．この階層形式は，時として指揮系統と呼ばれることがある．ピラミッドの上方に位置する，高い職権のある地位ほど数が少なくなり，一番上にいるのは1人だけであ

る（図書館長）．高い職権をもつ地位にいる者たちは，下に位置する者たちを従わせるために制裁権を頼りにする（Lynch 1978）．官僚制的な権限は，階層内のどの地位にいるかに依存する．特定の地位を離れた職員はもはやその職権をもたない．より小さな組織では，ピラミッドの高さもはるかに低く，ゆえに「平たい構造」といえなくもない．

2. 専門職的権限

　官僚制的な視点のみから権限を検討するだけでは不完全な図柄しか描けない．図書館において官僚制は専門職的な活動すなわち図書館職制（ライブラリアンシップ）の形をとるからだ．図書館員は自らのもつ専門技術により職権を行使する．リンチは官僚制的権限と専門職的権限の違いを特徴づけて，衝突に決着をつけた（Lynch 1978）．官僚制的目的は，組織の効率性を高めていくことである．これに対し専門職的な目的は，すぐれたサービスを提供することにあってそれこそが効果を高めることになる．ウィンターが述べた意見によれば，「専門職化することは，日常的な意味で，官僚制的権限が専門職の実践領域に入り込もうとするのを寄せつけないようにというより差し迫った課題に取り組む1つの方法である」（Winter 1988, p.13）．この違いは当然ながら，もっとサービスと資料をと叫ぶ図書館員たちと，財政的なコントロールを基に対抗しようという官僚たちとの間の摩擦を招いてしまう．また官僚制的権限は，管理者たちが専門職的能力と同じくらい行政官的能力を必要とする決定を行おうとする時，専門職的権限と対立する．もしその決定が運営者の知性と専門職の知識の範疇外でなされたと専門職が考えたなら，彼らは仕事を拒否するか，妨害するか，またはそれ以外の方法で状況を悪化させるかもしれない．これはすべての官僚が専門職的知識を欠いていたりサービスに関心がなかったりするということをいいたいわけではない．だが，経営もしくは管理的な地位の人々は専門職的な地位の人たちとは異なった視野と関心をもっていると考えた方がいいということを示唆しているのである．

3. 非公式的権限

　3つ目の権限は，職員間の非公式の社会的関係から生じる．非公式な権限

は，個人か，グループによる説得力ないしより強い力をもつ人との個人的な関係によって決まる．これらの私的な関係を非公式的組織と呼ぶ．時々個人かグループが，公式の権限構造や専門技術が保証するものよりも強い力をもつことがある．なぜなら，図書館は労働集約的職場であるため，社会的関係の比較的複雑な組み合わせがどの個人もしくはグループが影響力が強いかそうでないかをはっきりさせてしまう．しかしながら非公式的権限が常に公式の権限をもつ人々の利害に反するとする理由はない．

B. 図書館を組織するのに官僚制が最良か

　階層構造型が続いているのには主として3つの理由がある．(1) 意思決定構造を変更することは，混乱を招くと思われている．(2) 参加型意思決定の結果は平凡な選択になると思われている．(3) 参加型意思決定は運営責任の放棄を招くと思われている (Euster 1990)．これらの理由はまったくピント外れというわけではないにしても，図書館が適応しようとする能力を妨げるかもしれない構造があるのにあえて保持しようとすることに対して説得力があるだろうか．

　一部の理論家たちの主張では，官僚制的構造がもっとも力を発揮できるのは，予想された脅威と要求のみがある安定した環境の下においてだとのことである．こうした場合，文章化された規則，標準化された手続きと実施方法，集中化した意思決定といった，官僚制的な要素が適切となる．しかしながら，もし環境が安定しないか，予想外の脅威が生じれば，組織は即座に効果的に対応できる柔軟性を求められる．これにより，組織の各部分により強い力が投入されることで，顧客（利用者）に直接働きかけたり，新たな技術や競合者の出現のような展開に先手を打っておくことが可能になる．このような環境では，権限が分散していることが適切となる．

　ユースターは，図書館員の職務の複雑化が増しており，伝統的な階層構造は時代遅れとなっていると主張した (Euster 1990)．「主導権と専門性は，任命された指導者たちだけではなく，組織のどの階層にも存在しなければならない」(p.41)．もはや一個人だけが，必要な決定をするのに十分な知識をもっているということは，期待されていない．個人個人がすべての知識や情報を有効に交

換できることが望ましい．このシステムは意思決定を共同の過程で行い，情報を共有できるように調整されていなければならない．ユースターは，意思決定のための情報共有について言及し，通常は自動化されたシステムを通して組織の「情報流通をはかる」のだと述べる（Euster 1990, p.43）．このようなシステムにより，組織内に一貫して重要な情報が行きわたるため，もっとも多くの情報をもつのが誰であっても組織的な決定をすることができるようになる．

　図書館機能がどの程度うまく働いているかを決めるのは，図書館が置かれた環境からの増え続ける要求と変化に対応する能力である．技術的な大変動の波が次々にやってくるなかで，それにすばやくかつきめ細かく対応することができた組織は，やがて来たる未来においても存続し，栄える可能性が高い．

IV. 館種別組織

　図書館組織を理解するには，図書館の様々な種類を検証するという方法もある．公共図書館，大学図書館，学校図書館，および専門図書館などであるが，1つの館種においてもかなり組織的な差異を示すこともある．2009-2010年版の『アメリカ図書館要覧』では，米国の図書館を数の視点から分類している（Information Today 2009）（表4.1参照）．

A. 公共図書館

　ALAによると，米国には約9200の公共図書館があり，施設数では1万6000を超える（ALA 2009b）．全体のコレクションは，印刷物で8億1500万点以上，音声資料で4100万点，映像資料で4000万点近い量にのぼる．全米教育統計センター（NCES）によると，運営のための予算総額は91億ドルを超え，その81％が地方財源，10％が州税，8％が寄付やその他の財源，1％が連邦からの財源からとなっている（National Center for Educational Statistics 2007b）．

表 4.1 米国の図書館数

公共図書館	17,064	専門図書館	7,609
分館以外の公共図書館	9,757	法律	912
公共図書館分館	7,307	医学・宗教図書館	2,033
大学図書館	3,768	学校図書館メディアセンター	～100,000
コミュニティカレッジ図書館	1,167		
ユニバーシティ／カレッジ図書館	2,601		

表 4.2 ALA の公共図書館の 8 つの役割

1.	コミュニティセンター	地域活動，集会，サービスの中心となる
2.	情報センター	地域にある組織，諸問題，サービスのための情報クリアリングハウスとなる
3.	教育支援センター	正規教育課程に属するすべての年齢の子どもたちを支援する.
4.	自立学習センター	独学している個人を支援する
5.	大衆資料センター	多様な形態の，人気がある最新資料を提供する
6.	乳幼児教育センター	乳幼児が読書や学習への興味をもつことを支援する
7.	レファレンスセンター	地域住民に時宜に適った正確で役に立つ情報を提供する
8.	調査研究センター	深い研究，特定分野での調査，新しい知識の開拓などを行う研究者や調査者を支援する

出典：Palmour et al. 1990.

1. 使命と役割

　公共図書館は，各地域の教育，娯楽，情報，文化に関するニーズを満たすというとても幅広い使命をもつ．この包括的ともいえる図書館の役割により，図書館のための課税が正当化されている．

　公共図書館協会（PLA）が推奨しているのは，各図書館が果たすべき役割を限定することである（表4.2）．果たすべき役割は通常，その立地する地域の状況により選ばれる．例えば，地域でもっとも規模の大きな図書館は，商業的，工業的，学術的，もしくは科学的な，地域で重要とされる情報基盤を支え，研究や調査の分野で重要な役割を果たすことになろう．また，郊外や農村の図書館は，人気のある読み物や教育に力を入れることになるであろう．しかし，こうした役割についての考え方は厳格に適応すべきものではなく，図書館が多様な役割を果たしていくことは可能である．他の情報産業，とりわけ電子情報との競争が進行するなかで，公共図書館は他にないユニークな場所で，使命の本質はその実際の立地にすべて委ねられていることを忘れてはいけない．

2. 利用状況

　米国人は公共図書館を利用している．NCES の調査によると，米国の総世帯全体のうちの3分の1近くが前の月に公共図書館を利用しており，48％と約半数が前の年に公共図書館を利用した経験がある（National Center for Educational Statistics 2007b）．子どものいる世帯においては全体の3分の2の世帯，詳しく見てみると両親のいる家族の場合69％，片親の家族の場合は60％が前年において少なくとも1度は公共図書館を利用している．2007年のALAの調査では，もっとも利用頻度の高い層（74％）は35歳から44歳の年齢層である一方，もっとも利用頻度の低いのは55歳以上の年齢層となっている．人種別では，アフリカ系アメリカ人（64％）と白人（63％）がもっとも利用頻度が高く，ヒスパニック系アメリカ人は49％の公共図書館利用となっている（ALA 2007）．

　NCESの研究では，公共図書館の利用頻度は世帯収入により異なり，もっとも高収入の世帯では全体の利用頻度の2倍近くであった（NCES 2007b）．同じような現象は，教育水準においても現れた．もっとも高い教育レベルの世帯のうちの66％が公共図書館を利用しており，高等学校の卒業資格に満たない教育レベルの世帯の場合は21％の利用にとどまっていた．

　上記と同じ調査では，資料を借りるため（26％）ないし楽しみや趣味のための来館（19％）が公共図書館利用の最大の理由で，個人的な情報収集のために訪れる人はたったの9％だった（NCES 2007b）．2009年のALA委託調査でも同じような研究結果が出ており，主要な利用目的としては利用者の39％が図書を借りるため，12％がCDや映像ソフトを含むコンピュータ関係資料を借りるため，10％がコンピュータ利用のため，9％が参考図書の利用のため，そして9％がインターネット利用となっている（ALA 2009）．2007年のALAの調査では，アフリカ系・ヒスパニック系アメリカ人がコンピュータ利用のために公共図書館を訪れる頻度は，白人よりも高い（ALA 2007a）．また，2008年のALAの調査によると，公共図書館がデジタルデバイドについて取り組む動きは注目すべきものがあるが，全体の73％にあたる公共図書館は，その分野では無料のコンピュータとインターネット利用サービスのみを提供していると報告されている（ALA 2008b）．

3. 公共図書館に対する態度

　米国人は公共図書館に対して，概ねとても積極的な姿勢をもっている．2006年のALC（図書館のための米国人会議）による調査結果では，米国人は公共図書館を高く評価し，経営状態も良いと考えている（Americans for Libraries Council 2006）．4分の3の回答者が公共図書館は，優良ですばらしい仕事をしており，経営状態の良いサービスという意味では，公教育や医療と比較した場合でもトップランクに位置づけられるとしている．回答者が評価している点は，無料のサービスであること，若年層向けの図書を豊富に備えていること，質の高いレファレンス資料を揃えていること，そして図書館員が博識で親切であることである．特に子どもに対するサービスの評価優先順位はもっとも高い．また，インターネットやコンピュータアクセスサービスに対しても重要性を感じており，3分の2の回答者は十分なコンピュータ設置とオンラインサービスは欠かせないと考えている．同じ調査において，多くのコミュニティリーダーから公共図書館は以下の4つの分野において，各地域での役割をもっと拡張できるという期待が寄せられている．その分野とは，10代の利用者に対するサービス向上，成人の非識字者への支援，政府発行の文献や書式ひな形へのアクセス提供，コンピュータアクセスの便宜向上，である．他の調査でも同様の結果がでている．2005年のOCLCの調査では，14歳以上の利用者に対するオンライン調査において，回答者の80％が公共図書館に対して概ね好意的な感想をもっており，25歳以上の年齢層がもっとも好意的な評価をしている（De Rosa et al. 2005）．

4. 公共図書館が直面する主要な問題

a. 政治情勢

　公共図書館の運営は本質的に政治的であるが，その事実はしばしば見落とされ，非常に軽視されがちである．公共図書館の管理者は特定の党派に属さないこと，およびすべての政治グループと効果的な仕事上の関係を維持することに努めている．その理由は，公共図書館は，その運営のための財源のほぼ全部を公的資金に依存しており，かつ図書館理事会のメンバーは，しばしば地元の政治権力者により指名されるからである．多様な政治的利害を調整することは，

複雑かつ困難な仕事である．それは，ビジネス業界，行政機関と立法府，学校とその他の教育機関，宗教団体，クラブと市民組織，および親など本質的に異なるグループの意向を考慮することである．公共図書館はこれらの異なる利害があるために，政治的複合性を保持しなければならないのである．

b. 財政的圧迫

　公共図書館は，最近のいくつかの経済事象により苦しめられている．2008年に始まった景気減速は，州と国家の財政に深刻な赤字をもたらした．カリフォルニア州，ニューヨーク州，およびオハイオ州を含む多数の州が深刻な予算不足に苦しみ，そのことは，公共図書館の開館時間，スタッフの数，および図書予算の削減へとつながった．公共図書館の利用は，不景気の時期に増加する傾向があるので，削減は特にやっかいなことである．2009年のALAの報告によると，図書館の利用は飛躍的に増加しており，図書館カードを保持する米国人の割合は，2006年から5％増加して2008年には68％になり，また公共図書館を訪れた米国人は，2年前には66％であったのに，前年は76％に増加した（ALA 2009c）．公共図書館を直接訪問した人数は10％，オンラインを利用した人数は，2006年の24％から2008年の41％に，それぞれ増加した．それとともに，協会は，「公共図書館向けの州財源の大幅な削減」について報告し，併せて，州立図書館の41％が2009年会計年度における州の予算の減額を報じ，またその多くが資金の削減が続くとしていることを報告した（ALA 2009c, p.2）．

　その他の財政的圧迫の原因として，特に定期刊行物などの伝統的な図書館資料と新しい情報テクノロジーの費用の増加も含まれている．コンピュータ機器とソフトウェア並びに電子的アクセスの接続費用は，かなりの金額になる．これらの費用は，経済停滞または予算の減少と相まって，公共図書館に深刻な財政的負担を生じさせている．公共図書館サービスを民間事業者に業務委託することによって費用を節約しようとしたり，運営の効率化に取り組んだりすることは，功罪なかばする結果をもたらした．ヘンネンは，個別自治体図書館を図書館ディストリクト（事務組合）に統合すること，図書館基金を設立すること，電子的な有料サービスの構想を発展させること，新築住宅への「賦課金」を試すこと，資産税の一定割合を公共図書館への資金に充当することについての法

4 機関としての図書館：その組織を展望する 161

制化を導入することなどの財政状況を改善するための追加的な方策を提案した (Hennen 2003). 当該戦略の有効性と実用性は，疑いなく，地域により異なるであろうが，公共図書館が将来の経済的困難な歳月においても生き残りかつ繁栄するためには，さらなる積極的な事業展開をする必要がある．

c. 新しい情報テクノロジー，インターネット，およびワールドワイドウェブ

　公共図書館のサービス，物理的構造，および組織図は，情報テクノロジーとワールドワイドウェブが，局地的，地域的，国家的，および世界的規模における情報へのアクセスのための新しい方法を開くにつれ，劇的に見直された．例えば，どこでもウェブにアクセスできるようになって，図書館が提供してきた情報サービスの形式が変わってきたことは疑う余地はない．2007 年現在，99％以上の公共図書館がインターネットの接続環境を有し，54％が無線接続を提供している．公共図書館の大部分は，次のようなインターネットを基本とした多様なサービスを提供している．それらは，すなわち，契約データベース（85％），宿題用の資料（68％），デジタル化された参考文献（58％），ポッドキャストと他の音声コンテンツ（38％），および電子図書（38％）である．もっとも使用が多かったインターネットサービスは，電子メール，就職関連の検索，ソーシャルネットワーキングサービス，電子商取引，系図検索，そして宿題，電子政府，およびオンラインゲームであった（ALA 2007a）．「図書館員に聞いてみよう (Ask the Librarian)」と電子メールマガジンはいずれも非常に人気のある電子サービスである（Hoffert 2008）．図書館が受けるこれらのサービスの恩恵は重要である．コンピュータ利用ができる図書館は，来館者数，貸出数，そして新たな利用者数を増加させた（Jorgensen 2005）．新しい技術の継続的な進化により，公共図書館は，一層，適合可能な変化を遂げる必要があるだろう．例えば，図書館員のスキルを情報テクノロジーに遅れを取らないように保つ必要があり，また図書館員は，ソーシャルネットワーキングサービス，ポッドキャスティング，および電子出版に慣れ親しむ必要があるだろう．図書館員は，デジタル資料の目録をとったりあるいはタグづけをするような組織化の方法を適用してアクセス可能にできるように，彼らの知識組織化能力を適応させる必要があるだろう．新しいスタッフの全員が情報テクノロジーとネットワーキング

について十分な研修や訓練を受ける必要性が生じるであろう．加えて，そして少々皮肉にも，これらの技術へのアクセスを取得するための中心的場所としての公共図書館の役割が，その物理的な場所という性格に新たな変化の要求を突きつけるであろう．それらの要求は，困難であるかもしれない．クラークとデービスは，次のことを指摘した（ALA 2007a）．

> 図書館の建物の多くは，インターネットより前から存在する．（中略）その結果，これらの建物は，数個のワークステーション以上のスペースを確保し電子的設備を配置するのに適していない．76％の公共図書館は，スペースが限られていることがコンピュータを追加することに対して影響を及ぼす最大の要因となっていると報告している．このことに関連して，31％の図書館が，コンセント，ケーブルまたはその他の基盤設備が用意できないためにコンピュータを追加できなかったことを今年報告している．(p.4)

イェーガーらは，ネットワークの帯域幅を広げまた接続性を高めること，職員と利用者を訓練すること，一般利用者向けの端末数を増やし利用しやすくすること，基盤設備を維持するための追加的な資金を確保すること，図書館がサービスを提供しなければアクセスしないであろうグループへもすそ野を広げることなどの追加的な課題を指摘している（Jaeger et al. 2006）．特に，これらの多様な技術を利用可能とすることにより，公共図書館は，デジタルデバイドを最小化するのに役立つことができる．

i. デジタルデバイド

インターネットへのアクセスとそれを最大限に有効化させる利用設備は，住民に平等に行き渡っているわけではないことを示すデータがある．幸いなことに，公共図書館は，インターネット接続のための知識も道具もない人々に対し，アクセスを提供している．デジタルデバイドの例は枚挙にいとまがない．例えば，所得が増えればインターネットの利用も増加し，その差はきわめて大きくなる．所得が1万5000ドル以下の人々のうち25％だけがインターネットを使用し，所得が7万5000ドルを超える人々のうち67％がインターネットを使用

4 機関としての図書館：その組織を展望する

する．白人とアジア系アメリカ人（60%）がインターネットを使用し，これは，アフリカ系アメリカ人（40%）またはヒスパニック（32%）より多い．驚くことではないが，費用がインターネットの不使用の最大の共通の理由であり，かつ費用はまた，インターネット利用が続かない主な要因である．このことは，デジタルデバイドが経済格差により存続している可能性があることを強く示唆している．同様に，インターネットの利用は，若く，高収入であり，仕事があり，地方ではなく都会または郊外に住む個人の間で，より一般的になっている．レイニーらはまた，社会的に満たされていて，自らの人生がうまくいっていると感じ，新聞，ラジオ，およびテレビなどその他のマスメディアを利用する人々は，よりインターネットを利用する傾向にあることを発見した（Rainie et al. 2003）．

インターネットを使用していない主要な理由は，費用，個人情報漏洩の懸念，時間の欠如，および技術の複雑性にある．多数の未使用者は，単にインターネットの使用を欲していないとか必要としていないと主張している．レンハートは，障がいも要因としてつけ加えている．すなわち，「米国において，障がい者は，インターネットへのアクセスがもっとも低いグループの１つである」としている（Lenhart 2003, p.5）．障がい者でない場合，58%の人がインターネットを使用するのと比較して，障がい者の場合は38%のみがインターネットを使用し，並びに障がい者でありかつ未使用者の28%は，彼らのもつ障がいがインターネットの使用を困難または不可能にさせていると述べている．

モスベルガーらは，情報格差は，不公平なインターネットへのアクセスにとどまらない，利用スキルの上でのギャップとして理解されなければならないと主張している（Mossbergerm, Tolbert, and Sansbury 2003）．彼らによれば，22%の大人は，いまだに，マウスとキーボード操作に対し支援を必要としており，31%が電子メールの使用のために助けを必要としている．並びに52%の大人はワープロ操作または表計算のプログラムの使用のために，支援を必要としている．支援を必要としているのは，高齢者であり，教育水準が低く，低所得者であり，アフリカ系アメリカ人とヒスパニック系といった範疇に入る人々である．興味深いことに，これらのグループの人々は，公共図書館を「地域の集会所」と考えている傾向にあるので，公共図書館は，このギャップを埋めるため

の絶好の場所となっているかもしれない (p.51). このスキルの隔たりはまた, 情報リテラシーのスキルが欠けている子どもについても適用される. インターネットで入手できる情報が増加するにつれ, 効果的な検索技術と評定できる能力を教える必要が非常に増している.

　公共図書館でのコンピュータの使用法に関してより詳細にデータを調査してみると, 公共図書館がデジタルデバイドの問題の解決に重要な役割を担えることがはっきりとわかる. 例えば, ヒスパニック系とアフリカ系アメリカ人は, 白人と比べて, 自宅でのインターネット接続が少ない傾向にあるので, それらの人々がインターネット通信を行うのに公共図書館が重要なアクセスポイントとなり得るのである. 同様に, 都市部以外にある図書館の大部分 (82％) は, その地域の中で, 無料のインターネット接続を提供する唯一の場所であることが報告されている (ALA 2009d).

　デジタルデバイドに関する大部分の議論は, 「もたざる者」について, 関心を向けている. けれども, ホリガンは, 「所有する者」について焦点を当て, 米国には, ハイエンド技術を常に導入している技術エリート層が存在すると結論づけている (Horigan 2003). これらの個人は, 首尾一貫してウェブ, 携帯電話, DVDプレーヤー, および携帯情報端末 (PDA) の利用者であり, 次の人々を含む. (1)「若い情報エリート」. 通常, 20代前半の男性, (2)「年配で情報社会に適応したベビーブーマー」. 通常, 50代半ばの男性, (3) ウェブと携帯電話をよく利用する「ネットワーク指向のジェネレーションX (1960年代中頃から70年代中頃生まれ)」. (4) 裕福であり, 平均年齢70歳である「情報社会に適応した年長者」. これらの情報テクノロジーの初期導入者は, 全体としても米国の人口の3分の1以下ほどしか占めないが, 彼らは, 米国で使用・製造される情報関連商品とサービスに対し, その人口構成比とは不釣合なほどの効果と影響を与えている.

　デジタルデバイドは, 当面は私たちとともにあるかもしれないが, 楽観的に見える動きもある. 米国商務省の分析は, 「自宅でのインターネットの利用の分布を収入, 教育, 家族構成, または人種／ヒスパニック系の別ごとに計測したところ, 不均衡は縮小される方向にある」ことを示した (U.S. Department of Commerce 2002, p.87). いい換えれば, 隔たりは小さくなりつつあり, かつ学校

と公共図書館は，そのことに対して貢献しているのかもしれない．

ii. インターネット公共図書館

　新たな技術は，物理的な建造物を有しない新しい形の図書館を創造する可能性を有している．1995 年に，ミシガン大学の情報学大学院は，以下に述べる「インターネット公共図書館（IPL）」を創設した．次のようなものである．

　　世界規模の情報コミュニティは図書館情報学の学生と専門職にインサービスの学習ないしボランティアの機会を提供する．すなわち，共同研究のフォーラムを提供し，また市民に対して信頼性の高いコレクションや情報支援，および情報指導を提供することを通じて，図書館サービスを支援しかつ促進させる．(IPL 2003)

　現在は，IPL コンソーシアムは，運営を担当する 3 つの大学（ドレクセル大学，フロリダ州立大学，ミシガン大学），6 つのパートナー大学，および 7 つの参加大学から構成されている．IPL は，オンラインを通して図書館のサービスを提供することにつき，最高の実践ができるように努力を払い，かつ，電子図書館の運営についての私たちの知識の向上を目的とした研究を行っている．IPL は，芸術・人文，ビジネス，コンピュータ，教育，健康，法律，および政府を含む主題のコレクションをもって 24 時間のオンラインサービスを提供している．また，科学と社会科学に加えてレディレファレンスに使えるものも併せて提供している．IPL は，また 10 代の若者と子どもに対する特別なサービスも提供している．IPL の目的は，地域の図書館に取って代わることではなく，デジタル世界を通して，図書館の潜在的な可能性を高め，明らかにしていくことにある．長年にわたって実施してきたことにより，IPL への問い合わせは急激に増加し，1995 年に 1116 件だったものが，2007 年には 7 万 1723 件の質問に回答した（IPL 2003）．

iii. 移動式レファレンス

　伝統的なレファレンスサービスは，情報を求めてデスクにやってくる利用者

の要求に図書館員が応答するという受身の形式のものであった．人々がウェブサイトにアクセスするだけで膨大な情報が得られる世界では，利用者のサービスに対する期待はいっそう高まっている．このことにより，いくつかの図書館は，移動式レファレンス，能動的レファレンス，あるいはニーズ発生時点でのレファレンスなどと呼ばれる新しいアプローチを開発した．それは，問い合わせデスクを目立たなくしたり，時には，取り除いたりすることである．問い合わせデスクが維持されている場合でも，デスクは通常，小さく，場所をとらないところにあり，図書館員が簡単に出入りができるようになっていて，大人と子どもの両方に対応できる調節可能なものである（Pitneyand Slote 2007）．リポーの観察によると，「本当のことをいえば，問い合わせデスクは情報を探す手伝いをしてもらう場所としてふさわしいものでは決してない」とされている（Lipow 2003, p.31）．彼女は，それを相反するメッセージを伴うものとして，記述している．名目上は，問い合わせデスクは専門知識を意味しているが，そこではしばしば補助的なスタッフが対応している．図書館員がデスクにいる時，彼らはしばしば忙しい様子に見え，それにより，サービスを求めている利用者に対して，バリアーを構築してしまっている．移動式のレファレンスモデルにおいて，図書館員は，顧客サービス・アプローチ，探索の姿勢および，利用者への歓迎の意をモデル化している．移動式レファレンスは，デスクではなく，利用者の必要な地点で利用者にサービスを行うことを強調している．

　移動式で行うのに問題を伴わないわけではないし，「異なる世界観を要求することである」（Pitney and Slote 2007, p.56）．例えば，図書館員の中には，利用者に近づくことは難しいと考える人もいる．加えて，移動することは，人員配置のパターンまたはフロア内での追加的なサービスについて変更が必要であり，それらは，図書館員がその他の業務を行う時間を減らすことになるかもしれない（Pitney and Slote 2007）．それはまた，目録のそばにいない利用者にとって，図書館員がわずらわしい支援者ないし情報検索ツールの一種と見られないようにするためには，それなりの訓練とセンスが要求されている．この問題を解決するために，いくつかの図書館では，タブレットのようなもち運び可能な無線の伝達機器を使用している．他の解決法として，図書館内の様々な場所にオンラインの一般向けアクセス目録を設置していることがある．これらの事柄にも

かかわらず，移動式レファレンスは，必要な資料または情報を見つけることなく図書館から退出してしまうであろう多くの利用者に対応できる潜在的な可能性をもっている．こうしてみると，図書館の使命を実現するための1つの戦略として，またそれに付随して優れた広報活動のツールとして機能しているといえる．

iv. 検索エンジンとグーグル

ワールドワイドウェブとグーグルのような検索エンジンの登場が公共図書館にどのように影響を与えるかについては，はっきりしないところがある．けれども，人々は図書館へ行く前に，最初に自宅で検索エンジンを使用すると考えるには明確な理由がある．例えば，OCLCは，インターネットの利用者のうち，84％が最初にグーグル等の検索エンジンを利用し，1％だけが図書館のウェブサイトを利用したことを報告している（De Rosa et al. 2005）．予想通り，その比率は，14歳から24歳までの層が顕著に高い．加えて，公共図書館も好ましい評価を得てはいるが，検索エンジンがさらに高い支持率を得た．同じ研究で，回答者のうち86％が，検索エンジンの印象を好ましいと報告しており，公共図書館に対しては80％であった（De Rosa et al. 2005）．加えて，回答者のうち93％が，グーグルは，価値のある情報を提供していると考えている．回答者が検索エンジンの成果と図書館員の成果とを比較した時，回答者は，どちらにも同じように満足しており，かつ提供された情報に同じように信頼を示していた．けれどもさらに問題なことは，回答者は検索エンジンが提供する情報量，スピード，および経験全体に対してより満足感を示していた．彼らはまた，検索エンジンの方が彼らの生活様式に合っていると記述していた．

d. 公共図書館の役割：その目的にかなっているだろうか

グーグルのような検索エンジンがポピュラリティを得ると，それは公共図書館の存在への脅威となるのだろうか．大人は，単に自宅または会社の中に居るだけで，必要な情報を見つけるだろうか．学生は，公共図書館に行く必要なく，グーグルとその他のデータベースを使用して学校の課題を行うだろうか．OCLCの調査は，困った研究結果を報告した．例えば，インターネット利用者

の3分の1が，以前と比べて図書館の利用が少なくなり，26%が読書と新聞を読むことが減り，39%がテレビを見る時間が減ったと報告した．おおよそ4人に1人が，図書館で受けるサービス，開館時間の制約，図書館の方針，およびオンライン目録について批判的意見をもっている．さらに多くの回答者は，図書館が汚い，騒々しい，わかりにくい，安全でないなど，施設面について批判している．

　肯定的な面についていえば，調査結果から，人々は，図書館が提供する図書と情報，並びにスタッフについてはとても満足していることがわかった．このことは，公共図書館の主要な機能の有用性についての明確な証拠であり，図書館の利用の継続に役立つことである．けれども，その調査はまた，図書が公共図書館の「ブランド」であることも明らかにした．そして，公共図書館について考える時，最初に思いつくことを尋ねられると，69%の人が図書と回答し，12%の人だけが情報と回答した．一方，公共図書館の主な目的については，53%が情報と述べ，31%が図書と答えた．このことは，人々が認識する公共図書館の役割と公共図書館の現在の機能が適合していないことを意味しているのだろうか．必ずしもそうではない．OCLCの調査では，相当多数の人々が，図書館は多くの役割をもつ存在であることに同意している．例えば，学習する場所，読書の場所，自由に情報を得る場所，読み書き能力を支援をする場所，調査の支援を提供する場所，図書とその他の資料を取得する場所，宿題を支える場所，インターネットにアクセスをする場所と考えている．インターネットがこれらの機能のすべてを行うことができない限り，図書館はなくなることはない．しかし，インターネットが好ましくかつ信頼できる情報源であることを認識することもまた，重要である．またインターネットは，ますます便利になり，かつ私たちの現代の生活様式に恩恵を与えるものであるとしばしば認識されている．セルフサービスとスピードが個人に好まれる世界においては，公共図書館はそれと競争するために自らの価値を維持し，高める必要があるだろう．

e. 公共図書館のサービスの計画と評価

　アメリカ図書館協会（ALA），特に公共図書館協会（PLA）は，長年，戦略的に計画立案するために，公共図書館管理者の能力を育成することに取り組んで

きた．最初の主要な計画資料である「公共図書館の計画策定過程」は，1980年に発行された．その資料は，図書館が，査定された地域ニーズを基にして1次的・2次的な役割を識別することに役立った（Palmour et al. 1980）．「公共図書館の計画と役割設定」（McClure et al. 1987），「成果に向けた計画」（Himmel and Wilson 1998）と「成果に向けた新たな計画」（Nelson 2001）が，管理者の知識と技術を最新のものにするために継続して発行された．新しい方の資料においては，計画策定過程に向けた構想と準備，地域社会のニーズの識別，サービスの対応と活動の選択，計画の作成と伝達，財源の割り当て，計画実施の監視等のトピックが系統的に協議された．

　公共図書館が地域社会に多大な恩恵を与えることは，ほとんど疑いのないことではあるが，それらの恩恵を定義したり，量で明示したりすることは難しいことがままある．一方，納税者が公共サービスに資金を出すことに対して消極的な状況で，図書館は，自らがなぜ効果があるかを示すことは重要である．例えば，都市図書館協議会の報告では，「公共図書館への投資は，個人に対して恩恵があるだけでなく，経済発展に関連した緊急の問題をかかえる地域社会の対応能力を強化することもある」と述べられている（Urban Libraries Council 2007, p.1）．その研究によると，図書館は，長期的な経済的成功に貢献する早期リテラシーサービスを提供する．雇用とキャリア関係資料は，労働力が新しい技術に対応できるような準備を行うことに役立つ．図書館は，小企業に対して，資料とプログラムを通して支援を行い，それらが発展したり安定したりすることに貢献する．また，図書館は，文化的・商業的な活動を支援し，コミュニティ活動に対して安定，安全，および高品質な環境を提供する．

　公共図書館のサービスは，地域社会が望むことを基にして判断されなければならない部分もある．もっとも知られている測定方法は，公共図書館協会が創設したものである．1982年に「公共図書館の出力測定」として初めて公表され（Zweizig 1982），1987年に改定された（Van House et al. 1987）．これらの測定は，公共図書館計画を支援すること，文書で証すこと，全国基準ではなく図書館が所在する地域社会の要望に基づいて評価することを目的としている．測定方法として，来館者数，貸出数，館内の資料の利用数，レファレンスの処理件数，プログラムへの参加者数を含めることを提案している．加えて，リクエス

トされたタイトルを提供できた回数 (充足率), 主題と著者ごとの充足率, および ブラウジングでの充足率などの多様な指標が提案されている.

けれども, これらの測定の多くは, 伝統的な図書館サービスに対してのみ行われている. 電子ネットワークが図書館サービスの提供において重要な役割を増す中で, ベルトらは, 来館者がアクセスできるインターネットワークステーションの数, バーチャルレファレンスの資料の数, 定期購読契約により閲覧可能な全文表示の雑誌タイトル数, データベースセッション数, ネットワーク提供の図書館資料への遠隔利用者数, 指導した利用者数などを追加的な測定として提案した (Bertot, McClure, and Ryan 2001). ケーシーとスティヴンスは, トラッキングヒット, ブログへのアクセス, ウィキ, 図書館のブログ, ニュースサイトにおける閲覧状況を測定するためにコメント, 実施されているサービスについてのスタッフと利用者の噂話といったものを含めたその他のウェブアプリケーションの利用を調べることで, ソーシャルネットワーキングサービスを利用して詳細な情報を集める測定法を提案した (Casey and Stephens 2008).

公共図書館のサービスにおける別の測定法として, 全国の順位づけがある. 例えば, ヘンネンのアメリカ公共図書館格づけは, 人口の5段階別に, 6つのインプットと9つのアウトプットの測定に基づくものである. 工夫された測定法は, 人口1人あたりの数で表示される場合もあって, それは貸出数, スタッフ数, 人口1人あたりのコレクション数, 来館者数, 開館時間の長さ, およびレファレンス質問数を含む. 最近, これらの測定法では不完全であるとして批判され, ヘンネンでさえ, 電子資料, 年少者へのサービス, および建物の大きさといった測定指標を追加する必要性を記した (Hennen 2008). しかし, 今日まで, それらは追加されていない. 2009年に『ライブラリー・ジャーナル』は, 「公共図書館サービスの指標」作成を実施したが, それは, 米国の中の図書館を星の数で認定するものであった. ベイカーアンドテイラー社のビブリオスタット (Bibliostat) 事業がスポンサーとなったその指標は, レイ・ライオンスとキース・カリー・ランスが始めたものである. 4つの人口1人あたりのアウトプット (貸出数, 来館者数, プログラムへの参加数, インターネット公開端末の使用) を使用して, 7000以上の公共図書館を運営費により分類して評価したものである. 上位に格づけされた図書館は, 3つ, 4つ, または5つの星を受け取る

ことになる (Miller 2009).

21世紀の図書館は，経済的評価のような定量的な評価が強調されるであろう．図書館のためのアメリカ人会議（ALC）は，図書館の価値を貨幣で表示すること，数量化できる成果を提供することで地域社会からの説明責任を満たすこと，図書館支援者や議員の支持を得るために証拠を提供すること等の，評価を実行するためのいくつかの理由を特定している (Americans for Libraries Council 2007)．確かに，公共図書館の利用には費用がかかる．デ・ローザらは，公共図書館を訪れるための費用を査定した．移動時間，図書館での滞在時間，および1人あたりの図書館の支出費が当該要因として考慮され，その査定金額は，年収5万ドルの人は26.43ドル，年収8万5000ドルの人は40.43ドルであった (De Rosa, Dempsey, and Wilson 2004).

経済学的研究は，一般的に2つの基本的な研究技術を使用する．それらは，(1) 全米教育統計センターなどの比較データの分析，および (2) 費用便益分析，仮想評価法，そして図書館への間接的影響を測定する調査法（2次的な経済的影響分析）などの経済的査定方法である (Imholz and Arns 2007)．ホルトとエリオットは，説明義務のプレッシャーが増すとともに，費用便益分析はさらにあたり前のものとなるだろうが，重視する点は，アウトプットからアウトカムに移る必要があることを提起している (Holt and Elliott 2003)．それはつまり，焦点が，図書館が何を行うのかということから，図書館が地域社会にいかなる具体的な恩恵を提供するかということに変移するということである．彼らが提案する費用便益測定は，次のことを含む．(1) 消費者余剰，すなわち，それは「図書館の利用者が別々に評価された図書館サービスに置く価値」(p.429), および (2) 仮想評価法，すなわち，それは個人が図書館サービスを失わないためにいくら支払うことを望むか，いい換えれば，個人が現行のサービスを維持するためにいくら税金を支払うことを望むかを測定すること．

一般的に，公共図書館の経済的恩恵の研究は，肯定的な結果を出している．例えば，オハイオ州南西部の9つの図書館の研究では，7400万ドル強の運営費を要しているが，直接的な経済的恩恵としては，2億3800万ドル，つまり1ドル費やすごとに3.81ドルの経済的恩恵があることを報告している (Levin, Driscoll & Fleeter 2006)．ペンシルバニア州の公共図書館の研究では，1ドルの

税金支援で5.50ドルの投資の見返りがあることがわかった (Pennsylvania Library Association 2009). ニューヨーク州サフォーク・カウンティの研究でも, 類似の結果がわかった. すなわち, 公共図書館に1ドル使用されるごとに, 3.87ドルの経済的恩恵がうまれるということである (Americans for Libraries Council 2007). けれども, 調査方法は首尾一貫していない. データ基準と評価技術の一貫性, 国内のより一層の連携, 適切な評価技術へのさらなる認識が決定的に重要である (Imholz and Arns 2007). 加えて, 当該測定は, しばしば, 資金の維持または確保のために行われるが, それらは, 図書館が自らの目的を満たすのに役立てる方向を求めるべきである. ロジャーは, 次のように私たちに注意を喚起している. すなわち, 重要な問いは, 「いかにして私たちはもっとお金を得られるだろうか」ではなく, 「私たちはいかにして地域社会に対し, もっと有益になることができるか」である (Rodger 2002).

f. 検閲問題

コレクションの閲覧を制限したり特定のコレクションを排除しようとする動きは昔からあるが, 一部の市民の発言力がいっそう強まり, 図書館のインターネット端末へのアクセスにフィルターをかけるべきだという声が高まっている. 児童インターネット保護法の成立により, こうした声はより頻繁に聞かれるようになるだろう. 最近では, 特定の図書館のコレクションのみならずアメリカ図書館協会 (ALA) にまで攻撃が及び, 特にALAの「図書館の権利宣言 (Library Bill of Rights)」が攻撃の的になっている. その結果, 公共図書館の職員は自分たちの図書館のみならず, 自らが属する専門職協会とその理念をも攻撃から守らなければならない事態になっている. 利用者に苦情をいわれ, 自らの職業理念に反して, 問題になっている資料の閲覧を制限したり処分する図書館員もいるのだ.

g. 質 vs. 要求

公共図書館の役割は広範囲に及ぶため, 役割をどのように果たすべきか具体的に決めるのは困難だ. 選書やコレクション形成をめぐっては常に激しい議論が巻き起こっており, 貸出頻度は高いがすぐに価値がなくなってしまうような

資料を購入するのか，それとも，教育的観点から見て永続的に価値をもち続けるが，貸出頻度が低い資料を購入するのかということが問題になる．大衆向けの資料をコレクションに加えるべきとする論拠には次のようなものがある．

1. 大衆向けの資料は利用頻度が高く，地域社会の需要に見合っているといえる．
2. 大切な息抜き，娯楽となる．
3. 貸出頻度が高いということは，図書館がよく利用されていることを示す1つの目安となる．
4. 貸出頻度が高ければ，地域住民からの政治的な支援を受けやすくなる．

利用者の要求を重視する図書館では，書店に対抗するために館内の構造を設計し直している．人気図書が置いてあることをアピールするために，来館者が通る通路に図書を配置し，来館者がそれに沿って進むように誘導するのだ．

より永続的な価値をもつ資料を購入すべきだとする論拠には次のようなものがある．

1. 図書館の主な役割は教育であって，娯楽ではない．
2. 人気は大手出版社によって意図的に作り出されるものであり，そのような操作に図書館が左右されるべきではない．
3. 図書館には1人1人の好みに合わせる義務があり，大衆市場の需要に迎合すべきではない．
4. 現状では貸出統計が重視され過ぎて（それによって価値が低い大衆向けの資料の購入が進んで）いる一方，教養資料・レファレンス資料を館内でどのように活用していくかという方策がないがしろにされている．
5. 大衆向けの資料によって，社会全体の思考力が低下してしまう．（Bob 1982; Rawlinson 1981）

予算の厳しい状況が続く中，わずかな財源を配分するにあたっては，図書館の主要な機能は何であるのかという重要な問題に答えなければならない．そう

することで，限られた予算を賢く使うことができるだろう．

h. 多様な住民に対するサービス

　米国国民の一層の多様化が進む中，図書館はサービスを多様化させることで様々な住民のニーズに応え，数々の課題を乗り越えようとしている．課題には，財源不足，職員不足，多様な住人や異文化への理解の欠如，様々な民族・人種の需要への対応，図書館に対する利用者の知識不足，時間不足などがある（Du Mont, Buttlar, and Caynon 1994）．こうした課題を克服するには，マイノリティを図書館員として積極的に雇用する，職員に対する教育・研修を増やす，どのようなニーズがあるのかをより正確に見極める，図書館サービスの周知活動を的を絞って行う，様々な民族・人種へのサービスについての研究をより広い分野で行う，地域住民に参加してもらった上で図書館サービスの計画・実行にあたる，といったことが必要になる．

　都市部の様々な住民にとって，公共図書館は地域社会の中核となっていることが多い．バナーディによれば，都市部の図書館が担う主要な役割には次のようなものがある（Bernardi 2005）．

　　1. コンピュータや科学技術の利用環境を整える
　　2. 安全確保　特に子どもたちの安全を守る
　　3. 非営利組織・慈善団体に関する情報を発信する
　　4. 職業やキャリアに関する情報を編纂する
　　5. 民族的・文化的センターとして機能する
　　6. 青少年を迎え入れる

　貧困層へのサービスは，長年にわたって図書館員の大きな課題になってきた．ALAはこの問題について数々の対策を発表してきたが，特筆すべきは「貧困層への図書館サービス」（ALA 2008a）で，「貧困層の子ども，大人，家族」のニーズに早急に応えなければならないとしている．奨励される対応としては，利用料金など図書館サービスに関するあらゆる弊害の撤廃，低所得者向けのプログラムのための基金の設立，貧困・ホームレス問題に現実的に取り組むため

のサービス・資料の増加などをあげている．加えて，ALA は貧困層への対応について図書館員に研修を受けさせることを提唱している（ALA 2008a）．

ALA がこのような対策を推進しているにもかかわらず，図書館は低所得者への支援に十分に取り組んでこなかったとする意見もある．例えばギークスは，貧困層の人々も「図書館を利用するということが盲点となっているようだ」と述べている（Gieskes 2009, p.55）．彼によれば，ALA の担当部署に相談したり支援を要請するなどして，貧困層へのサービスのあり方を模索する図書館はほとんどなく，多くの図書館はある特定の人々を「貧困層」とすることに抵抗感があるため，貧困層へ特別な支援を行うことに消極的であるという．しかしながら，図書館と ALA はより長期的な視点で対策を講じるべきだと彼は主張している．

i. 農村地域へのサービス

農村地域の住民が米国の人口に占める割合は 17% に過ぎないが，農村地域は国土の 5 分の 4 を占めている．米国では，およそ 5000 万人が都市部以外の地方に住んでおり，農村地域におけるヒスパニックの人口は 1980 年から 2 倍になった（Economic Research Service 2004）．利用対象者が 2 万 5000 人未満の農村地域の図書館の平均的な規模は，有給の常勤職員 3.5 人，コレクション 2 万 6000 冊，運営費 15 万 5000 ドルである（Vavrek 2003）．最小規模の図書館では，財源はさらに小さくなる．

農村地域の図書館では，以下のような課題に直面している．

1. 財源不足
2. 通信設備・インターネット接続問題
3. 電子ネットワーク維持のための専門技術の欠如
4. 専門職教育を受けた人員の発掘・雇用・確保
5. 深刻な地理的障壁
6. 学校，自宅学習児への支援
7. 移住してきた住民のための読み書き，情報，コンピュータリテラシー指導

8. コミュニティセンターとしての役割（Vavrek 2003; Johnson 2000）

このように様々な課題があるにもかかわらず，農村地域の図書館員は仕事にやりがいを感じている．経済発展を支え住民1人1人の生活に変化をもたらすことで，地域社会で重要な役割を果たしていると考えているのだ（Flatley and Wyman 2009）．

j. 障がい者へのサービス

米国人のうち5100万人，人口比にして18％が障がいをもっていると見られている（U.S. Bureau of the Census 2006）．障がい者の割合はネイティブアメリカンがもっとも高く，次いでアフリカ系アメリカ人となっている．概していえば，障がい者の割合が増えているのは，低所得者や教育を受けた期間が短い人たちである．また，年齢が高くなるにつれて様々な障がいをもつようになるので，ベビーブーム世代の加齢により障がい者人口は将来増加するだろう．こうした要因に加え，障がい者には健常者よりも多くの情報が必要になることを考えると，特別な支援をしなければならないという負担が図書館に生じる（Rubin 2001）．さらに，障がい者はデジタルデバイドに陥っていることが多い．自宅にインターネット接続環境がないことが多く，したがって，情報入手が難しい傾向にある．

公共図書館の使命は障がい者を含めたすべての人にサービスを提供することであり，障がい者に対する支援としては，障がいがあっても利用しやすい施設設計や，「障がいをもつアメリカ人法」に則ったサービス提供などが考えられる．こうした支援をするには，斜面への対策・段差の除去，駐車場，エレベーター，標識，電話，水飲み器，警報システム，幅の広い通路などの整備を進め，ページめくり器，特殊なキーボード，音声入力機能，印刷物を音読する機械，高さを調節できる作業台，拡大印刷・音読・点字機能つきのハードウェア・ソフトウェアなどの支援技術を導入しなければならない．障がい者が閲覧しやすいコレクションとしては，文字が大きい図書，オーディオブック，字幕つきDVD・ビデオなどがある．貸出・取り置き期間の延長，目録への遠隔アクセス，介助者用図書館カード，聴覚障がい者のための手話通訳などのプログラム

も有効だ．加えて，外出が困難な人のためのプログラム，郵便，ファクス，電子メールで図書を届けるといったサービスもあるだろう．職員に対する研修も重要である（Klauber 1998; Rubin 2001）．

k. 子どもやヤングアダルト向けサービス

子どもやヤングアダルト向けサービスの重要性は低く見られていることが多いが，実は公共図書館から図書を借りる人の多くが若い人たちである．公共図書館の90％近くがヤングアダルト向けのサービスを実施しており，約52％がヤングアダルト向けサービス担当の常勤職員を少なくとも1人置いている（ALA 2007b）．しかし，問題もある．全米芸術基金の調査によれば，「過去20年間に，若年層（18-34歳）はもっとも文学を読む世代からもっとも読まない世代になってしまった（ただし，65歳以上は例外）」（Bradshaw 2004, p.xi）．また，若者の読解力に関する2008年の調査では，年少の子どもの読む力や理解力は向上しているものの，17歳の読解力は1971年と比べてほとんど変わっていないことがわかった．いい換えれば，小学校でどんなに読解力を向上させても，高校までにはその成果が失われてしまうということだ（Tomsho 2009）．こうした調査結果から，ヤングアダルトの読書習慣がなくなりつつあり危機的状況にあることがわかるが，読書と読み書き能力や学力は強く結びついているだけに，これは非常に深刻な問題だ．公共図書館が果たすことができる役割は明確である．例えばホワイトヘッドによると，子どもたちに図書館カードを配布し公共図書館の見学会を実施したところ，カードをもっておらず見学会に参加しなかった子どもに比べて，正確に読む力や読解力が向上したという（Whitehead 2004）．それでは，青少年担当の図書館員が直面している傾向・課題には，主にどのようなものがあるのだろうか．

i. 人口構成の変化

米国社会は人種的・民族的に多様化が進み，家族構成が変化した．米国では1800万人近くの子どもが1人親世帯で暮らしており，そのうちおよそ19％が白人，27％がヒスパニック，54％がアフリカ系アメリカ人である（U.S. Bureau of the Census 2007）．したがって，ヤングアダルト向けのサービスコレクション

プログラムはこうした変化に対応しなければならない．親の目が届きにくい，いわゆる「危険にさらされている」子どもたちのためのプログラムや，アウトリーチ機能をもった地域の託児所が普及した．将来的には，図書館も様々なプログラムを充実させ，日増しに多様化する社会への対応に力を注ぐことになるだろう．

ii. 子どもやヤングアダルト向け図書の急激な多様化

　子どもやヤングアダルト向け図書は，出版業界でも業績が好調な分野である．米国では，年に3000-5000タイトルが出版され，児童書の作家やイラストレーターの数も格段に増加した．幼児向けの絵本はテーマが幅広い上，装丁もきわめて多様な工夫が凝らされていて内容も芸術的かつ文学的だ．特に幼児向け絵本の多くには多彩な技法を駆使したすばらしい挿絵がついており，挿絵のページを見るだけでも楽しめる．ヤングアダルト向けの小説が扱うテーマも深く，薬物乱用，自殺，離婚などの重い話題を取り上げている．ノンフィクションの多くはしっかりリサーチをした上で丁寧に書かれていて，テーマをよく理解している著者たちの多角的な視点が反映されている．例えば，現在ではマイノリティの人物や女性の伝記もはるかに多く出版されるようになった．子ども向けの科学についての図書も急激に増え，ポップアップ形式になっているものや，コンピュータチップを内蔵して音が出るものもある．このように様々な図書が出版されるのは好ましいことだが，図書館のコレクション形成にあたっては困難な課題が生じる．購入する子どもやヤングアダルト向け図書の種類を絞って同じ図書を複数所蔵するか，それとも，色々な図書を1冊ずつ購入すべきなのか．また，図書館のコアコレクションの品質を維持しつつ，大量にある新刊のコレクションを整理するにはどうすればいいのかという問題もある．

iii. 子どもに対するアウトリーチ

　米国の家族構成が多様化した結果，共働きが増え，保育所や就学前プログラムが急増した．図書館の子どもやヤングアダルト担当部署では，学校，政府の育児支援プログラム，保育所の他，幼児支援の団体と連携し，乳児，幼児，未就学児向けの特別プログラムを打ち出しているところも多い．また，図書や視

聴覚資料，適切なウェブサイトの一覧表を備え，子どもを支援している団体が図書館に来なくても借りられるようにしているところもあれば，職員を団体に派遣してプログラムを提供している図書館もある．このような支援は確かに重要だが，多くの人員と時間が必要になる．しかしながら，図書館の資料に対する子どもたちの需要は非常に高い．子どもたちが図書館に来られない場合は，図書館員の方から出向いて資料を届け，サービスを提供するべきだろう．

　図書館が乳幼児に注目する背景には，乳幼児は読書によって読み書き能力を身につけるという考え方がある．従来，読解力の研究では小学校低学年の子どもに焦点が当てられがちだったが，今では，子どもの読書習慣は出生時からの様々な経験に左右されることがわかっている．読解力の大本となるのは，発育の初期段階での他者との交流や発育環境である．早くから言語や図書に触れることで，読み書き能力の基盤ができるのだ．日常的に言葉を使って何かをしたり，他者が言葉を使うのを見ているだけでも，読解力の発達には多大な影響を及ぼす（Stratton 1996）．ジャスティスとカデラヴェクによると，子どもが読み書き能力を身につける速さは1人1人違う（Justice and Kaderavek 2002）．例えば，当然のことながら，自閉症や精神疾患などの障がいがある子どもは読み書き能力を身につけるのが遅い．他にも，貧困層の子どもは英語を十分に使えず，思うように文字が読めないという状況にある．

　バーンズらは，読み書き能力向上のために不可欠なサービスとして，次の4つを公共図書館に提案している．「年齢に合わせた学習スペース，教材，プログラム，子どもの模範になりながら親自身も能力を身につける機会」である（Byrnes, Deerr, and Kropp 2003, p.42）．プログラムの初期段階では，親または保護者の協力やつき添いが必要だ．読み聞かせや童謡などをプログラムに盛り込み，親が子どもの模範となるだけでなく，図書館のコレクションを使いこなし，家でも子どもに読み聞かせるよう，図書館員が手助け・働きかけをする．幼児の読み書き能力習得に焦点を当てたこうした取り組みは，図書館情報学の専門的な研究がプログラムやサービスに活用され，地域社会のニーズに応えているという一例である．

iv. 電子資料の発達

　コンピュータは子どもたちの日常生活の一部となり，ウェブを使えば，百科事典を含めたレファレンス資料などの膨大な量の情報を入手することができる．しかし当然のことながら，ウェブによって図書館員は新たな課題に直面している．子どもにとってもっとも適切なウェブサイトを特定し，子どもたちや親，教員が利用できるようにしなければならない．ALA の「公共図書館における資金調達と科学技術の利用状況調査」によれば，公共図書館の職員の 80％近くが「幼稚園児から高校生の子どもたちに学習目的の資料・データベースを提供することが，図書館のインターネットサービスでもっとも重要である」と考えている（ALA 2009a, p.2）．2009 年時点では，公共図書館の 83％が宿題に活用できる資料をネット上で提供している．加えて，自宅学習児を持つ親の 4 分の 3 が公共図書を教育目的で利用している．

　青少年向けのサービスの中でも，ゲームの発達は特に興味深い．ゲームをする人たちへのサービスを行う公共図書館が増えてきており，中には特別なイベントやトーナメントを開催しているところもある（Levine 2006）．他にも，夏期読書プログラムやコミュニティプログラムにテレビゲームを取り入れたり，専用のゲームワークステーションや多人数同時参加型オンラインゲームを備えている図書館もある（Ward-Crixell 2007; Levine 2006）．ゲームは主に若者向けだが，世代や階層を超えて広がっている．例えば，オンラインゲーム，なかでもワードゲームやパズルゲームのプレーヤーはほとんどが 40 代の女性である．実は，女性はプレーヤー全体の 38％を占めており，10 代男性（30％）よりも多い．また，Wii などの電子ゲームをするために図書館を訪れる年配者もいて，若者に教えてもらいながらゲームをしている（Lipschultz 2009）．ニコルソンによると，公共図書館の 80％では図書館のコンピュータでゲームをすることができ，20％はゲームを貸し出しており，40％は館内にゲームプログラムを備えている（ALA 2008b）．

　コンピュータゲームの質が向上していることと，多人数で協力して遊べることから，教育や心理学の専門家はゲームが若者に与える影響を調査した．数々の調査の結果，図書館員にとっても興味深いことがわかった（Levine 2006）．

- ゲームをすることで，様々な問題解決方法を試すことができる．
- ゲームは誰でも遊ぶことができる．
- ゲームによって，交流の輪ができる．
- ゲームをすることで，学習が容易になる．
- ゲームはリーダーシップや集団行動のノウハウを学ぶ場となる．
- ゲームを通して，個性が育まれる．(p.5)

　これに加えファリスは，ゲームは読み書き能力向上にも有効だとしている (Faris 2007). 未就学児が読解力を身につけたり，児童が仮説検証などの論理的思考を身につけたりするのにゲームが役に立つというのだ．チームワークや他者との交流が必要なゲームもあるので，ゲームをすることで「参加型の文化」が生まれるという意見もある．ゲームによって「図書館と地域社会を隔てる壁が取り払われ，図書館を訪れたことのない人にとっても利用しやすい場所になるのだ」(Ward-Crixell 2007, p.38). ゲームのせいで図書館本来の役割がおろそかになるのではという声もあるが，若者にとってゲームが魅力的なものであり，これからも進化するであろうことには疑いの余地はない．

　　今日，学校図書館や公共図書館でゲームをすることは，年齢を問わず，利用者にとって貴重な社会経験である．(中略) 大切なのは，ゲームをする機会，学ぶ意欲，上級者と初心者の助け合い，それに，学び，遊び，ゲームをする場としての図書館の存在なのだ．(Lipschultz 2009, p.40)

v. 知的自由

　検閲と知的自由をめぐる問題は，子どもやヤングアダルト向けの図書館サービスを考える上で何よりも大きな懸案だろう．「児童インターネット保護法」の成立に伴い，子どもやヤングアダルトを対象とした図書館員は，法律を遵守しつつ若い人たちの知る権利を守るという新たな課題に直面している（「学校図書館メディアセンター」の節を参照). しかし，忘れないで欲しいのは，知的自由の問題を考える時，公共図書館と学校図書館では根本的に異なる点が大きく2つあるということである．まず，公共図書館のコレクションの大部分が主な読

者として大人を想定している一方，教員向けの図書をのぞけば，学校図書館には大人向けの図書はほとんどないという点だ．次に，学校とは違い，公共図書館には保護者としての役割はない．ただし，一部の親や政治家からは図書館が監視・検閲をするべきだという声もある．閲覧の自由についての ALA の方針を受け，大人向けの図書を子どもが閲覧するという問題は大きな物議をかもしている．この問題は今後さらに深刻になるだろう．というのは，視聴覚資料において暴力・性的描写が過激化しているだけでなく，インターネットを通じた閲覧が普及してきているからだ．結果として，政治的・法的圧力が強まり，より一層の警戒心をもってマイノリティの権利保護にあたらなければならなくなる図書館員も出てくるだろう．ALA では保護者などの大人の懸念にある程度配慮し，教育・リクリエーション関連のリンク集を作成している．

vi. 公共図書館と学校図書館メディアセンターの協力

　公共図書館と学校図書館が協力して行うプログラムとしては，公共図書館員の教室訪問，教員向けの貸出期間延長，教員向けウェブ資料に関する情報の編集，学校のカリキュラムに合わせた公共図書館の図書の手配，生徒を対象にした文献利用指導や図書館見学会，教育関連の委員会への出席などが考えられる．学校と公共図書館の連携には多くの利点があることは明らかだが，様々な要因が提携の妨げとなっている．

・学校と公共図書館では行政の担当部署が異なるため，行政上の支援や組織的な支援をほとんど得られない．
・教員，学校図書館員，公共図書館員に時間の余裕がない．自分たちが属する学校図書館での仕事に時間を取られがちである．
・財源が限られているため，協力にあたる時間と職員を確保できない．
・協力することを口実にして，学校が予算の補助金を不適切に使ってしまうのではないかと公共図書館側が疑っている．つまり，学校の予算で行うべきサービスに公共図書館の予算が使われるのではないかということ．
・専門知識が不足し，効果的な協力のあり方を構築していくことができない．

おそらく，公共図書館と学校との提携の最終的な形は，学校と公共図書館の併合施設だろう．経済が低迷する中，公共施設を統合して財政を最大限に効率化することが望まれている．少なくとも表面的には，図書館を統合することは魅力的である．生徒が受ける恩恵は絶大だ．1カ所にいながらにして図書館員の専門的な支援を受けられ，膨大なコレクションを閲覧することができるのだから．その規模は，標準的な学校図書館の比較にはならない．だがその一方で，様々な課題がある．例えば，誰が図書館を運営するのか．施設の利用方法はどのように決めるのか．資料閲覧に関する方針は誰が決めるのか．費用はどのように配分するのか．目録の作成・整理は誰が行うのか．日中は公共図書館と学校図書館のどちらの職員に優先権があるのか．両者は別々の職員なのか．意見対立が生じた場合，どのように対処するのか（Owens 2002; Casey 2002; Blount 2002）．このような問題があるにもかかわらず，資料の共有，開館時間の延長，財政面の改善，技術の共有，専門知識の共有，地域社会から支持を受けられる可能性などの利点を考えると，公共図書館と学校の併合は魅力的な選択肢に感じられるのだ．

B. 学校図書館メディアセンター

米国に学校図書館メディアセンター（School Library Media Center: SLMC）が登場したのは19世紀だが，20世紀になり，全米教育協会（NEA）の図書館組織・設備委員会が，中学と高校向けの学校図書館基準を初めて世に出した1920年代初頭まではきわめて少なかった（Woolls 1994）．1925年，全米教育協会は小学校向けの基準を作成した．幼稚園から12年生（高校3年）までを対象とした初の包括的な基準は1945年に出版された（ALA 1998）．

米国の学校図書館が目に見えて進歩したのは，1957年にソビエト連邦が人工衛星スプートニクを打ち上げてからのことだ．この出来事によって，冷戦の対戦相手に遅れをとるのではないかという恐怖心が米国人に芽生えたことが，社会的，政治的な関心を大いに高めるきっかけとなった．それに応えて連邦政府は，初等・中等教育への予算を増額し，特にカリキュラムと教員養成の改善に力を入れた．例えば，1958年の国家防衛教育法は，数学と科学を強化する

意図をもって作られている．その第3編では，図書やその他の印刷物，視聴覚教材用の資金を支出できるようにした．その後，学校図書館の設備予算も提供するよう第3編に変更が加わった．教育に対する政治的な力強い後押しは1960年代まで続き，その結果，学校と図書館の教材購入用に追加予算を認める初等中等教育法が1965年に可決した．同時に，学校図書館の基準が改訂され，コレクションを充実させることの重要性が強調されたことから，資料の中でもとりわけ視聴覚教材の充実が図られた (Brodie 1998)．

現在，米国内の公立学校の94%，私立学校の86%に学校図書館が設置されており，その数は概算で10万近くになる (NCES 2004)．従事する職員もかなりの数にのぼり，図書館員が6万6000人以上，支援職員が3万4000人存在する (ALA 2009b)．残念ながらこの数字はあてにならない．例えば，1つの学校図書館の平均人員数は図書館員1名とアシスタント1名 (Shontz and Farmer 2007)，または生徒953人に対し図書館員1名である (Minkel 2003; Shontz, and Farmer 2007)．図書館員のいない学校が全体の4分の1，常勤の支援職員のいない学校は48%存在する．

学校図書館は学校制度の中に組織として組み込まれており，教育委員会の方針が最終的に学校の活動を決定する．教育委員会のメンバーが図書館の監督や統制をすることはほとんどないが，資料に関して苦情があった場合には関与することがある．学校図書館で働く図書館員がもつ自律性と権限の度合いには大きな違いがある．図書館員がかなりの自律性をもつところもあるが，全体的な統制と監督は，校長か地域のカリキュラム担当者，または地域全体の学校図書館メディアセンター用に図書を選択し承認する責任のある地域担当図書館員に委ねられることが多い．アメリカ学校図書館員協会 (AASL) は，学校図書館の特性を決定する上で非常に重要な役割を果たしてきた．同協会は，学校図書館の使命を以下のように述べている．

> 児童生徒と教員が知識と情報を有効活用できる状態を作り上げること．学校図書館メディアスペシャリスト (School Library Media Specialist: SLMS) は，批判的思考，読書への情熱，調査のスキル，情報利用の倫理という点で必要な能力を児童生徒に身につけさせること．(AASL 2009a)

4 機関としての図書館：その組織を展望する 185

　アイゼンバーグは学校図書館員の役割を類似した内容にまとめている（Eisenberg 2002）．

　学校図書館員は，通常のカリキュラムに役立つ有意義な情報と技術的なスキルを教授すること．読書を促すよう指導し，奨励すること．そして情報サービス，技術，資料，設備を適切に運営すること．(p.47)

　アメリカ学校図書館員協会（AASL）発行の「エンパワリング・ラーナーズ：学校図書館メディアプログラムのためのガイドライン」において同協会は，SLMC が達成すべき使命を 5 つ掲げている（AASL 2009a）．

　(1) 教育者と児童生徒双方と協力し，各自の必要性に応じた学習経験に参加する方法を生み出し教授する．(2) 適切なツールとリソース，IT を幅広く活用し，情報・知識の利用方法と評価方法，提供方法を生徒に指導し，教育者を支援する．(3) 図書好きな人を育成しその重要性を広げていくために，最新かつ質の高い各種文献をはじめ，形式を問わずあらゆる資料へのアクセスを提供する．(4) 児童生徒と教員に対し，現在の情報ニーズに対応した指示をし，また資料提供を行い，テクノロジーと教育における変化を予測し事前に対処する．(5) 教育制度の中でリーダーシップを発揮し，しっかりとした学校図書館メディアプログラムが，地元，州，国家の教育目標を達成するために必須であることを主唱する．(p.8)

　アメリカ学校図書館員協会は「エンパワリング・ラーナーズ：学校図書館メディアプログラムのためのガイドライン」と対をなすものとして「21 世紀の学習者のための基準」を発行した（AASL 2009b）．これは，すぐれた学習者になるために児童生徒に求められる具体的なスキルを紹介したものだ．この基準は常識とされる 9 つの信条に基づいている．

　1. 読書は世界への窓である．

2. 探究することで学習の枠組みができる.
3. 情報の倫理的活用法を教わらなければならない.
4. 技術面での習熟は将来就職するために必要である.
5. 平等なアクセスは教育の基本的要素である.
6. 情報リテラシーの定義は,情報源と技術の変化に伴いさらに複雑になってきた.
7. 情報が継続して拡大することで,すべての個人に,自力で学習するための思考スキルの修得が求められる.
8. 学習には社会的要素が反映される.
9. 学校図書館は学習スキルの開発に必須である.(p.12)

このスタンダードでは,生徒が以下の4つの能力を開発する際の支援に必要なスキル,責任,自己評価方針を詳細にあげている.

(1)探究し,批判的に考え,知識を得ること,(2)結論を導き,説明を受けての決定をし,知識を新たな状況に適用し,新しい知識を創造すること,(3)民主的な社会の一員として,知識を共有し倫理的かつ生産的に参画すること,(4)個性と美意識を育てること.(p.14)

SLMCは多くの課題に直面している.以下はその中でも深刻な問題をいくつか取り上げ,概要を示したものである.

1. 学校教育の使命の達成

SLMCが生き延びようとするなら,学業面での成果に対するその多大な貢献が認識されなければならない.図書館は,教育に欠くことのできない存在というより,高価な付属品だと思われているケースがあまりにも多い.この見解がきわめて皮肉な結果をもたらすことを証明する事実がある.ランスらが行った調査で,通常の試験で良い点数をとる生徒は,職員の多いコレクションの充実した図書館のある学校の出身者が多いことがわかった(Lance, Welborn, and Hamilton-Pennell 1993).さらに,図書館員が指導的・協力的役割を果たしてい

る図書館の設置と高度な学業成績には相関関係があった．図書館スタッフとコレクションの数は，貧困などのマイナス条件がある場合を除き，学業成績をもっともよく予測するものだった．この調査は後に，同様の発見と合わせて報告されている (Lance et al. 2000)．オハイオ州で，トッドが小学3年生から12年生（高校3年）まで1万3000人以上の生徒を調査し，870人以上の教員にインタビューした．生徒の90％以上は，情報の入手，学習テーマに沿っての作業，情報源の特定，課題に関する異なる意見の発見において，学校図書館が何かしら役に立ったと感じている．全体としてこの調査では，「情報に重きを置く教授法において，役割が明確に定義された有資格図書館員が活動する学校図書館は，生徒が知識構築の学習をしやすくなるという重要な役割を果たしている」(Todd 2003, p.6)．

　ションツとファーマーは，学校図書館専門職員の92％が定期的に校長とコミュニケーションをとり，42％が新任教員や他の学校図書館員を指導する立場にあると報告している (Shonz and Farmer 2007)．さらに60％が，学校内リーダー会議や，館内，地域，州の教育関係会議のメンバーだった．学校図書館員は，読書意欲の促進，ブックトークの提供，ストーリーテリング，読み聞かせ，さらにはグラフィックノベルなど人気のある資料に関連した活動にも意欲的だった．学校図書館員は，図書館のリソースを選択し再評価する委員会の方針を作る際に主要な役割を担っており，84％が，自分たちの提案が承認されたと答えている．これらの事実は，学校図書館が，教員，校長，学校運営者とわかりやすくコミュニケーションをとり，親密に協力する必要があることを強調している．学校の使命に貢献する図書館の能力を実行してみせることで，政治的にも財政的にもさらなる支援が期待できる．

2. 情報テクノロジー

　学校は，テクノロジーを教育に生かす現場を代表するものであり，多くの資源を投じてきた．例えばテレビは，CD-ROM，DVD，コンピュータと並び，学校で数十年間利用されてきた．学校でコンピュータを使う小学生と中学生の割合は1997年の70％から2005年には83.5％に上昇した (NCES 2007a)．学校図書館はウェブ上の情報源を認識し，かつウェブサイト上の情報の検索と評価

方法について，生徒と教師の双方をトレーニングし教育する最前線にあった．しかし，新しいテクノロジーの導入に伴い，学校図書館は減少する予算に反して機材や人員，トレーニング，施設への経費が増加するなかで，高まる需要に対応しようと苦戦している．

3. 情報リテラシー

　教室と図書館の双方でテクノロジーとの関わりが深まるにつれ，生徒に情報の検索方法と評価の仕方を教える必要性が明らかになってきた．1990年以降に生まれた生徒（ジェネレーションZ）は，ウェブブラウザやワイヤレスアクセス，ビデオゲーム，多機能携帯電話とともに育ちテクノロジーを使いこなす傾向にあるが，だからといって情報を批判的に評価する，あるいは情報に効率的にアクセスする方法を知っているとは限らない．ゲックは，学校図書館員が教員と協力し，インターネットを教室で活用すること，一番効率的な検索方法をやってみせること，そして学習者のコミュニティを作ることを勧めている（Geck 2006）．学校図書館員はこの役割を果たすために独自の訓練を受けている．このトレーニングの目的は，単に学業的な目的で技術を磨くだけではなく，児童生徒に，生涯にわたって学習する態度を身につけさせることにある．

> このような新たな状況の中枢にあるのは，「学習するコミュニティ」の考え方だ．この言葉は，私たち全員，つまり児童生徒，教員，行政職員，保護者，そして地域や自治体，国家，さらに国際的なコミュニティ全体が生涯学習を目指して1つとなり，変化する情報ニーズを理解しそれに応えるべきであることを示唆している．（AASL 2009a, p.2）

　ALAは児童生徒全員が守るべき情報リテラシー基準を作成し，情報へのアクセス，評価，使用に関するそれぞれの方法だけでなく，自立した生涯学習者であるとはどういうことか，そして学習するコミュニティに私たちが負うべき責任を定義した（表4.3; ALA 1998）．

表 4.3 ALA の情報リテラシー基準

基準1	情報リテラシーをもつ学生は情報に効率的・効果的にアクセスする
基準2	情報リテラシーをもつ学生は情報を批判的にかつ上手に評価する
基準3	情報リテラシーをもつ学生は情報を正確にかつ創造的に利用する
基準4	自立学習者である学生は情報リテラシーをもち，個人的な興味に関わる情報をうまく使う
基準5	自立学習者である学生は情報リテラシーをもち，文学作品やほかの創造的な情報表現物を鑑賞する
基準6	自立学習者である学生は情報リテラシーをもち，情報探索や知識世代の中で優秀さを求め努力する
基準7	学習コミュニティや学習社会にうまく適用する学生は情報リテラシーをもち，民主社会における情報の重要性を認識している
基準8	学習コミュニティや学習社会にうまく適用する学生は情報リテラシーをもち，情報や情報技術に対して倫理的行動をとる
基準9	学習コミュニティや学習社会にうまく適用する学生は情報リテラシーをもち，情報を求め生産する人々に効果的に加わる

出典：ALA 1998, pp.8-9.

4. 資金の減少

　学校図書館の97%は地元資金に依存しており，何らかの補助金や国家予算の恩恵を受けているのは全体のわずか4分の1に過ぎない．多数の地域社会で，学校税が何度も失敗していることが示すように，学校に全幅の信頼を寄せている市民はそう多くはない．資金が減少しても，授業，教材，学習支援活動に必要な既存のリソースが欲しいと思う気持ちは理解できる．しかし，適切な資金提供が受けられないことで，教員と生徒を効果的に支援するという学校図書館の能力は著しく小さくなる．教育現場で急速に変化するテクノロジーと，年少者向けに出版されるすぐれた印刷物の急増に追いつくためには，学校図書館への資金提供を，増額しないまでも維持する必要がある．

5. 人員の削減

　学校図書館の図書館員の平均年齢は45歳で，およそ68%が今後数年で引退する予定だ（Everhart 2002）．この傾向はすでに全国の様々な場所で，深刻な有資格の学校図書館メディアスペシャリスト不足となって現れている．これを

受けて，図書館情報学を教える課程では学校図書館メディアのコースを増やし，インターネットと対話型ビデオによる学習を提供するところも出てきた．博物館・図書館サービス機構（IMLS）では，不足を解消するための様々な手だてを講じている．しかし，専門コースが，この切迫した必要性に対し即効性がない場合，学校は有資格のメディアスペシャリストを必要な訓練を受けていない補助職員で代替することになるだろう．そうなると，メディアセンターの質と活力の低下が懸念される．

6. 検閲

図書館運営において，検閲に関する問題ほど熱を帯びるが光が当たらないものはない．とりわけ学校は無防備だ．この状況を作っている要因は2つある．(1) 学校の目的と学校図書館の役割に関する異なる見解，(2) 教育委員会の権利と権限対児童生徒と保護者の権利．これらの問題は長い間法廷で争われてきたが，不明瞭で矛盾する結論しか出ずに終わることが多い．煮え切らない判決の良い例が，最高裁判所で争われたアイランドツリー事件（またはピコ事件）で，学校図書館に関する非常に重要な裁判の1つとなっている．原告は生徒だったスティーブン・ピコである（Board of Education 1982）．この事件で注目された問題は，以下の項目で触れる．

a. 学校の目的と学校図書館メディアセンターの役割

学校の目的をどう定義するかにより，学校図書館の役割のとらえ方が変わってくる．ここに2つの基本的に異なる見解がある．学校は特定の価値観を植えつける場所だと信じる人たちがいる．この意見は理不尽ではない．しかし，この意見を支持する人たちの多くは，子どもを正統ではない考え方に触れさせてはいけない，そうせざるを得ない場合は，子どもが誤って受け入れたりもっともだと思うようなことがないように厳しく監督すべきだと考えている．この見解は，学校図書館の潜在的な問題を象徴している．一般的に，生徒は自らの意志で図書館へ行き，自分で資料を選ぶ．概して図書館では，資料の閲覧や解釈に関する指導と統制が，教室内と比べきわめて少ない．価値を植え込むには，図書館職員は生徒1人1人が何を選ぶかを監視する必要があるが，現実には不

可能だ．代替案として，館内の資料を制限する，あるいはアクセスを制限することになる．

もう1つの見解は，生徒が多くの思想や批判的な考え方に触れ，判断力を養う場としての学校を強調したものである．このように考える人たちは，学校を，特定の物の見方を押しつけたり固有の価値観を植えつけようとする場所だとは見なしていない．むしろ，異なる意見がたくさんある場合でも重要な問題について判断できるように，生徒には多様な見解の識別方法を身につけさせるべきだとしている．この観点からすれば，学校図書館はまったく異なるものになる．正統とされない考え方も正統なものも同様に多くの見解を包括する機関であり，図書館員の役割から監督や統制という性質が薄れてくる．アクセスに関する指導は必要だが，アクセスの制限はしないだろう．

この2つの見解は，もちろん程度や内容に差はあるが，代表的な対立を示すものである．すべての学校では価値を教え，多かれ少なかれ生徒たちに考えさせたいと思っている．しかし，基本的な目的に対する信条が，学校図書館に対する態度に影響する可能性がある．自殺，革命，性的なことに関する図書がコレクションとなる場合にはことさらである．

学校の機能は学校図書館とは異なるとする第3の見解がある．これには議論の余地があるだろう．例えば，学校は定まった価値観を植えつける場所だが，学校図書館の目的はそれとは異なり，正統とされないものも含め幅広い考え方に触れる場所であるとするものだ．この枠組みに当てはめると，学校図書館は，物議をかもす反体制的なものさえも含めた多くの異なる思想を熟考する特別なフォーラムを提供することになる．もし図書館が思想の特別なフォーラムなら，教室の目的がどう定義されようと，コレクションに対する考え方はより寛容でなければならないことは明らかだ．

b. **教育委員会，生徒，保護者の権利**

検閲の問題は多くの場合相対する考え方から生ずる．一般的に州政府は，方針の決定，教員の採用，カリキュラムの承認，教材の選定についてかなりの権限を地域の教育委員会に委譲している．時折，図書館の資料の中に，保護者の間で物議をかもしたり，受け入れられなかったりするものがあることがわかり，

教育委員会を驚かせることがある．自分の子どもの借りてきた資料を見て保護者が苦情を寄せるケースが一般的だが，校長，教員，児童生徒，そして教育委員会委員自身からも反対意見が寄せられることがある．問題を引き起した資料の選別基準やそうした資料の見直しに関してこれといった方針がない場合，多くの教育委員会では，問題の資料を制限する，あるいは廃棄することでその抗議に対処している．

　若者の権利は大人の権利より弱いかもしれないが，裁判所は，未成年者に米国憲法修正第1条の諸権利とそれが法に基づき適用されることを認めている．この点に注目したことで，米国憲法修正第1条とその適正手続きの権利保護において，地域の学校を運営する教育委員会の権利と，若者を含む市民の権利との間に存在する不安定なバランスが浮き彫りにされた．ある法廷の判断では以下のように注釈している．

> 図書館は知識の貯蔵庫である．公立学校用に建てられた場合，図書館はその学校の生徒の利益を考えて州が作った大切な特権である．その特権は，委員が不快感をもったり不服だと思う内容を含む図書を「選り分け」ようとする可能性をもつ後継の教育委員会によって剥奪されることがあってはならない．(Minarcini v Strongsville City School District 1977)

　アイランドツリー事件の場合，最高裁判所は，教育委員会の委員は「学校図書館のコレクションを決定する重要な裁量を保持する」が，「狭義に偏向したあるいは政治的な方法で」その裁量を行使することはできない，と判示した(Board of Education 1982, p.B3922)．教育委員会が気に入らない思想だからという理由だけで生徒からその思想へのアクセスを奪おうとしているなら，教育委員会は憲法で守られた生徒の権利を侵害することになる．最高裁判所は，教育委員会がきちんとした手続きを踏んで見直しや評価をしていれば，「全体に下品な」あるいは教育的に不向きな資料を撤去する可能性を残しているところが興味深い．

　教育委員会の権利，学校図書館の役割，生徒の権利が明確でないため，これからも同じような論争が繰り返されるだろう．このような問題は学校図書館が

インターネットへの接続を拡大するにつれてさらに大きくなるはずだ．学校図書館はこの論争の避雷針の位置に置かれ続けることになるだろう．

C. 大学図書館

　米国の大学図書館はハーバードの図書館を第1号として17世紀から存在していた．1792年までに植民地に置かれたカレッジ9校に図書館が設置されたが，宗教，修辞学，古典など図書館での学習をほとんど必要としない分野に重きが置かれていたことから，蔵書はきわめて少なかった（Jones 1989）．19世紀半ばになっても，独立した組織にするには蔵書が少な過ぎ，図書館の蔵書と学術的な指導との間に関連性はほとんど見られなかった．事実，教授個人や講座，カレッジのディベートクラブが独自に所有する蔵書の方が大学図書館よりもすぐれていることが多かった（Jones 1989）．今日のような大学図書館の形が見え始めたのは19世紀後半になってからのことで，古典的な教育モデルから，専門職養成や技術や科学そして社会科学を志向した教育へと移行する動きに呼応したものだった．この変化は，産業化と，研究を中心的な機能として位置づけたドイツの大学モデルに大きな影響を受けている．このアプローチを取り入れる米国の大学が増えるにつれ，大学図書館の存在感も増し，研究資料を1カ所に集めて学問の場を提供する合理的な空間へと成長した．

　現代のような学術研究図書館になったのは1960年代だが，それより10年ほど前，第2次世界大戦後に復員兵援護法が通過したことに端を発している（Churchwell 2007）．この法律のおかげで1200万人近い復員兵が高等教育機関で学べるようになり，1960年代に大学院へ進学する人もいた．他に大学図書館の発展に寄与した要因としては，軍事研究を行う場所として大学を使用したこと，スプートニクへの反応と1960年代の冷戦，さらに，何百万人というベビーブーム世代の学生を教育するために必要な施設や器材に資金が投入された，ケネディ政権による高等教育への取り組み，などがある．

　複数の要因が重なり図書館のリソースへの需要が急激に高まったことで，レファレンス，目録作成，資料収集部門の働きが目覚ましく進歩する結果となった．それはまた，学部と大学院の図書館を個別に発展させ，主題部門の増加，

コレクション形成部門の設置，さらに，中東，アフリカ，東ヨーロッパ，アジアなど特定地域を専門とする地域部門の発展へとつながった．大学図書館は長年にわたり，ALAとその1部門であるカレッジ・研究図書館協会（ACRL）と研究図書館協会（ARL）からも支援を受けてきた．

　大学図書館は，総合大学，4年制カレッジ，コミュニティカレッジや短期大学など，どんな高等教育機関にも設置されている．学校図書館同様，大学図書館には独立した目的がなく，その機能は図書館が所属する規模の大きな学術機関と直接関連している．第1の目的はまず学生と教職員の役に立つこと，さらにそれより度合いは低いものの管理部とそのスタッフの，そして内容は限られるだろうが地域社会の役に立つことである．

　コレクションに含まれる資料の種類と洗練の度合いは，それぞれの機関の使命を反映しており，一般的には教育か研究のどちらかになる．例えば，主要な総合大学図書館は研究と大学院生を重視する傾向にあり，コレクションには，研究雑誌，特殊コレクション，稀覯書，博士論文およびその他の学位論文，単行書などがある．学部学生へのカリキュラムも支援の対象になるが，図書館予算の多くは研究資料に費やされる．4年制のリベラルアーツカレッジにも同じことが当てはまるが，これほど極端ではない．リベラルアーツカレッジでは，教授指導と幅広い学部教育に力を入れるのが大方の傾向だ．したがって，コレクションはカリキュラムに沿ったものが多くなる．カレッジが教員から要求があった研究資料や出版物を入れようとすれば，図書館はコレクションの調達はするが，予算の大部分は指導目的で使われる．コミュニティカレッジと短期大学は，そのエネルギーのほとんどを教授教育と継続教育に注いでおり，図書館のコレクションとサービスはその傾向を反映している．

　アウトセルは大学図書館に影響を与えている動向をリストにした（Outsell 2003a）．

・運営当局の権限が強まり，大学運営に与える影響も強まる
・任務（業務）を広げ，グローバル化が進む
・セルフサービスと個人別サービスを強調する傾向
・据え置きあるいは減少する予算

・デジタルライブラリー環境作りへの動き

大学図書館はまた，次のような課題にも頭を悩ませている．

1. 図書館員の採用，研修，維持
2. 学術機関における図書館の役割の明確化
3. IT がもたらす影響への対応
4. デジタルリソースの作成，管理，保存
5. 学術出版における混乱
6. 新たなユーザーのサポート（Albanese 2001）

1. 大学図書館員の採用と維持

　近い将来，大学図書館員がきわめて減少するのではないかと大いに心配されている．カレッジ・研究図書館協会（ACRL）はこの不足を説明する多くの要因として，職員の高齢化，大学図書館員の貧困なイメージ，図書館情報学を専攻する意識の高い学生数の横ばいあるいは減少，比較的低い賃金，そして他の経済セクターとの競合などをあげている（ACRL 2002）．ACRL は，新たなマーケティングとメディアキャンペーンや特定分野の広報活動，関心の高い学生を見つけ出すさらなる努力，そして学術機関間での提携を推奨している．

　比較的最近になって，物議を呼ぶ採用方針が専門外の人々を引きつけている．例えば，図書館情報資源振興財団（CLIR）は，博士号をもつ個人を採用し，図書館情報学のトレーニングを受けてもらい，それから大学図書館へ配属している．クロウリーは，プロとして訓練を受けた大学図書館員の価値を蝕むとして，このタイプの実務研修を批判した（Crowley 2004）．クロウリーは，「大学図書館のリーダーらが目指すべきは，学術分野の中心に組み込まれた図書館員が提供するサービスをより充実させることである」と忠告している（p.44）．ニールも以下のように懸念を語っている．

　　大学図書館は現在，専門職図書館員の席を埋めるために，図書館学の修士号をもっていない人たちを雇い始め，その数は増加している．資格のある

図書館員を任命する従来のやり方に替わり，例えば主題分野の上級学位，特別の語学能力，授業経験，また技術的専門知識をもつなど多様な能力のある人を採用し，図書館員の職に採用している．(Neal 2006, p.1)

ニールは，この傾向が今後も続けば，図書館情報学課程でこつこつと身につけるべき規範や価値を欠落させた「与太者」図書館員が多く現れるだろうと指摘する．図書館への影響は現在のところ未知数だが，注視する必要がある．

多様な人種や民族的な背景をもつ人たちから大学図書館員を採用する場合は，特に留意する必要がある．この問題に取り組む最善策として，ACRL は，大学図書館における少数民族の採用に関する正確な労働人口データの収集と報告，そしてこの職種における人種的・民族的マイノリティが占める割合に関する現実的な目標値の設定を推奨した (Neely and Peterson 2007)．多様性のある最大公約数を求める活動の一部として，ARL は，上限1万ドルの博物館・図書館サービス振興機構の補助金を受け，「多様な労働人口への取り組み」を開始し，これまで目立たなかったグループの学生たちに，大学図書館や研究図書館でキャリアを積むようアピールしている．

ACRL は，いったんは労働人口に加わった大学図書館員がそのまま職に残るようにすることにも関心を示している．同協会は，人事異動やジョブシェアリング，柔軟な仕事のスケジュール，より興味深くやりがいのある仕事を与えるなどしてこれまでより刺激的な環境を作るよう勧めている．いうまでもなく，楽観的になる裏づけはないが，昇給も効果があるだろう．

2. ネットワーク情報とインターネット

電子情報資源とインターネットの成長により，大学図書館が大きく変化したという事実には，まったくもって疑いの余地はない．

ウェブは，図書館本来のサービス提供の仕方に，革命的な変化をもたらした．遠隔アクセスから始まって，オンライン目録，また索引や抄録のツール，利用者のデスクトップに届けられるフルテキスト資料にいたるまでのさらに多くの重要なサービス提供を可能にした．デジタル化プロジェクトと遠隔学習テクノロジーを通した新しく，画期的なサービスの配信は，レンガとモルタルの図書

館モデルを，バーチャルモデルへと変容させていくのである（Kyrillidou 2000, pp.434-435）．

これらの変化は，図書館コレクションの性質，コレクションへのアクセス手段，利用者へのアシストの仕方などに変化をもたらすこととなった（Bailin and Grafstein 2005）．デジタルリソースに向けてのトレンドは，今後なおも続くであろう．例えば，テノピアは，電子情報資源の使用に関して，200 を超える研究発表の要約を行った（Tenopir 2003）．

- 教職員，学生ともに，電子情報資源を好んで使用しており，彼らは，それら情報源が彼らの自然な作業の流れにおいて，便利に，適切に，また時間短縮に役立つとわかれば，誰よりも先に取り入れている．
- 個人単位での学術雑誌の定期購読契約は減少の一途をたどり，その結果，利用者は，図書館予算に基づきインターネットで提供される電子化された媒体の購読契約にさらに依存することとなる．
- 大学生や高校生は，調べ物をするのに図書館よりもインターネットをより多く活用している．

バージャックによると，科学者たちの研究成果の生産性は，インターネットの使用と相関があるという．「より多くの研究成果をあげる科学者ほど，より多くインターネットを使用している」（Barjak 2006, p.1363）．マーカムとジョージは，3200 人以上にのぼる教職員，大学院生と学部学生を対象に調査を行ったところ，回答者の 90％以上が電子情報の検索と使用に快適さを感じていることが明らかになった（Marcum and George 2003）．特に学部学生が電子情報を重視しているということである．とはいっても，まだ大半は従来の印刷された学術雑誌を使用しているのだが，その一方で，電子ジャーナルの使用も深く浸透していっている．頼もしいことに，多くの割合の人が図書館のことを，情報を得るための重要な手段であると認識しているのだが，その一方で，3 分の 1 以上の人が，自身の図書館の利用率が 2 年前に比べて顕著に減少していることを認めている．

図書館離れは，世代的な問題のようである．1980 年以降に生まれた学生に

とって，テクノロジーは彼らの生活の一部として必要不可欠なものであり，それを使用することにまったく抵抗を示さない．彼らは，図書館へ行くよりもまず，ウェブを見ることが圧倒的に多い．彼らが図書館を利用する時は，図書を借りるというより，コンピュータを使用することの方が多い．わずかに 10 人に 1 人がレファレンス質問を行っている．彼らはまた，図書館が飲食できる施設をもち，年中無休の夜間開館であることを望んでいる (Gardner and Eng 2005)．ホリデーとリーは，大学図書館がこのような新しい世代の学生たちに向けて，より良いサービスを提供できるようにするには，次にあげるいくつかのステップを行うよう勧めている (Holliday and Li 2004)．グループ活動のためのスペースを提供する，学生を雇い同年代の学部学生をできるだけ支援する，コンピュータの台数が十分足りているかを確認する，デジタルインフォメーションへのリモートアクセスを可能にする，などである．レファレンス支援や図書館施設を 24 時間対応にすることもサービスの向上に一役買うことになるだろう．

　社会全体においても大学文化においても，文化的変容の広がりは大きい．

　　大学図書館は，成長を続ける有機体に例えていうならば，それは，他の相互依存的な大量の生命体とのダイナミックなつながりの中に存在している．このつながりの複合体の中で，生命体のサンゴ礁は成長し，変化を遂げる．一昔前の情報生態系においては，活字と紙が結合の役目を担っていた．この強いつながりを，他の配送システムを使って，別のフォーマットに置き換えるなら，図書館はその変化を受け入れるか，または消滅するか，どちらかの選択をせまられることとなる．(Shuler 2006, p.540)

　シュラーはさらに次のようにコメントしている．「大学図書館には，多くの学術コミュニティにおいて，情報を求めてたどり着く目的地の中で 2 番目か 3 番目の位置が待っている」(p.542)．キャンベルは，次のように述べている．「研究者を含むほとんどの人々にとって，図書館は，情報源としてのもっとも基本的な役割を果たす上でバーチャルな存在となったのである」(Cambell 2006, p.20)．

4　機関としての図書館：その組織を展望する　　199

　大学図書館がこれらの変化を受け入れることに成功しているという確固たる証拠がある．図書館スペースは，変化を遂げ，デジタルテクノロジーやデジタルサービスが備えつけられている．目録はメタデータに進化し，今度は，画像や音声，動画を含む，デジタルデータの新しい形式が適用された．また，バーチャルレファレンスサービスも現れ，文献利用指導は情報リテラシーとなり，資料の選択や管理はデータベースを考慮に入れるようになった．しかしながら，マンは，次のような警告を発する．彼は大学図書館に対して，「インフォメーションパラダイム」を無批判に採用しないよう，助言し，電子情報テクノロジーへの陶酔は，何らかの「盲点」を生み出す恐れがあるという（Mann 2001, p.277）．彼は，大学図書館員に，次のように他の要素についても考えるよう訴えかけた．

- メディア形式の変化がもたらす最大限の効果は，単に物理的な移動を行うことなく，記録にすばやくたどり着けるということではなく，長ったらしい物語や説明文の理解を容易にするということでもある．
- 今後も永続して生産される図書や紙形式による記録などを収容するための新しい図書館を建設する必要性がある．
- 現実の図書館が行う品質管理と資料選択の過程のおかげで，そのコレクションは，整理のつかない状態であるインターネット上の情報に取って代わる，とても魅力的な選択肢となり得る．
- 私たちが学生たちにインターネットのみを使った探索を行うことを勧めれば，彼らは無言で有害なメッセージを受け取ることになる．
- 図書館を，インターネットへの入り口に過ぎないとして，完全に不必要なものにしようとする，強力な宣伝や，政治的圧力がある．
- 分類順に排列された図書の代用品である目録記録を使った表層的な探索と，同じく分類順排列されても実際の図書の全文を使った探索との間の重大な違い．（pp.277-278）

　マンは，何か新しいものが開発されるたびに，そのメリットとともに問題も発生するものであるとも述べている．大学図書館員は，今後生き残り，発展し，

利用者に貢献していくつもりであれば，もっとも効果的なサービスと製品を精査し，熟考した上で採用していかなければならない．

3. インフォメーションコモンズ(IC)

　大学図書館はまた，教授法においても重大な変化に直面する．それには，アクティブラーニング，グループあるいはネットワークで相互に協力あるいは協働する授業，電子資料への依存の拡大に起因する学習様式の変化などに，より重点を置くということが含まれる．それに応えて，多くの大学図書館がインフォメーションコモンズ（IC），インフォメーションセンター，ラーニングコモンズやインストラクショナルコモンズなどの名で知られる新しいスペースを作り出した．ICとは，デジタルリソースに重点を置いた，様々な図書館サービスを施すことを目的に設計された空間である．コモンズにはコンピュータワークステーション（マルチメディアワークステーションを含む）が設置され，インターネットへのアクセスをはじめ，ローカルデータベースやオンライン目録，また課題に取り組むのに必要なソフトウェアなどをつなぐことが可能である．レファレンス資料や，コンピュータとレファレンス担当のスタッフが近くに配置され，相談とサポートにあたっている．個人指導や論文作成のサポートも利用することができ，グループ作業に必要なスペースも提供される．ICの創設には，慎重な計画，重要な資料，十分な数の人材，訓練，そして財源が必要である．また，授業の課題やコモンズへの態度が利用を促進するから，教員たちと上手な結びつきをもつことも必要とされる（MacWhinnie 2003）．

　ICを設置することによって大学図書館は，新しい教育，学習方法を採用し，それらを統合する力を高めることができるだろうか．ビーグルは，図書館外で学習テクノロジーの利用が増加したため，図書館，図書館員，教員および学生たちは，情報空間を形作り，統合する方法を見つけ出さなければならなくなるであろう，といっている（Beagle 2002）．図書館員はデジタルコンテンツを組織化し，利用可能な状態にすることができなければならない．教員は，オンライン情報源の情報を探し出し，1カ所にまとめることができなければならない．また，学生は，デジタルコンテンツを探し出し，使いこなすことができなければならない．ビーグルは，ICによって学生たちが，広範囲なデジタル環境を

より効果的に活用することができるようになったという意味で，ICは教育支援の場所としての役割を超える可能性を備えているのではないかと推測する．しかし，ICが図書館の生き残りを約束することができるのかというと，それはまだわからない．楽観的な見方もいくつかはある．例えば，サムソンとオールズの報告によると，モンタナ大学ミズーラ校においては，ICの設置により，図書館への来館者数が図書館ウェブサイトへの訪問者数に負けないくらいに増加したという (Samson and Oelz 2005)．

4. 資料保存と資料保護

資料保存と資料保護の2つはとても似ているようであるが，まったく別のコンセプトである．クルーナンによると，資料保護はたいてい，「個々の図書館資料の物理的取り扱い」という意味に解釈されるのに対し，資料保存は，「図書館資料を集合体としてケアする（例えば，保存環境を監視するなど）」というふうにとらえられる (Cloonan 2001, p.232)．

資料保存の問題の複雑さは，物理的，デジタル両方のコレクションについて，増大しているというのは明確な事実である．ティーパーは，以下のような8項目の課題を定めた．

1. デジタル資料の，アクセス可能性，統一性，永続性を確かなものにする．
2. よく利用されている印刷物コレクションを保存する．
3. 稀覯書コレクションを保存する．
4. 視聴覚資料コレクションを保存する．
5. 図書館施設の劣化に取り組む．
6. 資料保存と資料保護の専門職を教育し，訓練する．
7. 資料保存プログラムの維持に必要なリソースを，保持し，開発する．
8. 資料保存の対象となる資料を選出し，評価する．(Teper 2005)

図書館コレクションの甚だしい劣化は長期的に取り組むべき問題である．大学図書館では，コレクションを長い間保存するため，特に劣化しやすい状態に

なっている．第1の原因は酸性紙である．1860年代以来，ほとんどの図書やその他の印刷物は，酸性紙に印刷されてきた．長い年月を経て，酸が紙を乾燥させ，最終的にパリパリに砕けそうな状態になってしまうのである．ただ単に，ページに触れてめくっただけで，紙が粉々になってしまう．研究図書館において，脆い紙の図書は重大な問題となっている．図書館資源協議会（CLR）は，米国中の研究図書館だけで，7500万冊以上の脆い図書が存在すると見積もった．そして，それらのうち，300万冊だけを保存するのに2億ドル以上かかるであろうとされている（Byrnes 1992）．フォーマットが新しくなるたびに登場する新しい知識は永遠に増え続け，限られた財源の中でそのペースに合わせていくには，使えるお金はあまりにも少ないというのは，明白な事実である．

　この問題を悪化させるその他の要因として，資料の不適切な取り扱い，不適切な空調，不適切な照明，お粗末な配管設備，火事の危険性，害虫，損傷を防ぐための安全対策の低さ，防災計画の欠如などがあげられる．これらの脅威に対処するため，図書館は次のような資料保存プログラムを展開しなければならない．それは，スタッフに対する職業訓練，学生に対しての，資料の正しい取り扱いに関する教育プログラム，適切な書庫施設の使用，効果的な環境管理の実行，物理的に劣化している資料に対する保存メディアの変更ないし移行（マイグレート）技術の使用，災害時復興計画の作成，そして修理と修復の必要のある資料に対しての手当てなどである（Cloonan 2001）．多くの大学図書館は，上述のサービスのほとんどを行っているが，災害復興計画に関しては，しばしば忘れがちである．2005年のハリケーンカトリーナや2001年の熱帯低気圧アリソンを思い出せばわかるように，自然災害は，貴重な図書館コレクションを台無しにしてしまう可能性があるのだ（Silverman 2006）．シルバーマンは，全国文化財災害センター（NDCCP）に対して，文化財を含む図書館のコレクションを保護するための緊急援助ができるような体制を作ることを提案した．

　電子フォーマットに保存された情報は，また別の問題をもたらす．デジタルデータはとてつもない柔軟性をもつ．それらは簡単に操作，アップデート，また変更が可能である．しかし，この柔軟性は長所と短所の両方を併せもつ．変更しやすいということは，もとのフォーマットのまま保存することが難しいということである．その情報が電子的に変更または操作されているとしたら，そ

の真正性を見極めることはしばしば困難になってくる．電子データは劣化するので，電子フォーマットに保存されている情報は，監視し，定期的に更新するか別の電子媒体に移すかして，完全な状態を保たなければならない．実際，電子フォーマットはそれほど耐久性があるわけではなく，ハードドライブやディスクは様々な問題に対して，とても弱い．これらの新しいメディアに比べて，印刷物は非常に安定したフォーマットである．中性紙は何百年ももち，酸性紙でさえ，何十年かは大丈夫である．電子フォーマットのデータは，その保存フォーマットが古びるのに合わせてすぐに古びてしまう．だからこそ，データの読み取り技術を保存することもまた，重要なのである（Cloonan 1993, 2001）．

これらの重大な問題を検討した上で，主要大学と連邦政府は重要なコレクションを，デジタル化することによって資料保存するという作業を熱心に進めた．重要な研究用コレクションの資料保存が優先されるのである．しかし，より小さな大学図書館の間で，協力し合って資料保存を進めるという動きもある．だが，これらの取り組みは資料保存運動に比べて，よりアクセス主導型である．スミスは，皮肉なことに，デジタル化によってコレクションへのアクセスが増えるに従って，オリジナルの資料に対する需要が，しばしば高まり，これがさらなる劣化のリスクを高めていると述べている（Smith 1999）．同じように，クルーナンも，重要な資料保存先導型への関心が，実際にはデジタル化プロジェクトへの関心へと矛先が変わってきているのではないかとの懸念を強調している（Cloonan 2001）．

5. 定期刊行物とその他出版物の増え続けるコスト

研究重視の大学図書館は，最新の情報を提供してくれる，定期刊行物や逐次刊行物のような学術雑誌に常に頼ってきた．2005 年，ARL が出した見積もりによると，研究図書館の利用率が 1986 年に比べて，学生で 10％，教員で 16％伸びていることがわかった．しかし，同じ時期に，逐次刊行物の予算が年率 7.6％減少している（ARL 2005）．フルテキストの統合データベースが，いくらかコストを抑えるのに役立ってきたが，大学図書館は，顕著な値上がりにもかかわらず，定期刊行物をいまだに相当数，購入しなければならない．例えば，2006 年から 2007 年にかけて，定期刊行物の値段は 7.2％上昇，逐次刊行物に

ついては7.1％の上昇，その一方で，図書はわずかに1.9％の上昇にとどまった．インフレーションは，自然科学，技術の分野でもっとも顕著であり，自然科学の定期刊行物の値段は7.5％上昇した（Information Today 2008）．変動する外国為替が相当な価格変化を生みだし，真のコストの予測が困難であるため，海外出版物はもっとも問題が多い．これら財政上のプレッシャーは深刻である．ARLは，研究図書館の全般的購買力が顕著に下降していると報告している．この傾向は，価格の年平均増加率が，図書館資料全般において6.4％，モノグラフは2.5％，また，給与の増加率は4.5％という事実と相まって，研究図書館を財政上，著しく絶望的な状態に追いやったのである（ARL 2006）．ハーバードやコーネル，カリフォルニア大学といった一流大学でさえ，逐次刊行物の予算の大幅カットを宣言している（"Harvard, Cornell Slash Journal Subscriptions" 2004）．

6. 説明責任

　ほとんどの学術機関は財政上の安定を求めて奮闘しており，特にそれは税金で支えられている公立機関において顕著である．財政的に困難な時期において，大衆は増税に賛同しようとはしない．公立私立にかかわらず，大学図書館は，お金をめぐって他の学術部門と競争しなければならない．こうした状況の中にあって，大学図書館長はやむなく図書館が大学に与える価値について証明することを強いられている．今日，説明責任を示すために大学図書館は，その価値を量的に証明する証拠を用意しなければならない．カウフマンはその画期的な研究の中で，イリノイ大学図書館の例を用いて，図書館資源の利用と学部によって得た給付金との関係を測ることにより，投資収益率のモデルを開発した（Kaufman 2008）．「教員が図書館資料を利用することによって獲得した研究費収入を使うことで，大学の戦略的ゴールがどのようにサポートされたかという点での図書館のもつ価値を示す数量的尺度」を作り出すことが，彼女の目標である（p.424）．すなわち，彼女は，教員の生産性に対する図書館の電子リソースの有効性を裏づけしようと試みたのである．カウフマンは図書館に1ドル投資するたびに4.38ドルの給付金収入が得られると算出した．サービスの質の尺度もまた，開発された．LibQUAL+というウェブベースのソフトウェアプ

ログラムは，サービスの効果，場所としての図書館，そして情報管理に基づくサービスの質を測るものである (Thompson et al. 2005). LibQUAL+は，有効で，信頼のおける尺度であると認められてきたが，それは実際の成果の尺度というより以上に，利用者満足度の尺度になっているのではないかと指摘する研究もある (Thompson et al. 2005). 大学図書館にのしかかる財政的プレッシャーが大きくなればなるほど，さらなる費用対便益比の研究と新しい調査手法がますます重要になってくるのだ．

7. 情報リテラシー

オウス・アンサーは，以下のように述べる．変化し続ける情報環境は，「学生の知的能力形成における大学図書館の役割の拡大を要請する．こうした図書館の役割は，ただ情報を入手し，整理し，提供し，そして保存するというだけでなく，情報の検索，評価，利用についての戦略を指導することも含まれる」(Owusu-Ansah 2001, p.285). 大学図書館は長年にわたってこれを行ってきた．しかし，難題が増え続けるにつれ，情報リテラシーに対しての価値にさらに投資する必要があることに気づくようになった．高等教育の継続はますます重要な問題となってきて，情報リテラシーがキーファクターとなっている (Carr and Rockman 2003). 2000年1月，ACRLは，高等教育のための5項目のコンピテンシー基準を定めそれぞれにパフォーマンス指標を設定した (表4.4).

8. 学術出版における危機

学術出版は流動的になっている．ある報告は今の状況を次のように表現している (New Media Consortium and Educause 2007).

表4.4 ACRL 高等教育のためのコンピテンシー基準

基準1	情報リテラシーをもつ学生は，必要な情報の特性と範囲を決定する
基準2	情報リテラシーをもつ学生は，必要な情報に効果的・効率的にアクセスする
基準3	情報リテラシーをもつ学生は，情報やその情報源を批判的に評価し，選択された情報を自分の知識ベースや価値システムに統合する
基準4	情報リテラシーをもつ学生は，個人的にあるいは集団の一員として情報を効果的に用い，特定の目的を達成する
基準5	情報リテラシーをもつ学生は，情報利用を取り巻く多くの経済的・法的・社会的問題を理解し，情報に倫理的合法的にアクセスし利用する

学術研究や学問的活動の昔ながらの活動は，研究資料へのアクセス能力の爆発的な増大や，遠く離れての協力が可能になったことの恩恵を受けてきた．同時に，研究の過程，査読，出版，そしてテニュア（訳注：大学教員が同僚による審査によって獲得することのできる終身雇用制度）は，その同じトレンドによって，難題をつきつけられることにもなる．読者主導型のコンテンツは，オープンアクセスコンテンツモデルと結合して増殖し，それは私たちの学問や出版に対する考え方，およびこれら活動の実施方法を変えていく．(p.21)

学術出版に関する重要事項は以下の通りである．

1. 学術雑誌の価格の継続的増加．
2. 出版社とベンダーは電子データベースのコンテンツを管理し，その結果，物理的な物の購入から，データベースへのアクセス権の購入へとシフトしていった．そしてそれは，普通，交渉によるライセンス契約を通して行われる（一般的にライセンス契約がユーザーに与える権利は，著作権法が認めるものよりもずっと少ない）．
3. 大手の学術雑誌出版社は，特に自然科学分野において，巨大な利益を生みだし，それによって，大学，研究図書館は犠牲となり，減少する単行書への予算を逐次刊行物へと移行せざるを得ない状態にし，結果単行書のコレクションは減っていく．
4. 合併や吸収による，大手学術雑誌出版社間の競争の減少．

2000年3月，研究図書館協会，ジョンズホプキンス大学，インディアナ大学，ペンシルバニア州立大学，その他多数の研究・学術機関など，関係団体が一堂に会し，この危機について議論した．結論として，現行のシステムはただ単にコストがかかり過ぎるということになり，学術出版の危機脱出システムとして9項目の原則を作り出した（Case 2010）．これらの原則は財政上の問題を超えて，学術著作物の評価と査読の全工程の検討，資料保存問題，出版権に関

する課題，個人のプライバシー権利などにわたっている．研究者や学生の権利が，学術出版社の経済的利害関係に対してバランスをもって保障できるように警戒を怠ってはいけない．

a. オープンアクセス

　このバランスを保つために，学術研究コミュニティのメンバーが取った手段として，オープンアクセス（OA）がある．これは，「フルテキストの学術論文をすべてのユーザーに向けて，完全に無料で制限されることなく，読み，コピーし，ダウンロードし，ウェブを通して配信させることを意味する」（Schmidt et al. 2005, p.407）．オープンアクセスの本義は，学術研究は公益に属し，経済や知的財産権の制約に邪魔されることなく，共有されるべきであるというところにある．普通，オープンアクセスは，従来のものに替わる出版方法か，研究組織または主題分野ごとにリポジトリの設立を通して，実現される（Lustria and Case 2005）．ニコラスとローランドによると，オープンアクセスの認知度や重要性は高まってきたが，まだ比較的，限られた範囲内にとどまり，わずかに10％の著者がOAジャーナルで公刊したに過ぎないと報告されている（Nicholas and Rowlands 2005）．ヴァン・オースデルとボーンは，オープンアクセスは，「現行の形態では存続が難しいとされている現存する学術誌出版に替わるものとして，十分に確立されたものとはなっていない」と述べている（Van Orsdel and Born 2007, p.43）．

　学術分野におけるオープンアクセスの典型的な成果の1つに，1998年6月の学術出版・学術資源連携組織（SPARC）の設立があげられる．もともとは，研究図書館協会の新しい構想からはじまったSPARCは，世界中から集まった，学術機関，研究図書館，その他の団体で構成された組織である．彼らは，質の高い研究成果をコストを抑えて刊行する学術雑誌により，もっと競争力のある市場を形成し，それを通じて，学術出版へのアクセスを増加させることに献身的に努めている．SPARCのメンバーは，新しい論文誌を予約購読することによって，財政的サポートを提供している．その裏には，科学者たちが，彼らの研究発表を広く配布することのできるこの出版方法を選ぶであろうという憶測があった（Johnson 1999）．SPARCは著名研究者を魅了する，従来に替わるタ

イプの論文誌刊行を推し進めることで学会，大学出版部門，その他の団体とのパートナーシップをもち続けている．自然科学，技術，医学分野の論文誌はもっとも高額なものの1つであるため，主にそれらに焦点を当ててきたが，今後は経済学分野にも進出しようとしている．SPARCはまた，今日の学術出版が直面する問題について，学術コミュニティやそれ以外に対して，啓発活動を行っている．

　実際には，私たちは，オープンアクセスと従来型の出版モデルの両方からなる2層構造を取り入れることになるであろう．ザオによると，ウェブ上で出版された記事は，印刷された論文誌のそれよりも，研究の最先端にあることが多いという (Zhao 2005)．もしもこのパターンが今後とも継続して見られるなら，学術出版はリアルタイムではオープンアクセスによって構成され，他方，2層目では従来の論文誌が占めてきたフォーマルな位置づけの出版形態は存在し続けることになるかもしれない．2層構造のシステムが現実的に現れるか否かにかかわらず，オープンアクセス型と従来型の雑誌はおそらく学術出版の主要な位置を占め続けるだろう．これは時に混合オープンアクセス (mixed open access: MOA) と呼ばれることもある (Schmidt et al. 2005)．MOAは大学図書館員に新たな難題をもち込む．それにより，彼らは，どちらのタイプにも熟練していなければならず，これらの資料を探し出すためのサーチエンジンの能力を最大化し，目録を取り，所蔵巻号をアップデートしなければならない．これら新しい責務にかかる費用は計り知れない．

b. デジタルリポジトリ

　出版社と大学図書館の関係性がくずれていくにつれて，教員は単独の大学と複数の大学のレベルにまたがる学術コンテンツの集合体を意識するようになってきた．これらの議論の結果，デジタル図書館を設立する団体がいくつか現れた．デジタル図書館とは，「単一の，あるいは複数の大学コミュニティの知的生産物を集め，保存するデジタルコレクションである」(SPARC 2002, p.4)．常に増殖し続ける莫大な研究資料へのより迅速なアクセスの必要性をはじめとする，様々な要素がこれらデジタルリポジトリを生みだしたのである．

学術機関リポジトリは，その知的資本を集中化し，保存し，アクセス可能にすると同時に，広範囲にわたって相互運用するリポジトリの世界的システムの一部を形成するであろう．そして，そのようなリポジトリは，学術出版の新しい，分散型モデルの基礎を作り出す．(SPARC 2002, p.6)

　こうしてできたリポジトリは，学術的知識へのアクセスとともに，機関の認知度や，名声をも増加させることになるはずである．
　機関リポジトリのもつ潜在的価値にかかわらず，学術出版の現行のシステムは現存するテニュアと昇進のシステムに結びついており，近い将来なくなってしまうだろうとは考えにくい．SPARC は次のように述べている．分散型の学術出版モデルの目的は，現在の学術雑誌システムを壊してしまうことではなく，学術機関や図書館において，そのシステムがもつ独占的な影響力を弱めることにある (SPARC 2002, p.15)．とはいえ，市場が成熟して，売り上げの成長がほとんど見込まれないため，従来型の出版社の関心は高い．今では，著者に自著の論文の一部をオープンアクセスにする機会を提供している出版社もあるが，それには知的財産権の大きな制約がついていることが多い (Van Orsdel and Born 2007)．

D. 専門図書館とインフォメーションセンター

　専門図書館とインフォメーションセンターの多様性を単一の定義で的確に表現しているものは存在しないが，通常，両者は区別される．マウントは専門図書館について「民間企業や政府機関，非営利団体，職能団体が資金提供をする情報組織」と定義した (Mount 1995, p.2)．この定義には，公共機関や学術機関の専門的な主題部門も含まれる．インフォメーションセンターについては，「非常に狭い領域を扱う専門図書館」(Mount 1995, p.3) であると定義している．例えば，金属製造に特化した専門図書館にある，アルミニウムに関するインフォメーションセンターなど．この定義は，インフォメーションセンターを専門図書館というより広範囲な概念の下に置くものである．ホワイトは，専門図書館とインフォメーションセンターの特徴を次のように示した (White 1984)．

1. 情報や実際の文献・資料を見つけ出す方法を教示するのではなく，実際的な目的のために情報を提供することに重点を置いている．
2. 概して，利用者が図書館員の助けを借りて解決策を見出すのではなく，むしろ図書館員が利用者のために必要な解決策を調査し，見つけ出す．
3. 情報を必要とする人たちはインフォメーションセンターの役割をよく知らないため，図書館員には相当な自主性が与えられている．
4. 他と比べると利用者の数は少なく，小規模ではあるが専門性の高いそのコレクションへのアクセスは制限されている．
5. 所属する特定の組織の使命に直接かつ密接に関係しており，生き残りをかけて常にその有用性を示していかなければならない．
6. 図書館自体よりも，むしろ，上位の組織の目的を優先させた経営を行っており，図書館員の数は，機関職員総数のほんのわずかを占めるに過ぎない．

　専門図書館の起源は，古代・中世にまで遡るが（Wiegand and Davis 1994），マウントは，その起源を18世紀，ウェストポイントにある陸軍士官学校に図書館が設立された1777年であるとしている（Mount 1995）．専門図書館協会（Special Library Association: SLA）が1909年に設立された当時，およそ100の専門図書館が存在していた．その数は1920年には1000に及んだ．第2次世界大戦後その増加は著しく，1960年代には専門図書館の数は1万に達した．上で定義したインフォメーションセンターもこの時期に増加しており，主に科学研究所や技術研究所に新設された（Mount 1995）．
　競争の激しい知識社会や経済社会において，最新の情報をすばやく入手することが不可欠であることを個々人が認識するようになり，専門図書館やインフォメーションセンターの役割ははっきりとしてきた．その絶え間ない成長には，少なくとも3つの要因がある．つまり，増加の一途をたどる情報量，情報テクノロジーの相次ぐ開発，そして組織が生き残るために重要な役割を果たすのが情報であるという認識，である（Christianson et al. 1991）．実際，専門図書館やインフォメーションセンターは，それ以外の図書館とは非常に異なり，より起

業家的な環境において，多くの場合民間の営利目的の組織内で運営されている．特定の利用者や出資者にのみサービスを提供している．さらに，専門図書館やインフォメーションセンターは，従来の図書館に対して機能やイメージを拡張して「知識サービス」や「コンテンツ管理サービス」を促進している．「知識サービスとは，社会的共同体，つまりそこでは，利害関係者すべてが，その所属する組織の使命を首尾よく達成するために尽力するという，信頼性の基盤と協力的な環境である社会基盤を創造することを目的としている」(St. Clair et al. 2003, p.11).

現在米国にある専門図書館とインフォメーションセンターの数は，その定義の仕方にもよるが，大まかに見て1万4000から2万1000とされる．全世界で見ると，約3万5000の専門図書館とインフォメーションセンターが存在する．これらの図書館やセンターがいかに種々雑多であるかは，専門図書館協会に存在する様々な部門からも明らかである．例えば，ビジネス・金融，化学，教育，工学，政府情報，知識管理，軍隊，博物館，ニュース，製薬，科学技術，社会科学，図書館コンサルタントそして交通である (Special Libraries Association 2009).

以下は，専門図書館が直面するいくつかの問題についての議論の概要である．

1. 財源不足

すべての図書館に共通することであるが，財政逼迫は大問題である．例えば，アウトセルの報告によると，企業のインフォメーションセンターの予算は2002年から2003年にかけて7％減少しているのに対し，運営費やベンダー価格は上昇している (Outsell 2003b). これはかなりの負担となり，さらには最小限の出費で高い実績を望む母体組織にとってはいうまでもない．それゆえ，組織の採算性は図書館員の提供する情報がいかにタイムリーであり正確であるかということにかかっているにもかかわらず，図書館員数はきわめて少ない．

2. 価値の確立

独自の製品を生み出すことのほとんどない図書館は，プロフィットセンターというよりもむしろ，コストセンターであると考えられることが多い．という

ことは，図書館員は自身の存在を正当化するか，さもなければ予算削減の対象とならざるを得ない．だからこそ専門図書館はその製品，つまり情報を，自分たち以外のもの，そして組織全体の業績を向上させるものとして積極的に売り込むのだ．ベンチマーキングは，性能を実証する1つの手法であるが，これは，ある図書館の実績を他の図書館の実績と比較し，最高実績を割り出し，効率性と有効性を高めるためのものである．ベンチマークは，どこの業績が評価の対象となり得るかを考慮する基準となっている．専門図書館協会はベンチマーキングがきわめて重要であると考え，これを行うことを協会の業務として取り入れた（Henczel 2002）．もう1つの手法はバランス採点カードといわれるものであるが，これは図書館を4つの観点から評価するものである．利用者，内在的本質，イノベーションと学習，そして財務である．各組織はそれぞれの分野について目標を立て，その後その達成の度合いを測るのである（Mathews 2003）．全体としてみれば，「投資に対する利得」に注目が集まり，結果，アウトプットの測定に関心が集中する．

　　専門図書館には，図書館はより大きな組織にとって真の価値のある情報サービスを提供するものであることを示す有力な証拠がある．この価値は，業績や時間節約，財務効果——支出節約や増収——などという形で存在する．（Mathews 2003, p28）

現在の経済情勢においては，「経常経費」と考えられる項目には常に注意が注がれる．だからこそ専門図書館にとって，所属する組織の最終収益や重要な使命に対して，目に見える貢献をすることがきわめて大切なのである．

3. 資料保管と検索に関する問題

　専門図書館とインフォメーションセンターが，多くの場合，技術，科学と経済についての情報を扱っていると考えると，そうした情報は，その時点では重要であっても，その有用性はすぐに薄れてしまう．そのためどのような形式の情報を提供するかは，その正確さやデリバリーのスピードに比べ，それほど重要ではないかもしれない．肝心なのは，最新情報の入手がまさに時間との戦い

であり，専門図書館員もそうしたプレッシャーの中で仕事をこなさなければならないということだ．この任務を果たすことで情報テクノロジーへの信頼性が高まり，その結果，専門図書館員は絶えずその情報を最新のものにし，常にイノベーションの最先端に位置する．カッセルは重要な数々の技術として，電子検索，競合相手の情報分析，市場調査，そして企業内ネットワークの開発をあげている（Kassell 2002）．

4. 著作権

　最新の情報，特にリサーチ関連の情報を広めるには，複写はきわめて重要な手段である．著作権の問題は，営利目的組織の専門図書館においては特に厄介であり，この問題は1992年のアメリカ・ジオフィジカル・ユニオン対テキサコ裁判で注目を浴びることとなった．営利企業であるテキサコ（Texaco）の研究者が数種類の学術雑誌から8本の論文コピーをとった．研究目的でコピーをとることは，通常，公正使用の基準からいっても問題はないが，裁判所は，その行為が研究目的ではなく営利目的であると判断した．裁判所は，テキサコの行為が学術雑誌の発行元に悪影響を及ぼしたとする判決を下した．いい換えれば，テキサコは，学術雑誌の著作権を尊重すれば，同じ目的を達成するために別の行為をとり得たということである．例えば，もっと多くの雑誌の定期購読を行う，ドキュメント販売機関にコピーを依頼する，または著作権クリアランスセンターに追加のロイヤリティを支払い，そのロイヤリティをもって発行元に弁済する，などである．こうした議論の結果，裁判所は発行元に有利な判決を下すこととなった．この主張は抗告審判において支持され，最終的にテキサコが多額の費用を支払うことで決着した（"Court Upholds Ruling" 1994; "Texaco Settles" 1995）．この判決は，専門図書館やインフォメーションセンターだけでなく大学図書館にも衝撃を与えた．図書館員が利用者にそのコピーの目的を聞く必要が生じ得るからである．そのような行為は，プライバシーや知的自由について深刻な問題を引き起こしかねない．当然のことながら，他館種の図書館が有するデジタル環境下における著作権の問題はすべて，専門図書館にも当てはまる．

V. まとめ

驚くことではないが，図書館は多くの場合，官僚制的で階層を重んじた従来のやり方で組織されている．図書館はその体制を利用して，長年にわたってうまく繁栄してきた．しかしながら今日の環境の下，新たな問題に直面している．この問題は，図書館員の直轄外にありながら，順応性のあるすばやい対応を要する状況と事象とがもたらしたものである．代表的な問題として，減少する予算や加速するインフレ，知識の急速な拡大と陳腐化，そして新技術の発展などがある．その他にも各館種図書館に特有の問題が存在する．これらの問題の原因はともかく，組織としての図書館には，使命の明瞭性を維持し，その機能を効果的に組織化することが求められるであろう．

参考文献

Albanese, Andrew Richard. 2001. "Moving from Books to Bytes." *Library Journal* 126 (September 1): 52–54.

American Association of School Librarians. 2009a. *Empowering Learners: Guidelines for School Library Media Programs*. Chicago: ALA.

―――. 2009b. *Standards for the 21st Century Learner*. Chicago: ALA. AASL.

American Library Association. 1998. *Information Power: Guidelines for School Library Media Programs*. Chicago: ALA.

―――. 2007a. *The State of America's Libraries*. Chicago: ALA.

―――. 2007b. "Youth and Library Use Studies Show Gains in Serving Young Adults." (July 2007). Available: www.ala.org/ala/newspresscenter/news/pressreleases2007/july2007/yalsastudy07.cfm (accessed February 2, 2010).

―――. 2008a. *Handbook of Organization 2008–2009*. Chicago: ALA.

―――. 2008b. *The State of America's Libraries*. Chicago: ALA.

―――. 2009a. *Libraries Connect Community: Public Library Funding and Technology Access Study*. Chicago: ALA.

―――. 2009b. "Number of Libraries in the United States: Fact Sheet 1." Chicago: ALA. Available: www.ala.org/ala/aboutala/offices/library/libraryfactsheet/alalibrary

factsheet1.cfm (accessed January 29, 2010).
―――. 2009c. *The State of America's Libraries*. Chicago: ALA.
―――. 2009d. *Supporting Learners in the U.S. Public Library*. Chicago: ALA.
Americans for Libraries Council. 2006. *Long Overdue: A Fresh Look at Public and Leadership Attitudes about Libraries in the 21st Century*. Public Agenda.
―――. 2007. *6 Things Every Library Needs to Know about Economic Valuation*. New York: ALC.
Association of College and Research Libraries (ACRL/ALA). 2000. "Information Literacy Competency Standards for Higher Education." Available: www.ala.org/ala/mgrps/divs/acrl/standards/standards.pdf (accessed January 29, 2010).
―――. 2002. *Recruitment, Retention and Restructuring: Human Resources in Academic Libraries*. ACRL, Ad Hoc Task Force on Recruitment and Retention. Final Draft. May 20.
Association of Research Libraries (ARL). 2005. *ARL Statistics 2004-05*. Washington, DC: ARL 2006.
Bailin, Alan, and Ann Grafstein. 2005. "The Evolution of Academic Libraries: The Networked Environment." *Journal of Academic Librarianship* 31 (July): 317-323.
Barjak, Franz. 2006. "The Role of the Internet in Informal Scholarly Communication." *Journal of the American Society for Information Science and Technology* 57 (August): 1350-1367.
Beagle, Donald. 2002. "Extending the Information Commons: From Instructional Testbed to Internet2." *Journal of Academic Librarianship* 28 (September): 287-296.
Bernardi, John. 2005. "The Poor and the Public Library." *Public Libraries* (November/December): 321-323.
Bertot, John Carlo, Charles R. McClure, and Joe Ryan. 2001. *Statistics and Performance Measures for Public Library Networked Services*. Chicago: ALA.
Blount, Patti. 2002. "Double Your Fun with a Combination Public-High School Library." *Public Libraries* 41 (September/October): 254-255.
Board of Education, Island Trees Union Free School District v. Pico [42 CCH S. Ct. Bull.] (1982).
Bob, Murray C. 1982. "The Case for Quality Book Selection." *Library Journal* 107 (September 15): 1707-1710.
Bradshaw, Tom. 2004. *Reading at Risk: A Survey of Literary Reading in America*. Washington, DC: National Endowment for the Arts.
Brodie, Carolyn. 1998. "A History of School Library Media Center Collection Develop-

ment." In *The Emerging School Library Media Center: Historical Issues and Perspectives.* Edited by Kathy Howard Latrobe. Englewood. CO: Libraries Unlimited, 57–73.

Byrnes, Marci, Kathleen Deerr, and Lisa G. Kropp. 2003. "Book a Play Date: The Game of Promoting Emergent Literacy." *American Libraries* 34 (September): 42–44.

Byrnes, Margaret M. 1992. "Preservation and Collection Management: Some Common Concerns." In *The Collection Building Reader.* Edited by Betty-Carol Sellen and Arthur Curley. New York: Neal-Schuman, 57–63.

Campbell, Jerry D. 2006. "Changing a Cultural Icon: The Academic Library as a Virtual Destination." *Educause Review* 41 (January/February): 16–31.

Carr, Jo Ann, and Ilene. F. Rockman. 2003. "Information-Literacy Collaboration: A Shared Responsibility." *American Libraries* (September): 52–54.

Case, Mary M. 2010 "Principles for Emerging Systems of Scholarly Publishing" Available: www.arl.org/bm~doc/principles.pdf (accessed February 3, 2010).

Casey, James. 2002. "The Devil Is in the Details." *Public Libraries* 41 (September/October): 252.

Casey, Michael, and Michael Stephens. 2008. "Measuring Progress." *Library Journal* 133 (April 15): 28.

Christianson, Elin B., David E. King, and Janet L. Ahrensfeld. 1991. *Special Libraries: A Guide for Management.* 3rd ed. Washington, DC: SLA.

Churchwell, Charles D. 2007. "The Evolution of the Academic Research Library during the 1960s." *College and Research Libraries* 68 (March): 104–105.

Cloonan, Michele Valerie. 1993. "The Preservation of Knowledge." *Library Trends* 41 (spring): 594–605.

———. 2001. "W(h)ither Preservation?" *Library Quarterly* 71: 231–242.

"Court Upholds Ruling That Texaco Violaled Copyright." 1994. *American Libraries* 25 (December): 974.

Crowley, Bill. 2004. "Just Another Field?" *Library Journal* 129 (Nobember 1): 44–46.

Deeken, JoAnne, and Deborah Thomas. 2006. "Technical Services Job Ads: Changes Since 1995." *College and Research Libraries* (March): 136–145.

De Rosa, Cathy, el al. 2005. *Perceptions of Libraries and Information Resources.* Dublin, OH: OCLC.

De Rosa, Cathy, Lorcan Dempsey, and Alane Wilson. 2004. *The 2003 OCLC Environmental Scan: Pattern Recognition.* Dublin, OH: OCLC.

De Rosa, Cathy, and Jenny Johnson. 2008. *From Awareness to Funding: A Study of Li-*

brary Support in America. Dublin, OH: OCLC.

Du Mont, Rosemary Ruhig, Lois Buttlar, and William Caynon. 1994. "Multiculturalism in Public Libraries." In *Multiculturalism in Libraries.* Westport, CT: Greenwood, 37-51.

Economic Research Service, Department of Agriculture. 2004. "Briefing Room: Rural Population and Migration. "Available: www.ers.usda.gov/briefing/Population (accessed January 27, 2004; April 14, 2009).

Eisenberg, Mike. 2002. "This Man Wants to Change Your Job." *School Library Journal* 48 (September): 47-49.

Euster, Joanne R. 1990. "The New Hierarchy: Where's the Boss?" *Library Journal* 115 (May 1): 41-44.

Everhart, Nancy. 2002. "Filling the Void." *School Library Journal* 48 (June): 44-49.

Faris, Crystal. 2007. "Game On! Research into Children and Gaming." *Children and Libraries* 5: 50-51.

Flatley, Robert, and Andrea Wyman. 2009. "Changes in Rural Libraries and Librarianship: A Comparative Survey." *Library Quarterly* 28: 24-39.

Gardner, Susan, and Susanna Eng. 2005. "What Students Want: Generation Y and the Changing Function of the Academic Library." *Portal: Libraries and the Academy* 5: 405-420.

Geck, Caroline. 2006. "The Generation Z Connections: Teaching Information Literacy to the Newest Net Generation." *Teacher Librarian* 33: 19-23.

Gieskes, Lisa. 2009. "Why Librarians Matter to Poor People." *Public Library Quarterly* 28: 49-57.

German, Michael. 1998. 'Technical Services Today." In *Technical Services Today and Tomorrow.* 2nd ed. Edited by Michael Gorman. Englewood, CO: Libraries Unlimited, 1-7.

"Harvard, Cornell Slash Journal Subscriptions." 2004. *American Libraries* 35 (January): 23-24.

Henczel, Sue. 2002. "Benchmarking Measuring and Comparing." *Information Outlook* 7 (July): 12-20.

Hennen, Thomas J., Jr. 2003. "Performing Triage on the Budgets in the Red." *American Libraries* 34 (March): 36-39.

―. 2008. "American Public Library Ratings 2008." *American Libraries* 39 (October): 57-61.

Himmel, Ethel E., and William James Wilson. 1998. *Planning for Results: A Public Li-*

brary Transformation Process. Chicago: ALA.

Hoffert, Barbara. 2008. "Pushing Circ with E-Service." *Library Journal* 133 (February 15): 36–38.

Holliday, Wendy, and Qin Li. 2004. "Understanding the Millennials: Updating Our Knowledge about Students." *Reference Services Review* 32: 356–366.

Holt, Glen E., and Donald Elliott. 2003. "Measuring Outcomes: Applying Cost-Benefit Analysis to Middle-Sized and Smaller Public Libraries." *Library Trends* 51 (winter): 424–440.

Horrigan, John B. 2003. *Consumption of Information Goods and Services in the United States.* Washington, DC: Pew Internet and American Life Project.

Imholz, Susan and Jennifer Weil Arns. 2007. *Worth Their Weight: An Assessment of the Evolving Field of Library Valuation.* New York: Americans for Libraries Council.

Information Today. 2008. *The Bowker Annual: Library and Book Trade Almanac.* New Providence, NJ: Information Today.

———. 2009. *American Library Directory 2009–2010.* Medford, NJ: Information Today.

Internet Public Library. 2003. Available: www.ipl.org/div/about (accessed December 11, 2003: April 14, 2009).

Jaeger, Paul T., John Carlo Bertot, Charles R. McClure, and Lesley A. Langa. 2006. "The Policy Implications of Internet Connectivity in Public Libraries." *Government Information Quarterly* 23: 123–141.

Johnson, Linda. 2000. "The Rural Library: Programs, Services, and Community Coalitions and Networks." *Rural Libraries* 20: 38–62.

Johnson, Richard K. 1999. "Competition A Unifying Ideology for Change in Scholarly Communications." Available: www.arl.org/DM2dDC/Competition.pdf (accessed February 2, 2010).

Jones, Plummer Alston, Jr. 1989. "The History and Development of Libraries in American Higher Education." *College and Research Libraries News* 50 (July/August): 561–564.

Jorgensen, Corinne. 2005. "The Internet and Public Library Use." In *Encyclopedia of Library and Information Science.* 2nd ed. First Update Supplement. Edited by Miriam A. Drake. New York: Taylor and Francis, 261–270.

Justice, Laura M., and Joan Kaderavek. 2002. "Using Shared Storybook Reading to Promote Emergent Literacy." *Teaching Exceptional Children* 34 (March/April): 8–13.

Kao, Mary Liu. 2001. *Introduction to Technical Services for Library Technicians.* Binghamton, NY: Haworth.

Kassell, Amelia. 2002. "Practical Tips to Help You Prove Your Value." *MLS: Marketing Library Services* 16: 1-3.

Kaufman, Paula T. 2008. "The Library as Strategic Investment: Results of the Ilinois Return on Investment Study." *Library Quarterly* 18 (December): 424-436.

Klauber, Julie. 1998. "Living Well with a Disability: How Libraries Can Help." *American Libraries* 29 (November): 52.

Kyrillidou, Martha. 2000. "Research Library Trends: ARL Statistics." *The Journal of Academic Librarianship* 26(6): 427-436.

Lance, Keith Curry, Marcia J. Rodney, and Christine Hamilton-Pennell. 2000. *How School Librarians Help Kids Achieve Standards: The Second Colorado Study.* Castle Rock, CO: Hi Willo Research and Publishing.

Lance, Keith Curry, Lynda Welborn, and Christine Hamilton-Penelle. 1993. *The Impact of School Library Media Centers on Academic Achievement.* Castle Rock, CO: Hi Willo Research and Publishing.

Lenhart, Amanda. 2003. *The Ever-Shifting Internet Population.* Washington, DC: Pew Internet & American Life Project.

Levin, Driscoll and Fleeter. 2006. *Value for Money: Southwestern Ohio's Return from Investment in Public Libraries.* Columbus, OH: Levin, Driscoll & Fleeter, June 22.

Levine, Jenny. 2006. "Gaming and Libraries: Intersection of Services." *Library Technology Reports* 42 (Sptember/October): 1-80.

Lipow, Anne Grodzins. 2003. "The Future of Reference: Point-of-Need Reference Service: No Longer an Afterthought." *Reference Services Review* 31: 31-35.

Lipschultz, Dale. 2009. "Gaming." *American Libraries* 40 (January/February): 40-43.

Lustria, Mia Liza A., and Donald O. Case. 2005. "The SPARC Initiative: A Survey of Participants and Features Analysis of Their Journals." *Journal of Academic Librarianship* 31 (May): 236-246.

Lynch, Beverly P. 1978. "Libraries as Bureaucracies." *Library Trends* 26 (winter): 259-267.

MacWhinnie, Laurie A. 2003. "The Information Commons: The Academic Library of the Future." In *Portal: Libraries and the Academy.* Vol. 3. Baltimore: Johns Hopkins University Press, 241-257.

Mann, Thomas. 2001. "The Importance of Books, Free Access, and Libraries as Places —and the Dangerous Inadequacy of the Information Science Paradigm." *Journal of Academic Librarianship* 27 (July): 268-281.

Marcum, Deanna B., and Gerald George. 2003. "Who Uses What? Report on a National

Survey of Information Users in Colleges and University." *D-Lib Magazine* (October). Available: www.dlib.org/dlib/october03/george/10george.html (accessed February 17, 2010).

Mathews, Joseph R. 2003. "Determining and Communicating the Value of the Special Library." *Information Outlook* 7 (March): 27–31.

McClure, Charles R., et al. 1987. *Planning and Role-Setting for Public Libraries: A Manual of Options and Procedures.* Chicago: ALA.

Miller, Rebecca. 2009. "Is Your Library a Star? LJ Launches the Index of Public Library Service." Available: www.libraryjournal.com/article/CA6636953.html (accessed March 17, 2009).

Minarcini v. Strongsville City School District. 541 F 2d 577 (1977).

Minkel, Walter. 2003. "The Year in K-12 Libraries: School Librarians Redefine Themselves." In *The Bowker Annual: Library and Book Trade Almanac.* Medford, NJ: Information Today, 10–14.

Mossberger, Karen, Caroline J. Tolbert, and Mary Stansbury. 2003. *Virtual Inequality: Beyond the Digital Divide.* Washington, DC: Georgetown University.

Mount, Ellis. 1995. *Special Libraries and Information Centers: An Introductory Text.* 3rd ed. Washington, DC: SLA.

National Center for Education Statistics. 2004. "Of Public Schools with Library Media Centers (2004) Table 43." Available: www.nces.ed.gov/surveys/sass/tables/state_2004_43.asp (accessed February 2, 2010).

———. 2007a. *Digest of Education Statistics 2007.* Washington, DC: National Center for Education Statistics.

———. 2007b. *Households' Use of Public and Other Types of Libraries: 2002.* Washington, DC: NCES.

Neal, James G. 2006. "'Raised by Wolves': Integrating the New Generation of Feral Professionals into the Academic Library." *Library Journal.* Available: www.libraryjournal.com/article/CA6304405.html (accessed April 20, 2009).

Neely, Teresa Y. and Lorna Peterson. 2007. "Achieving Racial and Ethnic Diversity Among Academic and Research Librarians: The Recruitment, Retention, and Advancement of Librarians of Color—a White Paper." *C&RL News* 68 (October). Available: www.librarycareers.org/ala/mgrps/divs/acrl/publications/crlnews/2007/oct/ALA_pri (accessed April 21, 2009).

Nelson, Sandra. 2001. *The New Planning for Results: A Streamlined Approach.* Chicago: ALA.

New Media Consortium and Educause Learning Institute. 2007. *The Horizon Report 2007 Edition*. Stanforcd, CA: New Media Consortium.

Nicholas, David, and Ian Rowlands. 2005. "Open Access Publishing: The Evidence from the Authors." *The Journal of Academic Librarianship* 31: 179-181.

Outsell. 2003a. *The Changing Roles of Content Deployment Functions: Academic Information Professionals*. Burlingame, CA: Outsell.

―――. 2003b. *The Changing Roles of Content Deployment Functions: Corporate Information Professionals*. Burlingame, CA: Outsell.

Owens, Margaret. 2002. "Get It in Writing!" *Public Libraries* 41 (September/October): 248-250.

Owusu-Ansah, Edward K. 2001. "The Academic Library in the Enterprise of Colleges and Universities: Toward a New Paradigm." *Journal of Academic Librarianship* 27 (July): 282-294.

Palmour, Vernon E., Marcia C. Bellassai, and Nancy V. DeWath. 1980. *A Planning Process for Public Libraries*. Chicago: ALA.

Pennsylvania Library Associalion. 2009. "Return on Investment (ROI) Materials." Available: www.palibraries.org/displaycommon.cfm?an=1&subarticlenbr=23 (aceessed June 29, 2009).

Pitney, Barbara, and Nancy Slote. 2007. "Going Mobile: The KCLS Roving Reference Model." *Public Libraries* 46 (January/February): 54-68.

Rainie, Lee, Mary Madden, Angie Boyce, Amanda Lenhart, John Horrigan, Katherine Allen, and Erin Grady. 2003. *The Ever-Shifting Internet Population: A New Look at Internet Access and the Digital Divide*. Washington, DC: Pew Internet and American Life Project.

Rawlinson, Nora. 1981. "Give 'Em What They Want!" *Library Journal* (November 15): 77-79.

Rodger, Eleanor Jo. 2002. "Values & Vision." *American Libraries* (November): 50-54.

Rubin, Joyce Rhea. 2001. *Planning for Library Services to People with Disabilities*. Chicago: ALA.

Samson, Sue, and Erling Oelz. 2005. "The Academic Library as a Full-Service Information Center." *Jonrnal of Academic Librarianship:* 31 (July): 347-351.

Schmidt, Karen A., and Ron L. Ray. 1998. "The Ordering, Claiming, and Receipt of Materials." In *Technical Services Today and Tomorrow*. 2nd ed. Edited by Michael Gorman. Englewood, CO: Libraries Unlimited, 9-20.

Schmidt, Krista D., Pongracz Sennyey, and Timothy V. Carstens. 2005. "New Roles for a Changing Environment: Implications of Open Access for Libraries." *College and Research Libraries* (September): 407–416.

Shontz, Marilyn L., and Lesley S. J. Farmer. 2007. "Expenditures for Resources in School Library Media Centers, 2005." In *The Bowker Annual: Library and Book Trade Almanac 2007*. 52nd ed. Edited by Dave Bogart. Medford, NJ: Information Today, 445–458.

Shuler, John. 2006. "The Revolution Will Not Be Catalogued: Gutenberg's Librarians and the 21st Century." *Journal of Academic Librarianship* 32 (September): 540–542.

Silverman, Randy. 2006. "Toward a National Disaster Response Protocol." *Libraries and the Cultural Record* 41 (fall): 497–511.

Smith, Abby. 1999. *The Future of the Past: Preservation in American Research Libraries*. Washington, DC: Council on Library and Information Resources.

SPARC. 2002. "The Case for Institutional Repositories: A SPARC Position Paper." Prepared by Raym Crow. Washington, DC: SPARC.

Special Libraries Association. 2009. "Divisions." Available: www.sla.org/content/community/units/divs/index.cfm (accessed June 25, 2009).

St. Clair, Guy, Victoria Harriston, and Thomas A. Pellizzi. 2003. "Toward World-Class Knowledge Services: Emerging Trends in Specialized Research Libraries." *Information Outlook* 7 (July): 10–16.

Stratton, J. M. 1996. "Emergent Literacy: A New Perspective." *Journal of Visual Impairment and Blindness* 90 (May/June): 177–183.

Tenopir, Carol. 2003. *Use and Users of Electronic Library Resources: An Overview and Analysis of Recent Research Studies*. Washington, DC: Council on Library and Information Resources.

Teper, Thomas H. 2005. "Current and Emerging Challenges for the Future of Library and Archival Preservation." *Library Research and Technical Services (LRTS)* 49: 32–39.

"Texaco Settles Copyright Case." 1995. *American Libraries* 26 (July/August): 632–634.

Thompson, Bruce, Colleen Cook, and Martha Kyrrillidou. 2005. "Concurrent Validity of LibQUAL+(tm) Scores: What do LibQUAL+(tm) Scores Measure?" *Journal of Academic Librarianship* 31 (November): 517–522.

Todd, Ross J. 2003. "Student Learning Through Ohio School Libraries: A Summary of the Ohio Research Study." Available: www.oelma.org/studentlearning.htm (accessed April 23, 2009).

Tomsho, Robert. 2009. "Few Gains Are Seen in High School Test." *Wall Street Journal*

(National Edition) April 29: A5.
Urban Libraries Council. 2007. "Making Cities Stronger: Public Library Contributions to Local Economic Development." Available: www.urban.org/uploadedpdf/l001075_stronger_cities.pdf (accessed January 29, 2010).
U. S. Bureau of the Census. 2006. "Americans with Disabilities, 2002." Issued May 2006. Available: www.census.gov/prod/2006pubs/p70-107.pdf(accessed February 2, 2010).
―――. 2007. "Children/1 by Presence and Type of Parent(s), Race, and Hispanic Origin/2: 2007." Available: www.census,gov/population/socdemo/hh-fam/cps2007/tabC9-whitenohisp.xls (accessed January 29, 2010).
U. S. Department of Commerce. 2002. *A Nation On-Line: How Americans are Expanding Their Use of the Internet.* Washington, DC: Department of Commerce.
Van House, Nancy A., et al. 1987. *Output Measures for Public Libraries.* 2nd ed. Chicago: ALA.
Van Orsdel, Lee C., and Kathleen Born. 2007. "Serial Wars." *Library Journal* 132 (April 15): 43-48.
Vavrek, Bernard. 2003. "Rural Public Library Services." In *Encyclopedia of Library and Information Science.* 2nd ed. Edited by Miriam Drake. New York: Marcel Dekker, 2550-2555.
Ward-Crixell, Kit. 2007. "Gaming Advocacy: New Ways Librarians Can Support Learning and Literacy." *School Library Journal* 53 (September): 36-38.
White, Herbert. 1984. *Managing the Special Library.* White Plains, NY: Knowledge Industry.
Whitehead, Nicole. 2004. "The Effects of Increased Access to Book on Student Reading Using the Public Library." *Reading Improvement* 41 (fall): 165-178.
Wiegand, Wayne, and Donald G. Davis, eds. 1994. "Special Libraries." In *Encyclopedia of Library History.* New York: Garland, 597-599.
Wilson, Patrick. 1984. "Bibliographical R&D." In *The Study of Information: Interdisciplinary Messages.* Edited by Frilz Machlup and Una Mansfield. New York: Wiley, 389-397.
Winter, Michael F. 1988. *The Culture and Control of Expertise: Toward a Sociological Understanding of Librarianship.* Westport, CT: Greenwood.
Woolls, Blanche. 1994. *The School Library Media Manager.* Englewood, CO: Libraries Unlimited.
Young, Peter R. 1994. "Changing Information Access Economics: New Roles for Librar-

ies and Librarians." *Information Technology and Libraries* 13 (June): 103-114.

Younger, Jennifer A., D. Kaye Gapen, and Cecily Johns. 1998. "Technical Services Organization." In *Technical Services Today and Tomorrow*. 2nd ed. Edited by Michael Gorman. Englewood, CO: Libraries Unlimiled, 165-181.

Zhao, Dangzhi. 2005. "Scholarly Communication in Transition: Evidence for the Rise of a Two-Tier System." ICCC International Conference on Electronic Publishing, Leuven-Heverlee, Belgium. June 8-10, 2005. Available: http://elpub.scix.net/data/works/att/240elpub2005.content.pdf (accessed January 29, 2010).

Zweizig, Douglas L. 1982. *Output Measures for Public Libraries*. Chicago: ALA.

第4章のための文献リスト
書籍

American Association of School Librarians. *Empowering Learners: Guidelines for School Library Media Programs*. Chieago: American Association of School Librarians, 2009.

American Library Association. *The State of America's Libraries* (various years). Available: www.ala.org.

Battles, David M. *The History of Public Library Access for African Americans in the South, or, Leaving Behind the Plow*. Lanham, MD: Scarecrow, 2009.

Cassell, Kay Ann, and Uma Hiremath. *Reference and Information Services in the 21st Century: An Introduction*. 2nd ed. New York: Neal-Schuman, 2009.

De Rosa, Cathy, et al. *Perceptions of Libraries and Information Resources: A Report to the OCLC Membership*. Dublin, OH: OCLC Online Computer Library Center, 2005.

Healey, Paul D. *Professional Liability Issues for Librarians and Information Professionals*. New York: Neal-Schuman, 2008.

Hernon, Peter, Ronald R. Powell, and Arthur P. Young. *The Next Library Leadership: Attributes of Academic and Public Library Directors*. Westport, CT: Libraries Unlimited, 2003.

Imholz, Susa, and Jennifer Weil Arns. *Worth Their Weight: An Assessment of the Evolving Field of Library Valuation*. New York: Americans for Libraries Council, 2007.

Mathews, Joseph R. *Measuring for Results*. Westport. CT: Libraries Unlimited, 2004.

Rosenfeld, Esther, and David V. Loertscher, eds. *Toward a 21st Century School Library Media Program*. Lanham, MD: Scarecrow, 2007.

Squires, Tasha. *Library Partnerships: Making Connections Between School and Public*

Libraries. Medford, NJ: Information Today, 2009.

論文

Allner, Irmin. "Managerial Leadership in Academic Libraries." *Library Administration and Management* 22 (spring 2008): 69-78.

Campbell, Jerry D. "Changing a Cultural Icon: The Academic Library as a Virtual Destination." *Educause Review* 41 (January-February 2006): 16-31.

De Rosa, Cathy, and Jenny Johnson. *From Awareness to Funding: A Study of Library Support in America: A Report to the OCLC Membership*. Dublin, OH: OCLC, 2008.

Fister, Barbara. "What If You Ran Your Bookstore Like a Library?" *Library Journal* 133 (April 15, 2008): 30-32.

Fultz, Michael. "Black Public Libraries in the South in the Era of De Jure Segregation." *Libraries and the Cultural Record* 41 (summer 2006): 337-359.

Gits, Carrie. "Second-in-Command: Creating Leadership and Management Opportunities through Organizational Structures." *Florida Libraries* 51 (spring 2008): 14-16.

Gregory, Cynthia L. "'But I Want a Real Book': An Investigation of Undergraduates' Usage and Attitudes Toward Electronic Books." *Reference and User Services Quarterly* 47 (2008): 266-273.

Hightower, Jim. "Why Libraries Matter." *American Libraries* 35 (January 2004): 50-52.

Holt, Glen E., and Donald Elliott. "Cost Benefit Analysis: A Summary of the Methodology." *The Bottom Line* 15 (2002): 154-158.

Kaser, Linda R. "A New Spin on Library Media Centers: The Hub of the School with the Help of Technology." *Library Media Connection* 24 (August/September 2005): 64-66.

Leckie, Gloria J., and Jeffrey Hopkins. "The Public Place of Central Libraries: Findings from Toronto and Vancouver." *Library Quarterly* 72 (2002): 326-372.

Matoush, Toby Leigh. "New Forms of Information Literacy." *Reference Services Review* 34 (2006): 156-163.

McClure, Charles R., Paul T. Jaeger, and John Carlo Bertot. "The Looming Infrastructure Plateau? Space, Funding, Connection Speed, and the Ability of Public Libraries to Meet the Demand for Free Internet Access." *First Monday* 12 (December 3, 2007). Available: http://firstmonday.org/htbin/cgiwrap/bin/ojs/index.php/fm/article/view/2017/1907 (accessed June 9, 2009).

McCrossen, Alexis. "One Cathedral More or 'Mere Lounging Place for Bummers'? The Cultural Politics of Leisure and the Public Library in Gilded Age America." *Li-

braries and Culture 41 (spring 2006): 169-188.

Neal, James G. "Raised by Wolves: Integrating the New Generation of Feral Professionals into the Academic Library." *Library Journal* 32 (February 2006): 443.

Orange, Satia Marshall, and Robin Osborne. "From Outreach to Equity: An Introduction." *American Libraries* 35 (June/July 2004): 46-51.

Public Agenda. "Long Overdue: A Fresh Look at Public and Leadership Attitudes about Libraries in the 21st Century" (2006). Available: www.publicagenda.org/files/pdf/Long_Overdue.pdf (accessed January 29, 2010).

Rodger, Eleanor Jo. "What's a Library Worth? Piecing Together the Struclure of Value." *American Libraries* 38 (September 2007): 58-60.

Schachter, Debbie. "Creative Chaos: Innovation in Special Libraries." *Information Outlook* 9 (December 2005): 10-11.

Simmons-Welburn, Janice, Georgie Donovan, and Laura Bender. "Transforoming the Library: The Case for Libraries to End Incremental Measures and Solve Problems for Their Campuses Now." *Library Administration and Management* 22 (summer 2008): 130-134.

Todd, Ross. "The Evidence-Based Manifesto." *School Library Journal* 54 (April 2008): 38-43.

Urban Libraries Council. "Making Cities Stronger: Public Library Contributions to Local Economic Development." Available: www.urban.org/uploadedpdf/1001075_stronger_cities.pdf (accessed January 29, 2010).

Zemon, Michkey, and Alice Harrison Bahr. "Career and/or Children: Do Female Academic Librarians Pay a Price for Motherhood?" *College and Research Libraries* 66 (September 2005): 394-405.

5 | 図書館を再定義する：テクノロジー変化の影響と意義

I. はじめに

　情報に対するニーズが変わらずに存在しているとともに，それがますます電子化していることが，伝統的な図書館サービスに対して競合と代替を生じさせる原因になっている．時に「ハイブリッド」図書館（Pinfield et al. 1998）と呼ばれる図書館は，依然として伝統的な印刷物と AV 資料を提供しているだけではなく，電子図書や電子ジャーナル，遠隔データベースそして外部のベンダーからの電子コレクション，またはほぼいかなる場所からも接続可能な自己開発データベースをも提供している．新たな情報テクノロジーから生じてくる大興奮の中では，それが必然的に進歩にいたるだろうということを信じたい気持ちにさせられる．不信感を抱けば時代遅れだと感じさせられる時代である．しかしながら，無批判に受容するのに代わって，すべての新しい技術に嘆き，印刷物やカード目録を使用していた昔を切望するラッダイト主義者になることが望ましいわけでもない．むしろ LIS 専門職は，図書館サービスのためになると主張するあらゆる技術を採用する前に，それらを批判的にとらえ，精査する必要性を考えるべきである（Bushman 1990）．すべてのテクノロジーの発達は，他の新しい手法，装置または実践が評価されるのと同様に，客観的にかつ批判的に評価される必要がある．新しいテクノロジーが肯定的・否定的な両方の結果をもち得るという事実があったとしても，それが阻止されるべきだということにはならない．つまりここでいいたいのは，新技術が適切に適用され，肯定的な影響同様否定的な影響も予測され，必要な際には改善されるべきであるということだけである．

II. 20世紀の情報テクノロジー

　テクノロジーという言葉は，いろいろな意味で定義され得る．この議論の目的として，『新国際ウェブスター辞典』の第3版は，妥当で現実的な定義を提供している（Webster's Third New International Dictionary 1970）．つまりそれは「実用的な目的を達成するための技術的な方法」である．明らかに図書館はその初期の頃よりテクノロジーを使用してきた．19世紀の新しいテクノロジーには，図書館への電灯の導入もあった．それは図書館で火をつけることなく資料を探し出すのに確実に役立った．他の発展の産物には，デューイ十進分類法システムとカード目録のような重要な知識テクノロジーもあった．今日でさえ，手製のカード目録には電子のそれにはないいくつかの独特な利点があると主張する人たちもいるだろう（Baker 1994）．以下，テクノロジーについて1900年以後の簡潔な記述をすることで歴史的概観を行い，今日私たちの分野が直面している問題を論議するための基本的な枠組みを提示する．

A. マイクロ写真術の発達：1900-1960年

　20世紀前半は，技術的発展にとって，実りの多い時代だった．通信と交通機関の大幅な進歩は，電話サービスの成長と拡大，飛行機と自動車の発展，ブラウン管，ダイオード，三極管，光電管の発達さらには写真技術の発達をも含め，とりわけ重要だった．
　おそらくもっとも注目すべき発達は，新しい写真技術，とりわけ印刷文書をフィルム上に複製すること（写真複写）を可能にしたマイクロ写真（マイクロ資料）との関係で生じた．それは物理的な形態として，通例1本のフィルムであるマイクロフィルム，または長方形のカードであるマイクロカードの形をとった．紙の代替として，マイクロ写真には多くの利点があった．具体的には，小さい媒体に多くの情報を提供し，さらに軽く容易に蓄積できた．また，新聞，雑誌および文書資料のような時が経てば劣化しそうな資料に対し，ひときわ保

存に優れた媒体であることが判明した．1920年代までにマイクロ資料を読み取る装置を発達させただけではなく，印刷物をマイクロ資料に縮小する点において，数々のすばらしい成功があった．図書館に対するマイクロ写真の将来性を信じたある熱狂的研究者は，実際の図書を写真にとり目録カードの裏に貼りつけることを提案した．こうして，いったん利用者が適切な目録カードを見つければ，内容はカードの裏に文字どおり置かれることになった（Rider 1944）．

　1960年代において写真複写は，複写のための機材つまりもっとも注目に値する写真複写機の発達に伴い，さらなる発展を遂げた．写真複写機は，紙の消費だけではなく知識の普及にも深い影響を及ぼした．印刷機の発明ほど劇的ではなかったが，写真複写機は出版される資料の流通において柔軟性が傑出していたため，伝達に革命を起こした．要するに「図書館は需要に応じて個々の複写物を作る出版社になった」(De Gennaro 1989, p.42)．興味深いことに，写真複写機は，もはや手書きで本文から資料を複製する必要がなくなった利用者にとって時に時間を節約するものとなった．

B. 図書館への最初のコンピュータの適用：1960年代

　機械的なソートに使用されるパンチカードは19世紀に存在したが（Buckland 1996），現代の技術感覚からすると主として電子機器とりわけコンピュータで処理するものから始まる．図書館のコンピュータ化は，1960年代まで真剣には着手されなかった．それは当初図書館の機械化といわれたが，図書館オートメーションの概念が生まれたのは，その頃だった．ビアマンはそれを「伝統的な図書館の過程とサービスに対するコンピュータとコミュニケーション技術の適用」と定義した（Bierman 1991, p.67）．これらのテクノロジーを使用するための理論的根拠は単純で，コンピュータ処理化が，効率化を進め，コスト削減やスタッフ数の縮小をもたらすかもしれないということだった．

　図書館におけるコンピュータ技術の最初の重要な応用は，MARCの創案だった．これは，書誌レコードを作る際の基準となった．MARCは，書誌データを，コンピュータテープに電子的に入力し，蓄積し，普及することを可能にした（第3章参照）．いったんレコードが集中化すると，そのテープは目録カー

ドを生成するのに使用された．その可能性は，1967年に非営利団体として法人化されたオハイオ大学図書館センター（OCLC）のような書誌ユーティリティとして知られる支援機関によりいち早く認識された．OCLCはMARCテープを読み込み，OCLC会員である図書館が目録作業を行うことによって補充し，こうしてできたレコードを会員に対して利用可能にした．会員である図書館は，書誌レコードを調査し，当該機関のために必要とされる変更（そのデータベースに入力された）をし，それから，あつらえのカードを電子的に発注することができた．カードは排列する準備が整った状態ですぐに到着した．こうして，これはオンラインで共有された目録ネットワークの創設につながっていった．その利点はまたたく間にはっきりと理解されるものとなり，1972年にOCLCは大学でない図書館にもその会員権を利用可能とした（Grosch 1995）．これにより会員総数はすさまじく増大し，OCLCはその名をオンラインコンピューティング図書館センターに変更した．10年間にわたり，OCLCサービスは図書館相互貸借，文献提供，受入システム，逐次刊行物管理，電子出版さらに電子データへのアクセスを提供しつつ成長した．

　他の書誌ユーティリティも出現した．例えば主要研究図書館は，研究図書館グループ（RLG）と呼ばれるグループを結成した．このグループは，多数の研究文献レコードを含む書誌データベースを利用する権利を提供している研究図書館情報ネットワーク（RLIN）を創設した（RLGは現在OCLCの一部である）．これらのユーティリティによって巻き起こされる大きな変化を過小評価することはできない．例えば目録部門における影響は相当なもので，目録担当者（カタロガー）の大幅な減少をもたらした．

　オンライン情報検索の最初の適用もまた，1960年代初期に行われた．これは，通例小さいデータベースと1つの端末からなるプロトタイプのシステムだった．初期の開発者の1つがカリフォルニアのシステム開発会社（SDC）だった．この会社は，単純な全文検索と文献検索のための初期のコンピュータを製造した（Hahn 1996）．主にNASAのような政府機関とともにこれに取り組んだロッキードミサイルスペース社は，1964年頃DIALOGシステムを開発し，1972年には商業用途にDIALOGシステムを利用できるようにするロッキード検索サービスを創設した．

5 図書館を再定義する:テクノロジー変化の影響と意義

科学的そして医学的目的のために，専門的な知識体系をコンピュータ化することも行われた．世界的な大規模専門図書館の1つである国立医学図書館（NLM）は，この間，科学的かつ技術的知識の急速な拡大に直面した．長年NLMは，手で医学文献に索引を付していたが，これがきわめて厄介でコストがかかることだった．しかしコンピュータテープに書誌的事項の入力を開始したことにより，医学索引のコンピュータ版，インデックスメディカス（Index Medicus）がもたらされた．最初に，コンピュータテープは索引の印刷版を作るのに使用されたが，それ自体が検索可能であることがすぐに明白になった．それは，この時代の偉大な業績の1つである．

1960年代の出来事により大きな影響をもたらしたものがある．1969年に，国防総省内にある国防高等研究計画庁が，カリフォルニア大学ロサンゼルス校で，アーパネット（ARPANET）と呼ばれるコンピュータネットワークを開発した．そのネットワークは，異なる場所にある組織を電子的にリンクし，研究とデータを共有できるようにすることで，政府主導の研究を進展させるために開発された（Tennant 1992）．このシステムの重要な革新の1つが，情報メッセージをバラバラのパケットに分割し，これを「パケット交換」ネットワークを超えて互いに独立して送信する新技術を最初に実用的に使用したことだった．これらのパケットは，受信するコンピュータで再構築される．それは，信頼性とスピードを増大させ，研究データの送信とその分析を著しく向上させた．アーパネットの参加者は，国防関係の契約をしている機関に制限されていたが，このネットワークはインターネットの起源となり，ファイル転送，データのリモートアクセスと電子メールといった重要な特性を大いに発展させた（Bishop 1990）．

これらの進歩の多くは，1960年代の図書館にあまり影響を与えなかった．MARCレコードは，迅速に採用され，目録作成や購入発注といった基本的な機能でいくらかの進歩が見られたが，自動化が多くの図書館機能とサービスにうまく適用され得るのかという懐疑主義がかなり残っていた（Grosch 1995）．それにもかかわらず，知識基盤は拡大し，コンピュータの適用は避けられなかった．

C. 文献利用のためのオンライン情報テクノロジーの使用：1970年代

　ミニコンピュータの発達を含むコンピュータ技術が洗練していったために，オンラインの対話能力が現実のものとなった（Grosch 1995）．軍事やビジネス，産業界のような情報に依存する諸機関は，迅速にその可能性を認識し，商業ベンダーは，電話回線を通じてアクセス可能な多種多様なデータベースを急速に発展させた．

　これらの供給者たちは，必ずしも図書館のために自らのサービスを設計しているわけではなかったが，図書館が重要な利用者になり得ることは明白だった．しかし，利用可能なデータベースが技術的かつ科学的な性質を持つため，大学図書館や公共図書館は，しばしば別の施設を作って特別に教育された図書館員がオンライン検索を行うよう配置した．それは検索費用が検索実行にかかる時間に基づいて計算されていたからだった．それでも，図書館は，しばしば検索を行う個人に，コストの少なくとも一部を負担してもらわなければならなかった．それは，無料サービスを提供してきた通常のやり方とは異なり混乱を生じさせるものだった．

　オンラインアクセスはまた，コンピュータシステムの独特の柔軟性を有効に利用できるような検索戦略を必要とした．おそらくこの分野でもっとも傑出した発展は，19世紀のジョージ・ブールの論理学に基づいたブール検索だった．オンライン環境でのその応用は，「and」，「or」および「not」といった論理演算子を使用する検索を可能にし，検索を絞り込み，かなり短時間で大量の知識により正確にアクセスできるようにした．他の戦略には，抄録を含む書誌レコードの中のどこででも，特定のキーワードやフレーズを探せるようにするというものもあった．この戦略は，主題，タイトルまたは著者を使用する伝統的な検索とはかなり異なったものだった．

　1970年代にはまた，図書の貸出，逐次刊行物の管理，目録そして受入システムを自動化する初期の試みが行われた．しかし，これらのシステムは予想よりずっと複雑で，70年代末まで完成しなかった．

D. CD-ROMの成長と統合した図書館システム:1980年代

1. CD-ROM

　1980年代は，メモリー読み取り専用のコンパクトディスク（CD-ROM）の発展に伴い，情報アクセスの著しい革命が起こった．1枚4.5インチのディスクは，『定期刊行物リーダーズガイド Readers' Guide to Periodical Literature』のような標準的なレファレンスツールの内容のすべて，もしくは大部分を収容することが可能だった．情報の供給メーカーは，アップデートや図書館のコンピュータに読み込むソフトウェアに加えてこのディスクを送付した．

　CD-ROMは，オンラインサーチよりいくつかの独特な利点があった．まず，CD-ROMは図書館内で保管された．つまりそれは，電話線を必要としなかった．利用者がしなければならなかったことは，図書館に来館することだけだった．2番目にディスクは莫大な量の検索可能な情報を収録できた．3番目に，CD-ROMは，著者，タイトルおよび主題によってだけではなく，オンラインアクセス同様，1語または複合語を使用するブール検索の有する柔軟性をももたらした．4番目に，図書館はCD-ROMを提供するベンダーのサービスを購読契約し，変動するオンラインコンピュータ費用に代わり固定費を提示することができた．

2. 統合図書館システム

　1980年代はまた，受入，逐次刊行物，目録，オンライン目録，貸出そしてコレクション管理といった基本的な図書館の機能を自動化する点でかなりの発展をみた．こうした統合した図書館システムにより，重複した仕事を避けることができるようになり，より効率的な情報の共有が可能となった．このような進歩は，オンライン目録と自動化システムにおける発展なくしては，可能にはならなかった．

a. OPACの発展

　オンラインアクセス目録（OPAC）は，エンドユーザー検索システムの初期

の例だった．OPAC によって，利用者は，図書館員による仲介をほとんどあるいはまったくなしに，手作業でカード目録を使用するのと同じように，図書館の書誌レコードの多くにアクセスすることが可能となった．さらに，OPAC によって遠隔検索ができるようになり，著者，タイトル，主題，キーワードそして時折これらの用語の組み合わせによって，より柔軟な検索能力が提供された．いくつかのシステムではまた，請求記号または国際標準図書番号（ISBN）を使用して検索可能だった．もはや，目録カードを購入し，それらをファイルするための人材を雇用する必要性はなかったが，これらの節約分は，主にハードウェア，ソフトウェアおよびコンピュータの維持費への投資で相殺された．さらに，カード目録をとりやめることにより，しばしば図書館内の施設環境の改善も必要とされた．

OPAC は重宝されたが，ボーグマンは，ユーザーインターフェースにおける改善の多くは，表面的であると述べた（Borgman 1996）．利用者は，(1) OPAC の専門用語の概念的・意味論的な枠組み，(2)「ブラウズ」または「キーワード」検索のような基本的検索戦略，(3) 著者，タイトルまたは主題以外のフィールドの検索方法，(4) ブール検索，といったことについての知識の不足から生じる問題を持続的に経験しているというのである．今日，多くの人々がサーチエンジンとインターネットの機能性に精通してくるにつれ，彼らはオンライン目録にも同様の柔軟性を要求するだろう（Novotny 2004）．マーキーは，オンライン目録が，人々が情報検索を始める場だったことも以前はあったが，現在はグーグルが主役になっていると述べている（Markey 2007）．彼は，オンライン目録は，同様の検索能力および改良される主題検索とメタデータ，さらに正確な検索結果を出す能力を備えて，再設計される必要があると主張した．

b. リンクシステムプロジェクト／リンクシステムの原型

オンライン目録が急激に増加するにつれ，様々な図書館と機関においてコンピュータを相互にリンクさせる利点が明らかになった．残念ながら，その当時コンピュータは異なる開発者たちが互いに相容れないシステムを作っていたため，相互に「交信」できなかった．この問題を解決しようとする努力によって，アメリカ図書館協会，OCLC，RLIN，WLN そして米国議会図書館が参加した

図書館情報資源財団によって設立されたリンクシステムプロジェクトの創設にいたった．プロジェクトは，書誌情報検索に対して国の標準となる Z39.50 基準（National Information Standards Organization: NISO 1994）として知られるリンクシステムプロトコル（LSP）を作り上げた．異なる自動化システムが電子的にともにリンクすることを可能にすることで，許可された利用者は，無数の図書館と情報機関のオンライン目録を調べることが可能となった（Buckland and Lynch 1987, 1988）．1980 年代にこの目標を実現するための協力体制がとられたが，1990 年代になって電気通信技術の大幅な発展があり，多大な利益が生じることがわかる時まで実現しなかった．

c. オンライン貸出システムの成熟

いったん資料が電子的にアクセス可能になると，次の論理的段階は，貸出を自動化することだった．1970 年代に初期の発展があったが，1980 年代になって初めて供給メーカーが自動貸出システムを本腰を入れて開発した．それは，「ターンキーシステム」とされ，ある図書館から別の図書館にほとんど変更されずに導入された．またそれは比較的安価ではあったが，職員は，資料，資料のバーコード化，そして記録の機械読み取り可能フォーマット（遡及変換）への変換準備に相当な時間を費やした．さらに古びて使用されない資料を入力する浪費を回避するため，コレクションを廃棄することにさらなる時間を必要とした．

ほとんどの公共図書館システムは，職員が依然として図書を貸し出すように設計されていたが，大学図書館のいくつかは，利用者が自分で図書を借り出すことを可能とした．自律型サービスとして知られるこうした後者のシステムでは，延滞資料を探知し，督促状を送付し，さらに貸出レポートを作成することが可能だった．それはまた，どのような図書館コレクションが使用されているかを分析するのにも役立ち，それゆえ計画立案の際，役立った．

d. 自動化した新規受入システム図書と逐次刊行物システム

1980 年代はまた，図書館が資料を新規に受け入れるのに役立つよう設計されたシステムが急速に発展した．ブラックウェルノースアメリカとベイカーア

ンドテイラーのようないくつかの比較的大手の図書卸売りベンダーは，このような システム開発にかなり積極的だった．イノベイティブインターフェースのような別のベンダーは，逐次刊行物における新規受入システムを発展させた．このようなシステムすべてが直接こうしたベンダーにつながり，図書館はそのデータをオンラインで発注した．このシステムでは，特定の部門が予算を超過できないよう制限設定が可能で，さらに分析・評価レポートの作成をも行うものだった．いくつかのシステムは，雑誌と他の定期刊行物を返却する際の煩わしさを省くために，逐次刊行物返却システムを含むものだった．それらはまた，購入資料に基づいた図書館の電子プロファイルを作ることができた．図書館は個々の資料を発注することなく，ベンダーがそのプロファイルに適合した資料を自動的に送ることができ，図書館とベンダー双方にとって，時間の節約につながった．

E. インターネットとワールドワイドウェブ(WWW)の成長：1990年代

インターネットは本質的に複数のネットワークで構成されたネットワークのことである．通信プロトコルや伝送プロトコル（TCP），そしてインターネットプロトコル（IP）などの標準化されたプロトコルを使用するもので，もともとは国防総省（DoD）がメッセージやデータを送信するためにアーパネットプロジェクトの一部として開発したものである．すべてのインターネットに接続されたホストと呼ばれるコンピュータは，インターネットプロトコルに基づいた数値アドレス（例えば，121.223.46.22のようなアドレス）をもっている．人間は数字よりも名称の方が覚えやすいことから，DNS（ドメインネームサービス）というサービスは，数値のIPアドレスを名称へと変換している（例：www.slis.kent.edu）．

「公共的」インターネットの誕生は，国防総省と全米科学財団（NSF）との間の相互に有益な合意の産物であった．1984年，NSFはいくつかの大学を含む主要な研究センターに，スーパーコンピュータセンターを設立し，その中には世界最先端の研究も含まれる．国家的研究に高速コンピュータ技術を提供した．NSFが必要としたのは，「高速通信バックボーン」で，これはセンター間

5 図書館を再定義する：テクノロジー変化の影響と意義

の通信を円滑にするためであった．同時に，アーパネットへの資金援助は下降の途をたどり始めていた．NSF は国防総省と，市民ネットワークを構築するために，アーパネット技術を利用するという協定を結ぶ交渉をした．このネットワークこそがインターネットの基盤となるものである．いったん開発すると，NSF は他の大学へも，この定額かつ妥当な接続料金のネットワークに参加するよう招請し，教授陣や学生へ参加を呼び掛けた．インターネットを利用する人が増えるにつれて，速度を高速化する必要性が急激に高まった．

ちょうど同じ時期に，国内生産性と国際競争力の問題に注目が集まったことも相まって，研究とコンピュータ技術の重要性に高い関心が集まった．ブッシュ（父）政権は（アル・ゴア民主党上院議員から絶大な支持を受けたこともあり），全米「情報ハイウェイ」を展開し，情報へのアクセスを著しく発展させるための法案を提出した．1991 年の全米コンピュータ高度利用計画法は，この上なく機能的な電子ハイウェイの開発・維持を規定するだけでなく，全米研究教育ネットワーク（NREN）の立ち上げも命じていた．同ネットワークの目的は，連邦機関，産業・ビジネス，図書館，教育機関と，それらがもっている情報資源への電子アクセスを向上させることであった．仮にこれが成し遂げられていたならば，バーチャルな図書館が実現していて，そこでは恐ろしいほどの速さで多様な情報源から膨大な文献を調べることができただろう．

この目標に向かって進みながらも，政界では風向きが変わっていた．クリントン陣営が民営化の推進と政府への依存度を減らす立場をとったからだ．インターネットの開発と利用に関してかなりの利害関係をもつ民間グループはさらに深く関わるようになり，政府は財政援助を制約し，規制緩和を進めた（Gomery 1994）．電気通信産業（例：電話，テレビ，ケーブルテレビ）と民間企業は，文字通り何千もの関係者や関係組織と同様に，インターネットの主要な開発元となり，その結果としてオープンアーキテクチャができた．オープンアーキテクチャの構造上では，個々のネットワークがそれぞれのネットワーク独自のインターフェースで設計・開発が可能となり，それはユーザーや他のインターネットプロバイダに提供された（Leiner, et al. 2010）．各ネットワークは特定の環境とユーザーの要求に沿って設計することができたというわけである．結果として，絶大な柔軟性をもたらし，ジトレインがいうところの「生成能力

(generatic capacity)」という概念を生み出した (Zittrain 2006).

> 生成性は，広範囲にわたって多種多様かつバラバラな参加者が主導して思いがけない変化を引き起こす技術の能力全般を示している（中略）．インターネットはどのような種類のデバイスに対してもオープンであるように構成されている．デバイスとは，コンピュータまたは新しいネットワークの一部になり得る別の情報処理装置のことで，適切なインターフェースを備えてさえいればよかった．それは最低限必要な技術努力で可能なことである．(pp.1974-1976)

インターネットは特に生成技術の産物である．なぜなら，高度な適応性と相対的な使いやすさをもち，それに加えて多種多様な難しいタスクを容易にするばかりか，広範囲な参加者が多くのアプリケーションを使うことを可能にしたのだ．開発と革新が独占的所有権をもつ少数の人々に管理されているわけでも，中央集権化された一団に支配されているわけでもないという事実は，成長と独創性の巨大な潜在能力を作り出す．

> インターネットの設計もクリエイターのもつ資源の限界と知的関心双方を反映するものだ．クリエイターは，主として学術研究者や，副業をする企業のエンジニアだった．クリエイター個人が，グローバルネットワークを実装するのに必要なおびただしい数の資源を支配するわけではない．また，ネットワークやユーザーの振る舞いをコントロールすることにもほとんど関心がなかった．結果，インターネットは特定の者が所有するネットワークではなく，誰でも参加可能な形態をとることになった．(Zittrain 2006, pp.1989, 1993)

1. インターネットの初期の特徴

a. 電子メール

1972年10月，電子メール（eメール）が初めて登場し，個人や組織の間での

5 図書館を再定義する:テクノロジー変化の影響と意義　　　239

すみやかな情報の伝達を可能にした．そして特定の場所でも世界中でもメッセージを送れることになった．電子メールがもたらした利益は計り知れない．アイディアを迅速にそして簡単に交換することが可能になったからだ．別の電子通信モデルがリストサーブ (listserv) で，大抵は特定の議題や興味のある分野に関して，個人が情報を購読したり投稿したりすることができるものである．一部のリストサーブは公開されていた．他に会員限定のものもあり，そこには通常，管理者がいて会員や運営上の機能を管理していた．リストサーブを利用すると共通のメッセージを数千の個人に送ることが可能となり，会員間でさらなる議論や反応を引き起こすことができた．

b. リモートログイン

　リモートログインを利用することで，個人が世界中のどこかに設置されたデータベースやコレクション目録を含む数千ものコンピュータシステムにアクセスすることが可能となった．IPアドレスを使用してコンピュータを接続する「telnet」と呼ばれる，標準プロトコルを使用する．今日では，リモートログインはウェブにアクセスするだけでもできる．テナントはリモートログインがもたらす重要な利点を明確にした (Tennant 1992)．

　　このアプリケーションを真に注目に値するものにしたのは，容易さとアクセス速度が距離に依存しないことであった．インターネットのユーザーは地球の反対側にあるシステムに接続することが可能で（中略）まるで隣のビルにあるシステムに接続するかのように容易にできる．その上，ユーザーの多くは今のところネットワークの使用について，機関から費用の請求を受けているわけではなく，また少なくとも，使用頻度によって費用の請求をされているわけではないので，費用のせいで利用を抑制しようなどということはあまりない．ゆえに，距離，時間，コストの障壁が，他の電子通信手段を利用する時には重要になることが多いが，インターネット環境においては小さくなっている．(p.2)

c. ファイル転送

ファイル転送プロトコル（FTP）を利用することで，報告書，数値データ，音声，画像を含むファイルを1つのコンピュータから別のコンピュータへと転送することが可能となった．FTPは時にアーカイブと呼ばれる大量の電子ファイルを転送したり入手可能にしたりすることができ，オンデマンドでのアクセスやダウンロードもできるようになった．この機能は今でも提供されているが，通常は他のもっと洗練されたサービスに組み込まれている．

2. ワールドワイドウェブ

ウェブはインターネットと同一ではない．ウェブはインターフェースで，インターネット文書を構造化する方法を提示し，文書を他の文書と関連づけることで，インターネットの資産の利用を最大化させる（December and Randall 1995）．図書館員はいち早くウェブの有益さを認識した．カトナーによれば多少ロマンチックかもしれないが，「いくつかの点において，インターネットとはまさに実在の図書館の拡張であり，世界百科事典という啓蒙主義者の夢である」（Kuttner 2006, p.13）．ウェブのユーティリティを提供したことで，全公共図書館のうちほぼ99％が今やインターネットにつながっていることも驚きに値しないだろう．そしてまた貧困のレベルとは関わりなく都市部でも地方でも98％の接続がある．さらに，公共図書館はコンピュータワークステーションの数や無線接続を増やし，一連の技術を使いこなすためのトレーニングの場も大幅に増やしてきた（Jaeger, Bertot, and McClure 2007）．

HTML（ハイパーテキストマークアップ言語）やHTTP（ハイパーテキストトランスファープロトコル）を含む多様なプロトコルを使用して，ウェブデザイナーは音声，動画，画像そして図を文書に埋め込むことが可能となる．文書にアクセスすれば埋め込まれた画像と音声を確認することができる．ハイパーテキスト環境では，こうした文書には他の文書に対して（ハイライトをつけて）目に見えるリンクが張られている．このリンクのおかげでアイディアや用語がつながるのだ．ユーザーは，本文や文書の一部からまた別の場所へとハイライトのついた用語をただクリックするだけで移動することができる．文書間を渡り歩くには，ネットスケープやインターネットエクスプローラーといったグラフィカル

5 図書館を再定義する：テクノロジー変化の影響と意義 241

ウェブブラウザを使う．これらがウェブの文書を表示しハイパーリンクを可能とするのだ（December and Randall 1995）．

　検索エンジンはウェブ上で望みの文書を探す場合に使用する．フィールデンとクンツは，検索エンジンを「自動化したソフトウェアで，検索者のテーマの用語（キーワード）とウェブ上にある文書の索引づけられたリストを対応づけるものである．関連度順に従ってリストを排列し，文書へのハイパーリンクを提供することで訪問してもらえるようにする」ものだと説明している（Fielden and Kuntz 2002, p.13）．検索エンジンはウェブ全体ではなく，むしろ特定のデータベースや具体的な文書コレクションを検索する．そこは数百万ものウェブサイトや文書で構成されている．例えば，グーグルは，数十億ものウェブ文書を索引化している．

　検索エンジンはサイトの集まりを編集している．スパイダー，ロボット，ボット，クローラーと呼ばれるものを送り出し，できるだけ多くの一見関係のある文書の場所を突き止めるのだ．見つけ出された文書はソフトウェアがざっと調べて各文書のキーワードを基に索引を作り出す．クローラーの中には，文書全体を調べるものも，ただタイトルとある部分だけを調べるものもある．誰かが検索式を打ち込むと，検索エンジンは検索用語を索引に関連づけ，関連文書を取り出す．各検索エンジンはユニークなもので，検索結果が実質的には別のものになる．いくつかの検索エンジンは，コンテンツをもっとも関連性の高いものから低いものへとランクづける．ランクづけは，特定のウェブ文書に割り当てられたタグやキーワードやフレーズがどれだけ文書中にでてくるかによって決まってくる．検索者個人は，グーグル，ヤフー，Mozilla，Bing などの数ある検索エンジンから選択することができる．

　毎日電子メールを使っている人数とおおよそ同じぐらいの人々が，検索エンジンも日々利用していて（Rainie 2005），利用者実数は上昇している．2002年にはインターネットユーザーの3分の1が検索エンジンを日常的に利用していたが，2008年には49％にもなっている（Fallows 2008）．簡単な検索戦略を利用している人がほとんどで，29％が2語フレーズを，28％が3語フレーズを使って検索している（OneStat 2006）．

　巨大な潜在力を誇るにもかかわらず，検索エンジンは完璧ではない．例えば，

ローズは複数の検索エンジンのインターフェースにはわずかな差異しかなく，ゆえに多種多様な情報探索のニーズに合わせて調節することができないと指摘した（Rose 2006）．ローズは，検索エンジンが，検索過程には反復がよくあることを見逃している点を強調した．すなわち検索戦略とゴール，検索が開始してから結果を得るまでに変わることがよくあるということだ．ローズは，異なった検索ゴールに対応することができ，検索に共通している反復プロセスに順応できる新しいインターフェースが必要であると指摘した．

それらの弱点にかかわらず，検索エンジンが情報サービスとして図書館と競争になるのは明らかである．デ・ローザらは，例えば，検索エンジンと実在の図書館が，両方とも情報源として好まれており，また人々は両方に満足していることを見出した（De Rosa et al. 2005）．けれども，人々は，図書館のウェブサイトよりもグーグルを価値のある情報として上位にランクづけ，検索エンジンをよりアクセスしやすくて使いやすく，より便利なものだと認識している．一般的に，検索エンジンは図書館の情報と同じく信頼できるものだと考えられていて，圧倒的に人々のライフスタイルにより合っていると見なされている．案の定，若い人々がより満足しているのは検索エンジンで，特にそのスピードの速さに満足をしている．

今日，ウェブサイトの急増とウェブの人気は，良くもあり悪くもある．特に懸念されているのは，情報検索の品質，あるいはその欠如についてである．伝統的に，図書館員は記事の出典と正確さを立証する基準を使用して，資料，特に参考文献の選択を行う．しかし，ウェブではどうなのか．ピューインターネットアンドアメリカンライフプロジェクト（The Pew Internet and American Life Project）は，成人ユーザーの6人に1人が，公平な検索結果と有料広告の違いがわからなかったと報告した．また，ウェブ検索をする38％の成人が，スポンサーリンクと普通のリンクとの違いを知らず，どれが有料リンクかがわかるのは半分以下だという結果がでている（Associated Press 2005）．

図書館員は，他の図書館の資料のように，十分に吟味された特定のサイトに利用者を導くウェブページを開設して，この問題について対処し始めている．これは，他のサイトへのアクセスを禁じるといっているわけではない．むしろ，このサービスは，利用者を適時に正確な情報へと導いてきたLIS専門職の流

儀を目に見える形で示すものである．

ウェブの標準規格と一貫性を確立することは，インターネットの初期開発者にとって1つのゴールであった．ワールドワイドウェブコンソーシアム（W3C）が1994年に作られ，ウェブの長期にわたる成長を可能にする共通プロトコルとガイドラインが開発された（World Wide Web Consortium 2010）．数年にわたって，W3Cワーキンググループは技術報告書とオープンソースソフトウェアを手がけ，ウェブのアーキテクチャに関する推奨を行うことで標準化の推進を担ってきた．またW3Cは，社会，法律，公共政策事案などウェブユーザーの相互作用に影響を与えることに取り組んできたし，さらに，体の不自由な人のユーザビリティに関連したアクセス改善の問題も扱ってきた．

III. 21世紀の情報テクノロジー

A. デジタル図書館

デジタル図書館の最初の目的は，科学や技術の研究を促進させることだった（Bearman 2007）．これらの発展は，大学での遠隔学習の拡大によって拍車がかかった．身近な図書館がない場合，学生が仮想の図書館にアクセスできることが必要となったためだ（Fox and Urs 2002; Wright 2002）．

2009年，デジタル図書館連合（DLF）が定義したデジタル図書館とは以下のようなものである．

> 専門スタッフを含む，情報源を供給する組織で，選択，構成，知的情報へのアクセス提供，解釈，供給，そして統一性の維持を可能にするためのもので，デジタル資料の収集に対するこだわりが徐々に確実となり，特定の場所や地域で利用されることが財政的にもうまく進んでいる．（The Digital Libraries Federation 2009, n.p.）

アームズはそれらを，「管理された情報の集積で，関連したサービスととも

に，情報がデジタル形式で保存され，ネットワークを通じてアクセス可能なもの」と表現した（Arms 2000）．サンマイクロシステムズは，デジタル図書館を「利用者が使ってきた機能と，彼らが伝統的な図書館でアクセスしていた資料の，電子的な拡張」と定義した（Wright 2002, p.3）．資料の操作は，情報のプロに電子的に仲介はされるが，大事なことはその情報が管理されることにより，ただ単なる静的なデータの集まりではなくなることである．つまりデジタル図書館はコンピュータ上で管理され，ネットワークを通じてアクセスすることができ，情報を選ぶ手段を採用し，組織化し，アクセス可能な状態に置き，保管するものである（Arms 2000）．グリーンステインは，デジタル図書館は「「デジタル図書館サービス環境」，つまり，ネットワークでつながったオンラインの情報空間で，そこで利用者が発見し，場所を突き止め，アクセス手段を見つけ，ますます情報を活用できる場所」を作り出すと述べた（Greenstein 2000, pp. 290-291）．その環境は電子的であるために，その情報の体裁はそれほど重要ではなく，テキストを超えて，グラフィック，ビデオ，音声，写真，データ集合ならびにソフトウェアに拡張する（Fox and Urs 2002）．

　しかし，多くのデジタル図書館は学術的な起源を持つため，それらはしばしば学問分野や絞ったテーマに焦点を当てている．ベアマンは「デジタル図書館のコンテンツは，次第にすべての種類の情報を網羅することになる．デジタル形式の過去の情報の比率は来たる10年間で急増し，紙媒体の資料のほとんどがオンラインで手に入るまでに達するだろう」と主張した（Bearman 2007）．実際，電子フォーマットで作られた（「ボーンデジタル」の）情報の量の増加に伴い，デジタル図書館は急増している．デジタル図書館の進化で，学術関係者だけでなく一般人にもアクセス可能になってきた．それは，今インターネットが成し遂げようとしている．

　デジタル図書館は明らかに利点が多い．デジタル化された情報は大容量にもかかわらず，同時に複数利用者から活用，共有され，情報更新が早く，そして24時間いつでも利用可能だ．コンピュータの容量と携帯性の向上，そして高速ネットワークの発達のおかげで，デジタル図書館は今やあたり前のものとなっている（Fox and Urs 2002; Arms 2000; Wright 2002）．とはいえ，検索機能，ユーザー管理，認証機能，使いやすいディスプレイなど周辺の付加価値的なサー

ビスの向上がまだまだ必要だ．デジタル図書館のユーザーがまだ期待していることは，使いやすい操作性と検索機能結果がユーザーにとって信頼できるものになることだ．

　デジタル図書館には有利な点が確かに多いが，潜在的な問題も残されている．ポストマンは「テクノロジーには重荷と恩恵の両面が必ずある」と意見を述べた（Postman 1992, pp.4-5）．レビィは，例えば，デジタル図書館での読書は，特に深く読み込む場合には，これまでとはまったく違ったものになるかもしれないという懸念を示した．彼は，綿密で熟考すべき読書においては，注意力を保つことが必要だと述べた．注意力はどこにでもある資源ではなく，情報源の検索や選択の際には最大限に必要になる．レビィは，デジタル図書館は，「超多読（中略）それも情報の破片に伴う薄っぺらで短時間の爆発の熱狂のようなもの」を助長すると主張した（Levy 1997, p.208）．この種の読書はハイパーリンクならびにハイパーテキストな環境で奨励され，皮肉にもデジタル図書館の強みとも考えられる．デジタル図書館は多くの情報を探し表示することが可能だが，レビィは本来の熟考ならびに学識のために必要とされる不断の読書が犠牲になることになるだろうと主張した．クトナーの警告は「インターネットは，それ自体が注意欠如障がいを引き起こす．ワンクリックするだけで情報が溢れてくるので，集中し注目し続けることが難しい．波及する情報をクリックし続ける中毒である」というものだった（Kuttner 2006, p.14）．カールも，同じような危惧をこう表現する．深く読書をすることがますます困難となった．それはインターネットのせいで，「集中や熟考といった今まであった能力が少しずつはがれ落ちているようだ．インターネットが情報をばらまくように，私の思考は早い粒子の流れの動きの中で情報を吸い込もうとしている」（Carr 2008）．

　時を同じくして，シュラーが注意したのは，これからの情報が過去の伝統的な印刷文化とは違うからといって，簡単にその変化を拒絶してはならないということだった（Shuler 2002）．

　　伝統的な識字論者やおなじみの同調者たちにとって，「理解する」という
　　考え方はとてもやっかいだ．彼らの考え方からするに，読み書きは固定さ
　　れた要素で（中略）社会の中では誰にとっても不変である．そこに「良

書」があり，思考は「批判的に」なされる．あなたが図書を読むのは「あなたにとって良い図書だから」である．インターネットが，そのかわいそうな同系統のもの，映画，テレビ，そしてテレビゲームとともに，今までになかったアプローチで伝えてくるものは，連続した本来の読書より，もっと挿話的で支離滅裂な物語，のようなものである．人をまず楽しませてから情報を与えるような視点と論理の劇的な変化に，私たちはどっぷりと浸かっている．(p.159)

シュラーが主張したのは，読書を説く人たちにとって必要になるであろうことは，少なくとも部分的に言語を変化させることであって，それも伝統的なリテラシーから「多面的でマルチタスキングなリテラシー」(印刷世界よりもインターネットに合致した)への変化だ (Shuler 2002, p.159)．シュラーの見方と一致して，ケイシオはグーグル，遺伝子工学や人工知能における今後予想される飛躍的な進歩を「知性増幅」の1つの形だと見ていた (Cascio 2009, p.96)．彼の論理では，新しい多面的なメディアや複雑な情報のおかげで，確かに私たちは賢くなってきている．新しい連携を作り，新しい形を見つける能力を刺激され，時には「流動的知性」と表現される．

とにかく，私たちは引き返すことはできない．情報の海が干上がることもなさそうだし，過去の限られた情報の流れ——や限られた情報との接触——の時代に進化し，完成された知的な習慣に依存するのもばかげている．「流動的知性」を強くすることは，絶え間ない接続の時代をうまく乗り切るための，実行可能な唯一のアプローチだ．(Cascio 2009, p.96)

情報テクノロジーはすでに，現代の図書館サービスにうまく統合されている．ベアマンによると，受入，目録，レファレンスそして貸出は目覚ましく変化してきている．さらには，大学図書館の多くが，独特なデジタル資料や文献の機関リポジトリとなりつつある (Bearman 2007)．それらは特別な特徴や個性をもち，出版社と関わることなく，学術的なコンテンツを管理したりアクセスしたりする代替的な手段を担っている (Bearman 2007)．これらのリポジトリと

5 図書館を再定義する：テクノロジー変化の影響と意義 247

ともに，明らかになりつつあるのは，将来においては，すべてを網羅する唯一のデジタル図書館があるのではなくて，何千もの分散したデジタル図書館があり，メタデータによって接続され，検索エンジンの連合体によりつながることだ．

2007年に，博物館・図書館サービス機構（IMLS）の後援により，NISO フレームワーク推進グループがより良いデジタル図書館コレクションのためのガイドラインを展開した（表5.1）．

当初デジタル化が始まった際，それがコンセプトを実現するか，新しい機関の機能に組み込まれれば，コレクションは「良い」と考えられた．結果として生じたコレクションそのものが短命であったり，組織の利用者にとってほとんど役に立たなかったとしてもだ．デジタル環境が熟すにつれて，デジタルコレクション形成の試みの焦点は，使いやすく関連のあるコレクションを作り上げることに推移した．そしてそのコレクションは利用者の共同体の需要に応えるものだった．「良いこと」の基準は，予想される利用者グループに対して適切に使われるための有用性，簡便性そして柔軟性を含めることに引き上げられた．デジタルコレクションの発達は今，進化と円熟を増し第3の段階に達し，有用なデジタルコレクションを効果的に顧客に届けるだけでは十分ではなくなった．コスト／価値，持続可能性，そして信頼性の問題が，良いデジタルコレクションにとって重要な成功の基準としてもち上がっている．オブジェクト，メタデータやコレクションは，それらを作ったプロジェクトの脈絡の中だけで観察されるのではなく，他人が再使用し，再構成し，再度目的をもたせることができ，そしてその上にサービスを構築することができるよう，つまりブロックを積み上げるように俯瞰するべきだ．「良いこと」をクリアするには，相互互換性，再利用性，持続性，立証性，ドキュメンテーション，そして知的財産権を支えることが必要だ．(NISO Framewaork Working Group, 2007)

ガイドラインの枠組みには，良いことの基準を構成する4つのタイプの核が含まれている．コレクション（調査対象の固まりからなる），オブジェクト（デジ

表 5.1 デジタルコレクションを構築するための 9 つの原則

1. 良いデジタルコレクションは公表されたコレクション形成方針にしたがって制作される.
2. コレクションは利用者がコレクションの特性を見出すことができるように記述されるべきである. そこには範囲,フォーマット,アクセスへの制限,所有者などコレクションの信頼性,統一性,解釈を決定するのに重要な情報を含む.
3. 良いコレクションとは,リソースがそのライフサイクル全体においてうまく管理できるようになるもののことである.
4. 良いコレクションとは広く利用されるもので,利用のための不要な障害を避けることができる. コレクションは障がいをもつ人々もアクセス可能で,適切な技術をもって効果的に利用可能になるべきである.
5. 良いコレクションは知的財産権に配慮する.
6. 良いコレクションは利用データその他のデータを提供する仕組みをもち,これによって標準的な方法による利用率の記録が可能になる.
7. 良いコレクションは相互運用可能である.
8. 良いコレクションは利用者の作業過程に統合可能である.
9. 良いコレクションは時間を超えて維持される.

出典:NISO Framework Working Group 2007, p.4.

タル資料),メタデータ(調査対象とコレクションの情報),そしてイニシアティブ(コレクションを作り管理をする仕組みや計画)である.

このガイドラインは,コアタイプからサービスを明らかに除外している.それは,もし上質なコレクション,デジタル資料,そしてメタデータが作られたら,それらを利用する質の高いサービスを提供することができるだろうという想定があったからだった.クルーナンとダブは,20 世紀の図書館哲学者であるランガナタンの理論を適用し,デジタル図書館のために 5 つの法則を追加することを提案した(Cloonan and Dove 2005).

1. オンライン資料が,必要とされる場所と時間に,入手可能なことを確認せよ.
2. 利用者がデジタル資源を効果的に活用できる環境を阻む障害を取り除け.
3. デジタル情報資源を,その機関のバーチャル学習環境やウェブページに統合せよ.
4. メタサーチ機能を提供し,利用者がデジタル資料の全体を検索できるようにせよ.
5. 1 日 24 時間,1 週 7 日間いつでも,どこでも,図書館へのアクセスを提供せよ.(p.3)

これらの原則に合致するデジタルコレクションは，強力な図書館サービスのための，しっかりとした土台を作り上げることになるに違いない．

B. ウェブポータル

ウェブサイトの数が増えるにつれて，欲しい情報を正確に引き出すことが難しくなっている．グーグルのようなサーチエンジンは確かに使いやすいが，まちがったサイトを見つけたり，必要以上の数のサイトを見つけたりすることがしばしば起こる．インターネットが当初導入された時，図書館がやろうとしたのは，お気に入りのウェブサイトを集積し，ブックマークをつけて，この情報の混沌を管理すること（Franco 2003）だったが，そのやり方はもはや機能していない．より最新の試みがウェブポータルだ．そこには何も定義はなく，ただポータルが多様な情報資源を集約する，ということがあるだけだ．その情報資源とは，ウェブサイト，カタログ，オンライン雑誌，デジタル情報，そしてこれらを図書館サービスらしく関連づけることである．ちょうどオンラインレファレンスや図書館相互貸借のようなものだ．ウェブをあてもなく検索するよりは，ポータルのおかげで，利用者は目的のサイトへたどり着けるし，質の高い情報を質の高い検索機能を使って利用できるし，付加価値のあるサービスの恩恵も受けることができる．ジャクソンの描いた理想的なポータルとは，次のようなものである．

> 想像してみて欲しい．1つのウェブサイトが，強力なウェブ検索と，当該機関の目録，オンライン雑誌，または局地的なデジタル情報を統合することを．さらには，レファレンス質問に着手し，図書館相互貸借依頼（ILL）を提出し，引用文献や雑誌記事を取得科目管理システムに取り込む能力が，その1つのウェブサイトの中で完結することができることを．
> （Jackson 2002, p.36）

今のところ，そうしたポータルの潜在能力は，研究環境や大学図書館で主に

開発されてきたが，その概念は幅広い応用を兼ね備えている．

1. ポータルは，参照される情報源が限定されるように好みの設定にできる．日付，記事タイトル，そしてその情報源が全文かどうかなどの要素によって絞り込みができる．また，特定の様式での検索結果の表示や，情報の関連性のランクづけもできるような設計も可能である．
2. ポータルは，一般的なサイトと制約のあるサイトの両方にアクセスを提供することができる．
3. ポータルは，全文資料提供や図書館相互貸借などの，付加価値サービスも提供することができる．
4. ポータルは，オンラインレファレンスサービスを提供するが，人間の仲介者との接触や，オンラインレファレンスツールとの連動を伴う．
5. ポータルは，利用者へのお知らせサービスを提供することができる．いったん，ポータルがパーソナライズされると，利用者にとって適切な資料がポータルに追加された時に，システムがそれを利用者に知らせる．(Schottlaender and Jackson 2003, pp.281-283)

公共図書館にとって，図書館のホームページをはるかに超える機会をポータルが提供する．ポータルにより，図書館はカスタマイズされた電子的な入り口を提供し，その先にはありとあらゆる情報源と，図書館相互貸借のようなデリバリーシステムやオンラインレファレンスサービスへとつながる検索ツールがある．電子図書や電子ジャーナル，ライセンスデータベース，抄録や索引サービス，オンラインカタログなどを含む，当該機関，遠隔地，両方の情報が提供される．さらには，ポータルは特定の検索者についての情報を記憶できるので，次の検索はより個人仕様となる．本質的に，ポータルは利用者にとって，力強く，個人仕様かつ統合された図書館システムとなる．その利点は明らかで，もし図書館が気軽な，1カ所で用が足りる，個人仕様の情報の世界へのアクセスを提供できれば，いまだ組織化されておらず情報選別も行わないワールドワイドウェブとの競争も可能である．

5 図書館を再定義する:テクノロジー変化の影響と意義 251

ポータルが図書館利用者に提供するのは,上質なオンラインの情報源を明示することや,ウェブサイトや図書館資料で頻繁に使われるアクセスを円滑にすることであり,それゆえに図書館利用者の注意をそらしたり混乱させたりする情報過多の現象を解決するのに貢献している.(Brantley et al. 2006, p.146)

C. インターネット2

当初,研究開発のために設計されたインターネットだが,1990年代に一般社会の必要性にも合致して,大衆的で商業的な目的に流用され始めた.いうまでもなく,この当初の目的は大学関係者と研究者にとって,引き続き重要な課題だった.その結果,インターネット2コンソーシアムが1996年に発足し,目的として「革新的インターネット技術の発展,配備そして利用を共同で進めるための,先端ネットワーク機能と他にない提携機会」を促進することが掲げられた(Internet2 2009, p.1).コンソーシアムは米国の200以上の大学や他の高等教育機関,70の企業パートナー,そして45の政府機関と研究機関の努力によって始まった.その協力を通じてインターネット2コンソーシアムは,「ネットワーク利用について新時代の方法を構築し,研究や教育のために先端ネットワーク機能を創出し,そして世界のインターネットへ技術や経験を提供する」(Internet2 2009, p.1).その目的は,インターネットの代替ではなく,インターネットの改良や促進を進め,教育界において新しく開発されたものを全体で共有していくことである.1億7500万ドル近いお金が2009年の終わりまでにこの事業に注ぎ込まれたのである(Internet2 2009).

500を超える4年制大学と550のコミュニティカレッジが,Abilene(アビリーン)と呼ばれるインターネット2の中枢へのアクセスを行っている(Olsen 2003).その中枢の処理速度は目覚ましい.T1回線を使った場合,通常転送に30分かかるデータが,Abileneでは1秒で処理可能だ(Mutch and Ventura 2003).そのインターネット2コンソーシアムには,ネットワークインフラ,ミドルウェア(認証,認可,保証といった中間機能を果たすソフトウェア),エンジニアリング,そしてアプリケーション(デジタル図書館,デジタルビデオ,仮想研究室な

ど) などの分野に焦点を当てたワーキンググループがある．さらに，コンソーシアムが支援するのは，特別な議題のための討議グループや，様々なワーキンググループに専門性を与える顧問グループである (Internet2 2008)．例えば，科学工学班は国際共同体のメンバーがつながるよう働きかけたり，関係するネットワークアプリケーションをメンバーに供給したりするのである．また，健康科学と健康ネットワーク班は「臨床の現場，医療と関連する生物学，教育，そして健康認識における先端ネットワークの適用方法を，支援し促進する」(Internet2 2009, p.5)．

インターネット2の開発は，大量のデータをすばやく転送することを可能にし，すでに高等教育を変化させている．同じようにビデオ会議や遠隔教育も目覚ましく進歩している．こうしたコミュニケーションチャンネルを利用者に公開し，図書館に教育的使命を果たし続けさせることで，インターネット2はもっと図書館に利益をもたらすことができる．

D. ソーシャルネットワーキング：Web 2.0 とそれ以降

21世紀に入って最初の10年のインターネットの発達とともに，アプリケーションの劇的な進歩があって，ソーシャルインタラクションとオンラインコミュニティ作りの可能性が高まった．インターネットは，利用者がその場でオンラインコンテンツを加えていく動的なネットワークになり，事実上，「参加型のアーキテクチャ」(O'Reilly 2005, p.7) を作り上げている．この現象はしばしば Web 2.0 と呼ばれている．

Web 2.0 の何よりの特徴とは，ソーシャルネットワーキングサイトという「オンラインでの場であり，そこでは，利用者が自身のプロフィールを作成し，その他利用者と自分とを結びつける人間関係のネットワークを構築できることである」(Lenhart 2007, p.1)．例としてあげられるのが，MySpace や Facebook であり，双方とも2004年にサービスを開始している．また，LinkedIn はビジネスマンや専門家間でのリンクができるサイトである．これらのサイトでは個人は，自分のプロフィールだけでなく音楽，映像，写真を投稿することができ，友人と情報交換したり，無数の人々とつながりを維持したりすることができる

のである．MySpace や Facebook がいかに人気であるかということは，2008年までにそれぞれのサイトに毎月約 1 億 1500 万人という驚異的な人数がアクセスしたという事実からもわかる（Arrington 2008）．興味深いことに，Facebook は MySpace と比較し，より多くの国々からのアクセスがあり，Facebook の利用者のおよそ 70％は米国以外の場所からのアクセスである（Facebook 2009）．最初の時点から，ソーシャルネットワーキングサイトは若い人々の興味を引きつけ，この傾向はいまだ顕著である．インターネットを利用する 10 代のおよそ 55％が，ソーシャルネットワークを利用して，主として友人とのコミュニケーションを行っている（Lenhart 2007）．それにもかかわらず，Facebook の報告によると，Facebook の利用者で急速に増加している年齢層は 35 歳以上の個人であった．若年層は MySpace 利用者の中でも減少傾向にあるが，その一方で，35 歳から 54 歳までの個人利用者の数の増加は著しく，アクセス総数の 40％以上に達している（O'Malley 2006）．その他，ブログやウィキ，RSS フィードなどのソーシャルネットワークでも共通の特徴である．

1. ブログ

　ブログまたはウェブログとは，「ウェブサイトのカテゴリーの中で，コンテンツが日付による継続的な順序で提示されるもののことである．簡単にいえば，「ブログとはオンラインの日記である」」（Kajewski 2006, p.157）．ブログでは個人またはグループが自分たちのアイディアをウェブサイト上に掲載することができ，その他の人々がそれに対して返信したり，その他のウェブサイトにリンクすることもできる．利用者はコンテンツに反応し，自分たち独自のコンテンツを発表し，その他の人々が何を掲載しているのかを見ることもできる．ブログは非常に個人的な内容にすることができる．つまり，家族や友人らにとって興味深い内容のものにすることもできるし，一方で，広い範囲に向けて情報を発信することもできる．時事ニュースや政治問題についてレポートしたり分析したりする者もいる．国内外の重大局面に際しては，旧来の情報源が利用不可能であったり当局によって抑圧されている場合に，今ではブログが主要なニュース情報源になっている．ブログの利用は堅調に伸びており，インターネット利用者の 3 分の 1 が，ブログを読んでいることを示唆しており，11％が毎日ブ

ログを読んでいる．インターネット利用者の42％が1回以上ブログを読んだことがあり，10分の1の利用者が自分のブログを立ち上げている (Smith 2008)．

図書館もブログを利用して，新しいサービスや新着図書，またAV資料に関するニュースや情報を一般利用者に知らせたり，議論を喚起したり，図書館やそのサービスについてのプロモーションを行っている (Kajewski 2006)．さらに，ブログは，専門的なアウェアネスツールにもなるし，書評や図書の賞，図書についての議論の場などへのリンクも提供することができる．

2. ウィキ

ウィキとは，ハワイ語で「すばやい」に相当する言葉から派生した語であるが，オレゴン州を拠点としたコンピュータプログラマーであるウォード・カニンガムが，1994年，共同開発のために設計したものである (Stephens 2006)．シャフナーとルイスが記述するところによると，ウィキは，「サーバー上で動く協力ツールであり，承認を受けた利用者ならば誰でも，ただウェブブラウザとウェブページ上のテキスト入力フォームを使用するだけで，ウェブページを編集でき，新しいページを作成することができる」のである (Chawner and Lewis 2006, p.33)．ウィキという言葉は，ウェブサイトか，またはそのサイトを運用しているソフトウェアのことを指す．ウィキは，プログラミングまたはプログラム言語といったことについての知識を必要とせず，むしろ「単純なテキストを基準にした覚えやすいマークアップ言語を使用して」おり，利用者の誰もがウェブブラウザを使用して新しいページを作成したり，既存のページに新しい内容を書き込んだり，情報を削除することができるのである (Cochenour 2006, p.34)．

図書館員も，専門的な情報を共有するための一形式としてウィキを最初に利用した人々だった．メレディス・ファルカスによるウィキは，Library Success: A Best Practics Wiki（図書館の成功：ウィキのベストプラクティス）と題され，2005年に開始し，図書館内でのポットキャスト，ソーシャルネットワーキング，IMレファレンスといった技術的な問題に関する情報資源を集めている．このウィキは，コレクションの維持やプログラム案内，読者への通知等の従来からの図書館のサービスに関連するリンクも集めている ("Playing with

Technology" 2006). ウィキは，図書館で様々に利用することが可能であり，その形態としては，図書館のウェブサイトを更新することで利用者向けサービスを高めたり，一般社会とのコミュニケーションツールとしての役割を果たしたり，図書館の情報資源とリンクをしたり，テーマによる案内を展開したり，図書館の利用案内を提供したり，最良の利用をしてもらうための情報資源として機能したり，常連利用者のための情報を提供したり，図書クラブの集まりの場を提供したりすること等があげられる．ウィキは，委員会や打ち合わせ業務，企画活動，意見箱等を含む図書館内の組織活動の手段として機能することもできる (Kajewski 2006; Chawner and Lewis 2006).

ウィキの利用方法としてとりわけ興味深いのは，レファレンスツールを開発する際に利用することであって，ウィキペディアがそのもっとも顕著な例である．ビンクレーが指摘するところによると，ウィキペディアには，編集者および数百人に及ぶ習熟した利用者がいて，内容と利用者を規制する特別な権限を有する管理人となっている (Binkley 2006). ただし，コンテンツはほとんど利用者たちによって作成されている．オレイリーはこのことを「集団的知性」の利用と名づけている (O'Reilly 2005, p.9). この画期的なレファレンスワークを作り出した根底に流れているのは，利用者コミュニティがコンテンツの作成者や寄稿者となり得るという考えであった．ツールを作成する限られた人数の「専門家」に頼るよりもむしろ，何千人という投稿者と校閲者が協力してこの大規模かつ動的な，常に拡大し変化し続ける編集作業に寄与し，その作業を専ら利用者自身が厳しく吟味するのである．ウィキペディアのオープンソースによるコンテンツ管理システムとその匿名性は，専門家ではない一般のメンバーが記事を書いたり編集したりできるために，その内容が荒らし行為の対象になったり虚偽の内容を書き込まれたりしやすく，不正確な情報となる可能性がより増大すると批判する人もいる (Miller 2007). しかし，理論的には，まちがいはその記事を読んでいる人々か，または特定の話題の領域について特に興味をもっているグループの人々が指摘することになっており，時間をかけてどんどん正確な情報になっていくのである．この現象は，「結果主義（イベンチュアリズム）」として知られている (Crovitz 2009). 実際，『ネイチャー』では，ブリタニカ百科事典とウィキペディアに記載される 42 本の科学に関連する記事を

並べて比較検討を行った．

> その実験は，ブリタニカとウィキペディア双方にたくさんのまちがいを指摘する結果となったが，対象となった42本の記事のうち，正確さについての差異はほとんどなかった．ウィキペディアにおける平均的な科学についての記述は，約4件の不正確な情報を含んでおり，ブリタニカではそれがおよそ3件であった．(Giles 2005, p.900)

その一方で，ギレスが報告しているのは，多くの校閲者がウィキペディアの記事は構成が不十分で，混乱を招くと思っていることである（Giles 2005, p.900)．イフェールは，1つの話題について検索する際，たった1つの情報源のみを使用しない方がいいと警告している（Effert 2006)．しかし，次のようにも結論づけている．

> 結論，継続的な批評校閲を受けることで，ウィキペディアの記事は概ねよく調査されており，注記や情報源へのリンクによって実証されており，読者が利用している情報のクオリティを判断できるようになっている．さらに，ウィキペディアへの記述は，しばしば，より最新の情報を記載している．(Effert 2006, p.83)

掲載物の情報集積モデルは情報の不備の可能性をはらんでいる一方，現在，機能していることは明らかである．ウィキペディアは，インターネット利用者がアクセスするウェブサイトの上位にランクインするものの1つであり，グーグル利用者が一番参照するサイトの上位ランキングの1つでもある．かつ，オンラインで利用できる百科事典へのアクセスの97％がウィキペディアである（Crovits 2009)．ピューインターネットアンドアメリカンライフプロジェクトによる2006年の研究では，インターネットへのアクセスができる家庭の米国人の3分の1以上がウィキペディアを利用しており，ウィキペディア利用者の50％が大学生であった（Harris 2007)．ウィキペディア利用の明らかな利点の1つは，ウィキペディアが絶えず更新され，拡大していることである．オレイリ

ーはウィキペディアを「コンテンツ作成の力学上の根本的な変化!」と呼んでいる (O'Reilly 2005, p.9). ウィキペディアについて懐疑的な図書館員もいる一方,多くは利用者(および図書館員自身)が基本的な背景についての調査を始める良い場であると思っている. さらに,ウィキペディアの記事の最後に記載する引用を利用することで,図書館員は利用者が追加の資料を探し当てる際の手伝いをしたり,同時に,正確性や典拠に関する問題について利用者に指示したりできるようになるのである.

3. 真にシンプルな同時配信(RSS)

　RSSとは,XMLベースの文書フォーマットで,ウェブのコンテンツを同時配信するためのものであり,これを使用すると,ウェブコンテンツをその他のサイトに再掲載したり,定期的にダウンロードして利用者に提供したりできる (RSS Advisory Board 2010, p.2). RSSアカウントからコンテンツを出力することを「フィード」と呼び,それによって,1度利用者がフィードに登録し,必要なソフトウェアを備えれば,オンラインにある送信元が情報を即時に利用者に送信する (Wikipedia 2009). これは,カレントアウェアネスのためには非常に有効なメディアである. 利用者は指定した連絡ツールに送られるニュースや出来事,アクティビティについてのメッセージを受け取る. 企業ならば,顧客に対して特売や新しい商品開発について告知することもでき,図書館ならば,最新の活動やサービス,または図書館に入ってくる最新の資料についての告知を常連利用者に対して行うことができる. オレイリーは,「RSSは,ウェブの基本的な構造におけるもっとも重要な進歩であり(中略),RSSによって,ウェブのページにリンクするだけでなく,そのページに登録してページが更新するたびにその通知を受け取ることができるのである」と主張している (O'Reilly 2005, p.7).

　RSSの技術が,ポッドキャストの基礎を形成した. 元来,ポッドキャストは「コンピュータやiPodなどのMP3プレーヤーでダウンロードし,再生できる音声ファイル」のことであった (Balas 2005, p.29). ポッドキャストに独自性をもたらしたのはこのシンジケート化する側面であり,いい換えれば,一定の情報が必要な時にそれぞれ,ウェブにアクセスする必要はもはやなく,むしろ

特定のフィードに登録すれば，新しいファイルが自動的にダウンロードされるのである．ポッドキャストはニュースの更新や音楽ダウンロードでの利用で非常に一般的になってきた．昨今，ポッドキャストは音声コンテンツだけでなく映像にも対応し，コンピュータとともに携帯電話やその他のコミュニケーションツールに送信することができる．2006年ではインターネット利用者の7%だけであったが，2008年には19%がポッドキャストをダウンロードしていると回答している（PewInternet and American Life Project 2008）．図書館員のカレントアウェアネスのための情報資源として，ポッドキャストが様々な方法で利用され得るのは明らかで，その例として，図書館の常連利用者やスタッフの研修，開発，書評，図書館情報の更新，発表会や講演の情報発信，図書館見学会などの情報がポッドキャストを通じて提供される．図書館は，ポッドキャストにアクセスする場となっているだけでなく（図書館の中にはiPodの貸出を行っているところもある）（Stephens 2005; Kajewski 2006），図書館がコンテンツの作成者になることもできるのである．

　ソーシャルメディアの可能性が受け入れられるのには時間がかかったが，現在，たくさんの図書館が，MySpaceのページや，Facebookのアカウントをもっている．図書館はTwitterを利用し，フリッカーで掲載される画像を利用し，YouTubeで映像を利用し，図書館のウェブページでポッドキャストを提供している．図書館には，セカンドライフにおけるインフォアイランドに住居を設定しているところもある．これらのメディアすべてを通じて，図書館はその常連利用者と仮想空間で交流することができる．さらに，大学図書館や公共図書館の多くが，MeeboやPidginのようなサービスを利用して，インスタントメッセージ（IM）によるレファレンスサービスを提供しており，利用者が自身のIMクライアントを利用して，図書館員とインスタントメッセージングを行うこともできる．Skypeを利用してバーチャルサービスを提供する図書館もある．

　Web 2.0はいまだ発達の可能性を秘めており，Web 2.0の図書館への応用も進化し続けるであろう．考えられる利用方法がたくさんある中には，次のようなものがあげられる．

1. これらのタイプのサイトを安全にかつ効果的に利用できるようにするため，情報リテラシーの研修や教育サービスを提供すること
2. 図書館利用者のためのレファレンスやカレントアウェアネスのためのサービスを促すために，IM Twitter やその他のアプリケーションを利用すること
3. 電子政府や読書クラブといった様々な話題についての親睦グループのウィキを作成すること
4. スタッフ，図書館員や事務スタッフのための組織内コミュニケーションツールとして活用すること

 一方で，図書館でソーシャルネットワーキングサイトを利用可能にすることで，青少年期の子どもたちを危険にさらしてしまうのではないかと懸念する人もいる．ALA はオンラインで子どもたちを食い物にする輩の深刻な問題を認識しているが，好ましい対応は，子どもたちにソーシャルネットワーキングサイトを適切に使用するよう教えることであると指摘している．同様に，ALA が指摘するのは，多くのウィキやブログにはそうした青少年期の子どもたちにとって重要な教育的価値やメリットがあるということである．

IV. 21 世紀の図書館をめぐる技術的な問題

 何世紀にもわたる図書館の進化の中でも，とりわけ 20 世紀最後の 10 年と 21 世紀最初の 10 年間は，図書館に劇的な変化をもたらした．政治の壁は崩壊し，偶像は倒され，多くの国々の通貨が，共通の通貨単位へと取って代えられ，世界はウェブに覆い隠された．図書館もまた，経済面，社会面，技術面のみならず，様々な変革の力にさらされている（Billings 2002）．デ・ローザらは，その変革の特徴を簡潔に述べている（De Rosa, Dempsey, and Wilson 2004）．

 長い間，図書館はそれ自体が秩序と合理性のメタファーであり続けてきた．図書館で情報を検索するプロセスは，高度に体系化されたシステムの中で

行われる．情報は広く開示されており，あらかじめ存在する構造を首尾良くくぐり抜けることで，知識は増大する．このプロセスが複雑であるからこそ，図書館員は，あらゆるコンテンツが予定調和的な位置を占めるこのシステムの中を案内し，通り抜ける手助けをしていたのである．このような世界は，アナーキーなウェブの世界とは対照的である．ウェブは，自由な連想が許され，何の制限も受けず，秩序ももたない．発見と比べると探索は副次的であり，どのようなプロセスで情報を発見したかは，さして重要ではない．「コレクション」は一時的なものであり，主観的である．ある人にとっては，あるブログのエントリは「未発表の」論文と同じくらい価値のあるものかもしれない．（中略）各人は専門家の助けを借りずに独力で探索を行い，何を発見できなかったかを知らずとも満足してしまう．(p.ix)

モービルは，テッド・ネルソンの研究を受け継ぎ，この新しい検索と発見のプロセスを「錯綜関係」と呼び，ウェブのユーザーは「非連続的なテキストが秘めている，人間の思考の体系化や共有の方法を一変させるかもしれない可能性」を発見した，とした (Morville 2005, p.64)．電子的な情報テクノロジーの勃興とデジタル時代の到来によって，根本的な変化が生じたことに疑いの余地はあるまい．

その一方で，デリーアらは，インターネットの利用と公共図書館が，実際には相補的な関係にあると主張した (D'Elia, Jorgensen, and Woelfel 2002)．全国標本の調査によれば「インターネット利用者の75％は公共図書館を利用しており，公共図書館の利用者の60％はインターネットを利用している」(p.818)．加えて，インターネットの利用頻度は，図書館の利用頻度に対して影響を与えなかった．しかしながら，これらの変化のもたらすより深い作用を考えてみることは，重要である．

A. 物理的な場所としての図書館に与える影響

物理的な図書館が仮想環境から挑戦を受けていることは明らかである．新し

いテクノロジーによって，図書館建築，とりわけ配線やコンセントの設置，照明などは，大規模な再設計を迫られることになった．50年から100年も前の建造物にそのような改修を施すには，莫大な費用と手間がかかる恐れがある．したがって，多くの図書館は難しい妥協を強いられてきた．より表面的な改修としては，例えば電子機器の長時間使用が引き起こす健康上の懸念に対して，人間工学に基づくデザインの什器を新しく設置するといったものがあげられるが，このような改修でさえも，かなりの費用がかさんでしまう．

　1994年という早い段階で，ホイットニーらは次のように述べている．「壁のない図書館は（中略）テクノロジーを活用することで，サービスや情報資源を広げ，世界中の情報資源と図書館とを結びつける」(Whitney and Glogoff 1994, p.321)．物理的な障壁が打ち壊され，世界中のあらゆる情報へ電子的にアクセスすることのできる完璧な自由が訪れる．壁のない図書館という考えから，そんな刺激的なイメージを想起する人もいるだろう．いかにも，電子的な情報アクセスによって，物理的な図書館が抱えていたいくつかの問題，例えば複本の問題や，コミュニティ内の経済格差が引き起こす情報アクセスの格差といった問題は解決される．

　だが，遠隔地の情報にアクセスできるようになったり，情報が通信回線や電子データベースを介して提供される機会が増えたりするにつれて，しまいには図書館が終わりを迎えるのではないかという懸念が生じる(Birdsall 1994)．バーゾールは，物理的な図書館の終焉を目論んでいる人々が念頭に置いているのは，米国の公共図書館ではなく，むしろ研究図書館や大学図書館であることを示唆している．

　では，情報テクノロジーは，物理的な場所としての図書館の終わりの前兆となり得るか．「リアルな」図書館は，デジタルライブラリーに取って代わられるのか．他でも述べたように，こういった質問に対する答えは，私たちが，図書館の目的をどのようにとらえるかによる．何世紀もの間，図書館は，文化的・教育的な価値観のシンボルとしての役目を果たしてきた．加えて，サイモンは次のように述べている．「公共図書館はコミュニティセンターであり，人々は図書館の資料とだけでなく，他の人々とも相互に作用し合う」(Simon 2002, p.104)．彼は，図書館が遊び場として，自習室として，経済資産として，

生涯学習センターや博物館，文化センターとして，またマーケティングリサーチセンターとしての役割を果たしていると述べている．場所としての図書館の重要性は，地域生活の中心としての図書館という概念と密接に結びついている．確かに情報の入手は，公共図書館の1つの機能ではあるが，情報テクノロジーは，場所としての図書館がもつ他の側面を隠してしまう可能性がある．

> かつて街の広場や近所の居酒屋，市場，あるいは図書館で起きていた出来事は，今日においては，勉強部屋や寝室で起こるようになった．コミュニケーションや参加の舞台は，公共空間から，個人空間へと移り変わっている．（中略）公共空間から個人空間へのシフトは，古くからのコミュニティの形を脅かしている．(Schement 1997, pp.1-2)

人々が，図書館を自分たちに必要な情報が手に入る場所であると認識しない限り，「コミュニティ機関の中心」としての図書館の役割は終わるかもしれないと，シュメントは懸念している．レッキーは対照的に，図書館が万人への開放を保証した上で，自身の娯楽的機能ではなく教育的機能に焦点を当てるならば，と限定した上で，図書館は重要な公共空間として生き残るだろうと主張した (Leckie 2004)．彼女は，公共空間の提供こそが，公共図書館にしかなし得ない貢献であるとし，「市民は，静かに思索にふけったり，勉強に集中したり，知的な企てや自己の成長を追求することができる」と主張した (p.236)．このような社会機能の中で，電子的なネットワークがいかなる役割を果たすのかは，明らかになっていない．

B. 図書館サービスへの影響

テクノロジーが図書館にもたらしたもっとも重大な影響の1つは，電子環境における図書館の能力を拡大し，遠隔地の情報にアクセスしたり，他の図書館と協力したりできるようになったことである．他にも図書館は，オンライン目録や，コレクション形成，図書館間の資料相互貸借，協同レファレンス，といった用途で電子的なネットワークを活用している．資料や人的資源の重複を減

らせるようになったことで，これらのネットワークが費用の節約に役立つ場合がある．他方で，ネットワーク連携や相互貸借，ドキュメントデリバリーを担当する職員や新規の部門が増えるケースもある．これらの進展がもたらした結果の主なものは，別の節で述べることにする．

1. 次世代目録

　オンライン目録という用語は，もはや正確ではない．なぜなら，目録は図書館の壁を越え，情報世界へのポータルになりつつあるからだ．次世代目録は，図書館にある現物資料にアクセスしたり，利用の可否を照会したり，予約をしたり，時には宅配サービスまでをも行う総合店舗へと変貌しつつある．次世代目録では，利用者は無数のウェブサイトやデータベースと直接つながることができ，そこにはフルテキストの定期刊行物も含まれる．次世代目録を使うと，特定の話題に対して図書館が選定したウェブサイトや，様々な分野の専門家，相互貸借サービス，レファレンスサービスへとアクセスやコンタクトをとることもできる．

2. 選択や受入への影響

　伝統的な図書館のコレクション形成においては，出版社やベンダーから送られてきた資料の選択・受入というプロセスが必ず伴う．ベンダーが新しい電子的なシステムを構築したことで，選書担当者は目次を調べたり，ベンダーのデータベースにアクセスしたり，レビューを読んだり，発注したり，目録作成にあたって重要な書誌事項をダウンロードしたりできるようになった．これらの電子化されたプロセスは，受入や選書の流れを円滑化するだけでなく，財務管理や会計報告にも役に立つ．加えて，電子技術によって，選書担当者は多様な情報源を活用できるようになった．例えばリストサーブを使って，選書に対するアドバイスや情報を入手できるようになった．

3. 貸出への影響

　電波による個体識別（RFID）技術は，コレクションの保安と管理に貢献している．

[RFIDは，]部品や製品に取りつけられることが多く，小さなマイクロチップに記録されたデータを，周波数スペクトル（例：電波）を使って送信する．（中略）RFIDタグは，電子的な読み取り装置と，タグにつけられたトランスポンダによって作動し，読み取り装置にデータを送信する．(Adams et al. 2002, p.35)

　RFIDタグは，読み取りに向きを揃える必要がない分，バーコードより簡単に利用できる．また，かなりの距離からでも読み取ることが可能である．RFIDにはアクティブタグとパッシブタグの2種類がある．パッシブタグは「内蔵の電源や発信器をもたない」(Book Industry Study Group 2004. p.3)．パッシブタグは比較的安価で，利用には外部読み取り装置が必要である．アクティブタグには「内蔵の電源と発信器の両方が備わっている．（中略）特に製造業において，機材や高価値の製品を追跡するのに用いられる」(Book Industry Study Group 2004. p.3)．一般に図書館に導入されるのはパッシブタグで，特に，コレクションの管理やセキュリティ，自動貸出のような貸借の仕組みにおいて活用されている．
　確かにRFIDは有用ではあるが，RFIDによって重要なプライバシーの権利が侵害される恐れがあるとして，懸念を示す者もいる．モービルは，RFIDが「物理的対象を識別し，探し出す私たちの能力に変容をもたらさんとする破壊的なテクノロジー」であるとしている（Morville 2005）．ウォフィールドは次のように説明する．「RFIDがプライバシーを根本的に脅かすわけは，互換性をもった読み取り装置さえあれば，タグの情報がつまびらかになってしまう点に由来する」(Warfield 2005, p.II)．例えば，ある図書のタイトルに紐づけられた，借り手の名前が暴露されてしまう可能性がある．このような懸念は深刻なもので，ALAは「図書館におけるRFID：プライバシーと機密に関するガイドライン」を策定した（ALA 2006）．これは2006年6月に知的自由委員会（IFC）において採択されたものである．

　RFIDタグは，装置を手にした人間に許可なく情報を読み取られる可能性

がある．したがって，不適切な RFID の導入は，図書館利用者のプライバシーを危険にさらす恐れがある．（中略）RFID を導入した図書館は，利用者のプライバシーが保護されるように RFID を利用，設計しなければならない．（ALA 2006, p.1）

さらに，IFC は図書館に対し，RFID タグに記録された情報は必要最小限にとどめるべきであり，プライバシーポリシーや機密情報保護方針を定期的に確認，更新すべきである，とも勧告した．また IFC は，図書館が利用する RFID 技術については，利用者への明確な説明がなされるべきであるとしている．

4. デジタルレファレンスサービス

　従来のレファレンスサービスは同期的であった．すなわち，質問をするのと回答が返ってくるのは同じタイミングだった．デジタル環境では，レファレンスは非同期的なものになり得る．利用者はいつでも質問をすることができるし，回答を後から受けとることも可能になる．デジタルレファレンスサービス (DRS) は単なる付加的なサービスではなく，変革をもたらす活動である．デジタル環境におけるレファレンスライブラリアンは，利用者を図書のありかへ案内する単なる仲介人という役割よりも，むしろ，情報検索の代行人のような役割を果たす (Lankes, 2000)．DRS ライブラリアンは，当該図書館のコレクションだけではなく，情報の世界全体へと人々を結びつける．

> インターネットが広く普及し，利用されるようになったことで，これまでなじんできたレファレンスのパラダイムに 2 つの課題が突きつけられるようになった．1 つは，ライセンスの有無を問わず，インターネットを通じて利用できる情報源が増加したこと．もう 1 つは，情報ニーズや質問を抱えた人々とのやりとりの手段として，インターネット上の様々な技術が利用されるようになったことである．(Janes 2002a, p.549)

　デジタルレファレンスコレクションの構築にあたっては，選択，資金調達，受入，権利許諾，メンテナンスなど，無数の課題を解決しなければならない．

最新のウェブの技術とデザインにも追いついていなければならず，デジタル資産を効果的に活用する必要がある（Farmar 2009）．にもかかわらず，利用者と図書館はともに DRS の恩恵を享受することができる．利用者は毎日昼夜を問わず，そうでなくても一般的な図書館の開館時間をはるかに超える時間帯でサービスを受けられる．DRS によって，匿名でのコミュニケーションを好む利用者や，自宅から出る余裕のない利用者，外出が困難な障がい者のアクセシビリティは向上する．レファレンスデスクを活用する学生が徐々に減少していることからもわかるように，とりわけ日々電子技術に触れている若者は，DRS をより身近なものと考えている（Bradford et al. 2005）．図書館は，常勤職員ではない地理的に離れた場所にいる専門家へとコンタクトをとることでサービスが向上する（Clapp and Pfeil 2005）．

　今後は，地域あるいは国内のネットワークを，時には世界的なネットワークを活用して，開館時間外でも協同デジタルレファレンスサービスを提供するようになるだろう．マックルーアが述べたように「デジタルレファレンスはもはや未来のサービスではない．デジタルレファレンスは現在進行形の話である」（McClure 2000, p.xiii）．このようなコンセプトを受け入れる形で，ALA のレファレンスと利用者サービス委員会（RUSA）は，2004 年に「バーチャルレファレンスサービスの導入と維持に関するガイドライン」を策定した．RUSA は「バーチャルレファレンス」という類似の表現を用いており，これを以下のように定義している．

> 電子的に，しばしばリアルタイムでとり行われるレファレンスサービスを指す．利用者はコンピュータや他のインターネット技術を用いて，物理的には目の前にいないレファレンス担当者と会話する．バーチャルレファレンスにおいてしばしば用いられるコミュニケーションのチャンネルとして，チャット，ビデオ会議，IP 電話，画面共有，電子メール，インスタントメッセージ，などがあげられる．（RUSA 2004, p.9）

　こういった基準は有用ではあるものの，図書館におけるデジタルレファレンスサービスの評価にあたって，実際にこのガイドラインが活用されているかは，

ほとんど明らかになっていない．

C. 図書館コレクションに与える影響

　新しいテクノロジーがもたらす大きな課題の1つは，図書館のコレクションに再定義を迫る点だろう．伝統的には，図書館のコレクションは物理的な実体であった．今日では，膨大な情報がコンピュータのデータベース上やウェブ上にあり，一体どこまでが図書館のコレクションなのかを識別するのは難しい．そのようなコレクションを，どう効率的に管理するのだろうか．資料選択に関する従来の考え方をどの程度適用できるだろうか．もし従来のやり方が通用しないのなら，新しい手立てを講じる必要がありそうだ．

　似たような形で，図書館には，個々のウェブサイトを開設するだけでなく，充実した電子コレクションを構築するチャンスが訪れている．コバックスによれば，電子図書館は，利用者の時間を節約し，正確で信頼できる情報源からなる組織化された環境を作り出し，新しい利用者へのアクセスの門戸を広げることができる（Kovacs 2000）．そうしたコレクションの対象となり得る資料はかなりの範囲に及ぶ．核となるレファレンスツールだけでなく，ビジネス，健康，法律，社会科学と自然科学，および教育に関する資料も含まれる．

　リモートアクセスもまた，コレクション評価に関する新たな論点をもたらしている．所蔵しているコレクションが利用者のニーズを満たしているかどうかを測定するだけでは，もはや十分ではない．むしろ，図書館が十分なアクセスを提供しているかどうかにもっと注目しなければならない．ディ・ジェナーロが20年前に洞察したように，「今後は，従来型の資料の所蔵規模というものは，現在よりもずっと重要でなくなるだろう．もはや図書館が何冊の資料を所蔵しているかは問題にならない．むしろ，新しい技術を活用して，多様な情報源の中から利用者の必要とする情報源をどれだけ効果的に届けることができるかが問題なのだ」（De Gennaro 1989, p.42）．デジタルコレクションの規模や範囲，利用が増えるにつれて，それらの有効性を評価する重要性が高まっている．そうした研究をいくつか見出したチョウドリーらは，今後の有効性評価はユーザー中心で，特定の電子図書館に関わる具体的な内容とそのターゲット層に合わせ

る必要があるだろうと指摘した（Chowdhury et al. 2006）．

1. 財務上の影響

　情報を利用できるようにするには，お金がかかる．統計データベースの中のデータであったり，フルテキスト形式の何百にも及ぶ定期刊行物の記事であったり，ベンダーがアクセスを提供する情報は膨大ではあるが，多くの場合，かなり高額である．費用の削減を目的として，複数の図書館が連携して価格交渉にあたる場合もある．同様に，DRSにおいても，レファレンスの外部契約によって追加の費用が必要となるかもしれない．デジタル情報については，ハードウェアやソフトウェアにかかる費用だけでなく，通信環境の更新，データベースへのアクセス，ダウンロード費用，著作権の補償金なども考慮しなければならない．いうまでもないことだが，新しいコレクションには，資源をどう配分するか，何を手元に収集し，何をリモートアクセスとするのか，といった問題への新しい物の見方が求められている．ジェーンズが指摘しているように，LIS専門職は，新しいシステムやデバイスに我先にと飛びつくのではなく，それらの導入がもたらす価値を見極めなければならない（Janes 2002b）．彼は図書館員に次のように問いかける．「利用者にメリットがあるか．アクセスが容易で，価格が手頃で，またコストに見合っているか．専門性の価値を保つのに役立つか．私たちの強みを伸ばすものか．長もちしそうか．しっくりと来るか」（p.52）．ドゥーガンは，新しいテクノロジーに伴う財政的な負担の全体を評価するための「コスト構造モデル」を提案した．このモデルには，次に掲げる8つの要素または段階が含まれる（Dugan 2002）．

1. 調査：何が必要とされており，市場においてどんな選択肢が利用可能なのかを調査すること
2. 交渉：購入やリースの合意にいたるよう経済的・法的な利点をうまく使うこと
3. 獲得：交渉を購入やリースの形にまとめ上げること（ただし組織の別部門の承認が必要になる可能性もある）
4. 導入：図書館か技術（あるいはその両方）の準備をすること

5　図書館を再定義する：テクノロジー変化の影響と意義

5. 講習：導入した技術の活用方法に関して，スタッフと利用者を教育すること
6. 保守：導入した技術を十全に維持すること
7. 評価：導入した技術が当初の目的を果たしているかを見極め，調査結果を踏まえた提言を行うこと
8. 更新，移行，交換，または中止：評価に基づく提言を実行に移すこと

　LIS専門職は，新しいテクノロジーがもたらす便益やコスト節減の効果を考えるべきだ．例えば，図書館ネットワークは，たくさんの図書館に恩恵をもたらし，大変手頃な価格で，より幅広い資料へアクセスできるようにしてくれる．オハイオ州の大学図書館から構成されるOhioLINKや，オハイオ公共図書館情報ネットワーク（Ohio Public Library Information Network）といった州域ネットワークは，フルテキストデータベースを含む何千もの定期刊行物へのアクセスを提供するために，EBSCOのようなベンダーと交渉を行った．この費用は，個々の図書館ではなく，州が大幅に負担した．同様の事例として，図書館間の相互貸借があげられるが，これは元々かなり面倒で時間と人手を要する手続きだった．OhioLINKが，きわめて効率のいい資源共有の手段を提供しているおかげで，利用者は必要な複写をすぐに手に入れることができる．したがって，図書館は資料の購入を控えることができ，かなりの図書購入費を節約することができる．

2. 大規模デジタル化

　図書館やその他の諸機関は長年，資料をデジタル化してきた．しかし最近になって，そうした取り組みの規模が劇的に拡大している．グーグルは2004年12月，G5と呼ばれる5大研究図書館，すなわちミシガン，ハーバード，スタンフォード，オックスフォードの大学図書館，およびニューヨーク公共図書館と協力関係を結び，1000万タイトルを超える図書の電子化と索引化を開始した．このプロジェクトは，「著作権を遵守しながらも，あらゆる言語の図書すべてに関する，包括的で検索可能な仮想的なカード目録を構築する」ことを目的としている（U.S. National Commision on Libraries and Information Science 2006, pp.8-

9).

> グーグルの計画は,すべての人々,あるいは少なくともワールドワイドウェブにアクセスできる程度には恵まれた人々に対して,あらゆる図書による学習を可能にする方法を提案しているように思えた.それは,文字の発明,写本,活字,インターネットという形で進展してきた知識の民主化の,究極的な状態を約束するものだった.(Darnton 2008, n.p.)

　利用可能なコンテンツの量（現状では 15-20%）は,図書が絶版になっているかどうかや,パブリックドメイン下にあるかどうかにかかっている.著作権でまだ保護されている資料について出版社が登録を望む場合,グーグルは,おそらく図書の数ページだけを公開して,書店へのリンクを張るだろう.もし出版社が脱退を望む場合は,彼らはグーグルにその旨を通知する必要があるだろう (Hahn 2006).いずれの場合でも,著作権で保護された図書については,数ページを除いてはデジタル版としては利用されていないことを,グーグルは出版社に保証している.それらは「ダークアーカイブ」として保存されるだろう.他の図書館がグーグルと提携したい場合には,図書館はグーグルに決めただけのコレクションをスキャンさせ,対価としてそれらのデジタルコピーを受けとることができる.

　出版関係者や図書館員を含む多くの関係者が,このプロジェクトがもたらす衝撃とその意味合いについて関心を示している.全米図書館情報学委員会 (NCLIS) が 2006 年 3 月,ミシガン大学で開催した会議の場では,図書館員,研究者,出版関係者と,政府関係者が集まり,国家の情報政策に影響を及ぼす 9 つの論点が確認された.

1. フェアユース,権利の所在が不明な著作物,オプトインモデルかオプトアウトモデルか,といった著作権の重要な側面を,デジタル化された製作物ではどのように扱うべきか.
2. 品質：OCR（光学式文字読み取り装置）の品質が満足できるものになるのはいつか.コンテンツと認証の品質はどうか.

3. デジタル化時代に図書館が果たす役割とは何で，何を優先しなければならないのか．
4. 図書，雑誌，およびその他の媒体の長期的な所有権を誰が保有するのか．図書や雑誌，その他のメディア，そして公文書の長期的な保存に関して誰が責任を負うのか．
5. 標準化と相互運用性：個別のデジタルイニシアチブのコンテンツ間でどのような連携が可能か．
6. デジタル化時代において出版社と書店が果たす役割は何か．
7. 大量デジタル化の時代に必要とされるビジネスモデルとはどんなものか．
8. 情報リテラシー：情報リテラシーについて何をなすべきか．
9. 評価：どのような評価方法が用いられているか．デジタル化と電子アクセスが人々のニーズを満たしているか否かをどうやって知るのか．
（NCLIS 2006, pp.3-5）

これらの複雑な問題のいくつかは，出版社，その他の著作権所有者とグーグルとの間で，法的な合意や和解を締結することで解決されるだろう．2009年11月13日，グーグルと米国作家協会および米国出版社協会は，修正版和解契約に調印し，国内の利害関係者の有する権利を策定することにある程度成功している．しかし今日にいたるまで，海外の出版社や外国語の図書に関する著作権侵害の問題については，いまだに論争に決着がついていない（Band 2009）．

にもかかわらず，近い将来，コレクションは全国レベルや国際レベルで，それもかつてないスピードで，電子的に共有されるようになるだろう．この進展が意味することに関してはまだ十分に知られておらず，これでグーグルのデジタル世界への進出が終わるものでもない．

グーグルから目を離さないようにしよう．彼らが公約しているミッションは，「世界中の情報を体系化し，アクセス可能で有益なものにすること」である．（中略）お気づきのように，グーグルの巧妙なところは，情報の定義の中身を変え続けていることだ．当初，彼らにとっての情報とは単な

るウェブサイトを意味していた．次に画像やニュースグループの投稿データ，ブログ，ニュース，製品情報がそこに加わった．続いて電話番号や所在地，地図，フェデックスの貨物追跡データなどが加わり，ユーザーのパソコン内部のデータまでもが含まれるようになった．さらに世界最大の大学図書館のコンテンツが加わることになり，数百万冊の図書がデジタルデータに変換された．（中略）グーグルは情報というものに対する壮大なプラン，つまり私たちが普通ウェブとして思いつくものをはるかに凌駕するようなプランを描いている．(Morville 2005, p.62)

3. 電子図書の台頭

アマゾンドットコム，AOLタイムワーナーブックグループ，バーンズアンドノーブル，デル，ハーパーコリンズ，ホートンミフリンと，サイモンアンドシュースターなどの大手企業は，軒並み電子図書の出版か流通のいずれかに関与している．カストロは，電子図書には次のような長所があると指摘した（Castro 2007）．

1. 本文がすぐに検索可能で，ハイパーリンクによる相互参照が張られている．
2. 物理的な空間をほとんど占有しない．
3. ハードウェアに何百冊もの図書を保存できる．
4. 文字サイズとフォントを調整できる．

コナウェイは，電子図書の需要を拡大させる主たる傾向を5つ指摘した（Connaway 2001）．

1. 電子図書市場は成長を続けている．
2. 電子図書のコンテンツ配信に参入する出版社が増加している．
3. 電子的な「いま必要な知識」へのアクセスがますます求められるようになってきている．
4. 遠隔型，分散型の学習プログラムが増加しつつあり，このような授業

や学習を支援する電子化されたリソースへのニーズも高まりつつある.
5. 電子コンテンツを利用するための新しい機能,より進歩した技術への需要が増加している.(p.27)

　今後,図書館にとっての電子図書の重要性は高まると考えられるが,それにはいくつかの理由がある.1番目に,電子図書は,デジタル化の進展に伴い,ますます幅広く利用されるようになっている.2番目に,スティーヴン・キングやジョン・グリシャムといったベストセラー作家の作品が電子図書として出版されており,その中には電子図書でしか読むことのできないものもある.3番目に,大学図書館にとっては,電子図書のメリットについては議論の余地がないことがわかった.というのも,大学図書館においては,オンラインで入手可能な図書は,冊子体のものより少なくとも6倍利用されているらしいからである(van Kappen 2008).ユニヴァーシティカレッジロンドンなどが実施した調査によれば,2017年までには「消費者需要の後押しを受けて,電子図書は,教科書や学術書,論文,あるいは参考図書のもっとも重要な形式として定着するだろう」(University College London et al. 2008, p.26).

　電子図書出版の経済学については,まだ完全には明らかになっていない.現状では,電子図書は個別のタイトルごとに販売されるか,ネットライブラリーが採用しているような購読モデル形式で販売されており,後者だと図書館のコスト削減に寄与するところは大きい.オームスは,図書あたりのコストの低減が全体のコスト節減になると指摘した.すなわち,同じ図書についてハードカバーとペーパーバックの両方を購入する必要がなかったり,補修や買い替えの費用がかからなかったり,大活字版が不要だったり,受入作業,保管,保存の費用がほとんどかからないといった点である(Ormes n.d.).加えて,コレクション規模を大きくしたい場合も書棚を増やさずにすませられる.これらのすべてはかなりの恩恵をもたらす.

　電子図書の限界としては,読書用の端末が必要な点,端末用ディスプレイの品質の問題と,ちらつきとまぶしさに関する問題がある.ハードウェアの選択肢は3つある.電子図書専用に設計された端末,多目的用のパーソナルデジタルアシスタント(PDA),デスクトップやラップトップのコンピュータである

(Long 2003). 2007年に発売されたアマゾン・キンドルを皮切りに，ソニー・リーダー，およびその他の電子図書端末は，ますます普及を見せている．電子図書が今後成功するか否かは，多くの場合，その端末が使いやすい，価格が安い，ありふれたものになるといったことにかかっている．例えば，初期のキンドルに対する批判の1つに，新聞や教科書を表示できないことがあった．その機能を備えた新しく，より大きなキンドルが2009年に販売されたが，その価格は500ドル近かった．2010年に，同程度の価格でアップルがiPadの販売を始めたが，それには電子図書リーダーだけでなく，電子メール，ウェブアクセスや，映画や写真の閲覧機能など他にも多くの機能が統合されていた．絶え間ない新製品の投入と技術革新は今後も熾烈なものになると予想される．並行する形で，グーグルのような大手のインターネットコンテンツプロバイダが図書の大規模なデジタル化を進めつつあり，電子図書は，今後ますます利用しやすくなるだろう．実際，ソニーエレクトロニクスは，グーグルと包括的な提携関係を結んだが，それはオンラインのソニーのeBookストアを通じて，50万冊の著作権フリーの図書を提供するためだ．そうした提携は今後，さらにたくさん結ばれていくと予想される．

ソットンは，電子図書が抱える問題を何点か指摘した．例えば，私たちの平均的な視覚プロセスにとって，電子図書で長い文章を読むのは快適ではないことが示されている．これは，人々が記事のような短い文章はよく読むだろうが，図書はあまり読みたがらないことを示唆している (Sottong 2008)．ある調査によれば，学生は調査やレファレンスが目的の場合は印刷資料よりも電子資料を好むが，娯楽として読書をする時は，むしろ印刷資料の方を好む (Safley 2006)．ソットンは，電子図書端末をiPodと比較した上で，電子図書端末がiPodと同じような成長をたどるとは考えられないと主張した．その理由は，次の通りだ．(1) MP3のような競争と低価格化を促進するオープンフォーマットが，電子図書端末にはない．(2) iPodでは音楽を繰り返し聴くが，図書はたいてい1回しか読まない．(3) 1度に読む図書は1，2冊なので，電子図書端末は，大容量ストレージを必要としない．(4) 音楽を聴きながら別の作業をすることはできるが，読書は全神経を集中させなければならない．電子図書端末の価格がまだかなり高いことを考えると，これらの理由は成長の大きな妨げとなりかね

ない.

2007年に，国際電子出版フォーラムはオープンパブリケーションストラクチャ（OPS）2.0 を採択し，業界の標準的な規格が成立した．これにより，出版社は多様なフォーマットに代わって電子図書用ファイルを1種類だけ作ればすむようになった．OPS が掲げる目標の1つとして，次のような記述がある．

> 電子図書のプロバイダ（出版社，エージェント，作家等）が使用する，コンテンツ記述に関する統一的な基準を定義することで，様々な読書端末への配信を可能にし，また，どんな読書端末においても同じような表現が可能になるよう，できる限りの保障を与える．(International Digital Publishing Forum 2007, p.3)

電子図書端末の機能が今後も引き続き改善・拡張され，利用可能な電子図書が増加するにつれて，電子図書の利用は増えていくだろう．こうした状況に絶えず目を光らせ，必要に応じて注意深く順応していく必要があるだろう．

4. デジタル保存とアーカイビング

歴史的に見ると，資料保存の主眼は資料保護にあった．資料の利用は，得てして資料保存にとっての脅威ととらえられていたのだ．例えば，脆く壊れやすい紙の貴重書を利用に供すれば，さらなる劣化が進行してしまう恐れがある．対照的に，情報をデジタル形式で保存しておけば，資料へのアクセスは増加する．多くの人が利用できるようにするには，劣化しやすい文献はデジタル形式に変換するのがいいだろう．デジタル化の形式は様々であるが，紙の文献や実物資料の「デジタルな身代わり」を作成することもできる．そのような場合には，デジタルな複製はオリジナルと同一ではなく，その代役である．

デジタル保存やアーカイビングの対象とされるのは，例えば芸術作品のように，所在地が遠かったり，劣化しやすかったりするためにアクセスが難しい文化財であったり，過去と現在の科学的なデータ，図書，論文，教育やビジネス，政府の文書記録などである．デジタル保存はウェブページなども対象とする．ウェブページはボーンデジタル，つまり，初めからデジタル上で作られ，デジ

タル環境の外に代替物をもつわけではない．当初の作成・保存形式が時代遅れになってしまっても，保存されたデジタル情報を新しい形式に移しかえることで，再びアクセスできるようになる．

　カプランは，デジタル保存の役割を少なくとも3つ見出した（Caplan 2008）．(1) 無許可での改ざんから資料を保護する．(2) 記録媒体を保存して劣化を避ける．(3) メンテナンスを行うことで，デジタル資料を将来にわたって利用できるようにする．3つ目の役割は，カプランが「デジタルキュレーション」と呼ぶより大きな概念を示唆している．デジタルキュレーションは「デジタル資料の現行の利用と，将来的な再利用に焦点を当てたライフサイクルアプローチ」という考えである（Caplan 2008, p.38）．この観点からは，資料保存は新しい目的を帯びることになる．すなわちアクセスの維持である（Zeng 2008）．

　　文献が存続できるかどうかは，ある媒体がどれくらい長もちするかではなく，ある媒体を他の媒体に何回移しかえることができるか，にかかっている．（中略）デジタルの永続性に対するもっとも強大な脅威は，アクセスする方法を失うことに関係している．(p.8)

　アクセスと資料保存は関連しているが，明確に異なる行為である．アクセスを提供しようと急ぐ時も，私たちは利用する記録媒体が安定したものであることを念頭に置かなければならない．

　　21世紀における主要な資料保存の課題は，20世紀の，磁気テープからデジタルファイルにいたるまでの破損しやすい記録媒体にうまく対処することだろう．20世紀の記録は，紙よりもはるかに不安定な様々な記録媒体に保存されているのだ．(Smith 1999, p.13)

　この問題は固定性と呼ばれている．つまり，印刷物には一種の固定性があるが，電子的な文書に固定性はない．皮肉にも，デジタル資料の内容を簡単に変更できることが，資料保存技術としてのデジタル化の可能性に重大な問題を引き起こしている．デジタル情報は，無意識的であれ意識的であれ，いかなる瞬

間にも修正されたり，損傷を受けたりする可能性がある．そのような問題が絶えず起こり得る中で，一体どのバージョンの資料を保存するべきだろうか．そしてどのようにして．同様の話ではあるが，電子的な情報は損傷や改竄を受けやすく，時間の経過によって劣化してしまう．10年以上にわたり，情報がCD-ROMに保存される時期が続いてきたが，CD-ROMという保存形式が時代遅れになりつつある時に，そこに保存されている貴重な情報をどうするべきだろうか．どのようにしてもっと現代的な記録媒体に移すことができるだろうか．電子的な情報はフロッピーディスクやzipディスクに保存されていることもある．そのようなデータは，新しい媒体，あるいは別種の媒体に移しかえる必要がある．さもなければ，データが破損してしまう恐れがある．どのようにしてこの膨大な量の情報を有効に保存できるだろうか．しかも，もしCD-ROMやフロッピーディスクを読み取るソフトウェアやハードウェアが利用できなくなってしまったら，それらを保持する意味はほとんどなくなってしまう．ますます多くの情報がウェブサイトに載せられるようになってきたが，どのようにしてそれらの情報を保存すればいいのか．ウェブサイトの大部分が，たった1年以内にウェブ上から消えていく．平均寿命が44日間のウェブページは10億以上あると見積もられている（Zeng 2008; Abdelaziz 2004）．ウェブサイトを検索して，「ページが見つかりません」というおなじみのメッセージが出てくることは，珍しいことではない．

> 重要なデータは，これまでウェブサーバや電子メールサーバ，古いデータベースに保存されており，今後もきっとそこに保存され続けるだろう．本質的な問題はこれらのストレージが，アーカイビングを主要な目的として設計されているわけではない点である．これらの旧来のデータストアの設計者が主眼に置いてきたのは，また別の目的，すなわち効率性や使いやすさ，コストの削減であり，これがしばしばシステムの長期的な信頼性を損なう結果となっている．(Cooper and Garcia-Molina 2005, p.106)

記録媒体は得てして壊れやすく，ウイルスをはじめとする外部からの攻撃に対して脆弱である．同様に，新しい記録用ハードウェアやソフトウェアは絶え

ず登場するので,デジタル資料を頻繁に更新したり,移しかえたりしなければならない.スミスによれば,デジタル化はしばしばコストを削減し,アクセスの門戸を大幅に広げる方法と見なされるが,実のところ,デジタル化にはコストがかかるし,マイクロフィルムのような永続性はないという (Smith 1999).サンネットは,資本費用 (ソフトウェア開発,ハードウェア,設備,インターフェース設計),直接費用 (記録の識別と入手,メタデータの作成,資料保存方法の選択,ストレージ,メンテナンス,評価,データ削除などに要する費用),間接費用 (職員の管理費,事務費用,設備の賃料,オフサイトストレージ費用,資本費用の償却,経営事業費) といった,デジタル化のコストの多様性を明らかにした (Sannett 2003).しかしながら,新しいデジタル記録技術が発展するにつれて,デジタル保存はますます一般的になるだろう.例えば,近年,ホログラムを使ったマイクロホログラフィックディスクが開発された.このディスクは1枚で,標準的なDVD100枚分を保存できる (Glader 2009).

　もし,何を保存し,何をアーカイブすべきかが市場価格によって決まるのであれば,商業的価値のある資料だけが残るだろう (Coyle 1994).同様に,もし政府要人の電子メールを保存しなければ,重要な歴史記録が失われてしまうだろう.これらはデジタル保存とアーカイブに関わる職員が現在,そして将来にわたって直面する課題のほんの一部に過ぎない.電子的なコレクションは増え続けている.

D. 職員と組織構造への影響

　オートメーションの導入が始まった1960年代から1970年代にかけては,それが職員へ及ぼす影響はほとんど考慮されていなかった.事実,オートメーションの必要性をめぐる議論においても,その導入は,もっぱら図書館員への依存を軽減するためと考えられていた.しかし,新しいテクノロジーに対する職員の反応が,テクノロジーを効果的に活用し,優秀な人材を確保する上で重要な役割を果たしていることが,職員の実体験を通じて明らかになってきた.新しいテクノロジーの導入は,2つの観点から,深刻な懸念を引き起こす.人事への影響と,図書館の組織構造の変化である.

新しいテクノロジーが導入される時には決まって，それまでとは異なる知識や能力をもった人材が必要になる．図書館の場合，コンピュータシステムを維持・展開したり，職員研修を実施したり，システムの運用報告を行ったり，必要に応じて新しいシステムの導入を助言したりする目的で，システムとネットワークの専門家を雇用してきた．このような業務のために雇われた人は，知識や気質の面で図書館員と大きく異なっていることが多い．元々所属していた組織文化も異なっているかもしれない．結果として，一部の職員が疎外感を抱いたり，組織内での対立が生まれ，次第に組織の生産性に悪影響を及ぼす可能性がある．これらの新しい職種の導入にあたっては，新しい職務記述や職階，指揮系統が必要になることも多く，憂慮やわだかまりをもたらしかねない．システム部門の長が，館長や他の上級管理職に直属する場合も考えられる．このような特権的とも見られかねない組織系統は，他の責任者を穏やかならぬ気持ちにさせるかもしれない．同様に，給与もよく問題になる．コンピュータの専門知識をもつ人は，図書館員に比べてかなりの高収入を得ていることが多いからだ．優秀な人材を採用し，引き止めておくためには，彼らに図書館員よりも多くの給与を支払う必要があるかもしれないが，これは職員の士気に影響を及ぼす可能性がある．e-レファレンスサービスの担当者やDTP，情報管理に従事する職員もまた，高い地位と給与を必要とすることが多い．

別の面からも図書館は影響を受ける．発注・受入業務が自動化されるようになると，一部の資料はすでに処理され，目録が取られ，さらには用途に合わせて加工されて図書館にもたらされる．このようなアウトソーシングによって，こうした業務を担当してきた図書館部門の必要性は劇的に低下する．しまいには，新しいテクノロジーによって，これまで図書館員がしていたことを利用者が自らできるようになる．これは利用者主導型のサービスシステムと呼ばれることがある．この例としては，自動貸出，相互貸借やドキュメントデリバリーの直接依頼，貸出の延長や返却，予約，データベースやウェブへのアクセスを可能にする電子的なシステムがあげられる．

E. 職員の身体やメンタル面での影響

　テクノロジーが人間に及ぼす影響は，時に深刻なものとなる．懸念の1つは，電子技術が引き起こす身体的な影響である．コンピュータを使って仕事をする職員の体験から，身体に様々な症状が生じることが明らかになった．その中にはきわめて深刻なものもある．例えば，手根管症候群（訳注：手首の中の正中神経が圧迫されることで起こる疾患群），反復性緊張外傷，頭痛，首痛，視覚障がい，関節痛，手足の痺れ，疲労，などである．人間にフィットする機械について研究する人間工学の成果によって，モニターを見るのに適切な照明や，腕，脚，首，背中をきちんと支える椅子を使用すること，キーボードや机を適切な高さに設置して，身体への負荷を最小限にすることの必要性が明らかになった．コンピュータで仕事をする職員の生産性を維持するためには，頻繁に休憩を取ることが必要だということも，雇用主の間で認識されつつある．

　雇用側は同様に，個人もしくは組織が「新しいテクノロジーの導入に順応できないことからくる状態」と定義される，「テクノストレス」も懸念している（Brod 1984, p.30）．新しいテクノロジーは恐怖症を引き起こすこともあるが，そうした恐怖を抱くのはもっともであり，したがって，あらかじめ予測して対処する必要がある．これらは，失業するかもしれない，新しい研修を乗り越えられないかもしれない，技術的な用語が難解である，身体に負担がかかる，あるいはコンピュータが業務の監視に使われるかもしれないなど，ごく自然な恐怖である．残念なことに，テクノストレスの症状は，心的疲労，怒りっぽくなる，抑うつ，ミスの増加や判断力の低下，パニック，変化への抵抗感，孤独感など，きわめて深刻なものになる危険がある．このような望ましくない反応が，問題の当事者だけでなく，その人と一緒に仕事をしたり，その人を頼みにする職員の生産性や士気を低下させることもある．テクノストレスの原因には，お粗末な設計や不適切なハードウェアやソフトウェア，暗い照明や複雑な配線，音のうるさい装置，不十分な研修，組織内のコミュニケーション不足，仕事の不安定さと断片化によるわだかまりなどがある．

V. まとめ

　新しい情報テクノロジーによってアクセス可能な情報は増え続けており，LIS 専門職は，絶え間ない変化があるのはこのプロセスの宿命だということを認めなければならない．このような流動的な状況で，答えなければならない問題は多い．

- ・新しいテクノロジーは図書館の将来的な使命にどのような影響を与えるだろうか．
- ・電子出版と電子情報をどのように評価し，選択するのか．
- ・電子情報へのアクセスはどのように提供され，コントロールされ，代金を支払われるだろうか．
- ・テクノロジーは組織の職員へどのような影響を与えるのか．
- ・テクノロジーはどのように使用すれば生産性を最大化できるのか．

　一部の人間は，図書館が「コレクション」から「コネクション」へと変貌しつつある，と主張している．最終的な影響がどのようなものになるかはまだ明確ではない．確実にいえることは，将来の LIS 専門職には，新しいスキルや能力が求められ，継続的な教育と訓練が重視されなければならないという点である．まだわからないことがたくさんある．わかっていることといえば，数百年もの間，図書館はコミュニティと利用者のニーズの変化に対応して，順応を続けてきたということだ．図書館が活力を失ってしまったと考えるのは誤りである．

参考文献

Abdelaziz, Abid. 2004. "Preserving Our Digital Heritage: A UNESCO Perspective." Available: http://xdams.fondazionefeltrinelli.it/dm_0/FF/FeltrinelliCmsPortale/0086.pdf (accessed February 5, 2010).

Adams, Helen R., Robert F. Bocher, and Carol A. Gordon. 2002. *Privacy in the 21st Century*. Westport, CT: Libraries Unlimited.

American Library Association. 2006. *RFID in Libraries: Privacy and Confidentiality Guidelines*. Chicago: ALA. Available: www.ala.org/ala/aboutala/offices/oif/state mentspols/otherpolicies/rfidguidelines.cfm (accessed February 18, 2010).

Arms, William Y. 2000. *Digital Libraries*. Cambridge, MA: MIT Press.

Arrington, Michael. 2008. "Facebook No Longer the Second Largest Social Network." Available: www.techcrunch.com/2008/06/12/facebook-no-longer-the-second-larg est-social-network/ (accessed February 1, 2010).

Associated Press. 2005. "Users Confuse Search Results and Ads." Available: www.msn bc.msn.com/id/6861158/ (accessed February 1, 2010).

Baker, Nicholson. 1994. "Discards." *The New Yorker* (April 4): 64–86.

Balas, Janet L. 2005. "Blogging Is So Last Year—Now Podcasting Is Hot." *Computers in Libraries* (November/December): 29–32.

Band, Jonathan. 2009. "A Guide for the Perplexed: Part III: The Amended Settlement Agreement." Available: www.arl.org/bm~doc/guide_for_the_perplexed_part3_final. pdf (accessed December 10, 2009).

Bearman, David. 2007. "Digital Libraries." In *Annual Review of Information Science and Technology*. Edited by Blaise Cronin. Medford, NJ: Information Today, 223–272.

Bierman, Kenneth J. 1991. "How Will Libraries Pay for Electronic Information?" *Journal of Library Administration* 15 (1991): 67–84.

Billings, Harold. 2002. *Magic and Hypersystems: Constructing the Information-Sharing Library*. Chicago: ALA.

Binkley, Peter. 2006. "Wikipedia Grows Up." *Feliciter* 52: 59–61.

Birdsall, William F. 1994. "Breaking the Myth of the Library as Place." In *The Myth of the Electronic Library: Librarianship and Social Change in America*. Westport, CT: Greenwood, 7–29. ［ウィリアム・F．バーゾール著，根本彰ほか訳，『電子図書館の神話』，勁草書房，1996 年］

Bishop, Ann P. 1990. "The National Research and Education Network (NREN): Promise of a New Information Environment." *ERIC Digest* (November): EDOIR-90-4.

Book Industry Study Group. 2004. *BISG Policy Statement POL-002: Radio Frequency Identification*. New York: BISG.

Borgman, Christine L. 1996. "Why Are Online Catalogs Still Hard to Use?" *Journal of the American Society for Information Science* 47: 493–503.

Bradford, Jane T., Barbara Costello, and Robert Lenholt. 2005. "Reference Service in the Digital Age: An Analysis of Sources Used to Answer Reference Questions." *Journal of Academic Librarianship* 31 (May): 263-272.

Brantley, Steve, Annie Armstrong, and Krystal M. Lewis. 2006. "Usability Testing of a Customizable Library Web Portal." *College and Research Libraries* (March): 146-163.

Brod, Craig. 1984. "How to Deal with 'Technostress.'" *Office Administration and Automation* 45 (August): 28-47.

Buckland, Michael K. 1996. "Documentation, Information Science, and Library Science in the U. S. A." *Information Processing and Management* 32: 63-76.

Buckland, Michael K., and Clifford A. Lynch. 1987. "The Linked Systems Protocol and the Future of Bibliographic Networks and System." *Information Technology and Libraries* 6: 83-88

———. 1988. "National and Linked Systems Protocol for Online Bibliographic Systems." *Cataloging & Classification Quarterly* 8: 15-31.

Bushman, John. 1990. "Asking the Right Questions about Information Technology." *American Libraries* 21 (December): 1026-1030.

Caplan, Priscilla. 2008. "Digital Defense: A Primer for the Preservation for Digital Materials." *American Libraries* (May): 38.

Carr, Nicholas. 2008. "Is Google Making Us Stupid?" *Atlantic Monthly* 302 (July/August): 56-63.

Cascio, Jamais. 2009. "Get Smart." *The Atlantic* 304 (July/August): 94-100.

Castro, Kimberly. 2007. "The Future of E-books." *Business Week Online* (October 29). Available: www.businessweek.com/invesltor/content/Oct2007/pi20071026_777647.htm (accessed February 4, 2010).

Chawner, Brenda, and Paul H. Lewis. 2006. "WikiWikiWebs: New Ways to Communicate in a Web Environment." *Young Adult Library Services* 4 (March): 33-43.

Chowdhury, Sudatta, Monica Landoni, and Forbes Gibb. 2006. "Usability and Impact of Digital Libraries: A Review" *Online Information Review* 30: 656-680.

Clapp, Janet, and Angela Pfeil. 2005. "Virtually Seamless: Exploring the Role of Virtual Public Librarians." *Public Libraries* 44 (March/April): 95-100.

Cloonan, Michelle, and John Dove. 2005. "Ranganathan Online: Do Digital Libraries Violate the Third Law?" *Library Journal* 130 (April 1): 58-60.

Cochenour, Donnice. 2006. "Is There a Wiki in Your (Library) Future?" *Colorado Libraries* 32 (winter): 34-36.

Connaway, Lynn Sillipigni. 2001. "eBook Trends in Public Libraries." *Public Libraries*

(Supplement) (September/October): 27–29.

Cooper, Brian F., and Hector Garcia-Molina. 2005. "InfoMonitor: Unobtrusively Archiving a World Wide Web Server." *International Journal of Digital Libraries* 5: 106–119.

Coyle, Karen. 1994. "Access: Not Just Wires." Paper presented at the annual meeting of the Computer Professionals for Social Responsibility (CPSR). San Diego, October 1994.

Crovitz, L. Gordon. 2009. "Wikipedia's Old-Fashioned Revolution." *Wall Street Journal* (National Edition) 258 (April 6): A13.

Darnton, Robert. 2008. "The Library in the New Age." *New York Review of Books* 55 (June 12): 5. Available: www.nybooks.com/articles/21514 (accessed March 13, 2009).

December, John, and Neil Randall. 1995. *The World Wide Web Unleashed 1996*. Indianapolis: Sams.

De Gennaro, Richard D. 1989. "Technology and Access in an Enterprise Society." *Library Journal* 114 (October 1): 40–43.

D'Elia, George, Corinne Jorgensen, and Joseph Woelfel. 2002. "The Impact of the Internet on Public Library Use: An Analysis of the Current Consumer Market for Library and Internet Services." *Journal of the American Society for Information Science and Technology* 53: 802–820.

De Rosa, Cathy, et al. 2005. *Perceptions of Libraries and Information Resources*. Dublin, OH: OCLC.

De Rosa, Cathy, Lorcan Dempsey, and Alane Wilson. 2004. *The 2003 OCLC Environmental Scan: Pattern Recognition: A Report to the OCLC Membership*. Dublin, OH: OCLC.

Digital Libraries Federation. 2009. Available: www.diglib.org/about/dldefinition.htm (accessed August 8, 2009).

Dugan, Robert E. 2002. "Information Technology Budgets and Costs: Do You Know What Your Information Technology Costs Each Year?" *Journal of Academic Librarianship* 28 (July): 238–243.

Eiffert, Robert. 2006. "Wikipedia, the Review." *School Library Journal* 52 (March): 82–83.

Facebook. 2009. "Press Room—Statistics." Available: www.facebook.com/home.php?ref=logo (accessed April 2, 2009).

Fallows, Deborah. 2008. "Search Engine Use." Pew Internet and American Life Project. Available: www.pewinternet.org/Reports/2008/Search-Engine-Use.aspx (accessed February 1, 2010).

Farmer, Lesley S. J. 2009. "The Life Cycle of Digital Reference Sources." *Reference Librarian* 50: 117-136.

Fielden, Ned L., and Lucy Kuntz. 2002. *Search Engines Handbook*. Jefferson, NC: McFarland.

Fox, Edward A., and Shalini R. Urs. 2002. "Digital Libraries." In *Annual Review of Information Science and Technology*. Vol. 36. Medford, NJ: Information Today, 503-590.

Franco, Adrienne. 2003. "To the Internet: Finding Quality Information on the Internet." *Library Trends* (fall): 229-246.

Giles, Jim. 2005. "Internet Encyclopedia Goes Head to Head." *Nature* 438 (December 15): 900-901.

Glader, Paul. 2009. "GE Disk Can Store 100 DVDs." *Wall Street Journal* (National Edition) (April 28): B5.

Gomery, Douglas. 1994. "In Search of the Cybermarket." *Wilson Quarterly* (summer): 9-17.

Greenstein, Daniel. 2000. "Digital Libraries and Their Challenges." *Library Trends* 49 (fall): 290-303.

Grosch, Audrey N. 1995. *Library Information Technology and Networks*. New York: Marcel Dekker.

Hahn, Trudi. 1996. "Pioneers of the Online Age." *Information Processing and Management* 32: 33-48.

———. 2006. "Impacts of Mass Digitization Projects on Libraries and Information Policy." *Bulletin of the American Society for Information Science and Technology* (October/November). Available: www.asis.org/Bulletin/Oct-06/hahn.html (accessed February 5, 2010).

Harris, Chris. 2007. "Can We Make Peace with Wikipedia?" *School Library Journal* 53 (June): 26.

International Digital Publishing Forum. 2007. "Open Publication Structure (OPS) 2.0." Available: www.openebook.org/doc_library/informationaldocs/OPS/OPS_2.0_0.7_draft.htm (accessed February 1, 2010).

Internet2. 2008. "Internet2 2008 Member Report." Available: www.internet2.edu/pubs/2008MemberReport.pdf (accessed August 5, 2009).

———. 2009. "About Internet2." Available: www.internet2.edu/resources/AboutInternet2.pdf (accessed August 5. 2009).

Jackson, Mary E. 2002. "The Advent of Portals." *Library Journal* 127 (September 15):

36-39.

Jaeger, Paul T., John Carlo Bertot, and Charles McClure. 2007. "Public Libraries and the Internet 2006: Issues, Funding, and Challenges." *Public Libraries* 46 (September–October): 71-75.

Janes, Joe. 2002a. "Digital Reference: Reference Librarians' Experiences and Attitudes." *Journal of the American Society for Information Science and Technology* 53: 549-566.

———. 2002b. "How to Think about Technology." *Library Journal* 127 (February 1): 50-52.

Kajewski, Mary Ann. 2006. "Emerging Technologies Changing Public Library Service Delivery Models." *Aplis* 19 (December): 157-163.

Kani-Zabihi, Gheorghita Ghinea, and Sherry Y. Chen. 2006. "Digital Libraries: What Do Users Want?" *Online Information Review* 30: 395-412.

Kovacs, Diane. 2000. *Building Electronic Library Collections*. New York: Neal-Schuman.

Kuttner, Robert. 2006. "In Defense of Books." *Oberlin Alumni Magazine* (spring): 13-15.

Lankes, R. David. 2000. "The Foundations of Digital Reference." In *Digital Reference Service in the New Millennium: Planning, Management, and Evaluation*, edited by R. David Lankes, John W. Collins III, and Abby S. Kasowitz. New York: Neal-Schuman.

Leckie, Gloria J. 2004. "Three Perspectives on Libraries as Public Space." *Feliciter* 233-236.

Leiner, Barry M., et al. 2010. "A Brief History of the Internet." Available: www.isoc.org/internet/history/brief.shtml (accessed February 4, 2010).

Lenhart, Amanda. 2007. "Social Networking Websites and Teens: An Overview." Pew Internet Project Memo. Washington, DC: Pew Internet and American Life Project, January 7.

Levy, David M. 1997. "I Read the News Today, Oh Boy: Reading and Attention in Digital Libraries." In *Proceedings of the 2nd ACM International Conference on Digital Libraries*. Philadelphia: 2-2-211.

Long, Sarah Ann. 2003. "The Case for e-Books: An Introduction." *New Library World* 104: 29-32.

Markey, Karen. 2007. "The Online Library Catalog: Paradise Lost and Paradise Regained?" *D-Lib* 13 (January/February). Available: http://dlib.org/dlib/january07/markey/01markey.html (accessed February 1, 2010).

McClure, Charles R. 2000. "Foreword." In *Digital Reference Service in the New Millen-*

nium: Planning, Management, and Evaluation. Edited by David R. Lankes, John W. Collins III, and Abby S. Kasowitz. New York: Neal-Schuman, xiii–xiv.

Miller, Nora. 2007. "Wikipedia Revisited." *ETC* 64: 147–150.

Morville, Peter. 200S. *Ambient Findability: What We Find Changes Who We Become.* Sabastapol, CA: O'Reilly.

Mutch, Andrew, and Karen Ventura. 2003. "The Promise of Internet2." *Library Journal* 128 (summer): 14–16.

National Information Standards Organization. 1994. *Information Retrieval: Application Service Definition and Protocol Specification.* Bethesda, MD: NISO.

NISO Framework Working Group. 2007. *A Framework of Guidance for Building Good Digital Collections.* 3rd ed. NISO.

Novotny, Eric. 2004. "I Don't Think I Click: A Protocol Analysis Study of Use of a Library Online Catalog in the Internet Age." *College and Research Libraries* (November): 525–537.

Olsen, Florence. 2003. "Internet2 at a Crossroads." *Chronicle of Higher Education* 49 (May 16, 2003).

O'Malley, Gavin. 2006. "MySpace Is Getting Older, and That's Not a Good Thing." *ifthen* (December 19). Available: www.ifthen.biz/market-news-article/1l7 (accessed February 4, 2010).

OneStat.com. 2006. "Less People Use 1 Word Phrase in Search Engine Engines According to OneStat.com." Available: www.onestat.com/html/aboutus_pressbox45-search-phrases.html (accessed February 1, 2010).

O'Reilly, Tim. 2005. "What Is Web 2.0." Available: www.oreilly.com/lpt/a/6228 (accessed February 1, 2010).

Ormes, Sarah. n.d. "An E-book Primer." Networked Services Policy Taskgroup Issue Paper. The Library Association. Available: www.ukoln.ac.uk/public/earl/issuepapers/ebook.htm (accessed May 22, 2009).

Pew Internet and American Life Project. 2008. "Podcast Downloading 2008." Available: www.pewinternet.org/PPF/r/26l/report_display.asp (accessed February 1, 2010).

Pinfield, Stephen, et al. 1998. "Realizing the Hybrid Library." *D-Lib Magazine* (October). Available: www.dlib.org/dlib/october98/l0pinfield.html (accessed February 1, 2010).

"Playing with Technology—Meredith Farkas." 2006. *Library Journal* (March 15). Available: www.libraryjournal.com/article/CA6312495.html (accessed February 1, 2010).

Postman, Neil. 1992. *Technopoly: The Surrender of Culture to Technology.* New York: Random House.

Rainie, Lee. 2005. "Big Jump in Search Engine Use." Pew Internet and American Life Project. November 20, 2005. Available: www.pewinternet.org/Reports/2005/Big-jump-in-search-engine-use.aspx (accessed May 21, 2009).

Reference and Users Services Association. 2004. "Guidelines for Implementing and Maintaining Virtual Reference Services." *Reference and User Services Quarterly* 44 (fall): 9.

Rider, Freemont. 1944. *The Scholar and the Future of the Research Library: A Problem and Its Solution.* New York: Hadham, 99.

Rose, Daniel E. 2006. "Reconciling Information-Seeking Behavior with Search User Interfaces for the Web." *Journal of the American Society for Information Science and Technology* 57: 797–799.

RSS Advisory Board. 2010. "Really Simple Syndication Best Practices Profile." Available: www.rssboard.org/rss-profile (accessed February 4, 2010).

Rutenbeck, Jeff. 2000. "The 5 Great Challenges of the Digital Age." *Netconnect* (fall): 30–33.

Safley, Ellen. 2006. "Demand for E-books in an Academic Library." *Journal of Library Administration* 45: 445–457.

Sannett, Shelby. 2003. "The Costs to Preserve Authentic Electronic Records in Perpetuity: Comparing Costs across Cost Models and Cost Frameworks." *RLG DigiNews* 7 (August 15): 1–9.

Schement, Jorge Reina. 1997. "Preface: Of Libraries and Communities." In *Local Place, Global Connections: Libraries in the Digital Age.* Available: www.benton.org/archive/publibrary/libraries/preface.html (accessed February 4, 2010).

Schottlaender, Brian E. C., and Mary E. Jackson. 2003. "The Current State and Future Promise of Portal Applications." In *The Bowker Annual: Library and Book Trade Almanac.* 48th ed. Edited by Dave Bogart. Medford, NJ: Information Today, 279–290.

Shachaf, Pnina, and Sarah M. Horowitz. 2008. "Virtual Reference Service Evaluation: Adherence to RUSA Behavioral Guidelines and IFLA Digital Reference Guidelines." *Library and Information Science Research* 30: 122–137.

Shuler, John A. 2002. "Freedom of Public Information versus the Right to Public Information: The Future Possibilities of Library Advocacy." *Journal of Academic Librarianship* 28 (May): 157–159.

Simon, Matthew. 2002. "Will the Library Survive the Internet? What Patrons Value in Public Libraries." *Public Libraries* 41 (March/April): 104–106.

Smith, Aaron. 2008. "New Numbers for Blogging and Blog Readership." Washington, DC: Pew Internet and American Life Project, July 22.

Smith, Abby. 1999. "The Future of the Past: In American Research Libraries." Available: www.clir.org/pubs/reports/pub82/pub82text.html (accessed February 1, 2010).

Sottong, Stephen. 2008. "The Elusive E-book." *American Libraries* (May): 44-48.

Stephens, Michael. 2005. "The iPod Experiments." *Netconnect* (spring): 22-25.

―――. 2006. "Web 2.0 & Libraries: Best Practices for Social Software." *Library Technology Reports*. Available: http:publications.techsource.ala.org/products/archive.pl?article=2580 (accessed February 5, 2010).

Tennant, Roy. 1992. "Internet Basics." *Eric Digest* 18: EDO-IR-92-7.

University College London, et al. 2008. "Information Behaviour of the Researcher of the Future." London: UCL. Available: www.bl.uk/news/pdf/googlegen.pdf (accessed February 1, 2010).

U. S. National Commission on Libraries and Information Science. 2006. *Mass Digitization: Implications for Information Policy*. Washington, DC: NCLIS.

Van Kappen, Philip-Jan. 2008. "Study Shows Migration to Online Books Saves Libraries Money and Increases Usage." *Library Connect* 6 (January): 1-4. Available: http://libraryconnect.elsevier.com/lcn/0601/lcn060110.html (accessed May 21, 2009).

Warfield, Peter. 2005. "RFID: More Worrisome Than You Think." *Public Libraries* 44: 11.

Webster's Third New International Dictionary. 1970. Springfield, MA: G & C Merriam.

Whitney, Gretchen, and Stuart Glogoff. 1994. "Automation for the Nineties: A Review Article." *Library Quarterly* 64 (July): 319-331.

Wikipedia. 2009. "RSS." Available: http://en.wikipedia.org/wiui/Rss (accessed April 6, 2009).

World Wide Web Consortium. 2010. "Mission." Available: www.w3.org/Consortium/Mission (accessed February 4, 2010).

Wright, Cheryl D. 2002. "Introduction." In *Digital Library Technology Trends*. Available: www.lib/buu.ac.th/webnew/libtech/digital_library_trends.pdf (accessed February 4, 2010).

Zeng, Marcia Lei. 2008. "Digital Preservation: For the Future of the Past" [Unpublished Presentation Overheads]. Kent State University.

Zittrain, Jonathan L. 2006. "The Generative Internet." *Harvard Law Review* 119 (May): 1974-2040.

第5章のための文献リスト

書籍

Bertot, John Carlo, and Denise M. Davis. *Planning and Evaluating Library Networked Services and Resources*. Westport, CT: Libraries Unlimited, 2004.

Bushman, John. *Information Technology in Librarianship*. Westport, CT: Libraries Unlimited, 2008.

Courtney, Nancy. *Library 2.0 and Beyond: Innovative Technologies and Tomorrow's User*. Westport, CT: Libraries Unlimited, 2007.

De Rosa, Cathy, Lorcan Dempsey, and Alane Wilson. *The 2003 OCLC Environmental Scan: Pattern Recognition: A Report to the OCLC Membership*. Dublin, OH: OCLC, 2004.

Farkas, Meredith G. *Social Software in Libraries: Building Collaboration, Communication, and Community Online*. Medford, NJ: Information Today, 2007.

Haley, Connie, Lynne Jacobsen, and Shai Robkin. *Radio Frequency Identification Handbook for Librarians*. Westport, CT: Libraries Unlimited, 2007.

Lankes, R. David, John W. Collins III, and Abby S. Kasowitz, eds. *Digital Reference Service in the New Millennium: Planning, Management, and Evaluation*. New York: Neal-Schuman, 2000.

Leckie, Gloria J., and John E. Buschman, eds. *Information Technology in Librarianship: New Critical Approaches*. Westport, CT: Libraries Unlimited, 2009.

Miller, Joseph B. *Internet Technologies and Information Services*. Westport, CT: Libraries Unlimited, 2009.

論文

Barjak, Franz. "The Role of the Internet in Informal Scholarly Communication." *Journal of the American Society for Information Science and Technology* 57 (August 2006): 1350–1367.

Bearman, David. "Digital Libraries." *Annual Review of Information Science and Technology* 41 (2007): 223–272.

Bell, Steven J. "Technology Killed the Reference Desk Librarian." *Reference Librarian* 48 (2007): 105–107.

Burke, Leslie, and Stephanie McConnell. "Technical Services Departments in the Digital Age: The Four R's of Adapting to New Technology." *Against the Grain* 19 (November 2007): 58–64.

Caplan, Priscilla. "Digital Defense: A Primer for the Preservation of Digital Materials."

American Libraries 39 (May 2008): 38.

Carr, Nicholas. "Is Google Making Us Stupid?" *Atlantic Monthly* 302 (July/August 2008): 56-63.

Eisenberg, Mike. "The Parallel Information Universe." *Library Journal* 133 (May 2008): 22-25.

Griffey, Jason. "Podcast1-2-3." *Library Journal* 132 (June 15, 2007): 32-34.

Kajewski, Mary Ann. "Emerging Technologies Changing Public Library Service Delivery Models." *APLIS* 19 (December 2006): 157-163.

Kani-Zabihi, Elahe, Gheorghita Ghinea, and Sherry Y. Chen. "Digital Libraries: What Do Users Want?" *Online Information Review* 30 (2006): 395-412.

Kolbitsch, Josef, and Hermann Maurer. "The Transformation of the Web: How Emerging Communities Shape the Information We Consume." *Journal of Universal Computer Science* 12 (2006): 187-213.

Kuzyk, Raya. "Reference into the Future." *Library Journal* 132 (November 16, 2007): 8-11.

Levine, Jenny. "The Gaming Generation." *Library Technology Reports* 42 (September-October 2006): 18-23.

O'Leary, Mick. "Wikipedia: Encyclopedia or Not?" *Information Today* 22 (September 2005): 49-53.

Phillips, Angus. "Does the Book Have a Future?" *LOGOS: The Journal of the World Book Community* 19 (March 2008): 26-33.

Poe, Marshall. "The Hive." *Atlantic Monthly* 298 (September 2006): 86-94.

Rosenzweig, Roy. "Can History Be Open Source? Wikipedia and the Future of the Past." *Journal of American History* 93 (June 2006): 117-146.

Schneiderman, R. Anders. "A Non-Librarian Explains 'Why Librarians Should Rule the Net.'" *Information Outlook* 1 (April 1997): 34-35.

Sottong, Stephen. "The Elusive E-book." *American Libraries* 39 (May 2008): 44-48.

Zittrain, Jonathan L. "The Generative Internet." *Harvard Law Review* 119 (May 2006): 1974-2006.

6 | 情報学:サービスの視点

I. はじめに

21世紀において，情報が生活の決定的な側面の1つであるならば，図書館情報学（LIS）専門職は，利用者が最小限の手間と費用で，情報を収集，組織化，管理そして提供できるシステムを構築しなければならない．また，この変化の激しい情報環境において，最高のサービスを提供するためには，LIS専門職は，人々がどのようにかつなぜ情報を利用しているのかということを理解することも必要である．情報探索行動や情報のニーズについての近年の研究では，昔ながらの図書館員の観点を，根本的に見直す必要が出てきていると提言されている．例えば，歴史的に，図書館員は，教育，娯楽，そしてその地域で必要とされる情報を収集する主要な手段として，コレクションの収集にあたってきた．しかし，増え続ける今日の情報テクノロジーの中では，そのやり方では悲しいかな十分とはいえない．LIS専門職に必要なのは，今後，図書館がこの環境下においてどのような役割を果たしていくのか，そして図書館がその役割をどのように遂行していくのかを決定することである．

II. 情報学とは

数世紀にわたり，図書館員は知識，その中でも主として図書に含まれる知識を体系的に組織化してきた．そのおかげで人々は情報を得ることができ，必要を満たすことができた．デューイ十進分類法のような新制度により，情報探索の効率性は大きく向上した．しかし，20世紀の，しばしば図書以外のメディ

アに蓄積される科学技術情報の急増を受けて，紙媒体ではない情報をどのように整理し，新しいメディアへのアクセスをどのように向上させるかという，理論的・実践的な側面への関心が大いに高まった．情報を含んでいるパッケージは重要ではなくなり，このような現状認識から新しい分野が生まれた．ヨーロッパで発達し，もともと「ドキュメンテーション」として知られるその手法は，すべてのフォーマットの情報の生成，組織，提供に焦点を当てた．この分野を促進する機関でもっとも有名なものとして国際ドキュメンテーション連盟（FID）と，これに対応するものとして米国の米国ドキュメンテーション協会（ADI）があり，後者は今日情報科学技術協会（ASIS & T）として継続されている．図書館学校は，いち早く情報管理の価値を理解し，オハイオ州のケースウェスタンリザーブ大学とニューヨークのコロンビア大学はそれぞれ，1950年と1951年に最初の2つの講座を開いている（Taylor 1966）．

現代の情報学の基盤はまた，コンピュータの進歩に支えられている．コンピュータは物質的な事物を必要とせずに情報を保有する能力を高めている．第2次世界大戦後のコンピュータの潜在能力に関する初期の論文はすばらしい諸点を予言していた．1945年のヴァネヴァー・ブッシュの先進的な論文である「私たちが思考するように」では，彼は複写された文書を保存したり検索したりするための「メメックス（Memex）」と呼ばれる機械を予言しており，この論文はコンピュータ化された情報テクノロジーにより膨らむ期待が顕著に見られる典型的なものであった．そのたったの5年後，「情報検索」という言葉が初めて使われている（Wellisch 1972）．おもしろいことに，2006年にベイスは，違いがある点に言及しながらも，iPodはメメックスの結実したものであると記している（Veith 2006）．

1950年から1970年の期間を，米国における情報学の「黄金期」と表現する向きもある（Burke 2007, p.13）．冷戦に起因する科学技術の必要性と結びついたコンピュータの発展と，総合大学での豊富な資金による応用研究プロジェクトの増加，そしてその結果として生じた，洗練された索引や情報検索ツールの必要性が，この分野の成長と発展のための豊かな土壌を作り出した．適切に組織化され蓄積された情報への，ビジネス，政府，軍隊，そして研究上の要求の広範な必要性を考慮すると，戦前のドキュメンタリストから，情報の索引や検索

に焦点を当てた戦後の情報専門職へと進化したことは必然であった．この時期に初めて情報学のプロフェッショナルとしての認識が具体化された，と論ずる人もあるだろう．

情報学が制度に基づいた概念ではないということが，前述のテイラーの定義でははっきりしていない．情報学は壁のない図書館のようなもので，その収集範囲は情報のすべての範囲に及ぶ．情報専門職（information scientist）という用語は 1950 年代の初頭のファラデインに帰するものであるが（Summers et al. 1999），情報専門職は，現実的，非現実的，宗教的，芸術的な側面といった違いを問わず，人々が必要を満たすのに役立つ情報を手に入れ，組織化し，普及させる代理人である．実際，この目的は，図書館職（librarianship）と情報学（information science）の双方を定義づける特徴である．ブリテインは「情報学は，図書館員が数十年間直面してきた多くの問題や課題に対する異なった見方かもしれない」と述べている（Brittain 1980, p.37）．実際に，情報学は制約を除去された図書館学（library science）として特徴づけられることがある．

サマーズらは情報学の 3 つの核となる関心を示した．「情報の蓄積（デジタルライブラリー），情報の伝達（情報検索と知的エージェントの相互作用），そして情報の利用（ナレッジマネジメント）である」（Summers et al. 1999, p.1159）．彼らにとって，情報学とは，科学的，社会科学的，そして人文学的な特徴を示すものであった．

> 驚くべきことではないが，情報学は，論文の執筆，ニーズの表明，検索戦略の構築，適合性の判断といった人間の活動に依存しており，それ自身の中に科学的な特徴と非科学的な特徴の混合が見られる．（p.1156）

ベイツは，情報学は多くの伝統的分野とは異質なものであろうと推測している（Bates 2007）．伝統的な学問分野はしばしば，かたや芸術や人文科学とともに，かたや社会科学や自然科学とともに特徴づけられる．一方，情報学は従来型の学問分野とは直交している．つまり情報学の関心は従来の学問分野を横断しているのである．直交型の学問分野は，特定の社会的な目的を見据えており，必要に応じて様々な伝統的学問分野の知見から構成される．ベイツは，これら

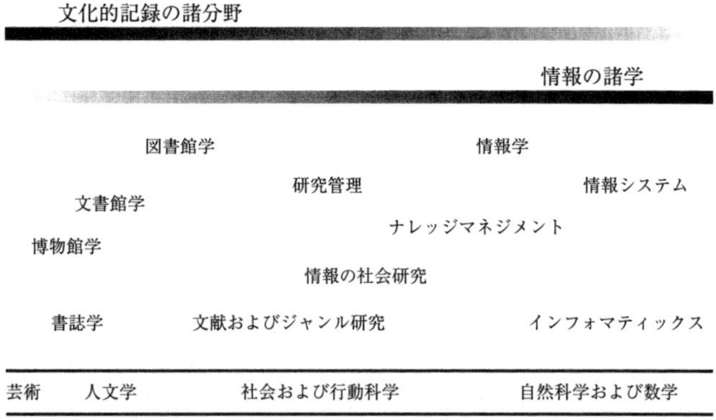

```
            文化的記録の諸分野
    ━━━━━━━━━━━━━━━━━━━━━━━━━━━━━━━━━━
                                              情報の諸学
                  ━━━━━━━━━━━━━━━━━━━━━━━━━━━━━━━━━━

              図書館学              情報学
                       研究管理                情報システム
        文書館学
                          ナレッジマネジメント
        博物館学
                     情報の社会研究

        書誌学      文献およびジャンル研究    インフォマティックス

    ─────────────────────────────────────
    芸術    人文学      社会および行動科学      自然科学および数学
```

図 6.1 情報分野のスペクトラム
出典:Bates 2007. Reprinted with permission.

の特別な分野を,情報学と図書館学を含めた情報分野,コミュニケーションとジャーナリズム,そして教育に区別した(図6.1参照).

2007年のベイツの特徴づけでは,情報学は自然科学系の学科により関連が強く,図書館学は文化的な記録の利用や保存により強く結びついているが,どちらの分野も記録された情報への関心は共通している.1999年,ベイツは,情報学が提示する3つの「重大な問い」を明らかにしている.

1. 理論的な問い.記録情報の世界の特徴や法則はどのようなものであるか.
2. 社会的な問い.人々はどのように情報に関係し,求め,そして利用するか.
3. 設計的な問い.記録情報へのアクセスをいかにして最速化,最効率化できるか.(Bates 1999, p.1048)

情報学で研究される分野の幅広さと多様性はかなりのものである.例えば,*Information Science and Technology Abstracts*(『情報科学技術抄録』)は次のような主要な11の部門に分かれる.情報学研究,知識組織化,情報専門職,社会問題,情報産業,出版と流通,情報技術,電子情報システムとサービス,主

題別の特定情報源と応用，図書館と図書館サービス，そして政府と法情報の問題である（Hawkins et al. 2003）．

III. 情報学の特徴

以下では，情報学で扱う主な領域と，それが図書館にとってどのような意味をもつかをより詳しく検討する．情報テクノロジーに関するその他の問題については，第5章で考察している．

A. 情報ニーズ,探索方法,利用方法,利用者を理解する

情報ニーズという概念は，個人の中に起こった不確かさのことであり，情報があれば満足されると個人が思っているような不確かさのことだと一般的には理解されている（Krikelas 1983）．ケースは，情報ニーズとは「その人のもっている知識が，目標達成のためには不十分であるという認識」だと述べた（Case 2002, p.5）．しかし，この概念は情報要求（または情報欲求）と情報ニーズの2つに分けることもできる．情報要求とは不確かさを解消するために情報を求めることであり，一方，情報ニーズとは，当人が認識しているかいないかにかかわらず，問題解決のために情報が必要である状態を指す．このような区別が特に重要となるのは，LIS専門職が利用者の要求とニーズの両方に応えようとする時だ．単に利用者の質問に答えるだけでは不十分なこともあるだろう．利用者がある情報を求めていたのに，本当はもっと別の情報が必要だということがわかっただけだ，ということもある．LIS専門職が職務をしっかり果たすためには，何が求められ，何が必要とされているのかを発見しなければならないのだ．興味深いことに，あまり多くの情報を見つけ過ぎないように気を配る必要もある．例えば研究の結果，「情報量と情報選択の質は逆U字型の関係にある」ことがわかっている（Morville 2005, p.165）．つまり，情報が多過ぎると，情報選択の質が低下してしまうのだ．

情報ニーズ研究のアプローチは非常に多岐にわたる．個人に焦点を当てるも

のもあれば，図書館などの施設に焦点を当てるものもあり，さらにビジネス，科学，看護，工学等の様々な分野の情報ニーズに特化して研究するアプローチもある．情報システムを正しく設計するためには，目的をもった利用者が何を知りたいのか，知る必要があるのか，どのように情報を探索し，評価するのかを明確に理解することが不可欠なのである．

　情報の探索・収集は非常に複雑な作業であり，かなりの説明や工夫が必要となる．人がどのように情報を探索するかは，その人の年齢，教育水準，知能，専門分野によって異なる．例えば，理系の研究者は最新の情報を必要としており，同僚とのインフォーマルコミュニケーションや学会，学術論文・参照文献，電子資料などから情報を得る傾向がある．一方，文系の研究者なら，図書，件名目録，印刷された索引，書誌などの資料に重きを置いて調べるはずだ (Broadbent 1986, Van Styvendaele 1977, Meadows 1974)．インターネット上の検索についてもこれは同じで，文系の研究者の方が人名，地理用語，歴史用語，学術用語を検索語として多く用いる (Bates et al. 1993)．デュランスが述べた通り，「仕事の内容に応じて情報ニーズが生じる」のだ (Durrance 1989, p.161)．

　情報要求と情報ニーズを効果的に見極めるには，利用者がどのように情報を探索し，情報を得ているのかという知識が必要になる．また，どうすれば効果的にニーズを聞き出し，どのようにしてニーズを判断できるか，提供した情報がニーズにどの程度応えることができたかを評価するにはどうすればいいか，といった知識も必要だ．さらに，現時点でどのような電子媒体，印刷物，人物が情報源として利用できるか，利用するにはどうすればいいかを完全に把握していなければならない．つまり，LIS専門職に携わる者は重大な責務を担っており，必要とされている情報を単に入手するだけにとどまらないのである．

　チェンとハーノンは，一般的な人々が情報を求める第1の理由は，個人的な理由だということを発見した (Chen and Hernon 1982)．具体的には，被験者の過半数 (52%) が日常的な問題を解決するために情報を求め，約4分の3 (73%) が個人的な理由で情報を必要としていると答えた．もっとも関心を集める情報には以下のようなものがある．

　1. 職業関係．ある特定の課題の遂行，起業，就職・転職，キャリアアッ

プ，昇進など
2. 消費関係．商品の品質，在庫情報，製品情報など
3. 住宅・家計関係．大家とのつき合い方，融資・住宅ローンの受け方，車・住宅の修理など
4. 成人教育，育児，教育支援

こうした結果は，LIS 専門職，特に公共図書館の職員がコレクション形成やサービスを行う上で非常に参考になる．

情報探索の1つのモデルとして，情報の利用方法を重視するものがある．「意味付与アプローチ」と呼ばれる重要なモデルで，ブレンダ・ダーヴィンが考案したものだ (Dervin 1983)．スピンクとコールによると，このモデルでは，「情報利用者は「小さな世界」の中の価値観や特定の環境に基づいて情報を構築していると考えられる．利用者はこの「小さな世界」の中で外部の大きな社会から切り離された存在であると同時に，その社会の一員でもある」(Spink and Cole 2006, p.27)．人を理解すればするほど，どのような情報を提供すればいいかをより適切に決定することができる．その他の研究も，図書館情報専門職に携わる者にとって有益な知識となる．事実，この分野の研究内容は広範囲に及び，人間の情報行動という新分野の発展を促進している (Spink and Cole 2006)．研究結果を非常に大まかにまとめると，以下のようになる．

1. 情報探索と情報収集には違いがある

クリケラスは，情報探索を「適合的な情報を探すことで，至急のニーズを満たそうとする行為である」と定義し，「情報収集とは，後回ししても構わないニーズを満たそうとする行為である」と定義している (Krikelas 1983, p.8, 傍点は引用者による)．情報収集は，今すぐ必要というものではないが，後になって役に立つかもしれない情報を入手することが期待されるものだ．この違いは，図書館の利用方法に大きな影響を与えるだろう．情報を探索している場合は，ある特定の資料を探したり，レファレンス係員に特定の質問をしたり，時間的な制約があることもある．逆に，決まった情報を探すわけでもなく，時間にも縛られずに，ただコレクションを見て回るだけの場合もある．同様に，必ずとい

うわけではないが，情報を収集している人は新聞や雑誌をただなんとなく閲覧することが多いのに対し，情報を探索している人はレファレンス資料を閲覧することが多いだろう．

2. 情報を探索する際は，何らかの背景があることが多い

　ケースが指摘したように，「情報ニーズは真空状態から生じるものではない．むしろ，何らかの経緯・目的・影響の下に生じる」(Case 2002, p.226)．情報探索そのものが目的となることはほとんどなく，通常は特定の背景，すなわち「問題環境」の中で情報が必要になるのだ (Durrance 1989, p.162)．例えば，科学者なら技術的な手続きについての情報を求めることもあるし，英語の教師ならエッセイを探すこともある．また，電気工が冷蔵庫の修理法を知りたいといった場合や，聖職者が説教のために何かの一節を引用したいということもあるだろう．

　人はある目的のために質問をする．従来，レファレンス係員は利用者の質問の意図を明らかにしてはならないといわれてきた．それはプライバシー侵害になり，利用者が質問することをためらう恐れがあるとされていたのだ．今日では，こうした慣例がまちがっていることが情報探索についての研究によって明らかになっている．解決しなければならない問題を抱えている利用者がいる場合，図書館員が問題解決の手助けをするためには，情報要求と情報ニーズの違いを見極めなければならない．「何が知りたいのか」だけを聞けばいいのではなく，「なぜ，どのような形で情報が必要なのか，情報がどのように役立つのか，どのようなことを利用者はすでに知っているのか，何が求められているのか，問題の構成要素は何か」といったことも聞かなければならない (Durrance 1989, p.163)．詮索すべきだというわけではないが，背景にある事柄を理解せずに質問に答えるだけでは，問題になることもある．ウィルソンは「額面通りルール」というアプローチを提唱し，質問の目的を尋ねるよりも「質問を明確にする」ことを重視した (Wilson 1986, p.469)．しかしそれでもやはり，図書館員は質問をすることを過度にためらうべきではないということが，研究から明らかになってきている．

3. 人は,制度的な情報源よりもむしろ個人的な情報源を好む

　情報が必要になった場合，まず最初に即座の解決策として自分の記憶を確かめる．この段階でダメならば，人は観察力を駆使しようと試みる（Krikelas 1983）．またダメならば，外部の情報源から情報を探す．まず身近な人をあたり，それから公共機関をあたる（Chen and Hernon 1982）．ここで意味していることは，人は家族や友人，同僚や隣人，はたまた医者か聖職者に手がかりを求めがちで，図書館に行くのはその後だということだ．情報探索者については大規模な研究がニューイングランドで行われている．チェンとハーノンによると，情報を必要とする人のうちわずか3%しか，必要を満たすために使える資源として図書館をあげていない（Chen and Hernon 1982）．人は概して情報源としては施設よりも他人を好むとはいえ，グーグルやBingのような人気検索エンジンは，情報の新しい入手方法を提供してくれる．この選択は特に若者の間で人気があり，他に取って代わる情報源として高い競争力をもち続けることと思われる．

4. 図書館員を情報源だと考える人はほとんどいない

　個人が情報を必要とする時，まず最初に図書館を思い浮かべても図書館員のことは考えない．デュランスは，私たちは図書館利用者という表現を使うが，図書館員の依頼者とはいわないと指摘している（Durrance 1989, p.165）．この点については，LIS専門職が深刻に，「いかにして自分たちの存在意義を明確化することができるのか」と考えるべきである．図書館員が有益なサービス提供者だと思われていないということは，つまり情報を受け渡す過程において図書館員が重要視されていないということになる．仮に人々が人間から情報の提供を受けるのを好むのだとすれば，図書館よりも図書館員を重視すべきであろう．

5. 情報探索の段階的な移行

　一般的に情報探索は，ニーズがしっかりと理解されていない状態から始まる．このことはよく「知識の変則状態」といわれる（Belkin et al. 1982, p62）．探索の過程が進むと，ますます輪郭がはっきりとし，かつ検索範囲も限定されてくる．探索の戦略は質問自体の性質によっても変わってくるだろう．そして質問の範

表 6.1 クールソーの情報探索プロセスの 6 つの段階

段階 1：導入 Initiation	探索者は不確実なままに，知識や理解への焦点の定まらないニーズをもつことが意識される．トピックや探索の方法はまだ決められない．他者と話して他の行動を取ることも課題にのぼる．
段階 2：選択 Selection	1 つのトピックに焦点が集まり出し，様々な探索戦略が意識にのぼるようになる．仮の探索が始まる．
段階 3：探究 Exploration	探索者はトピックについて最初の情報を獲得し，さらなる探究への道が明確になる．情報が矛盾していたり，先に進む道が示されなければ，かなりの混乱や迷いが残るかもしれない．この点で探索者は必要な情報のタイプを正確に認識することは依然としてできていない．
段階 4：明確化 Formulation	探索者は明確な焦点を見出し始め，不確実性の感覚は消える．単に情報を集めるよりも探索者は獲得した情報を批判的に評価し，必要なものを受け入れ不要に見えるものは捨てる．探索者は探究の方向性や方法において自信が出てくることを経験する．
段階 5：収集 Collection	焦点は今や明確なものになり，探索者は定義されたトピックに関連する情報のみを収集する．探索者は必要な情報のタイプをはっきりと見定め，探索プロセスはより効果的になり，不確実性は低下し，探索者の自信はいっそう強まる．
段階 6：提示 Presentation	探索は終了する．それが成功したかどうかは，どれだけ情報が利用できたか，使った情報システムの性能がどうか，そして探索者のスキルの良し悪しに依存する．得られた情報にはすでにあるものと重複するものもあるので，すでに集めた情報の要約やまとめ，報告に注意を向ける．

囲が絞られるにしたがい，探索の戦略や検索される情報の種類も多様に変わってくるだろう（Rouse 1984）．ベイツは，この探索過程のことを「ベリーピッキング」だと述べている．それは，通常，ベリー類は茂みに散らばっていて，1 カ所だけを探しても見つからないものだからだ（Bates 1989）．クールソーによれば，情報探索プロセス（ISP）は，6 段階に分けられる（表 6.1; Kuhlthau 1991）．

クールソーが述べる探索プロセスでは，情報検索の，本質的に個人的な性質が露わになる．問題の背景がそれ自体の参照枠組みを作り出し，情報の意味や関連性は，客観的な手段よりもむしろこの枠組みによって広範囲に指定されるものである．クールソーはISPが図書館員の助けとなると示唆している．また，「利用者が指導や支援を受けて検索できる」場合，他の情報媒介ツールが適切な「介入範囲」を明確にすることができるとも示唆している（Kuhlthau 1993 p.176).カルバックは,クールソーが自身のモデルに感情という要素を含ませていることにより,ウェブでの情報検索を研究する上で有益になるかもしれないとしている(Kalbach 2006).情報検索は強力に感情を呼び起こす構成部品を含んでいるのだ.

6. 探索能力は個人によってばらつきがある

　情報探索能力は年齢とともに向上するが,情報テクノロジーは年配の人にはとっつきにくくなる傾向にある.他の探索能力の違いとしては,知性や分析能力,手先の器用さや社会的な排除の度合いといったことがあげられる.チャットマンは,社会の主流からはずれた人は,しばしば情報探索を,得ることと失うこととのトレードオフと見なしている(Chatman 1996).例えば,情報を得るために収入や家族の問題や健康状態を報告しなければならないとすると,利益になる可能性よりもリスクの方を考えてしまい,情報をまったく求めようとしない人もいる.こうした違いは,図書館が提供するサービスを事実上,形作ることになる.利用者の能力にばらつきがあればあるほど,より柔軟性のあるシステムでなければ,こうしたばらつきに適応できないであろう.その反面,高い教育を受けた利用者のいる特別な図書館では,利用者は文献の組織や適切な探索技術になじみがあるだろうから,システムに柔軟性はそれほど求められない.

7. 最小労力の法則

　人は必要とするものに出会うためにもっとも便利な方法を模索するものだ.たとえこの情報源では他で調べるよりも質が低いとわかっていても便利な方法を選ぶ.これが最小労力の法則といわれるものである.図書館情報学の専門職が最上の情報収集のために費やす時間や労力を考えた時,その発見に驚きはないにしても当惑を隠せない.ある人は,人は権威のない情報源よりも権威のある情報源を好むと期待する.実際,課題の重要性が増すにつれて個人は情報の質を主張するようになる,と期待する者もいる.しかしスーらの研究はこの点に異論を唱えている.個人的な情報源の質とその利用の間には明確な関係性があるのはわかってはいるものの,彼らは,「課題がより重要になるに従って,

探索者は情報源の質にあまり注意を払わなくなり，離れた情報源よりもむしろより近いものを探そうとするようになる．つまり探索者は身近なネットワークを課題解決の頼みにしている」とも指摘している（Xu, Tan, and Yang 2006, p.1627）．確かにより便利なのは隣人や友人に聞くことで，図書館まで車を走らせるのは面倒だろう．どうであれ，図書館のコレクションやサービスは，利便性と質を同等に高めるように設計されなければならない（Mann 1993）．

　図書館は煩雑な場所だととらえている人は多い．図書館での情報探索を損ねたり妨げたりする要因には以下のことがある．

- 物理的側面：図書館の位置が利用に影響する．図書館は地理的に辺鄙なところにあったり交通の便が悪かったりすると，利用の問題がつきまとう．同様に，図書館は入館したり館内を歩いたりするのに不便だと，特に身体障がい者にとってはなおさらだが，利用に制限が生じるだろう．疑う余地もなく，物理的な排架やサインの行き届いていないコレクションだと，利用者の困難さは悪化を極めることになる．
- 方針や手続きの側面：図書館は，えてして，結果はともかく善意から生まれたルールや規定や手順を作り，資料やサービスの使用を制限することがある．貸出やレファレンスに制限をかける方針や，不十分な開館時間，会議室利用の制限，職員研修の不十分さ，図書館職員の就業時間調整のまずさ，これらすべてが情報探索を妨げる要因となる．
- 法的側面：法と規則は情報の流れに影響する．例えば，著作権法や，最近通過した児童のインターネット保護法が，情報へのアクセスを提供する図書館の能力に影響を与えるのは不可避である．
- 社会的側面：悩ましいことではあるが一般の調査結果として，図書館利用者は大概，正規の教育を受け，比較的高い収入のある白人である傾向が強い．このことの理由は，マイノリティグループの人たちへの図書館の周知方法，または図書館職員の対応の方法に関係がある可能性がある．仮に図書館がお高くとまっていて，権威的な公共機関であり，マイノリティに不親切かつ対応が悪いものであると受け止められているとするならば，このマイノリティグループは図書館を情報源として利用しようと

いう熱意が低下するのも無理はない．

8. ウェブ上での情報探索は多様化している

　ビラルは，ウェブは3つの観点から従来の情報源とは違うと見なすことができると指摘している．(1) ウェブは途方もなく巨大なシステムであり，そこから得ることのできる情報は常に，過剰かつ方向が定まらないこと．(2) 絶えず変化し続けていること．(3) 目録化がされていないこと（Bilal 2002）．ローズはブローダーの2002年の著作を引用しながら，ウェブ上の検索システムを，次の3種類に区別した．(1) 特定のウェブサイトにたどりつくための道標．(2) 特定の情報を探し出すための情報．(3) 地図データベースのような，付加的相互作用を伴うオンラインサービスにたどりつくことができる，一連の情報処理システム（Rose 2006, Broder 2002）．ウェブ上で情報を探し出す行為のうち，大体30％は目的を達成できず，人々はよく最初のページだけを見て探すのを止めてしまう．その代わりに，多くの人はハブアンドスポーク方式の検索を試すようになる．つまり，特定の場所から始め，検索を行ったら，また最初のところに戻り，そしてまた検索を行うというやり方である．このやり方はブラウザのバックボタンを何度も使うことになるので，「バックトラッキング」と呼ばれることがある（Slone 2002）．なぜこのようなことを行うのかというと，ウェブ上では迷子になりやすいが，最初のページに戻ることによって，そこが参照の基準点となるからである．

a. 個人的特性

　個人的特性は，成人のウェブ探索に影響を与える．個人的特性には，認知スタイル，検索に関わる不安度，以前にウェブ探索システムを使用した経験，ジェンダー，そして個々の専門分野がある．年配の利用者，時としてデジタル移民と呼ばれる人々を対象にした調査が明らかにしたことだが，多くの人々がドキュメントを探すのにハイパーリンクを頼りにし，ブール検索システムを効果的に使うことは滅多になく，キーワード検索に重点を置いていて，サイトの中の特定の区域を調べるだけにしてしまい，ほんの少しのページのみを何度も利用している．そして，相当量の時間をスクロールしたり，ウェブページを読ん

だり，ウェブページが表示されるのを待っていることだけに費やしてしまう（Hsieh-Yee 2001）．初心者はより多くのまちがいを犯し，見当はずれの検索を重ね，拡張された機能を使うことを避け，あるいは，不満が溜まり探索するのを中断していた（Slone 2002）．またその一方で，こういった問題にもかかわらず，探索初心者は高度かつ「熱心な努力をプロセス全体にわたって」行うことがある（Debowski 2001, p.378）．歴史的に見て，女性は男性よりも困難に遭遇しやすい．女性たちは探索が不得意な傾向があり，インターネットを使う頻度も少なく，インターネットアプリケーションを使う機会も少ないと信じられていた（Hsieh-Yee 2001）．しかしながら，最近の調査結果は性別による格差は小さくなってきたことを示唆している．ドレサングは，「これまでの研究は一貫して男性が女性よりも科学技術に興味をもち，関わっていることを明らかにしてきたが，今日ではそれはもうあまり当てはまらない」と述べている（Dresang 2005, p.182）．ドレサングはさらに 2004 年の調査でこう記している．「9 歳から 13 歳までの少年と少女では，どちらもコンピュータに対して積極的な興味を示し，使用能力にも差異はなかった」（p.182）．専門性を有している探索者は探索にかなりの成功を収め，探索速度も速かった（Lazonder et al. 2000）．研究者が専門性を有していることを当然のように考えている者もいる．しかしながら，英国図書館は，学術的な利用者は多岐にわたるようになってきており，以下のような事例があることを明らかにした（British Library 2008）．

- 水平的な情報探索：学術的なサイトにおいて，1 ページか 2 ページを，かすめるようにさっと眺めることである．そしてすぐにやめてしまって，場合によっては決して戻ってこない．
- ナビゲーター：人々は見たいものを実際に見るのと同じくらいの時間を，デジタル環境の中で探索方法を見つけるのに費やしていた．
- ヴューワー：電子図書や電子雑誌のサイトを見る時間は平均するとごく短い．それぞれに 4 分，8 分である．
- ためこみ行為：研究者は将来的な使用のために情報をダウンロードして保存しておく．とりわけ無料で保存しておける時は．
- チェッカー：ユーザーはほんの数秒で確実性と信頼性を見定める．この

時複数のサイトをのぞいてみて照らし合わせるのだが，いつも気に入ったブランドを使っている（e.g. グーグル）．

b. 若年層のウェブ利用

思春期から青年期にかけての若い層の探索行動は，親世代のそれとはまったく異なっている．彼らはゼロ年代，ネット世代，デジタルネイティブなどの名で知られている．この世代はインターネットとともに成長し，それを使うことに長けている．グリフィスとブロフィーはシモルとリポルドの調査結果を次のようにまとめた（Griffiths and Brophy 2005）．

1. 学生たちは何をするにもネットを利用する．
2. 検索に数時間かかることもあれば，数分で終えることもある．
3. 学生ごとに検索スキルは多様であり，学生たちはしばしば自分のスキルを過大評価している．
4. ディスカッションリストに連ねられたコメントは，査読された雑誌論文と同じくらい学術的な重みがある，と学生たちは考えている．

グリフィスとブロフィーは，学生たちについてこうも記している．(1) 検索エンジン，特にグーグルが，他と比べて情報を見つけるという点において好まれている．(2) わずかな学術的な情報資源しか使っておらず，そのありかを突き止めることを難しいと感じている．(3) 質を犠牲にしてでも時間と労力を節約したがっている．(4) その他に電子資料があるのではとの期待を抱き，検索エンジンで得た経験を頼りにする．これらは前述の最小労力の法則と一致する．

「グーグル世代」の情報探索行動が，英国図書館による研究の焦点となった（British Library 2008）．そこで見出されたのは，若者たちに関してであった．(1) 情報の正確さや根拠を評価するのに，ほとんど時間を使わない．(2) 貧弱な探索戦略を頼みにする．というのも，自分たちの情報ニーズをしっかり把握しているわけではないからである．(3) キーワードよりも，自然語を使うことを好む．(4) 検索にヒットして出てきた多くのウェブサイトの中から，適切なものを選び出すことが困難である．(5) インターネットを使いこなす発想がと

ぼしく，したがって，グーグルやヤフーなど大手の検索システム頼りとなる．ハインシュトロムは探索戦略について修士課程レベルの学生たちを調査し，3つのパターンを発見した（Heinstrom 2006）．（1）迅速なネットサーフィン：最小の労力，容易なアクセス，簡単に理解できる情報で成り立っている．（2）幅広い探索：探究的な探索パターンと自発的な戦略を用い，様々なタイプの情報資源のうちでも広い探索システムを使用する．（3）深い検索：かなりの労力をかけて構造化された探索を行い，質の高い情報ソースをえり分ける．おもしろいことに，ハインシュトロムは標準化されたパーソナリティ測定をどのグループにも用いて調査し，念入りさが欠如し，経験と感受性が不足している時に迅速なネットサーフィンが行われると述べた．外向性は幅広い検索を行うことと明確な関連があるが，深い検索にはパーソナリティ特性はほとんど作用しない．

より若い子どもたちは，大人世代と比べて認知能力が未熟であるのと同様に，問題解決のスキルや機械を扱うスキルが低い．彼らはウェブを拾い読みすることを好み，体系的な探索は行わない（Hsieh-Yee 2001）．ウェブサイトの質を判断したり，検索戦略を発達させたり，正しい検索構文を用いたり，正確な検索語を入力したり，意義のある検索結果を見つけ出したりすることが，子どもには困難である．こういった数々の不利な要素にもかかわらず，子どもたちは自分たちのネット探索に多大な自信をもっている．ドレサングは，子どもたちが好むサイトは，視覚的なコンテンツのレベルが高く，アニメーションがあって，双方向性があり，文章は簡素であると記している（Dresang 2005）．ドレサングはまた，いくつかの調査が次のことを示唆しているとした．子どもたちは他の子どもたちと協力しあって探索を行うことを好むということである．このことは，年長の子どもたちがソーシャルネットワークやコンピュータゲームをきわめて頻繁に利用しており，それらがグループの行動に深く関わり，多くの若者の今日の生活において支配的な地位を占めているという状況の根本を説明している．

B. 情報の蓄積と検索

1960年代における情報検索システムの研究は，「科学としての情報学の最初

の開花」をもたらすものであった（Rayward 1983, p.353）．ハーターは情報検索システムを「情報コレクションの潜在的な利用者と情報コレクションそのものの間に置かれた装置である．ある情報プログラムにとって情報検索システムの目的は，情報コレクションから必要とされる項目を入手し，不要な項目を除去することである」と定義している（Herter 1986, p.2）．この定義は，情報検索の中心的な概念を強調するものである．それはすなわち適合性（relevance）である．そのテーマについては，多くのことが記述されている（Saracevic 1975）．適合性には少なくとも2つの側面がある．それらは，利用者に適合することとトピックに適合することである．前者の場合，利用者が適合性の文脈を定義する．つまりある項目が必要な情報を見つけるのに役立つと，利用者が判断した場合にそれには適合性があるということになる．後者の場合，利用者に関係なくあるものがテーマに関係する場合，それには適合性があるということになる（Pao 1989）．適合性は，情報システムの大方の評価における重要変数である．適合する項目を検索し，適合しない項目（まちがいのヒットまたは誤選択とも呼ばれる）を除くシステムは，当然，より高性能であると考えられる．

1. 情報検索システムの評価

　情報検索システムは，どのような基準を用いて評価されるべきか．しばしば使用される2つの基準は，再現性（recall）と精度（precision）である．いかなるシステムにおいても，特定の検索に適合する入手可能な項目のすべてが見つかるかどうかがわかることは決定的に重要である．これが成功するかどうかの度合いが再現性という尺度である．再現性が低い場合，有用であるかもしれない文献が見つけだされないということである．他方，適合する文献から適合しない文献を除去することもまた，重要である．検索者が有用な情報を特定するためにすべての文献を読み通さなければならない場合，この除去作業は，困難かつ時間の浪費である．システムが適合する情報のみを見つける度合いが，精度という尺度である．

　けれども，これらの尺度は，量のみに重点を置くので，多少賛否が分かれる．フロリッチは，適合性を見る判断は動的に行われ，しばしば，1つだけでなく複数の基準を含むことを述べた（Froehlich 1994）．評価に対する最近のアプロ

ーチでは，検索者の知識，認知的過程，および解決されるべき問題により大きな重点が置かれている．

2. 検索モデル

　情報の蓄積・検索システムは，情報が迅速かつ効果的に検索されない場合，有益ではない．検索アプローチが大きな差異を生む可能性がある．図書館という環境においてもっとも一般的な検索方法はブール論理である．ブールのモデルにおいては，検索者個々人が検索用語に，「and」,「or」,「not」などの多様な検索演算子を合体させる．複数の用語を同時に使用することができるため，手動による検索と比較すると，非常に弾力的な検索方法を可能にする．他の検索演算子を使えばさらに検索を絞り込むことができる．例えば，検索モデルを使えば，著者，タイトル，発行年，および雑誌名により検索を行うことが可能になる．LIS専門職は，これらの検索モデルを使用することに精通していなくてはならない．

3. データベースとファイルの構造

　データベースの設計，情報の構造，およびその提供方法は，利用者が情報を検索する能力に重大な影響を及ぼす．例えば，どのようなタイプの情報が利用可能か（数値，文字，映像，音声）．検索過程においてどのような語彙を使用する必要があるか，それは高度に統制されたものなのかまたは比較的自由なものであるか．どのような分野と下位分野が著者，タイトル，キーワードまたは主題により探索可能であるか．検索は，日付，言語，出版社により絞ることができるか．レコードは，抄録，全文，画像を含むか．これらの問いに対する答えが，データベースの利便性を決定する．

4. 人間＝コンピュータ・インターフェース

　図書館は，利用者を快適にさせ，検索過程を可能な限り簡単にするために，対策を講じる必要がある．このことは，情報の蓄積と検索システムの設計者は，利用者が必要を満たすのに最小限の専門用語，混乱，また専門的知識ですむような「ユーザーフレンドリーフロントエンド」を作り出すために，人々のコン

ピュータの利用方法と情報検索の方法を理解しなくてはならないことを意味する．個人とコンピュータ間の接点は，人間＝コンピュータ・インターフェースと呼ばれる．重要な点は，色と窓などの画面ディスプレイの外観，レスポンスの速度，コマンドとメニューなどの相互作用の機能，ダウンロードなどの後処理機能，ヘルプシステムとメッセージ，グラフィックス機能，必要とされる練習時間，利用者の満足度，およびエラー率などである（Shaw 1991）．その他の要因としては，フォントの種類と大きさ，画面の明るさ，画面レイアウト，空間的な排列，文章の編成とグラフィックスの編成があげられるだろう．年齢，性別，認知的能力，教育レベル，動機，および態度などの個人の要因もまた，考慮されなければならない（Chalmers 2003）．

利用者の知識とシステムに含まれる知識をいかにして効果的に結びつけるかを研究した重要な分野がある．これらの研究は，どのように利用者が情報の適合性を判断するか，どのように記憶が利用者に影響を及ぼすか，利用者はどのように情報システムを使用することを学ぶか，そして認知的能力と情報システムを使用する能力の間の関係について，明らかにした．アレンは，情報システムの使用に影響を及ぼすような，相互に作用する知識について，4つの分類を考案した（Allen 1991）．

1. 世界知識：利用者の世界知識は，彼らが検索する情報と検索方法に影響を及ぼすかもしれない．民族，性別，および国籍などの要因は，すべて，使用に影響を与えることが示されている．
2. システム知識：情報システムに関する知識の範囲と種別，そしてシステムに対する利用者の期待は，利用者がシステムを利用する能力と方法に影響を及ぼす．
3. タスク知識：利用者の特定の情報における目標または必要性は，彼らのシステムの利用に影響を与える．つまり，利用者が解決されるべき情報の問題をどのように定義するか，問題解決の技法をどのように適用するか，どのように検索するかに影響する．
4. 特定分野の知識：利用者が保持する知識の量と深さは，彼らの検索方法に影響を及ぼす．専門家は初心者の利用者とは異なる仕方で情報シ

ステムを利用する.

人々がどのように考え，人々が何を知り，人々が情報問題にどのようにアプローチするかについて理解することは，システムの設計者にとって，利用者の必要を満たすことができる方法やデータに合致した知識モデルを作り出すことに役立つ．この知識は，設計者が情報アクセスのためのユーザーフレンドリーなシステムや効果的なゲートウェイを創造することに役立つ．

人々がコンピュータとどのようにコミュニケートするかという関心は，言語学の関連領域である．重大な課題のうちの1つは，自然言語処理（NLP）であり，それは，人々が自然言語を使用して検索を行うことを可能にするユーザーインターフェースの開発を試みるものである．いい換えれば，NLPを使用すると，人々は，レファレンス担当者に質問するのと同様に，コンピュータに質問をすることが可能となるのだ．この機能があれば，利用者はデータベースの開発者が選択する用語を知らなくてもよくなる．リーとオースガードは，NLPの開発において考慮されるべき4つの分野について述べた（Lee and Olsgaard 1989）．

1. 音声認識：コンピュータは，質問を聞き，理解することを可能にする音声認識システムを必要とする．
2. 命令認識：コンピュータは，人工的な言語を使用せずに，命令を理解することができる必要がある．
3. 内容分析と表現：質問に答えるために，コンピュータは，最初に，質問の意味を理解する必要があり，それには質問の文脈を理解していることが必要である．言語の曖昧さや多義性があるため，内容分析はNLPにおいて主要な課題となる．
4. システム相互作用：システムは，自然言語でなされる問い合わせに対応し，正確な情報が検索されるようそれをデータベースに関連づけなくてはならない．

利用者とコンピュータがどのように相互に作用するかについて，より深く理

解することの必要性は，ユーザビリティ工学あるいはユーザビリティ研究という新たな分野を生み出した．それは，主にウェブ環境における利用者の経験に焦点を当てるものである．この分野については，この章の後の部分でより詳細に論じる．

5. 人工知能とエキスパートシステム

人工知能は，機械翻訳，ロボット工学，エキスパートシステム，自然言語のインターフェース，知識獲得と知識表現そしてパターンマッチングを含む，きわめて幅広い分野である．もっとも興味をそそる学問分野の1つに，コンピュータが必要とされる情報を供給し，価値あるサービスを行い，人々の助けとなり得る判断を伝えることが可能であると期待した上で，人間の思考プロセス，判断力，時に行動をも模倣するコンピュータを創造するという継続的な試みがある．この研究の応用は，工業生産（製造用ロボット工学），ゲーム，そして内科医や弁護士を補助するエキスパートシステムにおいて見出せる．エキスパートシステムは，「ある意味ではその分野の人間の専門家が発揮する能力に匹敵する方法とレベルで情報を伝え，推奨し，もしくは問題解決するコンピュータプログラムである」(Vedder 1990, p.4)．人工知能研究とその応用の多くは図書館員の知識の領域外にあるが，人工知能は文献もしくはデータの特定と検索，目録と典拠コントロール，そしてコンピュータの支援による利用者教育といったレファレンス機能に応用される可能性がある（Smith 1987）．さらに「探索用仲介エキスパート」を開発することによって，利用者が人手による仲介を必要とせずにオンラインシステム上で検索する際の手助けをすることになるだろう (Smith 1987, p.55)．

C. 情報の性質の定義

おそらく情報学においてもっともよく行われてきた議論は，3つの基本的な構成体，つまりデータ (data)，情報 (information)，および知識 (knowledge) の相違を見分けることである．時折，4つめの構成体，知恵 (wisdom) が加えられる．以下に簡単に概要を記しておこう．

1. データ

　データは情報と知識の構成要素である．この意味において，データは数値であったり，文字であったり，または記号であったりする．中には，コンピュータによってより容易に処理されるデータもある．この専門用語はしばしば，意味がまだ欠けているもしくは割り当てられていないことを含意することがあり，生データと呼ばれる．コンピュータファイルに保管される数値はデータセットと呼ばれる．データと情報という専門用語はしばしば類語的に使用されるが，それぞれを区別する特徴に注目することで，より深い理解が得られる．

2. 情報

　情報にはとても長い語源の歴史がある．情報という用語の初期の意味は，情報が「精神を形作ること」もしくは「かたどること」に関連していることを示唆していた（Oxford English Dictionary 1989, p.944）．この初期の意味において，魂は「形作られる」ものだったといえる．この意味は現在の用法ではないが，確かに情報の力を連想させる．情報という用語の動詞形である「知らせるという活動」もしくは「知識の伝達や，ある事実や現象の「ニュース」の伝達」（OED, p.944）は，活動的な過程と伝達される対象の両方を示唆している．それは，「ある特定の事実，話題または出来事に関して伝達される知識であり，人が知らされるまたは教えられるということであり，報道，ニュースである」（OED, p.944）．図書館は，利用者に報知し，かつ彼らに情報として提供するという両方を行っている．

　実のところ，おびただしい数の情報の定義があり，その多くはかなり技術的である．サマーズらは，情報は，「時折，故意に意味をぼかした言葉の典型例のように思われる．辞書が伝える意味は意図的に曖昧で誤解を招きやすいものになっている」と述べている（Summers et al. 1999）．ベイツは，18種の情報のタイプまたは形式を定めており，その中でもっとも一般的なものは「質量とエネルギーの組織化のパターン」であった（Bates 2006, p.1036）．他の定義は，遺伝学，話し言葉を含む表現された情報，耐久性のある媒体上のものを含む記録された情報といったような，かなり具体的なものであった．

　LIS専門職は，一般に情報をデータの集合，組織化，または分類と見なし，

おそらくさらに重要なことには，意味を割り当てられたデータと見なしている．これはまた，ある種の人間の理解と処理が生じていることを意味しているように思われる．いく分かより限定的な定義は，情報が意味を包含しなければならないということのみならず，その意味が情報の受け手に前もって知られていないということ，いい換えれば新しいものであるということも含む．情報はまた，真実である，あるいは正確なものでなくてはならない，もしくはある人から別の人に伝えられるものでなくてはならないと主張する者もいる．さらに，図書館と情報センターはデータを保管しており，そのデータがスタッフや利用者によって処理されることを通じて情報が作られていると主張する者もいる．この見方においては，意味というものは図書館や情報センターという施設の中で生じるものである．

3. 知識（および知恵）

　知識は，情報の集合体，もしくはより大きな知識体系に統合される情報として定義される．知識が適用され得るのは何らかの目的がある時である．私たちの見方では，図書館を通じて情報のみならず知識も手に入れることができる．つまり，利用者が，手に入れた情報の相互関係と，ある特定の状況の中でそれが適用できることの理解を可能にするのが図書館である．こういった見方は，利用者が情報を知識に可能な限り変換することができるように情報の結びつきを築くのに寄与するという，図書館と図書館員の可能性を認めている．

　知恵は，あまり議論されることはないが，それはまた重要な概念である．知恵は，世界に利する人間の目的に適用できる知識として高く評価される．この点において，知恵という語には，これらの情報関連の用語の中で唯一，価値が入り込んでいる．人は知識を非道徳的な目的に用いることができるが，知恵を用いることにはそれ自体に有益な目的がある．社会制度としての図書館の目的は，社会を利する知恵となる知識を増やす情報となるデータを供給することである．ここにはかいつまんでいえば，概念のはしごがある．つまり，データは未加工で処理されておらず，情報は処理されたデータであり，そこから意味が生じ，伝達される．そして知識は，情報が組織化，相互の関係づけといった形でさらに処理され，広範に理解され適用されるようになったものである．そし

て知恵は，人類の利益のために用いられる知識である．

　この階層関係に見かけのとっつきやすさがあっても，私たちは十分な注意をもってこれらの特徴を受け入れるべきである．LIS専門職にとって，何が知識を構成するかという問題は，とても重要である．なぜなら彼らは多くの質疑応答の職務を果たすために知識体系や知識を蓄えた著作物に頼るからである．これは，図書館は情報に満ちているとはいえ，LIS専門職が質問に対する返答を試みる際，知識を蓄えた著作物または権威が認められている著作物こそが好ましい唯一のものであるということである．この点において，LIS専門職は，もっとも信頼できる返答を用意するため，規範となる典拠と権威ある文献に頼るのである．

　しかし，いかにしてあるものが，私たちが参照し，他人に伝えるための書架上の知識として受け入れられるようになるのだろうか．ウィルソンは，人々が得る知識の大部分は直接の経験（直接的知識）からではなく，間接的知識が基になっていること，つまり，「私たちはたいてい直接的経験の範囲外の物事に関して，情報だけでなく見解に対しても他人に頼っている．私たちが世界に関して考えることの多くは他人から得た間接的な事柄である」と述べた（Wilson 1983, p.10）．

　ある記述対象が他よりも権威があると私たちが推測するように導く作用は，認知的権威（cognitive authority）と呼ばれる．私たちは，他より大きな認知的権威をもつと考えられるような情報源に信頼を置く．LIS専門職にとって，どの情報源がもっとも大きな認知的権威をもっているのだろうか．図書館員が資料を検閲するのは，ある著者または出版社を認知的権威において低いと見なすことによってなのだろうか（他のグループは賛同しないかもしれないが）．ウェブ上では新しい認知的権威が存在するのだろうか．私たちは，他の出版物を評価しているのと同じ方法で，ウェブサイトの認知的権威を評価できるのだろうか．サボライネンは，人々はウェブに信頼性の問題が多くあることに気づいているものの，それでもなおウェブは「比較的に信頼できる情報源と見なされている．特に事実に基づく情報は，インターネットと発行されている新聞のどちらにおいても，同等に信頼できると認識されていた」と述べた（Savolainen 2007, p.9）．モービルは，ウェブ上の権威が人気や評判に基づいており，それは他の特徴と

変わらないと警告した．つまり，サーチエンジンが受信するヒット数によりウェブサイトをランクづけることに注意を向けたのである（Morville 2005）．実は，人々が何を権威あるものだと認識するかということは，ウェブのために再定義されているところである．例えば，体調がすぐれない人が，医者に診てもらうか否かにかかわらず，自分の体調について知るためにウェブを見ると考えられる．つまるところ，これは，高品質の情報を見分けるのに，医者のような特別な権威に信頼を置くのではなく，個人により大きな責任を置いている．モービルが注意したように，「私たちが自分自身の決定に責任を取るようになるにつれて，私たちと権威との間の関係は変わる」（Moville 2005, p.163）．このことは，一方において権威を評価することの重要性に強く気づいていながら，同時に，ウェブは人々が必要な情報を見つけるのを手伝うために多くの機会を提供するということを認識しているLIS専門職のジレンマを示している．

D. 情報の価値と付加価値過程

情報の性質を理解する一環として，その情報の価値を正しく評価することが必要となる．何世紀にもわたり，情報の金銭的価値を測定しようとする試みは増えている．産業社会が情報に基づいた社会に発展する中，製品としての情報という概念，つまり独自の価値をもつ商品としての情報という考え方が生まれた．結果として，最高品質の情報をもつ人々や組織，国々は経済的，社会的そして政治的に繁栄することになるであろう．情報経済学についての研究は様々なカテゴリーを網羅している．例えば，情報および情報サービスの費用，情報が意思決定に与える効果，効果的な情報収集から得られる利益，「下流向けの生産性」と時に称される生産部門に対して情報が与える影響，そして特定の機関（企業の図書館や技術・医学図書館等）が組織の生産性に与える影響などである．当然，これらの分野は重なる部分も多いが，情報は明らかに，その情報が含まれる媒体の外で，独り歩きしてきた．情報は，比較され，評価され，そして値段をつけられるべきものとして，認められる存在となった．

付加価値機能とは，情報をさらに利用しやすくすることによりその価値を高めるという目的で，LIS専門職らが担うものである．この分野における初期の

研究については，その多くをロバート・テイラーが行った (Taylor 1986). 彼は図書館を，より広義の情報システム内における文献基盤のシステムと考えていた．テイラーは，一般的な情報システムおよび特定の図書館に関係のある様々な付加価値機能について認識していた．

　こうした付加価値サービスが図書館においては重要であるにもかかわらず，多くの場合これらのサービスは過小評価されている．その理由として，1つには，情報へのアクセスを容易にすることで，そのような過程が目につかなくなってしまっているからではないだろうか．図書館利用者は必死になって情報を探す必要がなくなり，そのため，情報探索を容易にするシステムの複雑な仕組みを過小評価してしまう．図書館員はこうした過程について，利用者のさらなる理解を得るための手段を考える必要がある．こうした付加価値過程がもっと目につくようになれば，おそらく，LIS専門職の地位も向上するであろう．

E. 計量書誌学および引用分析

　ウォレスは計量書誌学 (bibliometrics) について「情報資源研究に対する計量的手法の応用」と定義した (Wallace 1989, p.10). この分野では，知識の生産と利用の傾向に関する研究が行われている．図書館における計量書誌学とは，例えば，次のようなものがある．

1. 貸出傾向の分析：どの文献が貸し出されているか，または貸し出されていないかについて調査することで，今後の図書購入に関する貴重な情報が得られ，また図書館の組織や運営における欠点が明らかとなる．
2. 館内利用の調査：資料が図書館内部でどのように利用されているかを調査することで，図書館利用者の情報収集パターンやレファレンス資料の利用に関する実態を把握し，役立てることができる．
3. 経年調査：図書館資料の陳腐化（経年劣化）を調査することで，コレクション新鮮度や，劣化した資料の利用を左右する傾向を確認することができる．
4. コレクションの重複：複数の図書館のコレクションを比較調査するこ

とで，重複している資料が明確になり，協同的なコレクション形成を進めることができる．さらには，それぞれの図書館のコレクションだけがもつ特徴も明確になり，資料にかかる不要な出費を抑えることができる．

　また，計量書誌学を研究することで，すべての専門分野についてより広範囲な理解が期待できるようになる．つまり，どの著者がもっとも多くの著作物を生み出しており，またどの国のどの言語で一番多く資料が出版されているのかを知ることができる．時にこうした研究は，計量書誌学の法則が立証され得る範囲において，一貫性のある傾向を示す．そのもっとも一般的な例が，アルフレッド・ロトカにちなんで名づけられたロトカの法則 (Lotka 1926) である．彼は，次のように導き出した．多数の出版に貢献している著者はごくわずかであり，より少数の出版に貢献している著者はもっと多くおり，そしてごくわずかまたはたった1度しか出版に貢献していない著者は多数存在する．ロトカはこの関係を $1/n^2$ と表した（n には貢献した回数が入る）．したがって，ある分野において3度の出版に貢献した著者の数は，著者の総数の $1/3^2$ となる．4度の貢献をした著者の数は $1/4^2$ となる．ロトカの法則は，ある分野において著者と出版がどのように関連しているかを完璧に記述するものではないが，概算としては十分である．

　計量書誌学の法則について，ロトカの法則以外に頻繁に登場するのが，サミュエル・ブラッドフォードの研究にちなんで名づけられたブラッドフォードの法則，別名ブラッドフォード分布である (Samuel Bradford 1934)．ブラッドフォードの法則は，分散の概念を扱っており，ある特定の分野における論文が，学術誌全体の中でどのように分布しているかを，計量的手法で記述している．ブラッドフォードは，ある特定の分野（例えばエンジニアリングなど）を扱う一群の学術誌を取り上げ，そのような異なる学術誌全体にわたって，論文の分布が均等ではなく，またそれらの文献が等しく閲覧されているわけでもない，ということを見出した．分布は均等ではないが，あらかじめ予測はできる．とりわけブラッドフォードは，論文の広がりを，3つに区分けできることに気づいた．第1区分はその分野の核となる領域であり，ここでは通常，相対的に少数

の学術誌の中に，ほとんどの論文が登場する．第2区分では，第1区分と同量の論文が含まれているが，それらの論文は相当数の学術誌に分散している．第3区分は，これも第1・第2区分の学術誌と同量の論文が含まれているが，これらの論文は，第2区分の学術誌の数をさらに上回る数の学術誌に分散している．このような関係は $1:n:n^2$ という式で表される．例えば，1500の論文があり，そのうち最初の500の論文は10冊の学術誌（第1区分）に掲載されているとする．さらに，次の500の論文は50冊の学術誌（第2区分）にわたって掲載されているとする．この関係から，第1区分対第2区分の割合は1:5となる．したがって，次の500の論文についての割合は，1:25になるはずである．つまり，ブラッドフォードの法則によると，第3区分の500の論文は250（10×25）冊の学術誌に分散されているであろうと予測できる．この規則性は，予測可能な分散を示唆する．したがって，図書館コレクション用の資料選択にあたり，核となる第1区分から選択する資料がもっとも重要となる．ロトカの法則同様，ブラッドフォードの法則にも例外はあるが，この法則は多くの分野に適用され，図書館情報学の分野において重要な計量書誌学的な貢献を果たしている．

計量書誌学に関連のある分野として，引用分析がある．これは，論文や図書における引用の頻度や傾向について扱っている．引用を分析する様々な手法の中に，直接引用（direct citation），書誌結合（bibliographic coupling）そして共引用（co-citation）がある．直接引用では，著者が引用した項目を分析する．書誌結合と共引用は密接に関連しているが，その考え方は異なる．

> 2つの文献が，その文献リストにおいて，1つ以上の同じ引用文献を共有している場合，その2つの文献は書誌的に連結している．2つの文献がその後に出版された1つ以上の文献の中でともに引用されている場合，その2つの文献は共引用されている．つまり，共引用においては，先行文献が後にともに引用されているという理由で，その先行文献は連結しているということになる．書誌結合においては，後続文献が同じ先行文献を引用しているという理由で，その後続文献が連結しているということになる．その違いは，書誌結合は文献に内在するつながり（静的）であるのに対し，

共引用は文献外部のつながり（動的）であることであり，文献が共引用され続ける限り有効である．(Smith 1981, p.85)

引用研究は，ある分野においてどの著作，どの著者がもっとも頻繁に引用されているか，またなぜ引用されるのかを特定することができる．引用研究は影響力のある著作やリクエストがありそうな著者を特定するのに役立つため，コレクション形成や資料選択に利用される．さらに引用分析は，どのアイディアあるいはどの研究者がある分野における理論的展開に影響をもっているのか，どの分野が活発で，誰の著作が中心的役割を担っているかを説明する上で役に立つ．

F. 経営および管理の問題

図書館情報学分野の経営者と管理者は，どの情報テクノロジーを購入すべきか慎重に考慮しなければならない．なぜなら，誤った選択をしてしまえば，時間，費用，生産性そして人的資源の各方面で，大きな代償を払うことになるかもしれないからだ．以下にあげるのは，いくつかの考慮すべき重要な点である．

1. 情報テクノロジーの見極めと選択

テクノロジーを導入すれば，必ず生産性が高まるとしばしば考えられているが，それは誤りである．管理者はまず，どの工程および作業をテクノロジー化する必要があるのか，あるいはその必要がないかを決定しなければならない．いったん，これらの工程を決定すれば，以下の手順を踏んで，それに対する適切なテクノロジーを見極め，導入しなければならない．

1. 適切なベンダーを見極める．
2. ベンダーを比較し，評価するための基準を定め，意思決定構造を確立する．
3. オートメーション化のためのスケジュールを立てる．
4. 実地訪問およびデモンストレーションの計画を立てる．

5. スタッフのためのオートメーションシステムに関するトレーニングとオリエンテーションを企画，実施する．
6. 当該テクノロジーが効果的に機能しているか判断するための導入後評価を行う．

2. テクノロジーにおける人的要素の取扱い

　新しいテクノロジーの導入には，通常，人間が関わる必要がある．この30年を通じてますます顕著なのは，人間がいかにうまくコンピュータを扱えるかによって，コンピュータの利便性に著しく影響が与えられ，テクノロジーの側も，普段使用する人間に著しい影響を与え得るということである．そのため情報学は，テクノロジーの導入の問題を検討するのである．すなわち，いかなる要因によって人間はテクノロジーに抵抗し，あるいはテクノロジーを受け入れ，またテクノロジーのいかなる側面が，人間の身体に影響を与え得るのか，という問題である．後者の研究範囲こそが「人間工学」と呼ばれる，人間と機械との相性を研究する学術分野を生み出した．

3. 組織を管理するための情報システムの発展

　複雑化した組織は，多様な作業を行うために情報システムをますます必要としている．例えば，記録のメンテナンスと監視（この作業が記録管理という副次的分野を創出した），日々の意思決定，戦略的・戦術的プランニングなどの作業があげられる．運営に関する最良の判断を行うには，時機を逸せずに情報を取得し，利用し，判断する組織の能力がある程度必要となる．生データからテキスト，画像，音声，マルチメディアにいたる様々なフォーマットでのデータを管理することは，情報資源管理（IRM），または情報管理として知られる分野が扱っている．情報を管理することは，組織における財務や人事を管理することと同じくらい重要な業務になってきている．

　IRMは，単なるファイル管理の域をはるかに超えるものである．組織がもつ側面はそれぞれ，組織の構成員が使用するための情報をいかに作り出し，体系づけ，選択し，そして発信するかという観点で検討する必要がある．IRMの主な目的には，次にあげるものがある．

- 意思決定に際し，関連情報を確実に入手できるようにすること．
- 情報調達の費用および便益を分析すること．
- IRMと情報管理者は組織にとって重要な貢献者であることを，経営者および管理者に確実に認識させること．
- 情報管理技術の評価，導入を補佐すること．
- 情報の管理，保管および廃棄の責任ならびに説明責任を定めること．
- 適切に組織化され利用可能な情報は企業の判断にとって非常に重要であると，企業の経営陣の認識を促すこと．(Levitan 1982)

主任情報責任者といった新たなポジションが設置されることは，組織存続のためにIRMがいかに重要であるかについての認識が高まっていることを証明するものである．

4. 情報サービスの測定，評価

LIS管理者は，当該システムが設計した通りの作業を行えているかどうか判断する必要がある．情報サービスを評価する測定方法のもっとも一般的なものに，図書館のコレクション，または図書館のサービスのいくつかの側面に注目した調査とそれらに関する利用者の満足度に注目した調査がある．これらの調査は通常，アンケート，フォーカスグループ，インタビュー，または貸出データや図書館間相互貸借に関するデータの分析を通じて行われる．利用者に関する調査は，年齢，収入，性別，教育レベル等の変数ごとに特定化された人々について調査し，図書館利用に関連して当該グループを分析する．この調査では，個々人が特定のサービスを利用する理由や，図書館に来館する前に彼らが情報を検索した場所に焦点を当てることもあるだろう．このような調査では，次のような質問に対する回答を試みている．すなわち，誰が図書館を利用しているのか，そして利用している理由は何か，という質問である．別の方法としては，非利用者に関する調査があり，ここではなぜある人々が特定のサービスを利用しないのかを調査する．これらの調査を通じて，組織としての不備を明らかにすることができる．例えば，あるグループはおそらく，特定のサービスについ

て認知しておらず,あるグループは,そのサービスには彼らの必要なものが含まれていないと思っており,またはあるグループは,そのサービスのスタッフが不親切だと思っているかもしれない.

　一方,利用調査とは,何が利用されているのかに着目している.それらの調査では,参照の対象となったテーマ(例えば,フィクションまたはノンフィクションなど,限定されたテーマ領域)や,利用された資料の数,それらの資料が利用された場所(館内利用なのか,借り出されたのか),利用された資料の種類(AV,印刷物,インターネットウェブサイト),利用されたサービスの種類(レファレンス,児童,ウェブ),利用されたプログラムの種類,または,図書館員が相談を受けたかどうかといった点を検討する.そのような情報から,プランニングに関する貴重な情報を得ることができる.予想される通り,利用者と図書館の利用との間には密接な関連があるため,その双方を調査し,相互に分析するのが一般的である.

　おそらく,図書館の利用効率の測定方法でもっとも有名なアウトプット測定は,公共図書館部会が開発したものである(Public Library Association 1987).さらに,公共図書館部会は,ヤングアダルト図書館サービス部会(YALSA)と共同して,若年層向けサービスのためのアウトプット測定法を作成し(Walter 1995),児童図書館サービス部会と共同して,子ども向けサービスのためのアウトプット測定法を作成した(Walter 1992).残念ながら,図書館の活動や目的が一般化されればされるほど,その有効性を測定することは困難になり,そのために,公共図書館の評価が,専門図書館の評価よりも難しいのである.図書館の生産性や費用対効果を測定し,費用便益率を上げようとする場合に,このような難しさが顕著になる(Koenig 1990).測定および評価に関するより詳しい議論は,第4章を参照されたい.

IV. 情報学における新興分野

A. インフォマティクス

　インターネットの成長，コンピュータの遍在化，そしてデジタル環境に蓄積された情報量が拡大し続ける中で，それらの情報を適切なタイミングで効果的に，組織化し，探し出し，評価し，利用する能力が求められている．図書館情報学，認知科学，ビジネス，コンピュータサイエンス，医療，看護，そしてコミュニケーション等の多くの学術分野が，この課題を解決するための洞察，研究そして手段に寄与しているのであり，これこそが，インフォマティクス（informatics）と呼ばれる新しい学際的分野を生み出したのである．語源的に見れば，インフォマティクスという語は，情報の科学（science of information）と自動情報処理（automated information processing）とを組み合わせたものである（Wikipedia 2009）．インフォマティクスは，いまだ明確には定義されておらず，「情報テクノロジーにおける芸術的・科学的・人間的な面」とする記述や，「社会の技術革新と応用に対する研究」とする記述など，様々に説明されている（Wikipedia 2009）．最大限に広義でとらえた場合，インフォマティクスが注目するのは，「情報であり，かつ，それが様々なシステムにおいてどのように提示され，処理され，伝達されているのか」ということである（Fourman 2002, p.2）．インフォマティクスが重視するのは，コンピュータ化やテクノロジーという側面と，テクノロジーと情報の創造，処理，組織化および伝達との関係という側面である．確かに，インフォマティクスは，数々の学術分野における下位専門領域になっている．例えば，ハーシュは，医療情報学（medical informatics）について，「主要な目的が保健・生物医学における情報の取得，保存，および利用である，コンピュータサイエンス，情報学，認知科学，組織科学その他の科学を相乗的に応用することで生まれた，統合的な学術分野である」と定義している（Hersh 2008, p.1）．クリングは，社会情報学（social informatics）を「制度的および文化的な文脈との相互関係を考慮した，情報テクノロジーの設計，利

用および結果に関する学際的研究」と定義している（Kling 1999, p.1）．ソーヤーは，社会情報学について，「組織および社会を含む制度的・文化的文脈との相互作用から成立する情報通信技術（ICT）の設計，配備および使用に関する領域横断的研究」としている（Sawyer 2005, p.9）．米国および国際社会におけるいくつかの大学の図書館情報学部は近年，インフォマティクスの学位と専門課程の双方を提供しており，その数は増えていくと期待されている．

B. ユーザーエクスペリエンスデザイン

ウェブサイトの数が激増し，人々の生活のあらゆる面に関わるようになるにつれ，掲載されている情報の組み立て方や提供の仕方が人々の情報収集能力に大きな影響を与えることがわかっている．リンドガードらの調査によると，ウェブサイトを訪れる人は最初の50ミリ秒（1/20秒）でそのサイトの印象を判断しているという（Lindgaard 2006）．今日，「ポスト・ウェブ情報システムデザイン」として，ナレッジマネジメント，エクスペリエンスデザイン，コンテンツマネジメント，インタラクションデザイン，情報デザイン，顧客関係管理，情報アーキテクチャ，などの新たな分野が数多く出現している（Rosenfeld 2002）．それぞれの領域はまだ明確に線引きされていないが，「ユーザーエクスペリエンスデザイン（UX）」の分野がもっとも際立って台頭してきている．UXには，インタラクションデザイン，情報アーキテクチャ，ユーザビリティ，ヒューマンコンピュータインタラクション，ヒューマンファクターエンジニアリング，ユーザーインターフェース設計など多様な視点が取り入れられている（Paluch 2006）．UXの基本はユーザーエクスペリエンスである．モービルはこれを「ユーザーに共感することの決定的な重要性」（Morville 2005, p.31）と説明している．以下はガレットの所見である．

> ユーザーエクスペリエンス開発のプロセスとは，サイトを作る側の意識，つまり明確な意志がなければユーザーの体験が成立しないと，認識することに他ならない．これは，ユーザーが取り得るすべての行動のあらゆる可能性を考慮し，プロセスの各段階でユーザーが期待していることを理解し

なければならないことを意味する．(Garrett 2003, p.21)

UXが最終的に求めるものは，有用で使いやすい，好ましい，わかりやすい，信頼できる，役に立つなど，ユーザーにきわめて実りの多い体験をもたらすウェブサイトを構築することだ（Morville 2005）．新興しつつあるこの分野をより広く理解するために，情報アーキテクチャ（IA）とユーザビリティ工学の2つの分野についてさらに詳しく見てみよう．ただし，他の関連分野・新興分野と重複する部分があることにも留意して欲しい．

1. 情報アーキテクチャ

情報アーキテクチャ（IA）は，特徴の異なるかつ密接に関連する分野を扱っている．1つは円滑なコミュニケーションをもたらすグラフィックデザインあるいはマルチメディアデザインの使い方，もう1つは，サイトのコンテンツ構成，ニーズ分析，ユーザビリティ調査，メタデータ活用，情報インターフェースや情報源の特定・把握・誘導・利用が簡単にできるように組まれたプログラムなどの知識テクノロジーの使い方である．フレーリックはIAを以下のように定義している．

> 情報を探す人たちができるだけ効率的かつ効果的に情報ニーズを満たせるように，情報とインターフェースを組み立てる芸術および科学．（中略）情報アーキテクトは，構造上の要求と美的・機能的な考慮を踏まえて，特定のシステムを設計し使えるようにする．それは，建築家が美的・機能的・利便的な目標を定め，物理的に建造物を配置するやり方に近い．
> （Froehlich 2003, n.p.）

ファーナムは情報アーキテクトについて，「人々が欲するものを容易に探せるようにウェブサイトを組み立てる．（中略）ビルを建てる建築家とほぼ同様に，情報アーキテクトは，どのように使われるか考えながら情報空間を設計し，その目的を達成するよう設計図と詳細な計画を作る」人たちであると述べる（Farnum 2002, p.34）．彼は設計要素を4つに識別している．(1) グラフィック

デザインとサイトに掲載する情報のレイアウトに関するビジュアルデザイン，(2) サイトのダイナミックな構成を設計するインタラクションデザイン，(3) ユーザーのニーズに合わせてサイトを作るユーザーエクスペリエンスデザイン，そして (4) サイトが容易かつ効率的・効果的に利用できるかを評価するユーザビリティ．この領域が新しいことから，情報アーキテクトが果たす明確な学問上の任務はまだ発展途上である．ローゼンフェルドとモービルは以下の4つに分けている．

- サイトを提供する組織のニーズとサイト閲覧者のニーズのバランスを取りながら，サイトの役割とビジョンを明確にする．
- サイトに含まれるコンテンツと機能を決定する．
- 編成，ナビゲーション，ラベルづけ，検索システムを明確にし，ユーザーがサイトにおいてどのように情報を探し当てるのか特定する．
- 時間の経過とともに，サイトが変化や成長にどのように順応していくのかに関する詳細な計画を立てる．(Rosenfeld and Morville 1998, p.11)

情報アーキテクトを，ウェブサイトのグラフィック面だけを担当するグラフィックデザイナーと混同してはいけない．美的関心は情報アーキテクトにとっても大切だが，彼らが優先するのはサイトの基本構造だ．多くの項目の中で，彼らが考慮するのは以下の点である．

- ユーザーがサイト内を楽に動けるように効果的なナビゲーション技術を作り出すこと（例：メニュー，ハイパーリンク，ガイドつきツアー，サイトマップ，索引など）
- サイト内のユーザーに，効果的なオリエンテーションを提供すること
- サイトに適した言語と専門用語を採用し，使いやすくすること
- 見て楽しく美しいサイトを開発すること
- 異なるプラットフォーム，異なるブラウザ，異なる画面の解像度でも，見た目と雰囲気を一定に保ち，軽便さを維持すること
- ブール演算や自然言語など，効果的な検索システムを採用すること

・ユーザーがすぐに理解できる論理的なサイトの構造を確立すること
・ユーザーが必要とする情報を予測し，効果的なハイパーリンクを使うこと
・より良い情報アクセスのためのラベルづけをすること（リンク，索引の用語，ドロップダウンリストの選択肢，商品名）
・他のウェブサイト上の関連情報にリンクをはること
・ユーザーが個人的な好みをサイトに合わせてそれぞれカスタマイズできるようにし，あるいはサイトのコンテンツ用にフィルターの提供ができるようにすること
・メタデータを効果的に使いアクセスを改善すること
・ウェブサイトを拡張可能にすること．つまり，効果と使いやすさを維持したまま，ウェブサイトが発展できるようにすること

　教育やビジネスの分野，そして政府にとっても，ウェブサイトに対する信頼度が高まるにつれて，サイトを効果的に設計することが非常に重要になる．したがってこの分野は今後発展を続け，組織の新たな重要な側面を担うことになるだろう．

2. ユーザビリティ工学

　ユーザビリティ工学は，ユーザーの視点に立ってウェブサイトに対する満足度，効率や効果を評価するものである．国際標準化機構（ISO）はユーザビリティを，「ある製品が特定の目的を達成するために特定の使用方法において，特定のユーザーに効率的かつ効果的に使われ，満足をもたらす程度」と定義している（International Standards Organization 1998, p.2）．これらの問題に取り組むには，複数の個人に一連の課題に取り組んでもらい，一方で訓練を受けた観察者がサイトの使われ方に関する情報を集めることである．アンケート，実地調査，聞き取り，フォーカスグループ，介入的なあるいは非介入的な測定法などの多様な調査方法を用いる．状況によっては，民族誌調査および野外調査，日誌法，視線追跡法，さらに「思考発話」法なども用いる．思考発話法では，ユーザーが特定の動作をしている間，ユーザー個人の感情や考え，意見，戦略な

どを声に出して表現してもらうよう伝え，その様子を観察するかビデオで撮影する．それぞれの反応は記録され，その後分析される．もう1つの方法として，質問応答法がある．これは，ユーザーがウェブサイトを使っている間に，調査員が質問しフィードバックを得る方法である（Norlin and Winters 2002）．訪問したサイトに関する情報と用いられた探索戦略を収集するサイト利用ログを含むソフトウェアパッケージもまた有用だ．ユーザビリティテストは完璧ではないが（少ないサンプルで調査されることが多く，特定のウェブサイトを訪れる多数のユーザーに当てはまる場合と当てはまらない場合がある），有効で信頼できる評価基準を確立しつつある．ウェブサイトの数が激増するにつれ，サイトのデザインや保守・改良をするのに，ユーザーが重要な存在であることを証明する必要がますます増え，ユーザビリティテストの果たす役割は大きくなるだろう．

C. ナレッジマネジメント

　知識は，動的に変化するものである．なぜなら，人々の考え，感情，そして経験に影響され，進化するからである（McInerney 2002）．知識は，データベースや文献に含まれる知識のように明白なこともあるが，組織における知識の多くは隠れていて見えない．この暗黙的知識とでもいうべきものは，組織において明示的知識の環境を作り上げている個人の価値観や信仰，物の見方から成り立っている．組織それ自身にも，価値観，歴史，明文化されていない決まりや，暗黙的知識を形成するような流儀がある．どうやら明示的知識と暗黙的知識を1つの組織の中で効率的に管理することが，最良の結果を引き出すようである．重要な知識にアクセス・利用できない場合，意思決定プロセスが悪化し，意思決定の質が落ち，そして組織の有効性を損なうことになる．

　同じように，組織も生き残り，繁栄していくために，創意工夫や革新に頼っている．つまり，組織も，新しいサービスや商品を作り出すために，構成員の知識（これは人的資本と呼ばれることもあり，組織の知的資本の主要構成要素の1つである），能力，そしてアイディアをあてにしているのである．革新的で工夫に富んだ考えをもたらすには，共同作業，情報共有，そして公式・非公式レベルでの活動を活発化させる労働環境が，しばしば必要となる．個人はこれらの業

務や，しばしば「実践共同体」を形成する類似の仕事に従事していた．これらの共同体は，形式的な任務というよりはむしろ，関係者の専門性に基づいて，権限や労働目標を設定する．共同活動，情報共有，そして実践共同体を促進するように組み立てられた組織は，より一層早く発展し，効率的に人々の能力を生かすことができる．営利環境の中では，これは競争上の優位性や収益の向上を意味する．非営利環境においては，これはより良いサービスと強力な政治的支援を意味する．

　ナレッジマネジメントの分野は，組織内での人的資本や知的資本を形成し，知識がうまく活用されない弊害を取り除くのに貢献するものとして生まれた．ナレッジマネジメントは，知識に最適にアクセスし，伝達し，利用することができるように，組織を理解し，構築することを特に見据えている．情報や情報テクノロジーも重要であるが，ナレッジマネジメントにおいては，人こそが重点的に考慮される．ブレアは「ナレッジマネジメントは，専門性を大いに管理，支援する．（中略）それは，データや情報の保存書庫の管理というよりも，主に専門能力を持った個人の管理である」と記している（Blair 2002, p.1022）．ブレアにとっては，人が知識の保存書庫である．ダベンポートらはナレッジマネジメントの4つの目的を考えた．保存書庫を作ること，アクセスを向上すること，環境を促進すること，そして知識を資産として管理することである（Davenport, De Long, and Beers 1997）．全体として，ナレッジマネジメントは，知識テクノロジー・情報テクノロジーの両方を通して，組織的な知識へのアクセスを，計画，獲得，管理，連結，そして供給することに結びつく．それは，心理学，社会学，ビジネス，経済学，情報学，そしてコンピュータサイエンスを含む多様な分野に関連する学際的分野の1つである．

　ナレッジマネジメントやそれに内在する価値に関わる膨大な範囲の機能を考え，マキナニーは，組織は構成員から「知識生産物」を取り出そうとするのに時間を割くよりも，「知識文化」を高めることにもっと時間を費やすべきだと提案した．「知識文化」では，知識を作り出す機会が最大限に生かされ，学習，共有することを促進する（McInerney 2002）．これを成し遂げるために，セント・クレアとスタンリーは次のように提唱した．

情報管理，ナレッジマネジメント，そして戦略的学習が，知識サービスに集まると，この取り組みを統率する情報専門家によって，最高レベルのサービス提供が可能になる．実に，知識サービスを通して，知識に対する事業価値が会社や組織内に確立し，それによって高度な研究が進められ，筋の通った意思決定が強化され，そして革新が加速する．(St. Clair and Stanley 2008, p.36)

D. 競合情報

競合情報 (competitive intelligence: CI) は情報管理の下位区分の1つで，ビジネスインテリジェンスや社会インテリジェンスと呼ばれることもある．CI は，組織を脅かすものの性質や規模を探り，より良い活動の機会を見つけたりする探索者として機能する．競合情報専門家協会 (SCIP) は，CI を，「競合的な環境の理解に基づいた意思決定のために，必須で倫理的な事業分野」(SCIP 2010, p.1) と定義している．CI が目指すのは，「競争優位をもたらす実行可能な知能」である (Miller 2003, p.1)．バーゲロンとヒラーは CI の過程を4つの段階で描いた．計画と CI の必要性の特定，データ収集，組織化と分析，そして分配である (Bergeron and Hiller 2002)．分析段階はとりわけ重要で，SWOT 分析 (強み，弱み，機会，脅威) や，ベンチマーキング，環境分析，シナリオプランニング，特許分析，計量書誌学などの多様な技術が使われている．企業家の中での CI の価値は，多数報告されている．CI の部署がある組織は，平均売上，市場占有率，そして収益性を比較した場合，他の競合者より優れている傾向がある (Cappel and Boone 1995)．ビジネスインテリジェンスの市場価値は，年間20億ドルともいわれ，企業は大なり小なり CI プログラムに着手している (SCIP 2010)．

もう1つの CI の機能はカウンターインテリジェンス活動であり，競争力を脅かすであろう組織情報へのアクセスを防止するシステム開発が含まれる．明らかに CI は，違法で非倫理的な策略や活動を伴う産業スパイとは異なるものである．CI は倫理基準に則り，主に監査に開かれた情報源に頼っている．SCIP が公布した，CI 専門家のための SCIP 倫理綱領では，すべての法律を遵

守し，情報探索に先立ち関わる個人の身元を誠実に開示する責任を，はっきりと確認している．

　CI の関連分野で，発展しているのが，情報戦（information warfare: IW）である．これは当初軍事的な目的で始まり，偽情報や心理戦，プロパガンダの分野と関連している．しかし，9・11（アメリカ同時多発テロ）以後は，国家の情報網を破壊しかねないテロ攻撃に対する関心が非常に高い．クローニンは情報資産に対する IW の脅威を，まず3つの領域で区別した．(1) これらの資産を破壊，損失，または他の方法でアクセスすることを断つ能力，(2) 情報を改ざん，偽造，または他の方法で変更させる能力，(3) 情報資産を盗むために警備を見破る能力，の3つである (Cronin 2000). IW は，匿名で省コストの電子技術でまかなえ，実際の破壊，侵入現場から離れた場所から利用できるので特に魅力的である．米国が，ますます情報テクノロジーに依存するようになるにつれて，CI および IW は，情報学コミュニティにおいて，今後，重大な関心事になりそうである．

V. まとめ

　クローニンとメホは，情報学が図書館学だけでなく，コンピュータサイエンス，人工知能，医療情報学，コンピュータ支援システム，そして経営情報システムを含めたかなりの分野に貢献していると報告した (Cronin and Meho 2008). どのように情報が作り出され，組織化され，分配され，そして利用されるのかを私たちが理解する上で，大いに貢献している研究がある．LIS 専門職は，情報にアクセス，利用できるようにすることや，個人の情報ニーズを満たすことにつながる，共通の価値観を多く共有している．とりわけ，情報ニーズと情報要求をどのように区別するか，情報検索時の個人の行動をいかに理解するか，そしてニーズを満たすためには情報システムがどのようにデザインされ利用されるのが最善なのか，私たちは理解しなければならないと考えている．大部分において，これらの理解のために，図書館員らは情報専門職に頼ることになる．情報学の分野が成長するにつれ，図書館員は，情報専門職と強い協力関係を結

ばないとうまくいかなくなるだろう.

参考文献

Allen, Bryce L. 1991. "Cognitive Research in Information Science: Implications for Design." *Annual Review of Information Science and Technology* (ARIST) 26: 3-37.

Bates, Marcia J. 1989. "The Design of Browsing and Berrypicking Techniques for the Online Search Interface." *Online Review* 13 (October): 407-424.

―――. 1999. "The Invisible Substrate of Information Science." *Journal of the American Society for Information Science* 50: 1043-1050.

―――. 2006. "Fundamental Forms of Information." *Journal of the American Society for Information Science and Technology* 57: 1033-1045.

―――. 2007. "Defining the Information Disciplines in Encyclopedia Development." *Information Research* 12 (October). Available: http://informationr.net/ir/12-4/colis/colis29.html (accessed August 31, 2009).

Bates, Marcia J., Deborah N. Wilde, and Susan Siegfried. 1993. "An Analysis of Search Terminology Used by Humanities Scholars: The Getty Online Searching Project Report Number 1." *Library Quarterly* 63 (January): 1-39.

Belkin, Nicholas J., Helen M. Brooks, and Robert N. Oddy. 1982. "ASK for Information Retrieval." *Journal of Documentation* 38: 61-71.

Bergeron, Pierrette, and Christine A. Hiller. 2002. "Competitive Intelligence." In *Annual Review of Information Science and Technology*. Vol. 36. Edited by Blaise Cronin. Medford, NJ: Information Today, 353-390.

Bilal, Dania. 2002. "Children's Use of the Yahooligans! Web Search Engine." *Journal of the American Society for Information Science and Technology* 53: 1170-1183.

Blair, David C. 2002. "Knowledge Management: Hype, Hope, or Help?" *Journal of the American Society of Information Science and Technology* 53: 1019-1028.

Bradford, Samuel C. 1934. "Sources of Information on Specific Subjects." *Engineering* 85-86.

British Library. 2008. *Information Behaviour of the Researcher of the Future*. London: University College London. Available: www.jisc.ac.uk/media/documents/programmes/reppres/gg_final_keynote_11012008.pdf (accessed Februay 6, 2010).

Brittain, J. M. 1980. "The Distinctive Characteristics of Information Science." In *Theory and Application of Information Research: Proceedings of the Second International Research Forum on Information Science*. Edited by Ole Harbo and Leif Kajberg. London: Mansell.

Broadbent, Elaine. 1986. "A Study of Humanities Faculty Library Information Seeking Behavior." *Cataloguing and Classification Quarterly* 6 (spring): 23-37.
Burke, Colin. 2007. "History of Information Science." In *Annual Review of Information Science and Technology.* Vol. 41. Edited by Blaise Cronin. Medford, NJ: Information Today, 3-53.
Bush, Vannevar. 1945. "As We Might Think." *Atlantic Monthly* 176 (July): 101-108.
Cappel, James J., and Jeffrey P. Boone. 1995. "A Look at the Link between Competitive Intelligence and Performance." *Competitive Intelligence Review* 6 (summer): 15-23.
Case, Donald O. 2002. *Looking for Information: A Survey of Research on Information Seeking, Needs, and Behavior.* San Diego: Academic Press.
Chalmers, Patricia A. 2003. "The Role of Cognitive Theory in Human-Computer Interface." *Computers in Human Behavior* 19: 593-607.
Chatman, Elfreda A. 1996. "The Impoverished Life-World of Outsiders." *Journal of the American Society for Information Science* 47: 193-206.
Chen, Ching-Chih, and Peter Hernon. 1982. *Information Seeking: Assessing and Anticipating User Needs.* New York: Neal-Schuman.
Cronin, Blaise. 2000. "Strategic Intelligence and Networked Business." *Journal of Information Science* 26: 133-138.
Cronin, Blaise, and Lokman I. Meho. 2008. "The Shifting Balance of Intellectual Trade in Information Studies." *Journal of the American Society for Information Science and Technology* 59: 551-564.
Davenport, Thomas, David De Long, and Michael Beers. 1997. "Building Successful Knowledge Management Projects." Center for Business Innovation Working Paper, Ernst & Young.
Debowski, Shelda. 2001. "Wrong Way: Go Back! An Exploration of Novice Search Behaviors While Conducting an Information Search." *The Electronic Library* 19: 371-382.
Dervin, Brenda. 1983. "An Overview of Sense-Making: Concepts, Methods, and Results to Date." Paper presented at the International Communication Association Annual Meeting, May 1983, Dallas, Texas.
Dresang, Eliza T. 2005. "The Information-Seeking Behavior of Youth in the Digital Environment." *Library Trends* 54 (fall): 178-196.
Durrance, Joan C. 1989. "Information Needs: Old Song, New Tune." In *Rethinking the Library.* Washington, DC: GPO, 159-178.
Farnum, Chris, 2002. "Information Architecture: Five Things Information Managers

Need to Know." *Information Management Journal* (September/October): 33–40.
Fourman, Michael. 2002. "Informatics." July. Available: www.infomatics.ed.ac.uk/ (accessed February 9, 2009).
Froehlich, Thomas J. 1994. "Relevance Reconsidered—Towards an Agenda for the 21st Century." *Journal of the American Society of Information Science* 45 (April): 124–134.
———. 2003. PowerPoint presentation on information architecture. Kent State Univesity, Ohio.
Garrett, Jesse James. 2003. *The Elements of User Experience: User-Centered Design for the Web*. Indianapolis, IN: AIGA, New Riders.
Griffiths, Jillian R., and Peter Brophy. 2005. "Student Searching Behavior and the Web: Use of Academic Resources and Google." *Library Trends* 53 (spring): 539–554.
Harter, Stephen. 1986. *Online Information Retrieval*. Orlando, FL: Acedemic Press.
Hawkins, Donald T., Signe E. Larson, and Bari Q. Cato. 2003. "Information Science Abstracts: Tracking the Literature of Information Science. Part 2: A New Taxonomy for Information Science." *Journal of the American Society for Information Science and Technology* 54: 771–781.
Heinstrom, Jannica. 2006. "Broad Exploration or Precise Specificity: Two Basic Information Seeking Patterns among Students." *Journal of the American Society for Information Science and Technology* 57: 1440–1450.
Hersh, William. 2008. "What Is Medical Informatics?" Available: www.ohsu.edu/ohsuedu/academic/som/dmice/about/whatis.cfm (accessed Feburuary 9, 2009).
Hsieh-Yee, Ingrid. 2001. "Research on Web Search Behavior." *Library and Information Science Research* 53: 167–185.
International Standards Organization. 1998. *ISO 9241-11: Ergonomic Requirements for Office Work with Visual Display Terminals (VDTs)—Part 11: Guidance on Usability*. London: International Standards Organization.
Kalbach, James. 2006. "'I'm Feeling Lucky': The Role of Emotions in Seeking Information on the Web." *Journal of the American Society for Information Science and Technology* 57: 813–818.
Kling, Rob. 1999. "What Is Social Informatics and Why Does It Matter?" *D-Lib Magazine* 5 (January): 1.
Koenig, Michael E. D. 1990. "Information Services and Downstream Productivity." *Annual Review of Information Science and Technology* 25: 74–76.
Krikelas, James. 1983. "Information-Seeking Behavior: Patterns and Concepts." *Drexel*

Library Quarterly 19 (spring): 5-20.

Kuhlthau, Carol C. 1991. "Inside the Search Process: Information Seeking from the User's Perspective." *Journal of the American Soceity of Information Science* 361-371.

―. 1993. *Seeking Meaning: A Process Approach to Library and Information Services.* Westport, CT: Libraries Unlimited.

Lazonder, Ard W., Harm J. A. Biemans, and Iwans G. J. H. Wopereis. 2000. "Differences between Novice and Experienced Users in Searching Information on the World Wide Web." *Journal of the American Society for Information Science* 51: 576-581.

Lee, Chingkwei Adrienne, and John N. Olsgaard. 1989. "Linguistics and Information Science." In *Principles and Applications of Information Science for Library Professionals.* Edited by John N. Olsgaard. Chacago: ALA, 27-36.

Levitan, Karen B. 1982. "Information Resources Management." *Annual Review of Information Science and Technology (ARIST)* 17: 227-266.

Lindgaard, Gitte, Gary Fernandes, Cathy Dudek, and J. Brown. 2006. "Attention Web Designers: You Have 50 Milliseconds to Make a Good First Impression!" *Behavior and Information Technology* 25 (March-April): 115-126.

Lotka, Alfred J. 1926. "The Frequency Distribution of Scientific Productivity." *Journal of the Washington Academy of Sciences* 16: 317-323.

Mann, Thomas. 1993. "The Principle of Least Effort." In *Library Research Models: Guide to Classification, Cataloging, and Computers.* New York: Oxford University Press, 91-101.

McInerney, Claire. 2002. "Knowledge Management and the Dynamic Nature of Knowledge." *Journal of the American Society for Information Science and Technology* 53: 1009-1018.

Meadows, A. J. 1974. *Communication in Science.* London: Butterworths.

Miller, Stephen H. 2003. "Competitive Intelligence―An Overview." Available: www.ipo.org/AM/Template.cfm?Section=Home&Template=/CM/ContentDisplay.cfm_ContentID=15904 (accessed February 6, 2010).

Morville, Peter. 2005. *Ambient Findability: What We Find Changes Who We Become.* Sabastopol, CA: O'Reilly.

Norlin, Elaina, and C. M. Winters. 2002. *Usability Testing for Library Web Sites: A Hands On Guide.* Chicago: ALA.

Oxford English Dictionary. 1989. 2nd ed. Oxford: Clarendon Press.

Paluch, Kimmy. 2006. "What Is User Experience Design." Available: www.montparnas.

com/articles/what-is-user-experience-design/ (accessed February 4, 2010).

Pao, Miranda Lee. 1989. *Concepts of Information Retrieval*. Englewood, CO: Libraries Unlimited, 54–55.

Public Library Association. 1987. *Output Measures for Public Libraries*. 2nd ed. Chicago: ALA.

Rayward, Boyd. 1983. "Library and Information Sciences." In *The Study of Information: Interdisciplinary Messages*. Edited by Fritz Machlup and Una Mansfield. New York: Wiley, 343–363.

Rose, Daniel E. 2006. "Reconciling Information-Seeking Behavior with Search User Interfaces for the Web." *Journal of the American Society for Information Science and Technology* 57: 797–799.

Rosenfeld, Louis. 2002. "Information Architecture: Looking Ahead." *Journal of the American Society for Information Science and Technology* 53: 874–876.

Rosenfeld, Louis, and Peter Morville. 1998. *Information Architecture for the World Wide Web*. Sebastopol, CA: O'Reilly.

Rouse, William B. 1984. "Human Information Seeking and Design of Information Systems." *Information Processing and Management* 20.

Saracevic, T. 1975. "Relevance: A Review of and a Framework for the Thinking on the Notion in Information Science." *Journal of the American Society for Information Science* 26: 321–343.

Savolainen, Reijo. 2007. "Media Credibility and Cognitive Authority. The Case of Seeking Orienting Information." *Information Research* 12 (April). Available: http://informationr.net/ir/12-3/paper319.html (accessed Februay 6, 2010).

Sawyer, Steve. 2005. "Social Informatics: Overview, Principles, and Opportunities." *Bulletin of the American Society for Information Science and Technology* 31 (June/July): 9–12.

Shaw, Debora. 1991. "The Human-Computer Interface for Information Retrieval." *Annual Review of Information Science and Technology (ARIST)* 26: 155–195.

Slone, Debra J. 2002. "The Influence of Mental Models and Goals on Search Patterns during Web Interaction." *Journal of the American Society for Information Science and Technology* 53: 1152–1169.

Smith, Linda C. 1981. "Citation Analysis." *Library Trends* 30 (summer): 83–106.

———. 1987. "Artificial Intelligence and Information Retrieval." *Annual Review of Information Science and Technology (ARIST)* 22: 41–77.

Society of Competitive Intelligence Professionals. 2010. "FAQ." Available: www.scip.

org/resources/content.cfm?itemnumber=601&navitemNumber=533 (accessed February 6, 2010).

Spink, Amanda, and Charles Cole. 2006. "Human Information Behavior: Integrating Diverse Approaches and Information Use." *Journal of the American Society for Information Science and Technology* 57: 25-35.

St. Clair, Guy, and Dale Stanley. 2008. "Knowledge Services: The Practical Side of Knowledge. Part I." *Information Outlook* 12 (June): 55-61.

Summers, Ron, Charles Oppenheim, Jack Meadows, Cliff McKnight, and Margaret Kinnell. 1999. "Information Science in 2010: A Loughborough University View." *Journal of the American Society for Information Science* 50: 1153-1162.

Taylor, Robert S. 1966. "Professional Aspects of Information Science and Technology." In *Annual Review of Information Science and Technology*. Vol. 1. Edited by Carlos A. Cuadra. New York: Wiley, 15-40.

―――. 1986. *Value-Added Processes in Information Systems*. Norwood, NJ: Ablex.

Van Styvendaele, J. H. 1977. "University Scientists as Seekers of Information: Sources of References to Periodical Literature." *Journal of Librarianship* 9 (October): 270-277.

Vedder, Richard G. 1990. "An Overview of Expert Systems." In *Expert Systems in Libraries*. Edited by Rao Aluri and Donald E. Riggs. Norwood, NJ: Ablex.

Veith, Richard H. 2006. "Memex at 60: Internet or iPod?" *Journal of the American Society for Information Science and Technology* 57: 1233-1242.

Wallace, Danny P. 1989. "Bibliometrics and Citation Analysis." In *Principles and Applications of Information Science for Library Professionals*. Edited by John N. Olsgaard. Chicago: ALA, 10-26.

Walter, Virginia A. 1992. *Output Measures for Public Library Services to Children: A Manual of Standardized Procedures*. Chicago: ALA.

―――. 1995. *Output Measures and More: Planning and Evaluating Public Library Services for Young Adults*. Chicago: ALA.

Wellisch, Hans. 1972. "From Information Science to Informatics: A Terminological Investigation." *Journal of Librarianship* 4 (July): 157-187.

Wikipedia. 2009. "Informatics." Available: http://en.wikipedia.org/wiki/Informatics (accessed February 9, 2009).

Wilson, Patrick. 1983. *Second-Hand Knowledge*. Westport, CT: Greenwood.

―――. 1986. "The Face Value Rule in Reference Work." *RQ* 25 (summer): 468-475.

Xu, Yunjie, Bernard Cheng-Yian Tan, and Li Yang. 2006. "Who Will You Ask? An Empirical Study of Interpersonal Task Information Seeking." *Journal of the American Society for Information Science and Technology* 57: 1666–1677.

第6章のための文献リスト

書籍

Case, Donald Owen. *Looking for Information: A Survey of Research on Information Seeking, Needs, and Behavior.* 2nd ed. Amsterdam: Elsevier/Academic Press, 2007.

Garrett, Jesse James. *The Elements of User Experience: User-Centered Design for the Web.* Indianapolis, IN: New Riders, 2003.

Lester, June, and Wallace C. Koehler Jr. *Fundamentals of Information Studies.* New York: Neal-Schuman, 2003.

Machlup, Fritz, and Una Mansfield, eds. *The Study of Information: Interdisciplinary Messages.* New York: Wiley, 1983.

Srikantaiah, Kanti T., and Michael E. D. Koenig. *Knowledge Management in Practice: Connections and Context.* Medford, NJ: Information Today, 2008.

論文

Alfino, Mark, and Linda Pierce. "The Social Nature of Information." *Library Trends* 49 (winter 2001): 471-485.

Bates, Marcia. "Defining the Information Disciplines in Encyclopedia Development." *Information Research* 12 (October 2007). Paper from the Sixth Internationl Conference on Conceptions of Library and Information Science, Borås, Sweden, August 13-16, 2007. Available: http://informationr.net/ir/12-4/colis/colis29.html (accessed February 4, 2010).

Borko, H. "Information Science: What Is It?" *American Documentation* 19 (December 1968): 3-5.

Bush, Vannevar. "As We May Think." *Atlantic Monthly* 176 (July 1945): 101-108.

Case, Donald O. "Information Behavior." Annual Review of Information Science and Technology (ARIST) 40 (2006): 327.

Courtright, Christina. "Context in Information Behavior Research." *Annual Review of Information Science and Technology (ARIST)* 41 (2007): 273-306.

Dresang, Eliza T. "The Information-Seeking Behavior of Youth in the Digital Environment." *Library Trends* 54 (fall 2005): 178-196.

Drott, M. Carl. "Open Access." *Annual Review of Information Science and Technology (ARIST)* 40 (2006): 79-109.

Farnum, Chris. "Information Architecture: Five Things Information Managers Need to Know." *Information Management Journal* 36 (September-October 2002): 33-40.

Herner, Saul. "Brief History of Information Science." *Journal of the American Society for Information Science* 35 (May 1984): 157-163.

Hupfer, Maureen, and Brian Detlor. "Gender and Web Information Seeking: A Self-Concept Orientation Model." *Journal of the American Society for Information Science and Technology* 57 (2006): 1105-1115.

Kalbach, James. ""I'm Feeling Lucky": The Role of Emotions in Seeking Information on the Web". *Journal of the American Society for Information Science and Technology* 57 (2006): 813-818.

Lindgaard, Gitte, Gary Fernandes, Cathy Dudek, and J. Brown. "Attention Web Designers: You Have 50 Milliseconds to Make a Good First Impression!" *Behaviour and Information Technology* 25 (March-April 2006): 115-126.

McInerney, Claire. "Knowledge Management and the Dynamic Nature of Knowledge." *Journal of the American Society for Information Science and Technology* 53 (2002): 1009-1018.

Reih, Soo Young, and David R. Danielson. "Credibility: A Multidisciplinary Framework." *Annual Review of Information Science and Technology (ARIST)* 41 (2007): 307-364.

Spink, Amanda, and Charles Cole. "Human Information Behavior: Integrating Diverse Approaches and Information Use." *Journal of the American Society for Information Science and Technology* 57 (2006): 25-35.

Veith, Richard H. "Memex at 60: Internet or iPod?" *Journal of the American Society for Information Science and Technology* 57 (2006): 1233-1242.

Warner, Julian. "W(h)ither Information Science." *Library Quarterly* 71 (2001): 243-255.

訳者あとがき

　本書は，Richard Rubin, *Foundations of Library and Information Science*, Third Edition, Neal-Schuman Publishers, 2010 の翻訳である．本書は北米の大学における図書館情報学教育における入門書として1998年に最初の版が出版されたあと，2000年にそのアップデート版，2004年に第2版が出され，本書第3版が2010年に出されて現在に至っている．

　よく知られているように，北米での図書館専門職養成教育は通常1年ないし2年の大学院専門職課程で行われている．本書が使用されるのはその最初の図書館情報学入門のコースである．そのために本書は，図書館情報専門職や図書館そのものが現在どのようなコンテクストのなかに置かれているのかについて目配りしながら，その目的，歴史，情報の組織化，制度としての図書館，新しい情報技術のなかでの図書館の再定義，情報学との関係，情報政策，価値と倫理といった章を置いて，この分野の総合的な内容に触れる記述を行っている．これらの各章はかなり具体的に図書館情報学の学習すべき内容を記述し，個別の科目への接続が容易にできるように工夫されている．比較的新しい文献を多数引用することで，現代的な課題がこの分野でどのように議論されるかを紹介する構成になっていて，各章末尾には参考文献リストをつけて読者を新たな学習の領域に導いている．

　不思議なことに，この分野には本書に匹敵する類書はなかったといってよい．資料や情報の組織論や館種ごとの図書館の制度や経営論の本はいろいろとあるのだが，こうした総合的概説書は他にないし，過去にもなかったのである．どんな大学でもこうした入門コースは開講されているのだから，もっと書かれてもよいと思える．そのことは，逆に言えばこうした本を書くことがいかに困難なことかを示している．この分野がもともとは図書館員の仕事に基づくものであり，人文科学・社会科学的な知をベースに成り立っていたのであるが，1990年以降のデジタル情報通信革命の後は理工学的な知や技術との融合が始まり，

両方の総合的な理解がなければ書き進めることは難しいといえる．

　本書の著者リチャード・ルービン教授は，本書が出版された2010年にはオハイオ州のケント州立大学大学院図書館情報学研究科の研究科長を務めていた．図書館経営論の専門家で，本書以外に，同じニール＝シューマン出版社から『図書館における人的資源経営：理論と実際』(1991)，『図書館員の雇用』(1994) といった著書を出している．本書末尾にある著者の略歴には，オバリン大学で哲学を学び学士号をとったあと，ケント州立大学で図書館情報学修士号，イリノイ大学図書館情報学大学院で博士号を取得したとある．本書出版後，同じケント州立大学の副学長（継続教育担当）に就任し現在に至っている．

　本訳書出版の背景について述べておきたい．訳者は日本学術振興会科学研究費基盤研究A「図書館情報学教育を高度化するための研究基盤形成」(2010年度～2014年度) の研究代表者を務めてきた．この研究では，日本の図書館情報学教育の過去を踏まえると同時に今後を見据えたプロジェクトとして，1) 図書館情報学検定試験の試験的導入，2) 図書館情報学教科書の執筆出版，3) 外国の図書館情報学教育の実態の研究といったことを挙げて取り組んできた．1) と2) についてはすでに実施しており，2) については，東京大学出版会から3分冊からなる「シリーズ図書館情報学」として世に問うている．本書の訳出については3) のプロジェクトの一環として準備を進めてきたものである．翻訳にあたり，上記科研プロジェクトの共同研究者である影浦峡教授が主催する「みんなの翻訳」プロジェクトを一部試用することで下訳の準備を行った．また，訳文のチェックと読み合わせについては，東京大学大学院教育学研究科および教育学部の2011年度冬学期と2012年度夏学期の演習授業の一環として，図書館情報学研究室の大学院生および学部学生に参加してもらい支援を得た．

　本訳書は北米の図書館情報学教育の概要を知るには最良の著作である．ようやくこのような形で出版できることになったことを報告し，訳稿を準備する際にお世話になった多くの協力者の方々，および，出版する際にお世話になった東京大学出版会の木村素明さんに，こころから謝意を表したい．

　なお，この翻訳書は日本の読者層を考えて内容の一部省略を行っている．原著第2章の図書館の歴史と使命の章については，すでに数冊の翻訳書が出ているために省略した．また，原著の第8章から第10章は，図書館政策と図書館

における知的自由および図書館専門職の倫理に関わる章であるが，とくに2001年9月11日のアメリカ同時多発テロ事件以降の国家的な危急状況を反映した内容になっていて，そうした状況と背景を知っていないと理解しにくい部分があることもあり省略した．また，本文中のところどころにコラム記事のかたちで資料等が挿入されているが，一部のみの訳出にとどめた．本書の最後に付録として，図書館情報学関係団体の一覧表と大学における図書館員養成課程の一覧表が掲載されているがこれらも省略した．

本書の訳出・出版が今後の日本の図書館情報学教育の発展に資するものであることを信じて送り出したい．

2014年3月9日
根本　彰

事項索引

ア行

文書館(アーカイブ) 148
アーマー専門学校 42
アイランドツリー事件 190, 192
アウトプット測定 324
アウトリーチ 178
アクセスポイント 98, 105, 111, 126
アジア系・太平洋アメリカ人図書館協会 66, 82
アジア系アメリカ人 163
アフリカ系アメリカ人 163, 164, 177
アマースト大学 38
アメリカ学校図書館員協会(AASL) 184, 185
アメリカ図書館学校協会(AALS) 44
アメリカ図書館協会(ALA) 38, 59, 259
　─黒人連盟 82
　─知的自由委員会(IFC) 264
　─図書館教育基準(1903) 44
　─図書館職教育委員会(BEL) 46, 48
　─図書館職のコアコンピテンシー(2009) 59, 60
　─認定委員会 48, 64
　─倫理規定 57
　─レファレンスと利用者サービス委員会(RUSA) 266
『アメリカン・ライブラリー・ジャーナル』 39
暗黙的知識 330
医学件名標目表(MeSH) 108
移動式レファレンス 165, 166
意味付与アプローチ 299
イリノイ大学 43
医療情報学 325
印刷物 14, 203
インストラクショナルコモンズ 200
インターネット 1, 12, 161, 163, 168, 180, 188, 196, 197, 199, 236-240, 307
　─利用 13
インターネット2 251, 252
　─コンソーシアム 251

インターネット公共図書館(IPL) 165
インフォーマルラーニング 26
インフォスフィア 28
インフォマティクス 325, 326
インフォメーションコモンズ(IC) 200
インフォメーションセンター 209
インフォメーションパラダイム 199
引用分析 320
ウィキ 254
ウィキペディア 11, 255, 256
ウィリアムソン報告書(1923) 45-47
ウェブ 240, 326
ウェブ環境 11
ウェブ基盤情報教育(WISE)コンソーシアム 58
ウェブサイト 2
ウェブポータル 249-251
衛星放送 19
英米目録規則(AACR) 113
英米目録規則第2版(AACR2) 114
エキスパートシステム 313
「エンパワリング・ラーナーズ」(2008) 185
オープンアーキテクチャ 237
オープンアクセス 207, 208
オープンパブリケーションストラクチャ(OPS) 2.0 275
オンラインアクセス目録(OPAC) 233
オンラインコンピューティング図書館センター(OCLC) 230
オンライン情報検索 230
オンライン目録 118, 119
オンラインレファレンスサービス 250

カ行

カード体目録 109
カーネギー財団 45-47
階層関係 104
カウンターインテリジェンス活動 332
『科学革命の構造』 56
学習資源メタデータ(LOM) 136

学術機関　24
学術雑誌　203
学術出版　206, 209
学術出版・学術資源連携組織（SPARC）
　　207-209
学問分野　99, 101
貸出係　148
画像データベース　21
学校　24, 190
学校図書館メディアセンター　22, 182,
　　190
　　―学業成績との関係　187
　　―検閲　190-193
　　―使命・役割　185, 187, 190
　　―職員　184
カルチュラル・スタディーズ　70
カレッジ・研究図書館協会（ACRL）
　　194-196
カレントアウェアネス　257
間接的知識　316
巻末索引　124
関連　116
関連関係　104
機関リポジトリ　246
記号　314
記述書誌　123
記述目録法　112
教育　9
教育委員会　184, 192
教育機関　24
教員　80
共引用　320
競合情報（CI）　332
協同デジタルレファレンスサービス　266
共同目録協議会　113
キンドル　274
グーグル　21, 122, 167, 167, 241, 301
グーグル世代　307
グーグルブックス図書館プロジェクト
　　269-272
クライアント制御　68
クローラー　241
芸術作品記述カテゴリ（CDWA）　136
継続図書館教育ネットワークエクスチェンジ
　　（CLENE）　57

携帯電話　16, 17
警備係　152
計量書誌学　318-320
ケーブルテレビ　19
ケロッグ財団　75
研究図書館　101, 120, 121, 204
研究図書館協会（ARL）　66, 83, 194, 196
研究図書館情報ネットワーク（RLIN）
　　230
検索エンジン　120, 122, 167, 241, 242
件名標目　106-108
件名標目表　104, 106-109
公共図書館　22, 73, 156-183
　　―学校図書館との協力　183
　　―子ども向けサービス　177
　　―サービス計画　168
　　―サービス測定　170
　　―財務　160
　　―質 vs. 要求　172
　　―使命・役割　157, 168
　　―障がい者サービス　176
　　―政治情勢　159
　　―電子的サービス　161
　　―農村地域サービス　175
　　―評価　159
　　―マイノリティ向けサービス　174
　　―ヤングアダルトサービス　177
　　―理事会　146
　　―利用　158
公共図書館協会（PLA）　157
「公共図書館サービスの指標」　170
公共図書館職　72
「公共図書館の計画策定過程」　169
「公共図書館の計画と役割設定」　169
「公共図書館の出力測定」　169
公正使用　213
高等教育　26
広報係　152
国際書誌コントロール　113
国際電子出版フォーラム　275
国際ドキュメンテーション協会（FID）
　　294
国際図書館連盟（IFLA）　110, 113, 115
国際標準書誌記述（ISBD）　113, 114
国際目録原則会議（1961）　110

事項索引 349

国防総省（DoD） 236
国立医学図書館（NLM） 231
コストセンター 211
国家防衛教育法（1958） 183
個別資料 116, 117
娯楽 9
コレクション 78, 134, 149, 318, 320
コレクション形成 151, 172, 321
　　―次世代 263
コレクション評価 267
コロンビア大学 40, 41
コロンビア大学図書館学校 48
混合オープンアクセス 208
コンピテンシー 59
コンピュータ 229
コンピュータゲーム 180

サ行

サービス学習 61
再現性（recall） 309
最小労力の法則 303
索引 105-107, 111, 123, 125
索引語 106, 111, 124
参照用語 107
酸性紙 202, 203
シアーズ件名標目表 108
ジェネレーションX 164
ジェネレーションZ 188
ジェネレーションY 2
視覚情報資源協会（VRA） 136
シカゴ大学図書館学大学院（1926） 46, 47, 48
資源の記述とアクセス（RDA） 114, 115
事後結合索引 124
指示抄録 125
辞書体目録 109
『辞書体目録の規則』 109
事前結合索引 124
自然言語処理（NLP） 312
シソーラス 104-106
視聴覚係 148
質的情報 69
児童インターネット保護法 172
自動貸出システム 235

自動索引 124
社会情報学 325
写真複写機 229
収集係 150
主題 99, 116
主題書誌 123
主題ターミノロジーのファセット応用
　　（FAST） 108
出版産業 14
生涯学習 53
情報 9
　　―概念のはしご 315
　　―定義 314
　　―付加価値機能 317
情報アーキテクチャ（IA） 327
情報アーキテクト 327, 328
情報科学技術協会（ASIS&T） 65, 294
情報学 v, viii, 49, 50, 293-295
　　―特性 295
　　―歴史 294
情報環境 76
情報経済学 317
情報検索 294
情報検索システム 97, 308, 309
情報サービス 323
　　―評価 323
情報資源管理（IRM） 322
情報資源記述フレームワーク（RDF）
　　133
情報システム 79
情報収集 299
情報消費者 28
情報戦（IW） 333
情報センター 315
情報専門職 50, 52, 70, 80, 295
情報探索 298, 299
　　―ウェブ 305
　　―過程 302
　　―ジェンダー 306
　　―若年層 307
　　―情報源 301
　　―戦略 307
　　―図書館 304
　　―背景 300
情報探索プロセス（ISP） 302

情報仲介者　79
情報通信技術　84
情報テクノロジー　76, 321
情報ニーズ　297, 300
情報要求　297, 300
情報リテラシー　186, 188, 199, 205
抄録　111, 123-125
書架配置　102
書誌　111, 123, 125
書誌記述　111, 126, 127
書誌結合　320
書誌コントロール　115, 151
書誌情報　125
書誌データベース　21, 104
書誌的家系　111, 112
書誌的なセクター　145
書誌ユーティリティ　151, 230
書誌レコード　98, 111, 117
書誌レコードの機能要件（FRBR）　114-118
女性図書館員　72-75
初等教育　24
初等中等教育法（1965）　184
シラキュース大学　50
資料保存　202, 203
資料保存係　151
人工知能　313
人的資本　330
新聞　15
新聞産業　15, 16
数値　314
スプートニク・ショック（1957）　183
スマートフォン　17
「成果に向けた新たな計画」　169
制作者　10
制作物　11
成人教育　26
精度（precision）　309
セマンティックウェブ　132, 133
全国書誌　123
全文データベース　21
全米科学財団（NSF）　236
全米規格協会（ANSI）　129
全米教育協会　183
全米研究教育ネットワーク（NREN）　237

全米図書館情報学委員会（NCLIS）　270
全米目録協調計画（NCCP）　113
専門職
　―価値モデル　69
　―制御モデル　67
　―特性モデル　66
専門図書館　22, 51, 209-213
　―著作権　213
　―数　211
　―財政　211
専門図書館協会（SLA）　210-212
ソーシャルネットワーキング　13, 84, 252-259

タ行

大学図書館　22, 101, 193-209
　―財務　204
　―専門職員　195
　―総合大学　194
　―電子情報サービス　197
　―リベラルアーツカレッジ　194
大学図書館員　195
大学図書館職　83
大学モデル
　―古典教育　193
　―ドイツ　193
体系書誌　123
体現形　116, 117
ダブリンコアメタデータ構想（DCMI）　135
探索用仲介エキスパート　313
男性図書館員　72-75
知恵　315
逐次刊行物係　150
知識　315
知識テクノロジー　98, 99, 103, 109, 123, 133, 228
知識の組織化　98
知識の変則状態　301
知識表現の組織化　68
知的自由　181, 213
注釈　125
中性紙　203
中等教育　24

事項索引　351

直接引用　320
著作　112, 116, 117
著作権　213, 270
地理情報のメタデータ標準（CSDGM）　136
定期刊行物　15
定期刊行物索引　124
ディスクリプタ　106
データ　313, 315
データセット　314
データベース　20, 97, 106, 128, 167, 310
データベース産業　20
適合性（relevance）　309
テキサコ　213
テキスト符号化イニシアティブ　137
テクノストレス　280
デジタルアーカイビング　275
デジタルアーカイブ　78
デジタルキュレーション　276
デジタルコレクション　2, 267
　—財務　268
デジタルデータ　202
デジタルデバイド　3, 158, 162-164, 176
デジタル図書館　243-246, 267-278
　—定義　243
　—問題点　245
　—利点　244
デジタル図書館連合（DLF）　243
デジタルネイティブ　85, 307
デジタルビデオレコーダー（DVR）　19
デジタルリポジトリ　208, 209
デジタルレファレンスサービス（DRS）　265
デューイ十進分類法（DDC）　38, 99-101
テレビ　18
テレビ産業　18, 19
典拠コントロール　103, 134
電子コレクション　267
電子情報資源　196, 197
電子新聞　16
電子図書　15, 272-275
電子図書端末　274
電子メール　238
電子目録　109
転置ファイル　128

展覧会　27
電話　17
同義語　104
同形異義語　104
統合システム係　152
同時多発テロ　6
統制語彙　103-107
動物園　27
同僚制御　68
ドキュメンテーション　294
特殊コレクション　148
読書　51-53, 177, 179, 185
読書クラブ　27
図書　14, 112, 168
図書館　vi, vii, 1, 9, 11, 17, 22, 27, 35, 49-55, 69, 242, 315, 318
　—管理部門　147
　—技術サービス部門　149
　—機能　146
　—コレクション　149
　—利用者サービス部門　147, 151
図書館 vs. 情報論争　49-56
図書館員　35, 68, 69, 77, 79, 86
　—アフリカ系アメリカ人　66
　—サポートスタッフ　83
　—ジェンダー　70, 72-75, 83
　—人種・民族　82
　—ステレオタイプ　70
　—性格型　71
　—世代問題　84
　—年齢　81
　—労働人口　80, 81
図書館学　v, 47, 49, 295
図書館学学士号（BLS）　44
図書館学修士号（MLS）　44
図書館学校（Library School）　41-44, 59, 60
　—閉鎖　48, 49
図書館コレクション　202, 267
図書館資源協議会（CLR）　202
図書館情報学（LIS）　v-vii, 9, 52
　—教育的役割　77
　—プログラム　59
図書館情報学教育　53-56, 76
　—遠隔教育　57

―継続教育　57
　　―修士号　61-66
　　―ミシシッピ州立大学訴訟（1984）　63
図書館情報学教育協会（ALISE）　55, 75
図書館情報学専門職　1, 7, 9, 35, 66-69, 78, 85, 86, 297, 316, 318, 333
図書館情報資源振興財団（CLIR）　195
図書館職　49, 52, 67, 68, 72, 81, 82, 86, 295
　　―人口動勢　65
図書館職員　279
図書館職制　154
図書館組織
　　―官僚制　153, 155
　　―専門職制　154
　　―非公式的関係　154
図書館ディストリクト　160
「図書館におけるRFID：プライバシーと機密に関するガイドライン」　264
「図書館の権利宣言（Library Bill of Rights）」　172
図書館のためのアメリカ人会議（ALC）　171
図書館目録　97, 104, 109-122, 111, 123
　　―次世代　263
　　―記述機能　110, 111
図書館理事会　159
図書分類法　99
ドレクセル大学　42

ナ行

ナレッジマネジメント　326, 330-333
日常的情報要求　298
ニューヨーク州立図書館　41
人間＝コンピュータ・インターフェース　310
認知的権威　316
ノンフォーマル教育　26

ハ行

パーソナルデジタルアシスタント（PDA）　273
バーチャルレファレンスサービス　199
『パーティーガール』　71

ハーバード大学図書館　193
媒介制御　68
ハイパーテキスト　245
配布者　11
ハイブリッド図書館　227
博物館　27
博物館・図書館サービス機構（IMLS）　190, 247
パケット交換　231
場所としての図書館　261, 262
バックトラッキング　305
『パブリッシャーズ・ウィークリー』　36
パリ原則　110
パリ宣言　114
版　112
パンチカード　229
ハンプトン図書館学校　47, 48
ピコ事件　190
ビジネスインテリジェンス　332
美術館　27
ヒスパニック系アメリカ人　163, 164, 177
ピッツバーグ大学　50
ビブリオスタット（Bibliostat）事業　170
表現形　116, 117
標準汎用マークアップ言語（SGML）　130, 131
費用便益分析　171
ファイル　128
ファイル転送　240
フィールド　126
ブール検索　232, 305, 310
ブール索引　124
復員兵援護法　193
符号化アーカイブスキーマ　137
プライバシー　5, 213
プラット専門学校　42
ブラッドフォードの法則　319
ブリタニカ百科事典　255
フリッカー　21, 258
ブログ　253
分割目録　109
分析書誌　123
分類　99-103
分類表　97, 99
分類法　102, 106

事項索引　353

分類目録　109
米国
　―財政状況　4
　―人口　3
　―教育構造　24
米国議会図書館　101
米国議会図書館件名標目表（LCSH）
　　106-108, 120, 121
米国議会図書館分類法（LCC）　99, 101,
　　102
米国憲法修正第1条　192
米国ドキュメンテーション協会（ADI）
　　294
『米国の公的図書館』　36
並置（コロケーション）　99, 104, 123
報知抄録　125
ポータル　249
ボーンデジタル　244
ポッドキャスト　258
翻訳　112

マ行

マイグレート技術　202
マイクロ資料　229
マイクロホログラフィックディスク　278
マイヤーズ・ブリッグス・タイプ指標　71
ミシガン大学　50
ミシシッピ州立大学訴訟　63
ミレニアル世代　6, 84, 85
名所史跡　27
メタデータ　133, 134
メタデータ情報資源記述スキーマ　137
メタデータ符号化・伝送標準（METS）
　　136, 137
メディア消費　22
メディア利用　21
メメックス　294
メンテナンス係　152
目録　105-107
目録分類係　151
文字　314
文字記録　51
モバイル　2

ヤ行

ユーザーエクスペリエンスデザイン
　　（UX）　326
ユーザビリティ工学　329
読み聞かせ　179

ラ行

ラーニングコモンズ　200
ラーニングラウンドテーブル　57
『ライブラリー・ジャーナル』　39
ラジオ　18
ラジオ産業　18
リストサーブ　239
リップスティック・ライブラリアン　71
リテラシー　51-53, 177, 179, 181, 245, 246
リモートログイン　239
流通者　11
利用者　11, 68, 134
利用調査　324
リンクシステムプロジェクト　235
レコード　126
列挙書誌　123
レファレンス係　147
レファレンスサービス　198, 199, 258
レファレンスライブラリアン　98
連邦教育局　36
ロトカの法則　319

ワ行

ワールドワイドウェブ　11, 167, 240

「21世紀の学習者のための基準」（2009）
　　185
AACR1　114
AACR2　114, 115
AASL　→アメリカ学校図書館員協会
Abilene　251
ACRL　→カレッジ・研究図書館協会
ACRL高等教育のためのコンピテンシー基
　　準　205
ADI　→米国ドキュメンテーション協会
ALA情報リテラシー基準（1998）　188

ARPANET　231
Bing　301
CD-ROM　233, 277
CI　→競合情報
CLENE　→継続図書館教育ネットワークエクスチェンジ
DCMI　→ダブリンコアメタデータ構想
DDC　→デューイ十進分類法
DIALOG システム　230
DNS　236
DVD プレーヤー　19
ERI　9, 10
ERIC シソーラス　106
ERI インフラ　10-28, 85
Facebook　252, 258
FID　→国際ドキュメンテーション協会
FRBR　→書誌レコードの機能要件
FTP　240
HTML　131, 132, 240
HTTP　240
IA　→情報アーキテクチャ
IFLA　→国際図書館連盟
IMLS　→博物館・図書館サービス振興機構
Index Medicus　231
Information Science and Technology Abstracts　296
INSPEC シソーラス　106
iPad　274
IPL　→インターネット公共図書館
IP アドレス　239
IRM　→情報資源管理
ISBD　→国際標準書誌記述
ISBN　234
ISP　→情報探索プロセス
IW　→情報戦
i スクール　50, 55
KALIPER プロジェクト　75
LCC　→米国議会図書館分類法
LCSH　→米国議会図書館件名標目表
LibQUAL+　205
LinkedIn　252
LIS　→図書館情報学
MARC　122, 127, 128, 131, 229, 231
MARC21　129

MARC レコード　107
METS　メタデータ符号化・伝送標準
MySpace　252, 258
NISO　129, 134-136, 247
NLP　→自然言語処理
NSF　→全米科学財団
OCLC　128, 151, 230
OhioLINK　269
OMB（連邦行政管理予算局）　63
OPAC　121, 233, 234
OPS　→オープンパブリケーションストラクチャ
PLA　→公共図書館協会
RDA　→資源の記述とアクセス
RDF　→情報資源記述フレームワーク
RFID　264
RSS　257
SGML　→標準汎用マークアップ言語
SLA　→専門図書館協会
SPARC　→学術出版・学術資源連携組織
SWOT 分析　332
TCP　236
telnet　239
Twitter　258
UX　→ユーザーエクスペリエンスデザイン
W3C　243
Web 2.0　12, 252, 258
WISE コンソーシアム　→ウェブ基盤情報教育コンソーシアム
XHTML　132
XML　131, 132, 136
YouTube　21, 258
Z39.50 基準　235

人名索引

ア行

アイゼンバーグ，マイク　185
アポスル，リチャード　51
アボット，アンドリュー　69
アレン，ブライス　311
イフェール，ロバート　256
ヴァン・ハウス，ナンシー　53
ウィーガンド，ウェイン　51
ウィリアムズ，エドワード　47
ウィリアムソン，C・C　45, 46
ウィリアムソン，J・M　71
ウィルソン，パトリック　145, 300, 316
ウィンザー，ジャスティン　39
ウィンター，マイケル・F　67, 68, 154
エスタブルック，リー　14, 55, 85
エデン，ブラッドフォード　121
エリオット，ドナルド　171
オウス・アンサー，エドワード　205

カ行

カーティス，フローレンス　47
カーネギー，アンドリュー　37
カール，ニコラス　245
カウフマン，ポーラ　204
カオ，メアリ　150
カッター，チャールズ　109
カルホーン，カレン　119, 120
ギャリソン，ディー　73
ギレス，ジム　256
キング，ジョン・レズリー　50, 54
クーン，トーマス・S　56
クトナー，ロバート　245
クリケラス，ジェームス　297, 299
クルーソー，キャロル　302
クルーナン，ミシェル　248
クロウリー，ビル　52, 195
クローガー，アリス　42
クローニン，ブレーズ　49, 333
ケイシオ，ヤメス　246
ケーシー，マイケル　170
ケース，ドナルド　297, 300
ゴーマン，マイケル　51, 149

サ行

サットン，スチュアート　53
サボライネン，レイヨ　316
サラセヴィック，テフコ　64
ジトレイン，ジョナサン　237
シャーデイン，メアリジェーン　71
シャープ，キャサリン　42
ジャクソン，メアリ　249
シュメント，ジョージ　262
シュラー，ジョン・A　198, 245
ジョージー，E・J　66
ジョンソン，アルヴィン　45
ションツ，マリリン　187
スタンリー，デール　331
スティヴンス，マイケル　170
ストフル，カーラ・J　55
ズマー，マーヤ　118
スミラグリア，リチャード・P　111, 112
セント・クレア，ガイ　331

タ行

ダーヴィン，ブレンダ　299
ダドリ，ヴァージニア　117
ダブ，ジョン　248
ダベンポート，トマス　331
チェン，シンシー　298, 301
チャットマン，エルフリーダ　303
デ・ローザ，キャシー　171, 259
ディ・ジェナーロ，リチャード　267
ティーパー，トマス　201
テイラー，ロバート　294, 318
ティレット，バーバラ　116
ディロン，アンソニー　53
テノビア，キャロル　197
デボンズ，A　79
デューイ，メルヴィル　38-41, 100
デュランス，ジョーン　298, 300, 301

デリーア，ジョージ　260
ドゥーガン，ロバート　268
トッド，ロス　187
ドレサング，エリザ　306, 308

ナ行

ニール，ジェームズ　196
ノリス，アプリル　53

ハ行

バーゾール，ウィリアム・F　261
バーナード，F・A・P　40
ハーノン，ピーター　298, 301
バーマン，サンフォード　108
ハインシュトロム，ヤニカ　308
バトラー，ピアス　36, 86
パニッツィ，アントニオ　113
ハリス，ローマ・M　74
ビーグル，ドナルド　200
ヒルデンブランド，スザンヌ　74
ファーナム，クリス　327
ファーマー，レズリー　187
フェアチャイルド，メアリー　41
ブッシュ，ヴァネヴァー　294
ブライアン，アリス　71
ブラッドフォード，サミュエル　319
ブラマー，メアリー　42
ブレア，デビッド　331
フレーリック，トマス　327
ベアマン，デイビッド　244, 246
ベイツ，マーシャ・J　295, 302, 314
ベルキン，ニコラス　301
ベルトー，ジョン　170
ヘンネン，トマス　160, 170
ホイットニー，グレッチェン　261
ホープマン，ロバート　62
ホリガン，ジョン　164
ホルト，グレン　171
ホワイト，ハーバート・S　63, 209

マ行

マーウィン，グレンダ　63

マーク，メアリ・ナイルズ　75
マークム，ディアンナ　122
マクルア，チャールズ　170
マン，トマス　120, 121, 199
ミクサ，フランシス　56
メイン，リンダ　60
モーア，トム　16
モービル，ピーター　260, 328
モスベルガー，カレン　163

ヤ行

ヤンガー，ジェニファー　149
ユースター，ジョアンヌ　155

ラ行

ライス，ジェームス　78
ライダー，フリーモント　229
ランガナタン，S・R　248
ランス，キース　187
リーダー，キム　55
リボー，アン　166
リンチ，ビバリー・P　61, 154
ルベッキー，セイモア　112
レイニー，リー　14, 163
レイモンド，ボリス　51
レッキー，グロリア　262
レビィ，デイビッド　245
レンハート，アマンダ　163
ローゼンフェルド，ルイス　328
ロトカ，アルフレッド　319

著者・訳者紹介

リチャード・ルービン（Richard Rubin）［著者］
ケント州立大学（オハイオ州）図書館情報学研究科教授・副学長（継続教育担当）．ケント州立大学で図書館情報学修士号（MLS），イリノイ大学の図書館情報学大学院で博士号取得．専門は図書館情報学．著書に *Hiring Library Employees: A How-To-Do-It Manual*（Neal-Schuman,1993）, *Human Resource Management in Libraries: Theory and Practice*（Neal-Schuman,1991）ほか

根本 彰（ねもと あきら）［訳者］
1954年生まれ．
東京大学大学院教育学研究科教授．著書に『シリーズ図書館情報学』全3巻（編著，東京大学出版会，2013），『理想の図書館とは何か』（ミネルヴァ書房，2011），『つながる図書館・博物館・文書館』（共編著，東京大学出版会，2011），『コミュニティのための図書館』（共訳，東京大学出版会，2004）ほか

図書館情報学概論

2014年5月23日　初　版

［検印廃止］

著　者　リチャード・ルービン

訳　者　根本　彰

発行所　一般財団法人　東京大学出版会
　　　　代表者　渡辺　浩
　　　　153-0041　東京都目黒区駒場 4-5-29
　　　　http://www.utp.or.jp/
　　　　電話 03-6407-1069　Fax 03-6407-1991
　　　　振替 00160-6-59964

印刷所　株式会社暁印刷
製本所　牧製本印刷株式会社

©2014 Akira Nemoto
ISBN 978-4-13-001007-8　Printed in Japan

JCOPY 〈(社)出版者著作権管理機構 委託出版物〉
本書の無断複写は著作権法上での例外を除き禁じられています．複写される場合は，そのつど事前に，(社)出版者著作権管理機構（電話 03-3513-6969，FAX 03-3513-6979，e-mail: info@jcopy.or.jp）の許諾を得てください．

figure館情報学（Library and Information Science）の
理論，歴史，技術，実務の各側面を対象とし，
その全体像を概説するシリーズ

シリーズ図書館情報学 ［全3巻］

シリーズ編者　根本　彰
A5判並製／平均280頁／
第1, 3巻 各3200円＋税，第2巻 3000円＋税

第1巻　図書館情報学基礎（根本　彰編）
　　第1章　知識と図書館情報学／第2章　メディアと知識資源／第3章　情報利用者と利用行動／第4章　学術コミュニケーション／第5章　計量情報学／第6章　図書館情報学をつくる
第2巻　情報資源の組織化と提供（根本　彰／岸田和明編）
　　第1章　情報資源の管理とアクセス／第2章　情報資源組織論Ⅰ／第3章　情報資源組織論Ⅱ／第4章　情報検索／第5章　ウェブ情報資源の管理とアクセス／第6章　情報資源と情報資源サービス
第3巻　情報資源の社会制度と経営（根本　彰編）
　　第1章　情報・知識資源制度の構造／第2章　情報資源管理の法的関係／第3章　情報資源経営の基礎／第4章　情報資源経営各論Ⅰ／第5章　情報資源経営各論Ⅱ